中国轻工业“十四五”规划立项教材

U0951931

高等学校食品科学与工程类专业教材

果蔬加工工艺学

王　琴　肖更生　主编

中国轻工业出版社

图书在版编目（CIP）数据
果蔬加工工艺学／王琴，肖更生主编．--北京：
中国轻工业出版社，2025．8．-- ISBN 978-7-5184-4691-9
Ⅰ．TS255．3
中国国家版本馆 CIP 数据核字第 2025W3Y274 号

责任编辑：马　妍　　责任终审：白　洁
文字编辑：黄小艳　　责任校对：晋　洁　　封面设计：锋尚设计
策划编辑：马　妍　　版式设计：砚祥志远　　责任监印：张　可

出版发行：中国轻工业出版社（北京鲁谷东街 5 号，邮编：100040）
印　　刷：北京君升印刷有限公司
经　　销：各地新华书店
版　　次：2025 年 8 月第 1 版第 1 次印刷
开　　本：787×1092　1/16　印张：18．25
字　　数：465 千字
书　　号：ISBN 978-7-5184-4691-9　定价：48．00 元
邮购电话：010-85119873
发行电话：010-85119832　010-85119912
网　　址：http：//www．chlip．com．cn
Email：club@ chlip．com．cn
版权所有　侵权必究
如发现图书残缺请与我社邮购联系调换
220432J1X101ZBW

本书编写人员

主　　编　王　琴　仲恺农业工程学院

　　　　　　肖更生　仲恺农业工程学院

副 主 编　刘袆帆　仲恺农业工程学院

　　　　　　谢　曦　仲恺农业工程学院

参编人员（按姓氏笔画排列）

　　　　　　王文军　西南大学

　　　　　　王　锋　仲恺农业工程学院

　　　　　　丘苑新　仲恺农业工程学院

　　　　　　刘东杰　仲恺农业工程学院

　　　　　　杨文华　仲恺农业工程学院

　　　　　　余　倩　仲恺农业工程学院

　　　　　　段邓乐　仲恺农业工程学院

　　　　　　姜　浩　仲恺农业工程学院

　　　　　　黄　晟　仲恺农业工程学院

　　　　　　彭进明　仲恺农业工程学院

　　　　　　曾凡坤　滇西科技师范学院

PREFACE | 前言

果蔬加工工艺学属于应用科学范围，它是一门综合学科，属于食品加工工艺学的一个分支。果蔬加工工艺学运用了化学、物理学、生物学、微生物学、食品科学、食品工程原理等各方面基础知识和基本理论，是专门研究果蔬加工过程、方法和技术的一门学科，包括从果蔬的成熟、采摘、运输、贮藏到加工的全部环节。果蔬加工学是高等学校食品相关专业一门专业必修基础课程，通过本课程，学生可以学习果蔬加工的基础知识和基本技能。随着现代食品工业的迅猛发展，研究果蔬的资源利用、生产、包装、贮运的各种问题越加重要，因此，要探索解决途径，使生产合理化、现代化和科学化，为人们提供营养丰富、品质优良、食用方便的果蔬产品。

本教材根据食品学科发展新特点，强调理论与实践、科学性与应用性、国内特色与国际发展前沿相结合，在介绍果蔬加工工艺基础知识的同时，进一步突出其在果蔬中的具体应用，增强该学科的实用性和针对性。

本教材主要特点如下：第一，与其他学科内容紧密衔接。将各方面基础知识和基本理论与食品专业知识以及生产实践的案例贯穿始终，突出食品专业的学科特点。第二，力求简洁、通俗易懂。各章节中尽量将烦琐的文字描述转化为图、表的形式来表现，力求内容直观、形象，易于理解。第三，突出实用性和针对性。以果蔬加工基础知识及其应用为主线，全面系统地介绍果蔬从成熟、采摘、运输、贮藏到加工的全部环节。第四，具有新颖性和前沿性。力求把握本学科领域的前沿，并结合编者自身的科研方向和优势。

本教材不仅适合高等学校食品科学与工程及相关专业的本科学生使用，也可作为相关专业研究生的参考教材。同时，本教材还可作为相关研究院所和生产企业的科技人员及工程技术人员的参考书。

本教材的编写成员汇集了高等学校长期从事食品教学和科研的中青年学术骨干，他们活跃在教学、科研及生产第一线，既有扎实的理论基础，又有丰富的实践经验，给本书增添了许多新鲜内容。本教材由王琴和肖更生担任主编，负责全书的整理、统编和定稿。教材编写分工如下：第一章由段邓乐编写；第二章由刘东杰编写；第三章由王文军和曾凡坤编写；第四章由余倩编写；第五章由刘祎帆编写；第六章由姜浩编写；第七章由杨文华编写；第八章由丘苑新编写；第九章由谢曦编写；第十章由王锋编写；第十一章由黄晟编写；第十二章由彭进明编写。

由于编写任务繁重，加上时间和水平所限，书中存在遗漏和不妥之处在所难免，诚请读者批评指正。

编者

2024 年 12 月

CONTENTS | 目录

第一章

绪论

01

本章学习目标与要求

1. 掌握果蔬加工的概念。
2. 了解果蔬加工现状及发展趋势。

一、果蔬加工工艺学的研究对象和研究内容

水果、蔬菜是人们日常生活不可缺少的食品，是重要的农产品种类，同时也是食品工业重要的加工原料。众所周知，新鲜的果蔬为人体健康提供多种营养物质，但是，水果、蔬菜属鲜活易腐农产品，因此，提升水果、蔬菜的采后加工水平越来越受到重视。

我国地域辽阔，果蔬资源丰富，素有“世界园林之母”的美誉，是世界上许多果蔬的发源地之一。近5年，我国果蔬生产一直保持增长的态势。水果和蔬菜生产都具有一定的季节性和区域性，采摘后的新鲜果蔬在贮存和运输过程中，一方面会因为水分蒸发而出现皱缩的现象；另一方面还因为呼吸和细胞的新陈代谢等作用，会出现腐败变质，从而引起营养物质的流失，造成食物资源的浪费。此外，一些小型果蔬基地，多种蔬菜、水果混合贮存现象普遍，一些果蔬产生乙烯会加剧其他果蔬成熟和衰老。目前，由于设备保障和专业知识不足，在贮运环节中果蔬的损耗量较大，尤其是绿叶蔬菜、含水量高的水果等。如果通过种植业来补偿这种损失，需投入很大的人力、物力、财力和土地，但如果通过妥善的贮藏加工，就可以避免或减少这一损失。

果蔬加工是以新鲜的水果蔬菜为原料，依据不同的理化特性，采用不同的加工工艺和设备，杀灭或抑制微生物，改变或保持果蔬的原有品质，制成各种不同于新鲜果蔬的多种制品的过程。在加工处理中要最大限度地保存其营养成分，改进食用价值，使加工品的色、香、味俱佳，组织形态更趋完美，进一步提高果蔬加工制品的商品化水平。对于种植者而言，如果将某些水果蔬菜作为原料出售价格低廉，而将其加工成加工制品后，其经济效益就会增加，尤其是那些残次落果等不适宜鲜销的果蔬，通过加工可以变废为宝，当然优质的加工还必须提供优质的专门加工品种。

果蔬加工产业是食品工业的重要分支，专注于将新鲜果蔬通过一系列工艺转化为具有更长保质期和多样化食用形式的产品，目前产品主要有脱水果蔬制品、果蔬罐头、果蔬速冻制品、蔬菜腌制品、果汁饮料、果蔬糖制品和果酒等。果蔬加工品有别于新鲜原料，在于它通过各种手段抑制和钝化了产品中微生物的生长和内在的酶活力，采用了适当的保藏措施，使制品得以

长期贮藏，这种能长期贮藏的加工制品是无或有较低生命活性的一类农产品。这种多样化的果蔬加工产品不仅丰富了市场的需求，也满足了消费者对不同口味和营养的需求。在产业的发展方面，果蔬加工业是涵盖第一、二、三产业的全局性和战略性产业，是衔接工业、农业与服务业的关键产业，也是我国农产品加工业中具有明显比较优势和国际竞争力的行业。

所以，发展果蔬采后加工业，可大量吸纳农村剩余劳动力，增加就业机会，促进地区经济和区域性高效农业产业的健康发展，是推动农村经济增长和农民增收的关键力量，对于实现丰产丰收具有特殊的意义。此外，还可以为我国出口创汇提供更好的果蔬加工制品，带动相关产业的发展，促进农村经济与社会的可持续发展。因此，果蔬加工业是我国重要的经济产业，从根本上缓解农业、农村、农民“三农”问题，对农业结构化调整有重大意义，其既促进国内经济消费，同时还可以拉动外贸增长，具有十分重要的战略意义。

二、国内外果蔬加工业发展现状

（一）我国果蔬加工业发展现状

我国果蔬加工行业市场参与者众多，包括大型果蔬加工企业、中小型加工厂以及新型的果蔬加工品牌。随着科技的进步，果蔬加工行业更加注重技术的创新和产业升级、智能装备、自动化生产线等现代技术的应用，来提高生产效率和产品质量。此外，随着消费者对营养、健康、美味以及最低限度加工食品的需求不断提升，果蔬加工技术也不断朝着绿色安全的方向发展。近年来，我国不仅从果蔬种植、流通到加工产业化经营水平越来越高，加工技术与设备也越来越高新化。我国也根据不同产地、不同品种的果蔬原料，构建其品质加工适应性的数据库，以期实现果蔬原料价值及功能最大化的开发及利用。在果蔬汁加工领域，高温短时杀菌技术、食品级抗菌剂协同非热杀菌、无菌包装等技术越来越先进，尤其在包装材料方面，逐步向智能缓释包装、可降解包装材料发展。此外，自从引进了德国、意大利等先进的果蔬汁相关生产线和生产设备之后，我国果蔬加工业的发展得到了大力的推进，果蔬汁产品呈现低糖、无糖趋势，功能性果蔬汁的需求也逐渐增大，儿童果蔬饮料种类也逐步增加。果蔬罐头领域的技术应用领域中实现了电脑全智能控制的新型杀菌技术，果蔬罐头行业也逐步在产品开发、原料绿色贮藏、新包装应用等方面推动，开始研发低糖产品、高端产品，进入转型发展期。早在1975年，杏仁露作为我国第一款植物乳饮品，开创我国植物蛋白饮料的先河之后，我国在植物乳饮品方面也逐步推出维维、椰树等产品，超微粉碎技术在果蔬原料细胞破壁方面的应用大大提升了植物乳饮品的技术变革。目前，我国预制菜产业已初具规模，果蔬贮藏方面也由传统的冷冻技术往冷冻速率更高、水分迁移更少、细胞结构破坏更小的速冻技术发展，这些年果蔬速冻技术在包装形式（从大包装转向处理过后的小包装形式）和冻结方式（如使用空气为介质的冻结装置、管架冻结装置等）方面也得到了显著的提升和突破，产生更好的生产效益，达到更快的速度和冻结品质。值得一提的是，我国近年来自主研发的真空冷冻干燥设备也达到了国际一流的水平，并广泛应用于高档脱水蔬菜干、水果片等产品加工。此外，高温杀菌技术、微胶囊技术、微波技术、超高压技术、膨化挤压技术及相关设备等也逐步在果蔬加工领域得到普遍的应用。

我国果蔬精深加工虽然起步较晚，但是整体在果蔬干燥、灭菌、榨汁等方面发展迅猛。由于健康饮食观念的普及和人们消费水平的提高，我国果蔬加工逐步向高品质、高附加值方向发展，如无添加、低盐、低脂、低糖、零糖等健康标签将逐步成为果蔬加工产品的重要卖点。这就要求我国果蔬加工更加注重技术创新和产业升级，采用更先进的智能装备、自动化生产线等现代技术的应用提高果蔬加工产品的生产效率和产品质量。目前我国在自主研发的核心关键技术和加工设备制造技术方面的水平还需进一步提高，如我国自主研发的水果破碎机和国际先进的设备性能相比还存在一定的差距。重要的是，在我国果蔬加工业发展过程中，也在不断强调绿色环保和可持续发展理念，采用清洁能源减少废弃物排放、开发全果利用高新技术降低对环境的污染和资源的浪费。

果蔬加工业是我们国家重要的经济产业，近年来由于技术进步不断推动产业升级，面对挑战与机遇并存的局面。新时代对于果蔬加工业的发展也提出了更高的要求，在积极改革创新的同时，也要准确把握行业的发展趋势。

（二）国外产业领先国家果蔬加工业发展现状

国外果蔬加工业受到重视程度越来越高。在产业化经营水平方面，产业领先国家已经实现了果蔬生产、加工、销售一体化经营模式，具有加工品种专用化、原料基地化、质量体系标准化、生产管理科学化、加工技术先进化，以及大公司规模化、网络化、信息化经营等特点。在果蔬加工技术及设备方面也日趋高新化。例如，在美国、法国、德国、瑞典、英国等国家，先进的无菌冷灌装技术与设备、冷打浆技术与设备等在果蔬加工领域应用不断提升，大大提升了果蔬加工增值能力。目前，美国、丹麦和日本在全球的冻干果蔬设备生产中占有一席之地。在欧美国家及日本消费市场中，冻干食品品质优良，占据比较大的市场份额。美国、荷兰等投入的脉冲电场技术加工的菠萝汁、苹果汁、草莓汁等已在欧盟市场上销售。国外对自动化生产线系统的研究与开发较早，美国、德国等部分国家实现了水果罐头的自动化、智能化的生产加工流水线，并逐渐向集成化、多元化、智能化生产方向发展。

产业领先国家主要是从绿色环保和经济效益角度出发进行果蔬加工，最大化实现果蔬原料的综合利用。近年来，无废弃开发，已成为国际果蔬加工业新热点，大量的果皮、果核、种子、叶、茎、花、根等下脚料也提倡被综合利用。美国在完全清洁生产方面以实现较强的综合能力，使得果蔬原料及其副产物有效的利用。例如，美国从橘子皮中提取和生产柠檬酸已形成一定的规模化生产。近年来，由于消费者购买模式的改变，果蔬加工全球市场正在扩大，国际市场也逐步加强机器人及自动化在果蔬加工业的应用，以实现降低成本的同时，提高果蔬加工生产效率。美国、瑞典等开发了现代节能食品加工设备，能够实现果蔬饮料以较低的成本进行碳化，降低运营成本并促进可持续产品的开发。欧美等国家，冷藏保鲜技术已经相当成熟，气调保鲜也已经发展到了相当高的水平，减压保鲜在日本等国家应用广泛，保鲜技术在发展和应用上各有特色，未来发展方向应该是加强国际合作与交流。

由于一些国家在果蔬加工方面起步较早，也具有先进的核心加工技术及加工设备，因此精深加工产品趋于多样化，且产品质量稳定，能够满足不同消费群体和消费层次的需求。产业领先国家果蔬加工企业均有科学的产品标准体系和全程质量控制体系，极其重视生产过程中食品安全体系的建立，对果蔬原料产地来源要求迅速、灵活、精准和透明，产品标准体系与质量控制体系更加完善。国际上对食品的卫生与安全问题越来越重视，世界卫生组织（WHO）、联合国粮食及农业组织（FAO）、国际标准化组织（ISO）、食品法典委员会（CAC）、联合国欧洲经济委员会（UNECE）、国际果汁生产商联合会（IFJU）、国际葡萄与葡萄酒组织（OIV）、经济合作与发展组织（OECD）等有关国际组织和许多国家均积极开展了果蔬及其加工品标准的制定工作。随着健康意识的增强，消费者更愿意购买质量较好的果蔬加工产品，采用人工智能等新技术，通过大数据和机器学习等，帮助高效的加工管理和预测，实现果蔬智能加工和包装，推动果蔬产品品质更好、保质期更长、利润率更好，丰富果蔬加工市场的多元化。此外，全球果蔬加工倡导可持续发展，加强国际合作，推动果蔬加工绿色、营养、健康、美味和可持续发展。

三、果蔬加工原料特性

果蔬原料在加工前，需经过选择、检测等一系列处理。只有对果蔬原料进行科学合理的选择、检测及处理，才能保证果蔬加工制品的成品率、风味、色泽、味道等品质。各种果蔬加工品的加工工艺虽不相同，但对原料的检测、选择、分级、洗涤、去皮、去芯、切分、破碎等处理，均有相似之处。

在果蔬加工的过程中，需要注意原料的生理特性、物理特性和化学特性，并且还需要深入分析原料加工适应性。了解果蔬的品质因素如色素物质、风味物质、营养物质和质构物质与果蔬加工工艺及加工品的质量关系；果蔬加工贮藏的物理方法、化学方法和生物化学方法原理；果蔬加工原料选择的原则；果蔬加工预处理方法和处理注意事项等。

1. 生理特性

果蔬具有生命特性，采后果蔬具有生理活动的重要标志是进行呼吸作用，呼吸作用具有明显的季节性、区域性和多样性。果蔬的生理特性主要包括呼吸代谢、休眠、蒸腾作用。

（1）呼吸代谢　果蔬在采后并未停止自身运动，而是继续保持呼吸代谢的基本功能。一般来讲，果蔬的呼吸作用包括有氧呼吸和无氧呼吸，有氧呼吸主要是果蔬在氧气充足的情况下，将自身营养物质氧化为二氧化碳和水。一旦贮藏环境中的氧气不足，果蔬便开始无氧呼吸，在此过程中，果蔬的糖、有机酸等营养物质会分解为乙醛、乙醇等产物，而果蔬采后在呼吸代谢过程中消耗的是其本身的营养物质。因此，为保障果蔬的营养价值，需要在贮藏过程中降低果蔬呼吸强度，只有这样果蔬的营养物质才能尽可能得以保留。

（2）休眠　果蔬休眠的生理特性是果蔬在进化过程中逐渐形成的，部分具备休眠特性的果蔬在采摘后能进行较为缓慢的生理运动，呼吸代谢、蒸腾作用等都会有所减弱，处于相对静止状态以增强自身抵抗环境的能力。因此，在果蔬贮藏过程中，要利用其休眠的生理特性，延长其休眠期，从而增强果蔬的新鲜度和品质。

（3）蒸腾作用　新鲜果蔬产品含有大量水分，若果蔬组织中的水分含量超过 80%，果蔬会呈现出鲜亮光泽、新鲜饱满、脆嫩等特点。果蔬在生长期间能够通过根茎补充水分，采摘后在蒸腾作用下水分持续损失，正常代谢过程遭到破坏，耐藏性和抗病性显著降低，严重影响果蔬品质。果蔬的蒸腾作用受自身品质与贮藏环境影响，因此，要选择品质较好、没有机械损伤的产品，在贮藏环境中，采用降低温度、增加湿度、减少空气流动、包装、涂抹等手段保持水分，尽量延长果蔬产品贮藏期。

2. 物理特性

每种果蔬都具有一定的物理性状，这些物理性状可以用颜色、大小、形状、重量、相对密度、容重和硬度等来表示，它们是区分和识别果蔬种类和品种属性的必要条件。在果蔬生长发育、成熟衰老过程中，果蔬的物理性状都会发生一系列的变化。这些变化直接反映了果蔬的生长发育状况、成熟程度、新鲜程度以及品质的优劣程度。充分全面地了解果蔬的物理特性，对于判断果蔬化学性状，进行化学测定和品质分析可奠定基础，也有利于分析果蔬的加工条件，为加工适应性与拟加工技术条件提供一定的依据。

3. 化学特性

果蔬的化学组成及特性直接影响果蔬的贮藏性及加工性，果蔬加工除了防止腐败变质，还要尽可能地保护果蔬制品的营养成分、风味、色泽、质地，即控制果蔬化学成分的变化，故应了解果蔬的主要化学成分的基本性质及其加工特性，化学成分根据功能不同可以分为四大类即色素物质、营养物质、风味物质和质构物质，主要水溶性成分主要有糖类、有机酸、丹宁物质、水溶性维生素、酶、部分含氮物质、部分矿物质等；非水溶性成分主要包含纤维素、半纤维素、原果胶、淀粉、脂肪、脂溶性维生素和色素、部分含氮物质、部分矿物质和有机酸盐等。

4. 原料加工适应性

单纯依靠粮食作物根本难以满足人体对营养物质的基本需求，而水果和蔬菜能够及时补充粮食作物的不足，保障人体内部各系统正常运转，使身体处于健康状态。因此，从人体健康出发，在果蔬生产与加工处理阶段，相关人员就要了解果蔬原料的生理特点，了解不同品种、不同产地、不同来源的果蔬原料的关键营养物质、主要组成成分等，通过主成分分析、聚类分析、判别分析等方法，明确果蔬原料的风味、色泽、营养成分、物质组成等关键相关指标与产品品质的关联机制，可以按照用途、加工方式、产品档位等对不同果蔬原料进行筛选并分类，创建专用品种的加工工艺，研发高品质的果蔬新产品，提升果蔬制品的品质与效益。在加工过程中优化加工技术，最大程度保留果蔬的营养价值，防止其腐烂变质，为民众提供新鲜健康的果蔬产品，由此可见，加强对果蔬原料生理特点及加工技术的研究至关重要。

果蔬产品是人们日常生活中的必需品，对于提升生活质量和保持人体健康具有重要作用。因此，果蔬产品在加工过程中要充分考虑其原料的生理特点，通过优化加工技术，尽量保留果蔬产品的营养，为公众提供健康且安全的果蔬产品。本教材详细分析果蔬原料的生理特点及加工技术。果蔬产品种类较多，在加工过程中，只有充分考虑其原料的生理特点，才能保障其原料营养元素的流失最少。

四、本课程的基本学习要求

（一）理论要求

“果蔬加工工艺学”是实用性比较强的课程，其涵盖范围非常广，种类繁多，不仅有原材料的不同，还有产品加工技术、生产工艺的差异。根据果蔬加工特点开展的果蔬加工工艺学是一门应用科学，它是以微生物学、化学、物理、食品科学、食品工程原理、食品工厂设计、制冷学及食品机械设备等学科为基础。由果蔬加工与贮藏原理、果蔬加工工艺和质量控制等知识体系组成，具体内容包括果蔬加工贮藏原理、果蔬制汁、果蔬速冻、果蔬干制、果蔬糖制、蔬菜腌制和果酒果醋酿造。要提高果蔬的贮藏加工水平，并使之不断提高与发展，就必须具备这些学科的基本知识，关注它们的发展动态，重视最新研究成果的应用。尤其近些年，随着科学技术的不断进步，各学科的相互渗透，新技术、新方法不断地出现和应用，果蔬加工工艺学的深度和广度也在不断发展。因此，在这门课程里不仅要学习果蔬加工的基本理论和加工技术，还应掌握各相关学科的发展，以及这门课程的新技术、新知识、新产品等信息，并学会与生产实践相联系，应用所学知识解决生产中的实际问题，真正为实现提升我国果蔬加工技术至世界先进水平打下扎实基础。

（二）实践要求

学习果蔬加工工艺学不仅需要有各种理论作支撑，也需要有一定的实践经验，这里的实践经验即实验经验，有一定的食品加工及检验技术实验基础，掌握一般食品加工实验的基本步骤，例如，浓缩、灌装、杀菌冷却等基础步骤。在后续实验中，处理起来更得心应手。

果蔬制品的生产工艺主要包括原料检验、预冷、预处理、清洗、去皮、切分、保鲜、脱水、包装、杀菌和贮存运输等环节，不同工艺和环节对产品品质有显著影响，主要从预冷、去皮、保鲜和干燥 4 个方面总结工业生产中常用的关键技术，为果蔬加工技术的升级和产业的发展提供参考。因此，在学习过程中，要将侧重点放在预冷、去皮、保鲜和干燥 4 个方面探究实验。目前预冷技术主要有冰水预冷、空气预冷、差压预冷和真空预冷等。去皮技术，主要有机械去皮、化学去皮和蒸汽去皮。国内外针对采后果蔬的保鲜方法主要分为物理法、化学法和生物法 3 类。果蔬干燥方式主要有自然风干燥、热风干燥、微波干燥、变温压差膨化干燥、太阳能干燥、热泵干燥、红外干燥和真空干燥等。在实验过程中，可以有意识地探究以上方法进行对比。

基于现状，在学习实践过程中，有意识地提高果蔬利用率，探究新技术的应用。通过本课程的学习，充分了解果蔬加工工艺的发展状况和国内外果蔬加工行业动态，课程的理论学习与实践技能培养的目的是掌握果蔬加工学科的基本理论、基础知识和基本操作技能，进而掌握各类果蔬加工品的制作工艺。果蔬加工工艺学具有较强的实际操作性，与食品工艺学以及其他食品加工工艺学有着密切的联系，旨在培养独立分析问题、解决问题的能力，为从事果蔬加工品的生产、研究及开发奠定基础。

通过本课程的学习，掌握果蔬的预处理、果蔬干制、果蔬罐藏、蔬菜腌制、果蔬糖制及果蔬原料的综合利用等基本理论、技术要点及在生产中的应用，并通过实验实习的方式，对各种工艺方法的应用有一个完整的概念，为综合性生产实习的实施打下良好的基础。本课程能为果蔬加工企业、食品与农产品检测机构、监督管理部门和科研院所等相关单位和部门培养高素质应用型人才。

第二章

02

果蔬加工贮藏原理与预处理

本章学习目标与要求

1. 掌握引起果蔬败坏的主要原因。
2. 掌握果蔬保存的基本原理与方法。
3. 了解果蔬加工与预处理的基本要求与工艺。

第一节　果蔬败坏与加工贮藏方法

果蔬富含人体必需的维生素、矿物质，可以给机体提供多酚类等生物活性物质，含有一定量的碳水化合物，是膳食纤维的重要来源。果蔬采摘后，在自身酶以及外界微生物的作用下，发生剧烈的分解反应，这些分解反应不仅发生在加工过程中，还发生在果蔬流通、贮藏、销售过程中，甚至会引起一定程度的劣变。果蔬内部的物理化学反应会引起维生素氧化、色素分解等，有的反应会产生有毒有害物质，这些反应严重影响了果蔬品质，并且有可能危害人体健康。

一、果蔬败坏的原因

（一）呼吸代谢

果蔬采收以后，失去了水和无机物的来源，同化作用基本停止，但仍然是活体状态，其主要代谢过程是呼吸作用。呼吸是呼吸底物在一系列酶参与的生物氧化作用下，经过许多中间环节，将生物体内的复杂有机物分解为简单物质，并释放出化学键能的过程。呼吸底物在氧化分解中形成各种中间产物，其中一些是合成其他新物质的原料，而新物质的合成及细胞结构和功能维持所需要能量，可由呼吸作用中的高能化合物腺苷三磷酸（ATP）随时提供。由于呼吸作用同各种果蔬的生理生化过程有着密切的联系，并制约着生理生化变化，因此影响着果蔬采后的品质、成熟、耐贮性、抗病性以及整个贮藏寿命。呼吸作用越旺盛，各种生理生化过程进行得越快，采后寿命就越短，因此，在果蔬采后贮藏和运输过程中要设法抑制呼吸，但又不可过分抑制，应该在维持产品正常生命过程的前提下，尽量使呼吸作用进行得缓慢一些。

有氧呼吸是主要的呼吸方式，它是从空气中吸收氧，将糖、有机酸等物质氧化分解为二氧化碳和水，同时释放出能量的过程。这种生物氧化过程释放的能量并非全部以热量的形式散发，而是借助于高能磷酸键来传递，同时释放出热量。而供氧不足时，则不能保证充分有氧呼吸，组织就开始无氧代谢，因此要注意通风换气，避免无氧呼吸。无氧呼吸主要有两个缺点：第一，它释放的能量比有氧呼吸少，为了获得能量会消耗更多的呼吸底物；第二，在无氧呼吸过程中，乙醇和乙醛及其他有害物质会在细胞里累积，并输导到组织其他部分，使细胞中毒。各种水果开始无氧呼吸时的氧气浓度，因水果的种类、品种、成熟度及温度不同而异，因此，气调贮藏时要注意氧气的临界值。除了葡萄糖，其他碳水化合物也可以作为呼吸底物，而蛋白质和脂肪则要经过水解后，才能作为呼吸底物。

（二）乙烯释放

乙烯是促进果实成熟的一种生长激素。所有果实在发育期间都会产生微量的乙烯，它不仅能促进果实成熟，还具有许多其他的生理作用，如加快叶绿素分解，使果实转黄，促进水果的衰老和品质下降，还会促进植物器官的脱落。

为了减缓果蔬采后的成熟和衰老，一是要尽量控制贮藏环境中乙烯的生成。提高二氧化碳的浓度、降低氧气的浓度，在不造成果蔬冷害和冻害的前提下，尽量降低贮藏温度，可以抑制乙烯的生成及抑制乙烯的生理活性；二是机械损伤、病害虫侵染都会刺激乙烯产生，因此，在水果的采收、分级、包装、运输和销售中都要轻拿轻放，避免损伤。排除乙烯的最简单方法是通风换气，冷藏和通风贮藏库中常用这种方法来排除乙烯，但在气调或限制气调贮藏的环境中，不能随时采取通风的方式，因为通风将破坏气调环境中的气体成分，而需要在密闭的环境中使用乙烯氧化剂来脱除乙烯。目前生产上常用的乙烯氧化剂是高锰酸钾，将它配制成饱和溶液，吸附在一些多孔载体上，置于气调贮藏库或塑料袋及塑料帐中，乙烯将被吸附氧化。常用的载体有碎砖块、蛭石、氧化铝等。当高锰酸钾由原来的紫红色变成砖红色失效后，应及时更换。此外，也可以用溴化物制成乙烯氧化剂。焦炭分子筛对乙烯也有一定的吸附能力，碳分子筛制氮机气调贮藏番茄可以将乙烯控制在 1μL/L 以下。

（三）蒸腾作用

新鲜果蔬的含水量可达 65%~96%，采收后因蒸腾作用失水引起组织萎蔫，从而造成一系列变化和不良影响。果蔬采后在贮藏和运输中会失水萎蔫，含水量不断降低，使产品的质量不断减少，这种失重通常称为“自然损耗”，包括水分和干物质两方面的损失，但主要的是失水，失水会造成经济、质量方面的损失。一般情况下，易腐水果失水 5%就出现萎蔫和皱缩，通常在温暖、干燥的环境中几小时，大部分水果都会出现萎蔫。有些水果虽然没有达到萎蔫程度，但是失水已影响水果的口感、脆度、颜色和风味。萎蔫会引起果蔬代谢失调，萎蔫时水解酶活力提高，果蔬中的大分子物质加速向小分子转化，呼吸基质的累积会进一步刺激呼吸作用。如苹果贮藏过程变甜，是因为脱水引起淀粉水解为糖。果蔬严重脱水时，细胞液浓度增高，有些离子如氨离子和氢离子浓度过高会引起细胞中毒，甚至破坏原生质的胶体结构。因此，应该注意在果蔬的采后处理及贮藏、运输过程中尽量控制失水，保持产品品质，延长果蔬的贮藏寿命。

（四）生理失调

果蔬采后生理失调又称生理病害，它与组织的崩溃和损伤有关，由于环境条件不适，如温度、气体成分不适或生长发育期间营养不良，生理失调是水果对逆境产生的一种反应。

冷害是指由水果组织冰点以上的不适低温造成的伤害，在0~12.5℃的温度下会发生生理失调。在低于冷害临界温度时，组织不能进行正常的代谢活动，抵抗能力降低，产生多种生理生化失调，最终导致各种各样冷害症状出现，如产品表面出现凹陷、水浸斑；种子或组织褐变，内部组织崩溃；果实着色不均匀或不能正常成熟；产生异味或腐烂等。易受冷害的大部分是热带的水果，例如，鳄梨、香蕉、桃、柑橘类、芒果、甜瓜、番木瓜、菠萝，以及某些品种的苹果和梨等。

（五）微生物感染

微生物是新鲜农产品和最低程度加工的新鲜切块产品的天然污染物，污染发生在收获、运输、加工和贮存过程中。污染的途径包括：有机废物作为肥料应用于农业土地，灌溉用水被粪便污染，牲畜、野生动物和鸟类直接污染，以及工人卫生等。通常，机械损伤会使作物更加容易滋生微生物，作物更易腐烂。一旦作物衰变过程开始，微生物迅速繁殖，破坏组织，使受影响的产品无法食用，会导致巨大的经济损失。一些导致蔬菜腐败的微生物也能够产生有毒的代谢物，而另一些则是人体机会致病细菌，它们可能对受感染的产品或消费者构成潜在的健康危害。

二、果蔬在加工贮藏过程中的质量控制

（一）果蔬加工工业中的产品质量控制——HACCP

食源性疾病是指通过摄食而进入人体的有毒有害物质（包括生物性病原体）等致病因子所造成的疾病。一般可分为感染性和中毒性，包括常见的食物中毒、肠道传染病、人畜共患病、寄生虫病以及化学性有毒有害物质所引起的疾病。食源性疾病的发病率居各类疾病总发病率的前列，是当前世界上最突出的卫生问题之一。

危害分析及关键控制点（hazard analysis critical control point，HACCP）已经成为保护消费者免受食源性疾病的重要方式。HACCP是一种食品安全体系，它在生产过程的每一步都考虑潜在的食品安全危害，并规定控制措施，以防止食品安全危害或将食品安全危害降低到可接受的水平。1997年，CAC批准了HACCP，并为国际贸易制定了指导方针。从那时起，世界各地的政府机构都承认HACCP是控制食品安全危害最有效的体系。

在HACCP中，食品安全对每个过程步骤进行管理，不安全的做法或状况在成品装运前应加以防止或纠正。从长远来看，这种主动的方法可以节省大量的时间和金钱。HACCP中制造商为食品安全的主要负责方。HACCP将食品安全责任从政府转移到制造商。HACCP并没有完全取代检查系统，但它使检查过程更有效，因为检查重点可以放在审查制造商对食品安全控制措施的持续承诺的记录上，而不是完全依赖于随机的视查和定期对最终产品进行测试。

HACCP对食品安全采取系统的方法。在食品流通的每个过程步骤都要评估潜在的危险，并定期监测最重大的危险。食品制造商可以在关键控制点（CCP）优先考虑并指定资源来控制危险，在这个过程中，控制对保持食品安全至关重要。HACCP需要定期进行监测和核查活动，以确保该计划运作良好。每当工艺、产品或加工环境发生变化，或出现关于如何最好地控制食

品安全危害的新科学信息时，就会对计划进行更新。

（二）果蔬生产的良好农业规范和良好生产规范——GAP、GMP

良好农业规范（good agricultural practices，GAP）是指在农场或包装车间减少微生物风险或防止果蔬污染的农业管理实践或操作程序。GAP 实践侧重于田间生产，包括土壤改良剂、灌溉水源和工人培训等领域。当新鲜蔬菜的生产和处理进入控制水平高于现场环境的区域时，应该应用良好生产规范（good manufacturing practices，GMP）。GMP 是一种管理体系，它特别注重在产品生产加工全过程中实施对产品安全与卫生的控制。这套体系包括了一系列贯穿于生产全程的方法、措施和技术要求。

（三）新鲜和加工果蔬的微生物安全

鲜切果蔬主要致腐菌包括细菌和真菌。一般霉菌、乳酸菌和酵母菌造成酸性水果腐败变质，例如，橘子、浆果等。对鲜切果蔬，如生菜、蔬菜根茎和块茎等，主要由果胶酶细菌降解植物细胞壁而造成鲜切果蔬腐败。软腐败是鲜切果蔬腐败的主要形式，如马铃薯、辣椒、番茄等的腐败。造成鲜切果蔬腐败的细菌，包括假单胞菌属、黄单胞杆菌属、梭菌属、芽孢杆菌属和噬纤维菌属，如梭菌在缺氧条件下导致马铃薯腐烂。大部分鲜切果蔬的腐败主要由假单胞菌科（Pseudomonadaceae）和肠杆菌科（Enterobacteriaceae）等引起。其中，欧文氏菌（*Erwinia*）和荧光假单胞菌（*Pseudomonas fluorescens*）是致使鲜切果蔬腐败的主要腐败菌。欧文氏菌存活于蔬菜表面，经过机械外伤和果蔬天然孔径，可寄生于果蔬维管束、果蔬木栓和果蔬细胞组织，环境条件包括自由水、氧气、温度达到一定程度会造成细菌活跃，导致蔬菜腐败甚至产生病害。荧光假单胞菌是导致果蔬软腐败的主要细菌。荧光假单胞菌在自然界中普遍存在于土壤、水、蔬菜根部和表面，例如，鲜切菠菜在贮藏过程中的优势致腐菌为荧光假单胞菌。除此之外，生菜、马铃薯、番茄中也都大量存在荧光假单胞菌。

在新鲜水果和蔬菜上的人类病原体中，最令人担忧的是肠道病原体、病毒和寄生虫，包括沙门氏菌、大肠杆菌 O157：H7、志贺氏菌、甲型肝炎病毒、诺如病毒、环孢杆菌和隐孢子虫。不幸的是，目前的生产和加工方法不能确保新鲜蔬菜不含病原体。有机肥料的使用，如动物粪便和泥浆、屠宰场废弃物，可能是直接进入农田的病原体的主要来源。需要进一步努力来更好地理解微生物和农产品之间复杂的相互作用，以及污染从农场到餐桌发生的机制。在新鲜蔬菜的生产、加工和分销过程中，需要实施有效的食品安全干预措施。

三、果蔬加工贮藏方法

（一）维持果蔬最低生命活动的贮藏方法

食品冷冻贮藏是利用低温贮藏食品，即降低食品温度，维持低温水平或冰冻状态，以便控制微生物生长繁殖和酶的活动，阻止或延缓它们的腐败变质，保存食品原有的新鲜度，也是达到远途运输和短期或长期贮藏目的的有效方法。食品冷冻贮藏能较好地保证食品外观、风味、营养价值，减少虫害、鼠害引起的损耗，提高食品安全性。食品冷冻贮藏有利于调节市场平衡供给，合理安排生产，调整加工进度，保证食品质量。食品冷冻贮藏包括食品冷藏和食品冻藏两种。

1. 食品冷藏

食品冷藏是低温贮藏中一种行之有效的、常见的食品贮藏方法。它是预冷后的食品在稍高于冰点温度中进行贮藏的方法。冷藏温度一般为-2～15℃，而4～8℃则为常用的冷藏温度。食品冷藏的效果主要取决于贮藏温度、空气湿度和空气流速等，这些工艺条件则随食品种类、贮藏期的长短和有无包装而异。若贮藏期短，对冷藏工艺条件的要求可以低一些，如可适当提高贮藏温度。

贮藏温度是冷藏工艺条件中最重要的因素。在保证食品不至于冻结的情况下，冷藏温度越接近冻结温度则贮藏期越长。有些食品对贮藏温度特别敏感，若温度低于其临界贮藏温度就会有冷藏病害（冷害）出现。空气湿度及其流速对食品冷藏也有所影响。冷藏室内的空气既不宜过干也不宜过于潮湿。低温食品表面和高湿空气相遇，就会有水分冷凝在其表面上。冷凝水分过多，不仅在通常冷藏温度下食品会发霉，而且在温度变化下食品还容易腐烂。空气湿度过低，即过干时，食品中水分就会迅速蒸发并出现果实萎缩。贮藏室内的空气流速对食品的耐藏性的影响也很重要（其中以鼓风为最好）。空气流速越大，食品和空气间的蒸气压差随之增大，食品水分的蒸发率也相应增大。如空气流速倍增，则水分的损耗也将增大。在空气湿度较低的情况下，空气流速将对食品干缩产生严重的影响。只有相对湿度较高而空气流速较低时，才会使水分的损耗率降到最低的程度。

2. 食品冻藏

食品冻藏包括缓冻和速冻两种，一般采用速冻贮藏。速冻食品的质量总是高于缓冻食品，速冻是保证食品品质的重要因素。常用的贮藏温度为-23～-12℃，而以-18℃为最适用。长期生产实践经验表明，对大多数食品来讲，每小时冻结层分界面位移1.27cm的冻结速度较为适宜。厚包装食品在多板式速冻设备内双面冻结到-18℃以下的最终温度时，冻结层分界面位移至包装中心所需时间为2h，这就可以达到速冻的要求，缩短了加工时间，减轻菌性变质，从而保证冻制品的品质。

食品的冻藏温度以及在贮运中的冻藏温度应在-18℃以下。-18℃的贮藏温度足以延缓食品中酶的活动，能较好地保持其原始品质，获得合适的贮藏期。冷藏链的组成大致包括加工、贮藏、运输和销售4个过程。其原理为：在食品冷冻工艺学的基础上，以制冷技术为手段使食品从生产到消费均处于连续的低温环境中，以确保食品的质量。其基本点为3T原则，冻结食品的3T原则是指冻结产品的最终质量取决于其在冷藏链中贮藏和流通的时间（time）、温度（temperature）、产品耐藏性（tolerance）；3P概念，即原料（product）、处理工艺（processing）、包装（package）；3C概念，即冷却（cool）、清洁（clean）、小心（care）。

3. 气调贮藏和包装

（1）气调贮藏　气调包装（controlled atmosphere packaging，CAP或modified atmosphere packaging，MAP），又称充气包装与气体置换包装。其包装材料具有气体阻隔性能，可根据包装实际需求将相应比例的O_2+CO_2、N_2+CO_2、$O_2+CO_2+N_2$混合气体充入包装内部，最大程度降低食品氧化速率，降低其生物、化学、物理反应，以此来达到延长食品货架期、提升食品经济价值的目的。具体而言气调包装的技术原理主要体现在以下方面。①抑制呼吸：鲜切果蔬的变质反应主要是由于果蔬在外部贮藏环境、气体环境的影响下，如环境温度、水分含量以及空气中CO_2、O_2、N_2含量等，出现水分蒸发、呼吸作用、氧化反应等而发生的。如若能够在贮藏过程中，降低O_2含量，增加CO_2、N_2比例，那么就可以延缓鲜切果蔬的变质速率。而气调包装技术的原理正是如此。它可以通过对食物贮藏环境湿度、气体成分的改变，将食物放置于一种低 O_2、CO_2 浓度适宜的环境中，在抑制果蔬呼吸的同时达到保鲜的效果。②抑制微生物繁殖：由于大多数微生物都属于好氧性生物，因此在 O_2 充足的情况果蔬变质速率较快。在利用气调包装技术进行果蔬包装时，通过高浓度 CO_2 的注入，能够大大降低贮藏环境中的 O_2 含量，加之低温贮藏环境，有助于果蔬组织中乙醛、醇等抑菌类物质的积累。由此来达到抑制微生物繁殖的目的使果蔬品质得到充分保障。

气调保鲜技术分为被动气调保鲜贮藏（MA）和主动气调保鲜贮藏（CA），被动气调保鲜贮藏是指果蔬通过自身呼吸作用调节贮藏环境中 O_2 和 CO_2 浓度，达到抑制自身生命活动，延长保鲜贮藏周期的一种保鲜技术。主动气调保鲜贮藏是指根据不同果蔬的最佳贮藏环境气体成分比例，借助其他机械设备作用，主动调节贮藏环境气体成分、温度以及气压等条件，达到延长果蔬贮藏周期的保鲜技术。被动气调保鲜贮藏成本低，操作简单；主动气调保鲜贮藏控制精确，技术复杂，成本相对较高。目前，常用的气调保鲜技术主要有：塑料薄膜帐气调、自然降氧法、微孔膜、混合降氧法和人工调控贮藏环境气体成分法。与传统的冷藏保鲜方式相比较，气调保鲜贮藏具有保鲜品质好、贮藏时间长、工作能耗较低等多方面优点，可以延长果蔬贮藏时间 5~10 倍。

（2）气调包装材料　气调包装进行果蔬保鲜时，不用把果蔬密封起来，避免过度包装导致果蔬的机械损伤，要选择适合果蔬本身包装，一般来讲，用于果蔬保鲜的气调包装材料主要有聚丙烯（PP）、完全可降解性聚碳酸亚丙酯（PPC）、聚氯乙烯（PVC）、聚偏二氯乙烯（PVDC）等，根据果蔬呼吸速率选择恰当的气调包装材料可以保证气调保鲜效果。

塑料薄膜可以调节包装膜的透气性和透湿性，导致包装内的气体发生变化。塑料薄膜的化学性质相对稳定，透明透光，性价比高，是一种经济价值高的保鲜材料，应用比较广泛，塑料薄膜的主要材料是聚乙烯和聚偏二氯乙烯。塑料薄膜的种类和厚度不同，其透气程度和透湿程度也不同，做好透气工作就会提高 O_2 的透入率和 CO_2 的透出率，防止 O_2 含量过低，CO_2 含量过高。在塑料薄膜中添加乙烯吸收剂或 CO_2 吸收剂，可吸收果蔬在贮藏过程中产生的乙烯和 CO_2，延长贮藏期。

纳米包装材料主要指的是应用纳米技术，进行纳米添加，改变某一材料的特性和功能，纳米材料又称纳米复合包装材料、纳米改性包装材料和纯纳米化包装材料等，纳米材料可以隔绝果蔬中的细菌病毒，减少乙烯的含量（如纳米银粉），达到良好的保鲜效果，降低透氧率。而且纳米材料具有抗菌杀毒、低透氧率、低透湿率、阻隔 CO_2、吸收紫外线以及自洁功效等优良特点。

智能包装指的是在果蔬保护中加入多种技术，让其满足普通包装功能的同时，又增加了对果蔬贮存环境的监控和识别，成功判断环境的湿度和温度，通过对压力和密封程度的检测，第一时间掌握气调包装内的各种气体成分，根据实际情况采取保护措施，虽然智能包装材料适合大部分种类的果蔬，但是其成本高，耗费时间长，投入成本较高，所以在实际果蔬包装时应用并不广泛。

（二）运用杀菌原理的贮藏方法

1. 热处理

热处理通过使微生物蛋白质、核酸和活性物质失去活性来实现杀菌作用。短时高温漂烫温度一般控制在 85~100℃，时间根据漂烫对象而定，一般不会超过 1min，对沙拉混合菜上大肠菌群灭杀值一般不会超过 1lg（CFU/g），对鲜切苹果上大肠杆菌 O157：H7 的灭杀值大于 5lg（CFU/g）。经过短时高温漂烫的蔬菜，其多酚氧化酶（PPO）和木质素酶可被钝化，控制了鲜切胡萝卜变色。该技术缺陷在于蔬菜营养素会因为热处理造成热降解、热弥散及浸出。热处理通常温度为 45~70℃，处理时间小于 5min。相关资料显示，热处理技术能够钝化多酚氧化酶，抑制褐变，特别是在 50~60℃时，对鲜切生菜褐变具有良好的抑制作用。但该技术温度较低，不能完全杀灭微生物，往往需要与其他杀菌手段联合使用。

2. 放射线技术

γ 射线、X 射线和电子束在作用时能够电离产生电离子，统称为电离辐射。电离辐射不会造成残留，也不会产生热量，因此对鲜切果蔬的损伤较小。放射线杀菌机制主要是通过电离产生的自由基和离子直接破坏微生物的脱氧核糖核酸（DNA）结构。在可控条件下，γ 射线是一种安全系数高、环境友好型技术，能有效杀灭昆虫和致病菌，在对新鲜农产品处理时，美国食品药品监督管理局（FDA）批准 γ 射线最高使用剂量为 1kGy。

3. 紫外线照射

紫外线（UV）杀菌技术是一种非电离辐射技术，在采取适当防护措施的前提下，紫外线照射被认为是一种环境友好、无残留、无毒、低成本的杀菌处理技术。紫外线波长范围为 200~400nm，在此区间内共分为 3 类：320~400nm 为 UV-A，280~320nm 为 UV-B，200~280nm 为 UV-C。在 260~265nm 时，杀菌效果最好，因为在此区间内 DNA 拥有最大吸收峰。紫外线照射杀菌主要直接作用于微生物 DNA 双链上的嘧啶和嘌呤核苷酸碱基对，但由于嘌呤对紫外线吸收强度是嘧啶的 10 倍，嘌呤光解后形成的 DNA 光解产物（主要为环丁烷嘧啶二聚体和嘧啶-6-4-嘧啶酮）能够抑制细菌 DNA 转录和复制，最终导致细胞死亡。微生物在一些特定情况下会通过 DNA 修复抵抗紫外线杀菌作用，如在紫外线处理之前经历的热、酸、渗透压和饥饿等逆境胁迫。

4. 脉冲强光

脉冲强光是一种利用惰性气体（主要是氙气）的照射技术，由于光谱范围广（从紫外到近红外波段，波长 100~1100nm），其杀菌作用主要依赖于紫外波段，故其杀菌机制与紫外线照射类似，都是通过 DNA 的光解作用，抑制微生物转录来实现杀菌作用。

5. 低温等离子体

低温等离子体技术主要通过气体激发生成的等离子来实现杀菌作用，其气体源主要为空气、氧气、氮气以及稀有混合气体（氦气、氩气和氖气），这些气体可以在激光、微波、射频、磁场以及电击下，被激发成为一种包含正负离子、自由电子、激发和非激发态分子的准中性气体，又称等离子体，是一种除固态、液态和气态以外的第四种物质形态。这些激发态离子会与细菌细胞膜作用，同时这些激发态离子在重新组合的过程中释放的能量以紫外线的形式作用于细菌 DNA，双重作用实现杀菌。低温等离子体设备目前还较昂贵，尚处在理论研究阶段，还无法对大批量果蔬进行杀菌处理。此外，利用介质阻挡等离子体技术能够对包装内果蔬进行消毒，且能够与清洗消毒技术联合使用，但该技术控制不当容易将塑料包装击穿并且对叶菜品质破坏较为明显，处理参数（如输入电压、脉冲频率和处理时间等）还有待于进一步优化和探究。

6. 臭氧

臭氧保鲜贮藏技术是利用臭氧的强氧化能力与微生物细胞中活性成分及果蔬成熟过程中释放的还原性物质反应，达到杀菌和减缓果蔬成熟速率，达到延长果蔬保鲜贮藏周期的目的。臭氧可以氧化多种饱和、不饱和的有机物，能够分解果蔬成熟过程中释放的乙烯、乙醛、乙醇等有害气体，缩小果蔬表面气孔，减弱果蔬生理代谢活动，降低营养成分的损耗，保持果蔬原有口感和风味。臭氧可以改变真菌、细菌等微生物细胞壁、细胞膜通透性，并使得细菌体蛋白质变性、酶系统破坏，达到消毒、杀菌、防腐的作用，能有效保证果蔬贮藏品质，延长保鲜贮藏周期。臭氧保鲜贮藏技术具有高效、安全、无污染、无残留等优点。臭氧对保鲜库具有广谱杀菌作用，结合保鲜袋包装、冷藏气调等保鲜技术可以有效提高果蔬保鲜贮藏效果。

（三）抑制微生物活动的贮藏方法

1. 干燥法

最常见的干燥方法是开放空气干燥，可以直接在阳光下或在阴凉的环境下完成，但直接的阳光和热量会显著地影响温度敏感的维生素和色素。干燥过程的基本特征是，在机械干燥过程中，水通过吸热产生相变，从食品材料中去除，得到最终产物。食品干燥法的优势有：减少体积，容易处理、运输和贮存。因为腐败菌不能在干燥的食物中生长和繁殖，许多不良变化的相关酶也不能在没有水的情况下发挥作用，所以干制品的货架期延长。但在许多情况下，干燥不当可能导致产品质量不可逆的损害，从而导致产品滞销。在干燥高水分材料时，水分的减少会引起形状、密度和孔隙度的变化。脱水后，干制果蔬应表现出理想的感官和营养品质。

2. 精油保存法

植物精油同样具有抗氧化、杀菌等功效，这种功效被称为抑菌机制。植物精油的抑菌机制可以划分为多种，例如，使病菌细胞的形态发生改变，对分生孢子产生相应的影响等。植物精油在经过处理之后，会对一个完整的病菌的细胞造成一些影响，这些影响是不可逆转的，即在植物精油的作用下病菌的细胞壁出现破裂，紧接着影响其细胞膜的正常功能。不同的植物精油会对病菌产生不同的影响。植物精油作为一种天然的抑制病菌产生和发展的食品防腐剂，可以在食品贮藏中发挥作用。但是植物精油自身的抑菌功效是有限的，在对食品进行贮藏的时候，可以借助其他手段来辅助植物精油保鲜，以此显著延长食品的贮藏期，提高其贮藏效果。

（四）利用发酵原理的贮藏方法

1. 发酵

发酵保存食物的原理是碳水化合物和相关衍生物经过氧化，形成酸、乙醇和 CO_2 等最终产物。这些最终产物控制着食品腐败微生物的生长，由于只是部分成分发生氧化，食品仍然含有营养物质。乳酸菌是用于生产稳定果蔬发酵产品的最重要的微生物群落。微生物可以通过改变环境来提高自身的竞争力，使其对其他生物产生抑制或致死作用，同时刺激自身的生长，这种竞争作用是让发酵可用于果蔬贮藏的基础。乳酸菌通常会产生一些对其他微生物有抑制作用的化合物。它们既可以产生抑菌谱相对较宽的抗菌化合物（即有机酸、过氧化氢），也可以产生抑菌谱相对窄的化合物（细菌素如乳酸链球菌素）。此外，发酵还会改变食品的感官（味道、气味等）和功能特性，从而生产出消费者想要的最终产品。

2. 腌制

腌制是通过添加盐、醋来保存食物。腌制蔬菜的商业保鲜一般有以下过程：①盐渍和盐水浸泡；②直接酸化（可进行温和热处理），以及这两种过程的结合。盐渍是通过将切好的或整棵果蔬与干盐混合来实现的，比如甘蓝、桃子、杏的盐渍；盐水浸泡是将新鲜蔬菜直接放入盐溶液中的处理方法。盐水浸泡或盐渍原料是否能进行微生物发酵（乳酸菌和酵母的混合物发酵），取决于所使用的盐的浓度。直接酸化是通过加入醋（乙酸）的形式来完成的，产品可以通过巴氏杀菌、添加防腐剂（苯甲酸钠、山梨酸钾和二氧化硫）、冷藏，或这些处理的组合来保存。因此，酸化果蔬是通过添加酸作为酸化剂而生产的非发酵产品。酸化产品常见黄瓜、洋葱、胡萝卜等。

第二节　果蔬原料预处理

果蔬原料的预处理对其制品的影响很大，如果处理不当，不但会影响产品的质量和产量，而且会对以后的加工工艺造成严重影响。为了确保加工的风味和综合品质，必须认真对待加工前的原料预处理。果蔬原料的预处理包括分选、清洗、去皮、去芯、去核、切分及修正、烫漂、护色以及半成品的贮藏等工序。尽管果蔬种类和品种各异，组织特性较大的差异会导致其加工方法也有很大的区别，但加工前的预处理过程却基本相同。

一、分选

（一）原料的挑选

进入工厂的果蔬原料大多含有杂质，进行加工前首先要进行挑选，剔除沙石、树枝等杂质和不符合加工要求的果蔬，包括腐烂果蔬、发霉果蔬。及时进行原料挑选不仅能降低运输过程中果实与杂质摩擦造成的机械损伤，同时通过腐败果、霉果的剔除，可以有效避免好果被细菌侵染而导致腐败加快。

（二）原料的分级

1. 分级意义

原料进行粗选后，应该按照标准进行分级。目的是使产品达到商品标准化，是根据果蔬的大小、质量、色泽、形状、成熟度、新鲜度和病虫害、机械伤等性状，按照一定的标准进行严格挑选、分级，除去不满意的部分，并便于产品包装和运输的一种商品化处理技术。

分级不仅可以贯彻优质优价的政策，还能推动果树和蔬菜栽培管理技术的发展和提高产品的质量。通过挑选分级，剔除有病虫害和机械伤的产品，可以减少贮藏中的损失，减轻病虫害的传播。此外，可将剔出的残次品及时加工处理，以降低成本和减少浪费。产品经过分级后，等级分明，规格一致，商品品质大大提高，能够实现优质优价。

2. 分级标准

水果的分级因品种而异。目前大多数标准以果形、大小、新鲜度、成熟度、色泽、病虫害和机械损伤作为分级依据，根据果品的种类一般分为 3~4 级。通常水果的分级会参考多个特征，比如在对红富士苹果分级时参考其果径大小（mm）、果形、颜色（红或条红占比）、缺陷面积（cm^2），把红富士苹果分为优等果、一等果、二等果和等外果 4 个等级。红富士苹果分级标准如表 2-1 所示。

表 2-1 红富士苹果分级标准

指标	优等果	一等果	二等果	等外果
大型果果径/mm	≥70	≥70	≥65	<65
中小型果果径/mm	≥60	≥60	≥55	<55
红或条红占比/%	≥90	≥80	≥55	<55
缺陷面积/cm^2	无	无	≤1	>1
果形	具有本品应有特征	允许有轻微缺陷	果形有缺陷，基本保持特征，不得有畸形果	畸形果

蔬菜由于食用部分不同，成熟标准不一致，所以很难有一个固定统一的分级标准，只能按照对各种蔬菜品质的要求制定个别的标准。蔬菜分级通常根据坚实度、清洁度、大小、质量、颜色、形状、鲜嫩度以及病虫感染和机械伤等分级，一般分为 3 个等级，即特级、一级和二级。番茄、马铃薯、草莓等多是按最大直径进行分级。西芹、莴苣、甘蓝、花椰菜等形状不规则的一般按重量分级。蒜薹、豇豆、甜脆豌豆和荷兰豆等按长度分级。辣椒按最大截面积直径和长度分级。

3. 分级方法

（1）人工分级　这是目前国内普遍采用的分级方法。这种分级方法有 2 种。第一种是凭借人的视觉对果蔬作出判断，这需要工作人员有丰富的经验，了解果蔬品种的特性及分级标准。这种分级方法得到的产品，级别标准容易受人的主观因素影响，产品可能存在较大的差异。第二种是借用简单工具，如苹果圆孔分级板、蘑菇大小分级尺和豆类的分级筛等。人工分级的果蔬机械伤害较小，适用于各种果蔬，但工作效率低，级别标准有时不严格。

（2）机器分级　机器分级是以机械判断装置为主，或者通过孔、间隙等方式来判断果蔬的大小，或者通过杠杆比较机构来判断果蔬的重量。目前，大部分的果蔬都以此方法进行分级。机器分级主要有机械式分级、光电式分级和基于机器视觉检测分级。

① 机械式分级：早期的果蔬分级机以筛孔式为主，分级机使用提升机将水果喂入筛网中，最终实现水果的按大小分级。除了对大小进行分级，国外学者也探求使用其他的指标进行分级，按重量分级是研究的分级标准之一。承载水果的果杯通过分级机轨道上的弹簧称重模块时，如果水果的重量足够大则会触发分级装置进行卸果，水果落入对应的收集装置完成分级。

筛孔式和滚筒式分级机是使用比较广泛的水果分级机形式，辊带式、滚杠式也非常常见。辊带式、滚杠式利用辊带的间隙或滚杠之间的间隙大小进行分级，可以进行细分程度较高的分级，而且农产品在分级过程中不容易发生剧烈的碰撞，所造成的损伤较少，因此相对于筛孔式和滚筒式分级方法有一定的优势。

② 光电式分级：光电式分级方式是在机械式分级技术的基础上广泛采用移位寄存器、光电传感器、数显寄存器等进行的分级，根据检测目标的不同，分为形状分级装置、质量分级装置和颜色分级装置等。

光电式分级设备工作原理为，水果进入光电式分级装置之前，先由单列机将水果排列成单列。单列机由组成 V 形的两根速度差异的侧向输送带组成，在水果向前输送过程中自动将水果整理排列成单列。根据生产能力的大小，光电式分级装备可组合成2列、4列、6列、9列等多种形式。成单列的水果逐个进入特殊输送链上的物料杯或接料辊中，依次经高速摄像机摄像。特殊的机构使水果在摄像过程中不断旋转，以保证拍摄不同截面的各种参数。摄取的各种数据随即传送到计算机中进行贮存和处理，并和用户设定的分级要求进行比较，然后指令水果输送到特定的分级出口通道处，由出料机构将水果倾翻到设定的出口通道中，之后进行包装贮存。有分级机使用光纤从水果获取光信号，计算透光差并通过光电信号处理判断等级，最后通过气嘴将水果吹至相应出口。光电式分级虽然能够实现无损分级，但是仍然以单一标准作为检测指标，稳定性较差，实际应用不多。

③ 基于机器视觉检测分级：从20世纪90年代开始利用计算机视觉技术进行水果的分级研究，中国农业大学较早开始研究苹果自动分级的图像分割问题，提出了用计算机图像技术进行坏损苹果的自动检测，根据苹果光学反射特性建立了一套适用于苹果自动检测的计算机图像处理系统。该系统只能实现对坏损苹果的初步检测，当苹果坏损部位被检测出来后，再根据相应的分级标准进行人工分类。水果品质智能化实时检测和分级生产线系统简图见图2-1。

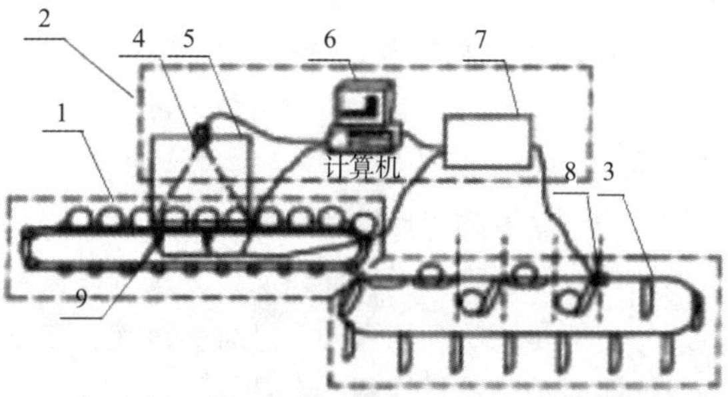

图2-1　水果品质智能化实时检测和分级生产线系统简图

1—水果输送翻转系统　2—计算机视觉识别系统　3—分级系统　4—光照箱动态
5—图像采集系统　6—计算机　7—控制模块　8—分级执行机构　9—位置传感器

二、清洗

清洗是控制果蔬产品微生物含量的关键步骤，对采收后的果蔬进行清洗，可以有效去除表面的土壤、污垢、微生物、昆虫、果蝇卵、杀菌剂、杀虫剂和其他农药残留。清洗过程的效率将决定最终产品中的微生物数量。在清洗之前应该尽量剔除变质、腐败的果蔬原料，这样可以有效避免工具、设备和产品在洗涤过程中交叉污染。

果蔬经过清洗后表面的微生物数量应减少，且在最后清洗的水中不应该有任何霉菌和酵母菌。水中加入碱液或者表面活性剂，可以提高除污效率；但是表面活性剂会通过降低气孔的表面张力来促进一些细菌渗透到果蔬中，这危及食品安全，所以使用表面活性剂时要注意。在炎热夏天收获时清洗步骤还可以冷却水果和蔬菜，去除田间的热量，减缓呼吸，从而避免品质下降。

（一）传统果蔬清洗方式

传统果蔬清洗设备主要通过摩擦、水流、气泡等与物料相互间的耦合作用力，去除蔬菜表面的泥沙、虫卵、毛发等杂质。根据被清洗对象，传统果蔬清洗机又可分为整菜清洗机和鲜切菜清洗设备。

1. 整菜清洗机

整菜清洗机主要采用滚筒清洗和毛刷清洗方式，为增强清洗效果，常增设喷淋冲洗装置，通过滚筒、毛刷、喷淋等与物料间相互作用去除蔬菜表面杂质，然后进行榨汁、切丝、切丁等加工，主要用于胡萝卜、白萝卜、黄瓜、马铃薯、苦瓜、莲藕等根茎类或瓜果类整菜清洗。此类清洗设备机械结构简单、清洗作用力强、清洗效果好，但清洗过程物料受损伤较严重，极易腐烂变质，保质期非常短。整菜清洗完毕后，直接进行粉碎榨汁或切制，所以物料损伤对蔬菜品质和保质期影响较小，但不适于蔬菜清洗后直接进行保鲜贮藏。

2. 鲜切菜清洗设备

鲜切菜是指新鲜蔬菜经采摘、整理切割、清洗杀毒、脱水、包装等处理后制成的可直接烹调或食用的菜制品，具有品质新鲜、可食率高、食用安全方便、货架期长等优点，备受消费者青睐。

鲜切菜清洗设备主要采用气浴清洗和淹没射流清洗方式，通过水流、气泡等与物料相互间的耦合作用力，去除蔬菜表面杂质，适用于叶类、根茎类、瓜果类等切制后尺寸较小的蔬菜清洗。此类清洗设备对物料清洗作用力比较柔和，物料受损伤小，蔬菜清洗后能有效延长保质期，并且易实现连续化生产，工作效率高。但蔬菜经切制后再清洗存在如下问题：马铃薯、莲藕等切制后清洗过程会产生大量淀粉、黏着物，需要大量换水，用水量大，建议分级分槽清洗，切制后先进行浸泡去除淀粉、黏着物，再进行清洗。

传统蔬菜清洗设备采用物理方法清洗物料表面杂质，无法直接去除残留农药和病菌，需在清洗液中添加化学杀菌试剂，一般是清洗和消毒同时进行。目前，在蔬菜清洗中应用最广泛的是次氯酸钠等弱酸消毒剂，使用时浓度不易控制，会带来一定危害。

（二）新型果蔬清洗方式

新型果蔬清洗设备主要采用超声波清洗方式，为增强清洗效果，常与臭氧相结合，利用超声波空化作用和臭氧气泡清洗蔬菜表面杂质，适用于叶类、根茎类、瓜果类等各种蔬菜清洗。此类清洗设备能有效清洗蔬菜褶皱和凹坑内杂质，清洗速度快，且自身具有杀菌、降解残留农药的作用。超声波臭氧清洗设备主要由超声波发生器、臭氧发生器、清洗槽等组成，如图 2-2 所示。

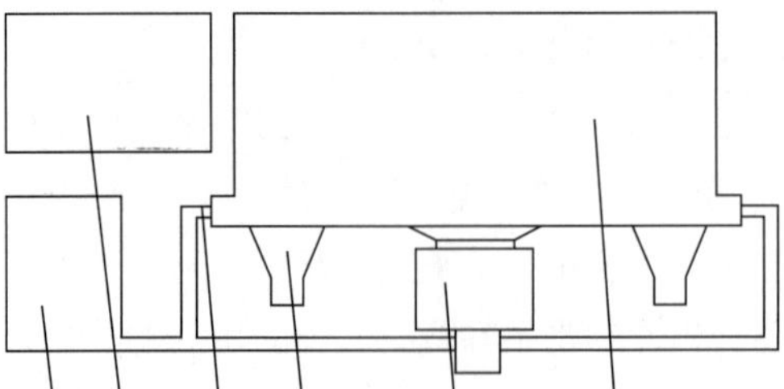

图 2-2 超声波臭氧清洗设备结构简图

1—臭氧发生器 2—超声波发生器 3—臭氧进气口 4—超声波换能器 5—排水口 6—清洗槽

当超声波作用于液体时，液体中某些点会经历周期性的压缩、膨胀过程。处于膨胀相时，如果此时声压的幅值小于该点所在温度的液体饱和蒸气压与静水压，则出现负压，溶解于液体中的空气会在薄弱区域再以气核形式析出，形成空化核，空化核迅速增长，直径几微米至数十微米不等；随后压缩相中，这些气泡在压力作用下体积急剧减小，快速闭合直至崩溃。在空化泡闭合崩溃瞬间产生压力很大的冲击波，向固体表面喷射高速微射流，强大的剪切作用和冲击作用足以使蔬菜表面的杂质被击碎、脱落，从而达到清洗目的。超声波清洗利用超声波在液体中传播时产生的超声空化作用，实现对蔬菜的清洗。臭氧是一种强氧化剂，溶于水后发生还原反应，能够破坏蔬菜中残留的农药，如氯氰菊酯、多菌灵、苯醚甲环唑等有机物分子结构中的烯炔、炔烃等碳链，且氧化氨基、甲氧基、硝基等基团，从而改变农药性质。

三、去皮

去皮是许多水果和蔬菜加工过程中的关键步骤，具有改善食品适口性、提高渗透脱水率或干燥率、减少农药残留，并增强产品的外观等优点。果蔬去皮的主要方法有手工去皮、机械去皮、热力去皮、碱液去皮、酶法去皮、冷冻去皮、真空去皮。

1. 手工去皮

手工去皮是指工人通过使用特别的刀、刨等工具或是徒手，使果蔬原料达到果皮果肉分离的效果。手工去皮应用范围广泛，可调控性强，去皮后获得的果蔬原料比较干净，损失果肉少，在手工去皮时，去芯、去核、切分也能同时进行，但是手工去皮消耗的时间、人力较大，生产效率低，不适合大规模的工厂生产。但在果蔬原料质量差异较大的情况下，可以考虑选择该去皮方式。

2. 机械去皮

机械去皮主要用于水果的去皮，如苹果、梨、菠萝、橙子等水果。有些蔬菜也可以用机械去皮，如胡萝卜、马铃薯、红薯。最常见的机械去皮方法是使用切削工具（刀削皮）或磨料去皮器。刀削皮时，通过将固定的刀片压在旋转的果蔬表面，或者旋转的刀片压在固定的果蔬表面，来去除果蔬的皮。在对马铃薯和甘薯进行磨料去皮时，剥皮器的碳化硅滚轮或沿内壁的研磨面的旋转圆筒，当滚轮或圆筒旋转时，会去除产品的外皮，然后被洗掉。该方法能源和资金成本低，不发生热损坏，但是产品的损失率较高。

3. 热力去皮

热力去皮是通过对果蔬进行短时高温处理，使之表面迅速升温而变得松软，果皮膨胀破裂，与果肉组织分离，然后迅速冷却去皮，该方法适用于成熟度较高的果蔬。热力去皮的过程中同时发生了物理和生物化学变化。物理变化包括由于细胞液蒸发和内部压力的增加而引起的细胞的机械损伤。生物化学变化包括果胶物质的分解和其他多糖的降解，以及产品表面蜡质层的解离。热力去皮主要热源有热水和蒸汽，热力去皮效果受加工温度、压力、时间等多种因素的影响。精确控制时间是该工艺的关键，时间过长会降低加工效率，会导致大量的果肉随果皮一起被去除，而时间太短果肉果皮分离不完全，会导致大量的果肉黏附在果皮上被去除或去皮不足。

4. 碱液去皮

碱液去皮是用100~200g/L碱液（氢氧化钠）在100~120℃下浸泡2~6min，来达到果蔬去皮的效果。其原理是碱液水解果蔬中的果胶，使果皮松弛，然后通过橡胶盘或穿孔网箱喷射出的高压水流去除果皮。在这种剥皮方法中，产品的平均耗损为17%。碱液去皮可用于油桃、杏、梨、番茄、马铃薯、苹果、胡萝卜、红薯、洋葱的脱皮。去皮的效果主要取决于碱液浸泡时间、浴槽温度和碱液浓度。较高的碱液浓度、较高的温度，以及延长碱液中停留的时间，都能使剥离效果越好。

碱液去皮虽然是果蔬加工业中主要的去皮方法之一，但碱液的使用会对环境产生许多不利影响。碱液去皮产生的废物排放流具有过高的 pH（>13）、化学需氧量（COD）和有机固体，对土壤质量产生不利影响，改变土壤 pH，抑制植物生长。此外，碱液去皮会导致去皮水果和蔬菜的质地和风味退化。

5. 酶法去皮

酶法去皮是利用特定的酶（如纤维素酶、半纤维素酶和果胶酶）水解果蔬表皮的细胞壁成分，在此过程中，果蔬表皮层的纤维素、半纤维素和果胶被分解，果皮与果肉的黏附减少，浸泡一定时间后表皮变得足够松弛，可以轻松从材料表面去除。

与传统去皮方法相比，酶法去皮被认为是降低去皮损失的有效方法。相比机械去皮或蒸汽去皮造成的 15%~40%的去皮损失，酶法去皮联合磨料去皮仅造成 0.52%的去皮损失。

影响酶法去皮性能的最重要因素是加工时间、温度和酶浓度。通常情况下，酶浓度越高，脱皮时间越短。但浓度过高则会导致细胞壁过度降解，导致果汁流失，果实硬度降低。

虽然酶法去皮十分环保，但在大多数情况下，由于生产成本高、处理时间长，这种方法在工业生产中不常用。

6. 冷冻去皮

将蔬菜原料放置于冷冻装置中，使表面轻度冻结，然后解冻，使表皮松弛后去皮，此法适用于番茄、桃、杏等。冷冻去皮过程通常在低温（-196~-18℃）下进行数十秒，然后在一定温度下进行解冻。去皮过程的主要机制是在冷冻过程中形成冰晶，然后解冻导致表皮细胞结构破裂，以促进果皮和果肉的分离。此外，果胶溶解酶随着果皮破裂而释放，适当的解冻温度可以维持或增加酶活力，水解表皮细胞壁果胶，从而减少果皮黏附，降低去皮时的损耗，达到更好的去皮效果。

7. 真空去皮

将成熟的蔬菜先行加热，使其升温后果皮与果肉易分离，接着进入有一定真空度的真空室内，适当处理，使果皮下的液体迅速“沸腾”，皮与肉分离，然后破除真空，冲洗或搅动去皮，此法适用于成熟的番茄等原料。

四、去芯、去核、切分及修正

1. 去芯、去核

除果皮外，有些原料加工时需将果核（核果类）或果心（仁果类）去除，如桃、杏、李、苹果、梨、山楂等。桃的去核称为“劈桃”，沿缝合线用人工或劈桃机完成，然后用勺形果核刀挖净果核；杏、李的去核即“割型”，按缝合线环割后，一拧即可脱离杏核；苹果、梨等纵切后用环形果心刀去芯；山楂核用圆筒形捅核器去除。原料经去皮、去核后，去掉了不可食和食用品质低的部分，形成了加工的净料。

2. 切分、修正

体积较大的果蔬原料在罐藏，干制，加工果脯、蜜饯及蔬菜腌制时，为了保持适当的形状，需要切分。原料切分后，可形成原料的良好外观，并且便于后续工序的处理，同时可以提高冷冻、干燥和加热过程中的传热效率和速率，切分的形状则根据产品标准和原料特性而定。

在果蔬加工中，根据加工工艺的具体要求，切分的方法包括斩、切、切片、切丁等。切分的设备包括切片机、切丁机、粉碎机和切碗机，具体选用哪些机器取决于最终产品的首选尺寸。枣、金橘、梅等加工蜜饯时不需要切分，而需在周边划缝、刺孔。

罐藏及果脯、蜜饯加工时为了保持良好的形状、外观，需对果块进行修正，去除残留果皮、斑点、变色、虫疤、机械伤痕等。

五、烫漂

果蔬含大量的水分及营养物质，在其采后加工过程中，易受机械损伤和微生物侵害，造成大量腐败变质，从而引起品质和贮藏性能下降。据统计，我国果蔬损耗率高达30%~50%，而部分国家平均损耗率仅7%。为延长果蔬贮藏时间，降低果蔬损耗率，干燥技术被广泛应用于果蔬加工。烫漂是一些果蔬加工工艺的关键步骤，不仅可以灭酶护色，还能有效提高干燥后产品的品质。

（一）传统的烫漂方法

传统的烫漂（也称预煮、漂烫、杀青）是将经过适当处理的新鲜原料暴露在热水、沸水或蒸汽中，在85~95℃下加热一定时间，使水果和蔬菜中的某些酶失活。导致水果和蔬菜品质下降和变化的酶包括脂氧合酶、聚半乳糖醛酸酶和多酚氧化酶。而过氧化物酶是一种耐热酶，且存在于大多数蔬菜中，所以经常把过氧化物酶作为标志酶，来判断烫漂的程度。

烫漂一般在特殊的设备中进行，设备的设计应能使产品均匀地接受到要求的温度和时间。常用的方法有热水烫漂和蒸汽烫漂。热水烫漂与原料接触密切，传热均匀，升温快，但耗水量大，营养成分损失多，一般损失10%~30%，一般情况下，烫漂时水与原料的比例应在2∶1以上，烫漂用水过少，会导致温度下降太大，影响烫漂效果。蒸汽烫漂不易均匀，但营养成分损失少。

烫漂设备有连续式烫漂机和间歇式设备。连续式烫漂机如连续式浸水烫漂机，用履带链条将原料以一定的速度通过热水柜，水的温度由蒸汽阀门控制。连续式蒸汽烫漂机则是通过螺旋推进器输送原料，热源为蒸汽。间歇式设备如可倾式夹层锅，适用于少量原料的烫漂处理。

传统烫漂方法具有操作简单、成本低等优点。但存在导热速度慢、耗时长、果蔬中营养物质损失较大、组织软烂、水消耗量大、水体污染严重等缺点。

（二）新烫漂技术

近年来，科研工作者对一些新的无水烫漂护色技术进行了研究，主要包括微波、红外线、射频、欧姆加热、超高压等。

1. 欧姆加热烫漂

欧姆加热（ohmic heating）又称为电阻加热或焦耳加热。欧姆加热的原理是把电能转化为热，产生能量的速率与电场强度的平方和电导率成正比。绝大多数食品含有可电离的酸或盐，当在物料的两端施加电场时，电流通过物料产生热，从而使物料被加热。欧姆加热不仅能减少固体浸出的程度以及缩短烫漂时间，还能保证更好的产品质量，保持食品颜色和营养价值。

2. 红外加热烫漂

红外加热（infrared heating）烫漂技术作为一种新型烫漂技术，不仅可以降低酶活力，改善食品品质，还节约能源，减少废弃物。与热传导或热对流不同，红外加热的原理实质是红外线的辐射传热过程，红外线作为一种电磁波，有一定的穿透性，能够通过辐射传递能量。红外线烫漂可以有效灭酶，并对果蔬组织细胞产生较小的破坏。

3. 微波加热烫漂

微波（microwave）是一种波长很短的电磁波，其波长在1~1000mm；微波具有极高的频率，其范围在300MHz~3000GHz。研究表明微波对物料影响主要体现在两方面：①微波能量转化为物料热能而对物料加热，即加热效应；②物料中生物活性组成部分或混合物相互作用，即非热或生物效应。与热水烫漂方法相比，果蔬微波烫漂具有避免营养素（维生素）和色素损失，加热时间短、升温速度快，热效率高、节约能源等优点。微波烫漂也有一些缺点，微波烫漂整块水果或蔬菜时，由于样品体积较大，易造成加热不均匀，从而导致物料表面过度加热，因此不适合大块物料的烫漂。另外，叶菜类，如菠菜和甘蓝，易发生表面脱水，穿透深度低，加热温度难以精确控制。

4. 射频加热烫漂

射频（radio frequency）加热和微波加热原理类似，是一种介电加热方式。常用的射频加热设备是平行电极板式，将物料放置于2个平行极板之间加热，通过改变2个电极板之间的距离来调整耦合到负载中的加热功率。射频加热烫漂的最主要目的就是减少果蔬在烫漂过程中的营养成分损失。目前，射频加热技术主要应用于非食品加工领域，例如，干燥纺织品、木材、羊毛等。在食品加工方面的应用主要是焙烤后的干燥，如饼干、胡桃夹等。射频加热在果蔬烫漂、杀菌等方面局限于实验室研究阶段，并没有在商业生产上应用。

六、工序间的护色措施

在对水果蔬菜进行加工的过程中，加工后产品的色香味非常的重要。消费者在购买产品的时候，产品的色泽就是最直观的感受，加工制品如果颜色和新鲜产品相似度很高，那么往往会受到消费者青睐。但是在对相应的果蔬进行去皮、罐藏或者脱水干制的过程中，其经常会出现变色现象，导致制品的色泽受到很大影响，其一方面影响到了制品的美观度，同时也使得其味道以及营养受到了很大的破坏，而色泽的变化还在一定程度上被人们认为是产品变质的标志。在对果蔬进行加工的时候其出现的色泽变化被称为褐变，而依据褐变过程中是否有生物酶的参与而对其进行进一步的划分，同时可以根据褐变的原因应用相应的护色措施以此来保证果蔬加工制品的质量。

1. 烫漂以及酸溶液护色

烫漂护色就是在果蔬加工的过程中对其进行烫漂处理，也被称为预煮。在烫漂护色的实时过程开始之前，需要对相应的新鲜果蔬进行预处理，然后需要将这些果蔬放到沸水或者是热蒸汽中，以此来对其进行短时间的处理。在果蔬加工过程中对其进行烫漂处理主要就是为了能够将酶钝化，并以此来减少氧化变色的发生以及果蔬中各种营养成分的流失。

在酸溶液护色这种护色措施中，酸性溶液不但能够让果蔬制品的pH降低，同时对酶的活力产生抑制作用，另外还能降低O_2的溶解度。另外，有些酸自身还有抗氧化作用。在酸溶液护色这种措施中，经常使用的酸主要有柠檬酸以及苹果酸等。

2. 物理措施

在护色措施中，物理措施主要有加热、低温以及包装密封处理等。在对多酚氧化酶

（polyphenol oxidase，PPO）进行加热处理过后，其就会丧失活性，这也是传统食品抑制并处理褐变的一种常用措施。加热处理则需要对制品在 95℃左右的高温下热烫一段时间，但是需要注意时间的把握，防止制品营养的损失。低温处理也有着相对广泛的应用范围，这种方法主要是基于新鲜果蔬在高温下往往会有非常旺盛的呼吸代谢，而如果将其进行低温贮藏，那其中 PPO 以及相应酶的活力就会降低。气调包装可以在一定程度上防止相关制品的品质出现劣变，这主要是使得制品的失水情况降低，褐变情况受到抑制。

3. 食盐溶液的处理

食盐不但能够让水中的溶解氧含量得以降低，同时盐溶液自身的渗透压也能在很大程度上降低相关酶的活力。因此，在果蔬加工过程中进行短期护色可以使用质量分数在 1%～2%的食盐溶液。如果使用食盐溶液的质量分数太高，往往会导致果蔬制品脱盐过程难以进行。为了提高护色措施的效果，可以在食盐溶液中加入 0.1%的柠檬酸，如果想要提高耐煮性的话，也可以使用氯化钙溶液进行浸泡，这主要是因为氯化钙不但有一定的护色作用，同时还能提高果肉的硬度。

4. 生物技术

果蔬加工过程中的护色措施还有生物技术，这种技术则主要包括有基因工程的改良、品种的选择、蜂蜜的浸涂以及植物性提取液和酶制剂处理等。相关研究表明，在果蔬中往往会含有部分的酚类物质，其褐变情况的出现有遗传因素的影响，还有各种自然环境的影响，如降雨量、气温以及土壤条件等。如果借助基因工程改良果蔬内部的 PPO，并降低其活性，那么就能在一定程度上延缓褐变。对于 PPO 褐变以及酶活力，蜂蜜有着很大的抑制作用，蜂蜜中的类黄酮以及酚类物质或者其他抗氧化成分会在一定程度上延缓褐变。经过相关研究，蛋白酶能够在很大程度上抑制苹果以及马铃薯的褐变作用，原因是蛋白酶能够在一定程度上使得褐变的相关酶系失活，从而延缓褐变现象。

七、半成品贮藏

半成品食品一般是指对食品原料经过初级加工，尚不能够直接食用的食品。果蔬成熟期短，产量集中，采后不尽快处理就会腐败变质，为解决这一问题，果蔬原料会被加工成半成品来进行贮藏。目前为止，最为常用的半成品贮藏方式有利用食盐、SO_2、防腐剂等方法。

1. 盐腌处理

某些加工产品，如广东的凉果，江苏、福建的青梅蜜饯，广西的加应子及某些蔬菜的腌制品，首先用高浓度的食盐将原料腌渍成盐坯，成为半成品保存，然后进行脱盐、配料等后续工艺加工制成成品。

食盐溶液能够产生强大的渗透压使微生物细胞失水，杀死微生物或使其处于假死状态，不能活动，另外食盐能使食品的水分活度降低。每一种微生物都有其适宜生长的水分活度范围，水分活度降低，其能利用的水分就少，活动能力减弱，另外，由于盐液中氧的溶解量很少，使许多好气性微生物难以滋生。食盐所具有的防腐能力使半成品得以保存不坏，食盐的高渗透压和降低水分活度的作用，也迫使新鲜果蔬的生命活动停止，从而避免了果品质量的自身溃败。

但是，在盐腌过程中，果蔬中的可溶性固形物要渗出损失一部分，半成品在加工成成品过程中，还须用清水反复漂洗脱盐，使可溶性固形物大量流失，使产品的营养成分保存不多，从而影响产品的营养价值。

2. 硫处理

新鲜果蔬用亚硫酸盐处理是保存加工原料另一有效而简便的方法。用亚硫酸盐来贮藏果蔬原料较之其他方法有许多优点。首先，此法无须冷热处理，可保持原料新鲜的状态和质地，较好地保持原料品质；其次，亚硫酸盐用量低，价格低廉，贮藏方法简便又经济；再次，亚硫酸盐易挥发，去硫较方便，在加工制品中不至于残留过量的 SO_2。但亚硫酸盐贮藏也有其不良的一面，如它可使含花青素的果蔬褪色，不能抑制果胶水解酶，使果胶的胶凝力受到一定的破坏，果实硬度下降等。另外，近年来也有一些国家的食品管理条例中限制使用亚硫酸盐，如在蘑菇中限制用亚硫酸盐，需要注意。

3. 防腐剂处理

在原料半成品的保存中，应用防腐剂或再配以其他措施来防止原料分解变质，抑制有害微生物的繁殖生长，也是一种广泛应用的方法。一般该法适合于制果酱、果汁半成品原料的保存。防腐剂多用苯甲酸钠或山梨酸钾，其保存效果取决于添加量，果蔬汁 pH，果蔬汁中微生物种类、数量，贮藏时间、温度等。

4. 无菌贮藏

目前，国际上现代化的果蔬汁及番茄酱加工企业大多采用无菌贮藏大罐来保存半成品，它是无菌包装的一种特殊形式，是将经过巴氏杀菌并冷却的果蔬汁或果浆在无菌条件下装入已灭菌的大罐内，经密封而进行长期保存。该法可以明显减少因热贮藏造成的产品质量变化，风味优良。

第三节 产品实例

一、鲜切西洋芹

1. 工艺流程

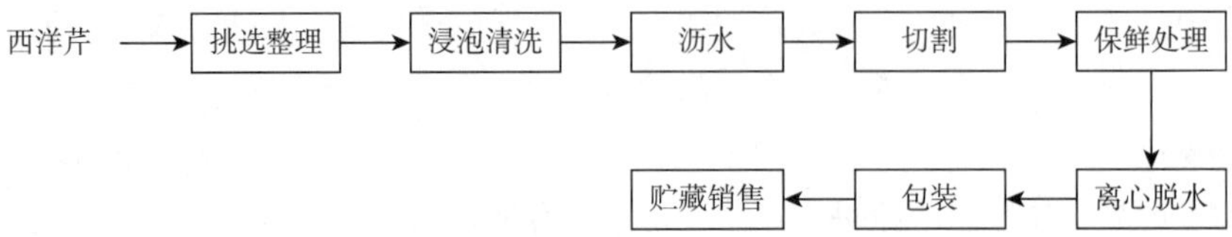

2. 操作要点

（1）挑选整理　挑选叶子顶端未变黄色，茎和叶挺实，颜色鲜艳，茎的底部“肉”饱满，端口未见褐色，无病斑，无机械损伤，色泽均匀，大小一致，无异常气味和口感，如有脱水空心则不适宜鲜切菜的加工。

（2）浸泡清洗　鲜切菜西洋芹在浸泡时加入 2g/L 的吐温 80 或者偏硅酸钠，或清洗中加入 0.2%次氯酸钠有助于去除表面微生物；清洗水中加入一些柠檬酸或次氯酸钠可降低或抑制酶反应，改善产品的感官质量。由于蔬菜营养体较嫩，处理不当易造成机械损伤，因此，最好采用超声波气泡清洗。

（3）切割　切割是鲜切西洋芹加工的关键步骤，切割面积要尽量得小，以减少与空气接触，减低呼吸强度；切割刀要锋利，以减轻机械损伤。

（4）保鲜处理　保鲜处理是鲜切西洋芹加工的技术核心，可采用物理保鲜（热处理、辐照等）和化学保鲜（保鲜剂浸泡等）的方法，其主要目的是杀灭微生物、抑制酶活力、钙化切割面减少汁液外溢、降低呼吸轻度、阻止体内营养物质消耗，提高鲜切西洋芹的贮藏性能，延长鲜切西洋芹的货架期。

（5）离心脱水　鲜切西洋芹表面水分活度直接影响鲜切菜的质量。含水量高即水分活度大，呼吸强度大，营养物质消耗快，微生物繁殖迅速，不利于贮藏；含水量少即水分活度小，容易引起鲜切菜失水枯萎、黄化、纤维化、组织老化、品质下降。因此，对浸泡处理后的鲜切菜进行离心脱水，保持适当的表面水分活度是十分必要的。一般以 2825r/min 离心机离心脱水 30~60s。

（6）包装　脱水后的鲜切西洋芹应立即包装，以维持天然、新鲜的品质，并防止微生物污染。通常用塑料薄膜加泡沫托盘包装。

二、鲜切菠萝片

1. 工艺流程

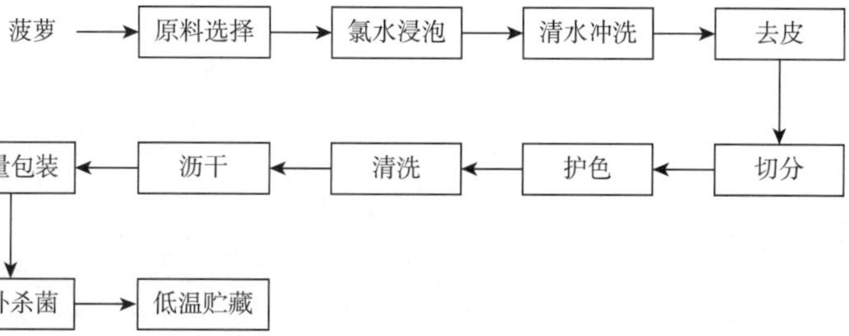

2. 操作要点

（1）原料选择　选择七八成熟的原料。若成熟度太低，风味平淡；若成熟度太高，则容易软烂。所选原料要求新鲜、无腐烂、无病虫害、无机械损伤。

（2）氯水浸泡　用 0.2%氯水浸泡 30min，起到杀菌等作用，清水冲洗干净。

（3）去皮、切分　不锈钢刀去皮，切成厚度为 1.5cm 左右的扇形切片（1/4 圆片）。

（4）护色　迅速投入处理液浸泡 20min，沥干。

（5）称量包装　托盘分装，覆以 0.02mm 厚聚乙烯（PE）袋包装。

（6）紫外杀菌　紫外杀菌 20min 即得成品，置于 5℃低温贮藏。

三、鲜切莴笋

1. 工艺流程

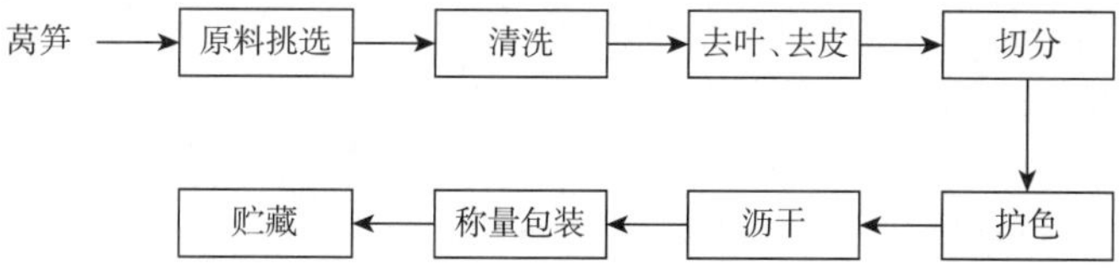

2. 操作要点

（1）原料挑选　选择鲜嫩、大小均匀，无腐烂、病虫、斑疤的莴笋。

（2）清洗　用冷水将莴笋表层的泥沙、污物洗净。

（3）去叶、去皮　去叶后，用锋利的小刀人工去皮或用碱液去皮；切分为5mm厚圆片。

（4）护色　用5g/L抗坏血酸和2g/L氯化钙浸泡10min，用冷水冲洗2min，沥干。

（5）称量包装　将沥干的莴笋称重后用0.02mm厚PE袋包装。

（6）贮藏　置于5℃低温贮藏。

思考题

1. 简述食品败坏的主要原因。
2. 简述果蔬原料去皮的主要方法，并说明其原理。
3. 分析果蔬原料变色的主要原因，并制定工序间护色的措施。

03

第三章

果蔬罐藏

本章学习目标与要求

1. 理解并掌握罐藏原理。
2. 掌握罐藏对容器的质量要求。
3. 掌握罐藏对果蔬原料的要求，熟悉主要的果蔬罐藏原料品种。
4. 掌握果蔬罐头的加工工艺过程及具体操作方法和要点。
5. 掌握罐头食品的质量控制方法。

罐藏是食品贮藏的一种形式，也是果蔬加工的主要方式之一。它的制作过程包括对新鲜果蔬原料进行预处理，将其装入可密封的容器中，添加或不添加液体，排气、密封，然后进行高温处理，以杀死可能导致食品腐败、产生毒素或致病的微生物，同时破坏果蔬原料中的酶活性。这样，罐头食品可以长期保存，而不会被微生物污染。制造出来的罐藏食品也被称为罐头。

1810 年，法国的阿培尔提出了密封容器贮藏食品的方法，即通过加热和密封食品来保藏食品，但由于对导致食品腐败的主要因素——微生物的认识不足，该技术的进展缓慢。直到 1864 年，法国的巴斯德（Louis Pasteur）发现了微生物，证实了食品腐败变质的主要原因是微生物的生长和繁殖，从理论上明确了食品罐藏的原理。1874 年，高压杀菌锅的发明缩短了杀菌时间并提高了操作的安全性，罐藏技术得到了普遍的推广。1920—1923 年，比奇洛（Bigelow）和鲍尔（Ball）根据微生物耐热性和罐头容器及罐内食品的传热特性资料，提出了用数学方法来确定罐头食品合理杀菌的温度和时间的关系。1948 年，斯塔博（Stumbo）和希克斯（Hicks）进一步提出了罐头食品杀菌的理论基础 F 值，从而使罐藏技术趋于完善。目前，罐藏工业正在向连续化、自动化方向发展，容器也由以前的焊锡罐演变为电阻焊缝罐、层压塑料蒸煮袋等。

目前，世界罐头总产量已超过 5000 万 t，以蔬菜罐头和水果罐头为主，占罐头总产量 60% 以上。主要的罐头生产和消费国有中国、美国、日本、俄罗斯、澳大利亚、德国、英国、意大利及加拿大等。一些罐头食品，如番茄、甜玉米、青豌豆、青刀豆、菠萝、橘子和桃子等产品的生产作业线比较完善的国家，从原料采收、预处理、清洗、热处理、装罐、封口到杀菌等各个工序均实现了机械化和连续化，并向高速、高效连续化方向发展，罐头消费量较高。我国罐头工业始于 1906 年，1949 年前只有沿海少数大城市有设备简单的罐头食品厂，年产近 500t。1949 年后我国罐头工业发展较快，生产技术和设备不断提高和完善，20 世纪 80 年代初年产量达50万t。我国罐头行业不断适应国际市场的品质和安全要求，在标准、检测等方面成功对接各进口国，成为一个体系健全、质量稳定、安全可靠的行业之一。进入21世纪以来，我国罐头生产和出口呈现出快速增长态势。目前，我国规模以上罐头企业超过800家，产品上千万吨。国家统计局统计数据显示，2021年我国罐头食品产量已超过910万t。我国罐头产品不仅销售国内市场，还出口到日本、美国、欧洲等多个国家和地区。

罐藏食品不仅营养丰富、安全卫生，而且具有方便运输、携带和食用的特点，可随时供应消费者，不受季节和地区的限制，无须冷藏即可长期贮存。罐藏食品的优点在于调节食品的供应，改善和丰富人民的生活，也是方便营养食品，适合在航海、勘探、军需、登山、井下作业及长途旅行等场合食用，同时也有助于促进农牧渔业的生产发展。

第一节　罐藏基本原理

果蔬罐藏是一种能长期保藏果蔬这类易腐性农产品的方法。其关键在于利用罐藏方法（排气、密封、杀菌）来消灭导致食品腐败、产生毒素、致病的微生物，同时破坏原料组织中的酶活力。通过保持密封状态，确保罐内食品不受外界二次污染，从而实现长期保存。一般来讲，微生物的耐热性比酶要强，因此将传染病菌和能导致食物中毒的微生物以及导致食品分解败坏的微生物作为罐头的杀菌对象。

一、罐头与微生物的关系

微生物是引起果蔬罐头败坏的主要因素，许多微生物均能导致罐头食品败坏，包括细菌、酵母菌或霉菌。若罐头食品的杀菌不够，或由于密封缺陷而导致微生物重新侵入，就会导致罐头食品败坏。导致罐头食品败坏的微生物中，最重要的是细菌。现在采用的杀菌理论和计算标准都是以某类细菌的致死为依据。不同细菌对环境条件的适应性各不相同，简述如下。

（一）细菌的营养要求

大多数使罐藏食品腐败变质的细菌属于异养型微生物，而果蔬罐藏原料恰好含有其生长活动所需的营养素如碳、氮以及必要的盐类和微量元素等，是腐败、产毒、致病菌生长发育的良好场所。

（二）细菌对水分的要求

细菌对营养物质的吸收，是靠在溶液状态下通过渗透和扩散作用，穿过细胞壁和细胞膜而进入细胞内部。因此，只有在充足的水分存在下才能进行正常的新陈代谢。果蔬原料及其罐头制品中含有大量的水分，可以被细菌利用。但是，随着盐水或糖液浓度的增高，水分活度降低，细菌能够利用的自由水减少，细菌的活动得以抑制；另外，降低罐头食品的含水量可以限制微生物的生长活动，如某些低酸性罐头食品在含水量低于25%～30%时，杀菌即使未达到消灭肉毒梭状芽孢杆菌（*Clostridium botulinum*）孢子的要求，也可以安全保存。因此，对于水分活度低的制品（如糖浆罐头、果酱罐头），杀菌温度和时间可相应缩短。

(三) 细菌对氧的要求

不同种类的细菌对氧的要求有很大的差异，依据细菌对氧的要求可将它们分为以下几种。

1. 专性需氧菌

具有完善的呼吸酶系统，需要分子氧作为受氢体来完成有氧呼吸，仅能在有氧环境下生长。

2. 微需氧菌

在低氧压（5%~6%）下生长最好，氧含量>10%对其有抑制作用。

3. 兼性厌氧菌

兼有有氧呼吸和无氧发酵两种功能，在有氧或无氧环境中都能生长。

4. 专性厌氧菌

只能在无氧环境中进行发酵。有游离氧存在时，不但不能利用分子氧，而且还能受其毒害，甚至死亡。

对于罐藏食品，需氧微生物的生长会因罐头的排气密封而受到限制，但厌氧微生物仍能活动，若在杀菌时没有被杀死，将会在后续的贮藏中导致罐头食品败坏。

(四) 细菌对酸的适应性

不同的微生物具有不同的适宜生长的 pH 范围。罐藏食品的 pH 会影响细菌对热的抵抗能力，在一定温度下，pH 越低则显著降低细菌及孢子的抗热力，提高了杀菌的效应。一般微生物能够繁殖的 pH 范围是 1~11，其中细菌生长 pH 为 3.5~9.5（最适 pH 为 7.0 左右），真菌为 2~11（最适 pH 为 6.0 左右）。

由于 pH 大小与罐头的杀菌和安全有密切关系，可以依 pH 大小把食品分成两类。酸性食品：pH<4.5，如水果及少量蔬菜（番茄、食用大黄等）；中低酸性食品：pH≥4.5，如大多数蔬菜、肉、蛋、乳、禽、鱼类等。果蔬原料按 pH 分类及果蔬罐头中常见的腐败菌见表 3-1、表 3-2。

表 3-1 果蔬原料按 pH 分类

分类	pH	果蔬种类	常见腐败菌	热杀菌条件
中低酸性	≥4.5	蘑菇、青豆、青刀豆、芦笋、笋、胡萝卜、马铃薯、花椰菜、无花果等	嗜热性菌、嗜温性厌氧菌、嗜温性兼性厌氧菌	105~121℃
酸性	<4.5	荔枝、龙眼、桃、樱桃、李、枇杷、橘子、梨、苹果、草莓、番茄、橙子、菠萝、杏、葡萄、柠檬等	非芽孢耐酸菌、耐酸芽孢菌、酵母菌、霉菌	100℃及以下

表 3-2 果蔬罐头中常见的腐败菌

食品 pH	温度习性	细菌类型	腐败类型	腐败特征	*D* 值	常见腐败对象
中低酸性食品 (pH≥4.6)	嗜热菌	嗜热脂肪芽孢杆菌	平盖酸败	产酸不产气或产微量气体，不胀罐，食品有酸味	$D_{121.1℃}$=4.0~50min	豌豆、菜豆、芦笋、蘑菇

续表

食品pH	温度习性	细菌类型	腐败类型	腐败特征	D值	常见腐败对象
中低酸性食品(pH≥4.6)	嗜热菌	嗜热解糖梭状芽孢菌	高温缺氧发酵	产 CO_2 和 H_2，不产 H_2S，胀罐；产酸(酪酸)，有酪酸味	$D_{121.1℃}$=30~40(偶尔达50)min	芦笋、蘑菇
		致黑梭状芽孢杆菌	致黑(或硫臭)腐败	产 H_2S，平盖或轻胖，有硫臭味，食品和罐壁有黑色沉积物	$D_{121.1℃}$=20~30(偶尔达50)min	豌豆、玉米
	嗜温菌	肉毒杆菌A型或B型	厌氧腐败	产毒、产酸(酪酸)、产气和 H_2S、胀罐、有酪酸味	$D_{121.1℃}$=6~12s	菜豆、芦笋、豌豆、蘑菇
		生芽孢梭状芽孢杆菌		不产毒素、产酸、产气和 H_2S、明显胀罐、有臭味	$D_{121.1℃}$=6~40s	肉类、鱼类(不常见)
酸性食品(pH<4.6)	嗜温菌	耐酸热芽孢杆菌	平盖酸败	产酸(乳酸)、不产气、不胀罐、变味	$D_{121.1℃}$=1~4s	番茄及番茄制品(番茄汁)
		巴氏固氮梭状芽孢杆菌	缺氧发酵	产酸(酪酸)、产气(CO_2+H_2)、胀罐、有酪酸味	$D_{100℃}$=6~30s	菠萝、番茄
		酪酸梭状芽孢杆菌				番茄
		多黏芽孢杆菌	发酵变质	产酸、产气，也产丙酮和酒精、胀罐	$D_{100℃}$=6~30s	水果及其制品(桃、番茄)
		软化芽孢杆菌				
	非芽孢嗜温菌	乳酸菌明串珠菌	发酵变质	产酸(乳酸)、产气(CO_2)、胀罐	$D_{65.5℃}$=0.5~1min	水果、果汁(黏质)
		酵母		产酒、产 CO_2、膜状酵母、有的食品表面形成膜状物		果汁、酸渍食品
		一般霉菌	发酵变质	食品表面上长霉菌	$D_{90℃}$=1~2min	果酱、糖浆水果
		纯黄丝衣霉、雪白丝衣霉		分解果胶，至果实瓦解，分解产生 CO_2、胀罐		水果

(五) 细菌对温度的适应性

每种细菌都有其最适生长温度，超过或低于此温度范围，就会影响它的生长活动，甚至导致其死亡。根据对温度的适应范围，将细菌分为3类。

(1) 嗜冷菌　生长最适温度在10~20℃，如霉菌和部分细菌。

（2）嗜温菌　生长最适温度在25~36.7℃，大多数微生物的最适温度。

（3）嗜热菌　生长最适温度在50~65℃，有的甚至可以在76.7℃下缓慢生长。

罐藏条件下，引起食品败坏或产毒致病菌都属于嗜温菌，如肉毒梭状芽孢杆菌和生芽孢梭状芽孢杆菌，对食品安全具有较大影响。细菌芽孢具有较强的耐热性，耐热性强的细菌一般属于高温芽孢形成菌，因此，低酸性罐头食品因杀菌不完全所引起的腐败大多是由于嗜热高温腐败菌引起。

二、杀菌工艺确定

罐头食品杀菌的主要目的在于杀死一切导致罐内食品败坏或产毒致病的微生物，并使罐头品质变化的酶失去活性，使食品得以稳定保存；也会有一定调煮作用，可改进食品质地和风味。但罐头食品的杀菌不同于微生物学上的杀菌。微生物学上的杀菌是指杀灭所有的微生物，达到绝对无菌状态；而罐头食品的杀菌是在罐藏条件下杀死造成食品败坏的微生物，即达到商业无菌状态，并不要求达到绝对无菌。商业无菌，是指在一般商品管理条件下的贮藏运销等流通过程中，不致因微生物所败坏或因产毒菌、致病菌的活动而影响人体健康。如果罐头的杀菌要达到绝对无菌的程度，杀菌温度和时间将会增加，这会影响食品的品质，罐头食品色香味和营养价值大大下降。因此，罐头食品的杀菌，要尽量做到在保存食品原有色泽、风味、组织质地及营养价值等条件下，消灭罐内能使食品败坏的微生物及可能存在的致病菌，以确保罐头食品的保藏效果。

对于一种罐头而言，确定杀菌的温度及时长是很复杂的科学问题，杀菌计算的程序取决于一系列因素，包括产品的性质、稠度、颗粒大小，罐头的规格，所采用罐藏工序细节，污染细菌的来源、数量、生活习性和耐热性等。首先，了解高温对微生物的影响以及在杀菌过程中热的传递情况，才能在任何给定的温度下，对于一定类型的产品，一定大小的罐头，制定出合理的杀菌条件，杀死引起产品腐败，或致病、产毒的微生物，达到杀菌的目的。

（一）杀菌对象菌的选择

罐头食品在杀菌前存在不同种类和数量的微生物，生产上不可能也没有必要对所有的微生物进行耐热性试验，而是选择最常见的、耐热性最强，并有代表性的腐败菌或引起食品中毒的微生物作为主要的杀菌对象菌。如果热力杀菌足以消灭耐热性最强的腐败菌时，则认为耐热性较低的腐败菌很难残留。另外，芽孢的耐热性比营养体强，若有芽孢菌存在，则应以芽孢作为主要的杀菌对象。

罐头食品的pH是选定杀菌对象菌的重要因素。不同pH的罐头食品中常见的腐败菌和耐热性见表3-2。pH<4.5的酸性或高酸性食品中，酶类、霉菌和酵母菌这类耐热性弱的是主要杀菌对象，在杀菌中比较容易控制和杀灭。而pH≥4.5的中低酸性食品，杀菌的主要对象是能在无氧或微量氧的条件下活动且产生孢子的厌氧性细菌，这类细菌的孢子耐热性强。罐头食品工业上，通常采用能产生毒素的肉毒梭状芽孢杆菌的孢子作为杀菌对象，后来又提出两种耐热性更强，能致败但不致病的细菌生孢梭菌3679［*Putrefactive Anaerobe* 3679（P. A. 3679）］和嗜热脂肪芽孢杆菌［*Bacillus Stearothermo-philus*（FS 1518）］作为杀菌对象所得的数据更为可靠。

（二）微生物耐热性的常见参数

罐头食品杀菌式确定的主要依据是罐内所污染的对象菌菌数和耐热性，同时还依据罐头本身的传热特性。*TDT* 值、*D* 值、*F* 值和 *Z* 值是研究罐头食品杀菌条件时，该产品的主要败坏微生物耐热性的参数。

1. *TDT* 值

TDT 值表示在一定的温度下，使微生物全部致死所需的时间。例如，121.1℃下肉毒梭状芽孢杆菌的致死时间为 2.45min。从实验中测定，对象菌有一定浓度芽孢时，将致死温度与时间的关系描绘在半对数坐标图上，成一条直线，即为热力致死时间曲线（图 3-1），表示该菌加热温度与时间的关系，表明其耐热性。

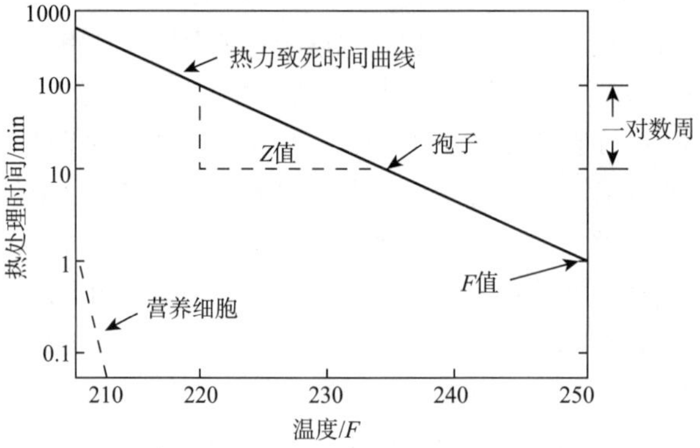

图 3-1 热力致死时间曲线

2. *D* 值

在指定的温度条件下（如 121℃、100℃等），杀死 90%原有微生物芽孢或营养体细菌数所需要的时间（min），相当于热力致死时间曲线通过一个对数循环的时间，即热力致死速率曲线（图 3-2）。*D* 值大小与该微生物的耐热性有关，*D* 值越大，它的耐热性越强，杀灭 90%微生物芽孢所需的时间越长。

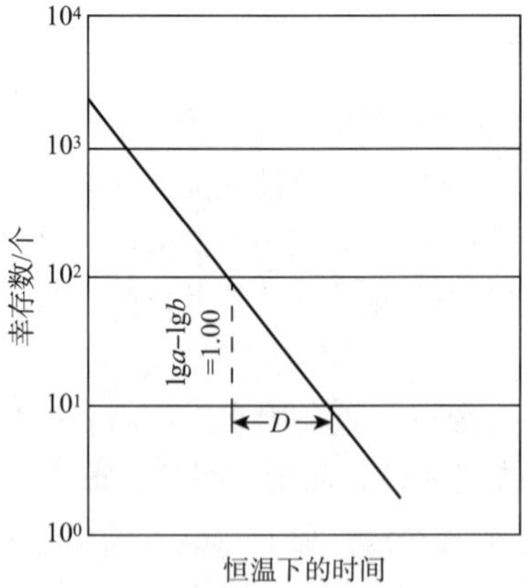

图 3-2 热力致死速率曲线

3. *F* 值

F 值指在恒定的加热标准温度下（121℃或 100℃），杀灭一定数量的细菌营养体或芽孢所需要的时间（min），又称杀菌效率值、杀菌致死值或杀菌强度。计算 *F* 值的代表菌，国外一般采用肉毒梭状芽孢杆菌或 P. A. 3679，其中以肉毒梭状芽孢杆菌最常用。*F* 值通常以 121.1℃的致死时间表示，如 $F_{121.1}^{20}=5$min，表示 121.1℃时对 *Z* 值为 20 的对象菌，其致死时间为 5min。

F 值越大，杀菌效果越好。F 值的大小还与食品的酸碱度有关，低酸性食品要求 F 值大小为 4.5，中酸性食品 F 值为 2.45，酸性食品 F 值在 0.5~0.6。

F 值可以分为安全杀菌 F 值和实际杀菌条件下的 F 值。其中，安全杀菌 F 值是在瞬时升温和降温的理想条件下估算出来的，安全杀菌 F 值也称为标准 F 值，它被作为判别某一杀菌条件合理性的标准值。但在实际杀菌有升温和降温过程，在该过程中，只要在致死温度下都有杀菌作用，所以可根据估算的安全杀菌 F 值和罐头内食品的导热情况制定杀菌公式来进行实际实验，并测其杀菌过程中罐头中心温度的变化情况，来算出罐头实际杀菌 F 值。要求实际杀菌 F 值应略大于安全杀菌 F 值，如果小于安全杀菌 F 值，则说明杀菌不足，应适当提高杀菌温度或延长杀菌时间；如果大于安全杀菌 F 值，则说明杀菌过度，应适当降低杀菌温度或缩短杀菌时间，以提高和保证食品品质。

4. Z 值

在加热致死时间曲线中，时间降低一个对数周期（即缩短 90% 的加热时间）所需要升高的温度（图 3-2），Z 值越大，说明该微生物的耐热性越强。

（三）细菌耐热性测定

腐败微生物的耐热性常用的为 *TDT* 试管法和 *TDT* 试罐法。试管法是用细长的硬质玻璃管（长 125mm，内径 7mm，壁厚 1mm），将其一端熔封后，装入芽孢悬浮液，熔封后在恒温油浴锅中进行加热处理，以不同杀菌温度与系列的时间间隔进行耐热性实验，每一不同温度、时间采用 6 个试管，供实验用的芽孢悬浮液可由细菌芽孢悬浮在磷酸缓冲液或食品介质中制成，预先测定浓度，然后根据耐热性实验中各个温度时间区试管阳性发育数，可按式（3-1）计算 D 值：

$$D=\frac{t}{\lg a-\lg b} \tag{3-1}$$

式中 t——加热处理时间，min；

a——原始芽孢数；

b——残存芽孢数。

用 *TDT* 试管法做耐热性实验时，在重复试管中如部分试管有活菌生长，则可视为管内至少还有一个残存芽孢。如果在前一加热时间间隔内，其结果有低于 6 支试管出现残存芽孢生长时，则可进行相同的 D 值计算，取二者的平均值为 D 值。

根据各温度时的 D 值在半对数坐标纸上绘成直线，即可求出它的斜率及 Z 值，并可读取各温度时的 F 值。F 值随原始菌数而异，除非 Z 值相同，否则各微生物的 F 值不能互相进行比较。通常在 F 值右侧上下角分别注有 Z 值和它所依据的温度，例如，F_{118}^{10} 表明其所依据的温度为 118℃，Z 值为 10℃，为了简便起见，$F_{121.1}^{10}$ 通常可用 F_0 来表示。

罐头食品杀菌的目的在于使罐内腐败微生物失去活力，以保持产品不变质，为了考虑罐头食品的安全性，如以肉毒梭状芽孢杆菌或 P. A. 3679 作为对象菌时，F 值以取 12D 较宜。

TDT 罐是一种专为耐热性实验设计的专用罐，罐径约 63.5mm，罐高约 9.5mm，其容积约 15mL，装试样 10~15g，它适用于多种物料特别是固形物较高的食品介质，*TDT* 罐在特殊装置的小型立式静置杀菌锅内进行，该装置是在一个大的高压蒸汽贮桶上装 5~6 个小杀菌锅，实验时先将贮桶内蒸汽温度调至所需杀菌温度后，再通过阀使贮桶与杀菌锅接通，杀菌锅内温度即迅速上升至所需杀菌温度。此外，还有专用芽孢耐热性测定仪，它有 6 个一样精确的金属圆

盘，注入芽孢液，当圆盘转动进入蒸汽室内，即迅速达到所需温度，经一定时间热处理后，圆盘转出蒸汽室，迅速冷却，试料自动落入装有培养基的试管中，经过适宜温度培养，即可观察芽孢残存状况，这种方法适用于高温短时实验，由于试料较少，加热和冷却均较快。

(四) 罐头食品杀菌时的传热

热的传递方式有传导、对流和辐射。杀菌时热的传递主要是借助热水或蒸汽为介质，热力由罐外表传至罐头中心的速度对杀菌条件影响很大。在罐头食品杀菌期间热的传递方式主要为传导和对流，而在某一种罐头食品中以哪种传热方式为主，取决于该食品的理化性质、装罐的数量与形式、固体和液体的比例、装填排列的情况、罐型的大小、在杀菌器中的位置及堆叠情况。而罐头容器的种类、罐头的大小、食品的种类和状态、杀菌前罐头的初温高低及罐头在杀菌过程中的状态等，都能影响到热的传递速度。

在罐头食品杀菌时，不能立即使罐内各个部位的温度同时提高到要求的温度。由低温升至高温有一个过程，要达到杀菌目的，就必须使罐内升温最慢的部位满足杀菌的要求。一般将温度变化最缓慢的点称为罐头食品的冷点。以传导方式传热的罐头食品的冷点一般在罐头的几何中心处，其变化缓慢，故加热杀菌时间较长；对流传热的罐头食品的冷点，在罐头轴上离罐底20~40mm的部位上，其冷点温度变化较快，杀菌的时间则较短。罐头杀菌必须以冷点作为标准，杀菌所需时间从冷点温度达到杀菌所需温度时算起，使罐内升温最慢的部位满足杀菌要求，才能使罐头食品安全保存。

(五) 罐头中心温度的测定

为了确定罐头杀菌条件和计算 F 值，必须测定杀菌过程中罐内食品温度变化情况，即测定其传热最慢部分的冷点温度与时间的变化关系。

测定罐头食品的冷点温度变化的装置，是由感温部件插入冷点处，将测得的温度转化为电流讯号，以导线引出杀菌锅外，再转换成温度的显示装置。通过测定冷点温度，可以了解罐头的传热状态，比较锅内各部位的升温情况，以改进工艺和操作技术。

(六) 杀菌工艺表达式

罐头食品杀菌规程（或操作过程）表示了杀菌的全过程，包括杀菌温度、杀菌时间和反压，工厂中常用杀菌工艺表达式（简称杀菌式）来表达杀菌工艺条件和要求，如式（3-2）所示：

$$\frac{t_1-t_2-t_3}{T}P \tag{3-2}$$

式中 t_1——从初温升到杀菌温度所需时间，min；

t_2——保持恒定的杀菌温度所需时间，min；

t_3——罐头降温冷却所需时间，min；

T——要求达到的杀菌温度，℃；

P——加热杀菌或冷却时杀菌锅内采用的反压力，Pa。

大部分微生物在 t_2 内死亡，t_1 和 t_3 期间死亡较少。一个罐头所污染的细菌有许多种，需要选择一种数量大、最耐热、容易引起食品安全性的微生物作为杀菌对象菌，并作为选择杀菌条件的依据。t_1 和 t_3 主要由杀菌设备的结构、特性（主要指传热性）而定，同时与食品的传热特性、食品在杀菌锅内的状态有关。对于一定的设备、一定种类的食品，t_1 和 t_3 基本上是确定的，且越短越好。

三、影响罐头杀菌的主要因素

影响罐头杀菌效果的因素很多，主要有微生物的种类和数量、食品的性质和化学成分、传热的方式和传热速度、海拔高度等几个方面。

（一）微生物的种类和数量

食品中微生物数量，尤其是芽孢数量越多，在同样致死温度下所需时间越长（表 3-3）。食品中微生物数量的多少取决于原料的新鲜程度和杀菌前加工等过程的污染程度。所以采用的原料要求新鲜清洁，采收、加工紧密衔接，装罐以后到杀菌之间不能积压，否则，罐内微生物数量将可能大量繁殖而影响杀菌效果。另外，食品工厂要注意卫生管理、用水质量及与食品接触的一切机械设备和器具的清洗和处理。

表 3-3　　孢子数量与致死时间的关系

每毫升的孢子数/个	在 100℃下的致死时间/min	每毫升的孢子数/个	在 100℃下的致死时间/min
72000000000	230	650000	80~85
1600000000	120	16500	45~50
32000000	100	330	35~40

（二）食品的性质和化学成分

微生物的耐热性，在一定程度上与其所处环境条件有关。食品的性质和化学成分是杀菌时微生物存在的环境条件，食品的酸、糖、蛋白质、脂肪、酶、盐类等都能影响微生物的耐热性。

1. 原料 pH

原料的 pH 对微生物耐热性的影响很大，大多数产生芽孢的细菌在 pH 中性时耐热性最强，食品 pH 的下降可以减弱微生物的耐热性，甚至抑制它的生长，如肉毒梭状芽孢杆菌在 $pH<4.5$ 的食品中生长受到抑制，也不会产生毒素，因而在低酸性食品中加酸（如醋酸、乳酸、柠檬酸等，以不改变原有风味为原则）可以提高杀菌和保藏效果。

2. 食品的化学成分

罐头内容物中的糖、盐、淀粉、蛋白质、脂肪及植物杀菌素等对微生物的耐热性有不同程度的影响。如装罐的食品和填充液中的糖浓度越高，杀灭微生物芽孢所需的时间越长，但高浓度的糖会造成高渗透压的环境又具有抑制微生物生长的作用。0~40g/L 低质量浓度食盐溶液对微生物的耐热性有保护作用，而高质量浓度食盐溶液则降低微生物的耐热性。食品中的淀粉、蛋白质、脂肪也能增强微生物的耐热性。另外，某些含有植物杀菌素的食品，如洋葱、大蒜、芹菜、胡萝卜、辣椒、生姜等，则对微生物有抑制或杀灭的作用，如果在罐头食品杀菌前加入适量的具有植物杀菌素的蔬菜或调料，可以降低罐头食品中微生物的污染率。

3. 酶

在罐头食品杀菌过程中，几乎所有的酶在 80~90℃的高温下，几分钟就可以破坏，如果酶没有完全被破坏，在酸性和高酸性食品中常引起风味、色泽和质地的败坏。近年来，采用的高温短时杀菌和无菌装罐等新措施，罐头食品会有异味产生的现象，经检验没有细菌的存在，而是过氧化物酶存在的原因，其耐高温，对高温短时杀菌处理的抵抗力比许多耐热细菌还强。因此，将果品中过氧化物酶的钝化作为酸性罐头食品杀菌的指标。

（三）传热的方式和传热速度

罐头杀菌时，热的传递主要是借助热水或蒸汽为介质，热量由罐头外表传至罐头中心的速度，对杀菌有很大影响。影响罐头食品传热速度的因素主要有以下 4 个方面。

1. 罐藏容器的种类和型式

常见的罐藏容器中，蒸煮袋传热速度最快，马口铁罐次之，玻璃罐最慢，玻璃罐导热系数为 2575.3~2589.5J/(m·h·℃)，约为马口铁罐的 1/60。容器厚度越大，罐型越大，则热由罐外传至罐头中心所需时间越长，而以传导为主要传热方式的罐头更为显著。

2. 食品的种类和装罐状态

各种食品含水量、块状体积、装填松紧度、汁液体积与浓度、固液体食品比例等都影响传热速度。流质食品，如果汁、清汤类罐头等，由于对流作用而传热较快，但糖液、盐水或调味液等传热速度随其浓度增加而降低。块状食品加汤汁的比不加汤汁的传热快。果酱、番茄沙司等半流质食品，随着浓度的升高，其传热方式以传导占优势而传热较慢。糖水水果罐头、清渍类蔬菜罐头由于固体和液体同时存在，加热杀菌时传导和对流传热同时存在，但以对流传热为主，故传热较快。食品块状大小、装罐状态对传热速度也会直接产生影响，块状大的比块状小的传热慢，装罐装得紧的传热较慢。

3. 罐内食品的初温

罐头在杀菌前的冷点温度（即冷点渡）称初温。初温的高低影响到罐头中心达到所需温度的时间。通常罐头的初温越高，初温与杀菌温度之间的温差越小，罐中心加热到杀菌温度所需要的时间越短。因此，杀菌前可以通过提高食品和汤汁的温度和排气密封后及时杀菌的方式提高罐内食品初温，这对于不易形成对流和传热较慢的罐头更为重要。

4. 杀菌锅的形式和罐头在杀菌锅中的位置

回转式杀菌比静置式杀菌效果好，时间短。因前者能使罐头在杀菌时进行转动，罐内食品形成机械对流，从而提高传热性能，加快升高罐内中心温度，因而可缩短杀菌时间。罐头在杀菌锅中远离进汽管路，在锅内温度还没有达到平衡状态时，传热较慢。锅内空气排除量、冷凝水积聚、杀菌篮的结构等均影响杀菌效果。

（四）海拔高度

海拔高度会影响气压，故能影响水的沸点温度。海拔高，水的沸点低，杀菌时间应相应增加。一般海拔升高 300m，常压杀菌时间在 30min 以上的，应延长 2min。

四、罐头真空度及其影响因素

（一）罐头真空度

食品罐头经过排气、密封、杀菌和冷却后，罐头内容物和顶隙中的空气及其他气体收缩，水蒸气凝结为液体，从而使顶隙形成部分真空状态。常用真空度这个概念来衡量真空状态。罐头真空度是指罐外大气压与罐内残留气体压力的差值。用式（3-3）表示：

$$罐内真空度=大气压力-罐内残留气体压力 \tag{3-3}$$

罐头真空度一般要求在 26.7~40.0kPa。罐内残留气体越多，它的内压越高，真空度就越低，反之则越高。罐头内保持一定的真空状态，能使罐头底盖维持一种平坦或向内凹陷的状态，这是正常良好罐头食品的外表特征，常作为检验识别罐头好坏的一个指标。

（二）罐头真空度的影响因素

1. 排气密封温度

即罐内食品密封时的温度，提高排气温度可促使食品升温，罐内食品及气体膨胀将空气赶走。食品温度越高，罐内残留空气越少，真空度越大。

2. 顶隙的大小

对热力排气来讲，由于排气是在常压下进行，排气温度低于 100℃，故总有部分空气残留下来。同一排气和密封温度，多数产品排气不完全，因而在一定顶隙范围内，顶隙越大，真空度越小，反之，真空度则大。对于真空密封来讲，顶隙大，则真空度大，但顶隙容积超过一定范围真空度无明显增长。

3. 食品原料种类和酸度

各种原料都有一定量的空气，原料组织中的空气虽经加热排气，但不能完全排尽，杀菌冷却后，组织内残留空气在贮藏过程中逐渐释放出来，使罐内真空度降低，尤其是真空密封法，组织内的空气基本上未排除，因而真空度下降更为显著。果蔬组织内空气含量多，特别是成熟度低的果蔬组织坚硬，要排尽空气十分困难，目前，生产上采用果蔬先抽空或加热烫漂等工艺来解决。含酸量高低也影响罐头真空度。由于酸度高，H^+能将容器中的金属置换出来，自身变成 H_2，使罐内真空度下降，严重时可形成“氢胀罐”。

4. 原料的新鲜度

不新鲜的原料会产生各种气体，如含硫蛋白分解产生 H_2S 和 NH_3 等，果蔬类食品会产生 CO_2，杀菌时由于反应速度加快，产气多，罐内真空度就降低。

5. 杀菌温度

同一密封温度下，杀菌温度越高，冷却后形成的真空度越低。

6. 气温和气压

随着气温升高，罐内残留空气受热膨胀，压力增加，真空度降低。大气压对真空度的影响实质上是海拔高度对真空度的影响。海拔越高，气压越低，罐内外压力差缩小，真空度低。一般来讲，海拔高度每升高 100m，真空度下降 1066~1200Pa。但这种真空度下降或消失并不影响罐头质量。

第二节 罐藏容器

为了使罐藏食品能够在容器里保存较长的时间，并且保持一定的色、香、味和原有的营养价值，同时又适应工业化生产，罐藏容器需满足以下要求：①对人体无毒害，不给食品带来污染，能与食品成分发生化学反应，不影响食品风味；②具有良好的密封性能，使罐藏食品与外界隔绝，防止外界微生物的污染；③具有良好的耐高温、耐高压和耐腐蚀性能；④适合工业化的生产，罐藏容器应能适应工厂机械化和自动化生产，质量稳定，能够承受各种机械加工，材料资源丰富，成本低廉等特性。目前生产上常用的罐藏容器，按照容器材料的性质大致可分为金属罐和非金属罐两大类。

一、金属罐

金属罐中目前使用最多的是镀锡铁罐和涂料罐，此外有铝罐和镀铬铁罐。在罐头生产中选用何种金属罐，应根据食品原料的特性、罐型、食品介质的腐蚀性能等情况综合考虑。

1. 镀锡铁罐

镀锡铁罐由两面镀锡的低碳薄钢板（俗称马口铁）制成。镀锡薄钢板表面上的锡层能够长时间保持非常美观的金属光泽，锡有保护钢基免受腐蚀的作用，即使有微量的锡溶解而混入食品内，对人体几乎不会产生毒害作用。锡呈稍带蓝色的银白色，在常温下有良好的延展性，在大气中不变色，但会形成氧化锡膜层，化学性质比较稳定。一般由罐身、罐盖和罐底 3 部分焊接密封而成，称为三片罐，也有采取冲压，将罐身与罐底相连封底而成的冲拔罐，称为二片罐。镀锡薄钢板镀锡均匀程度直接影响其耐腐蚀性，电镀法锡层薄而均匀，能节约用锡量，在生产上大量使用。但镀锡薄钢板也有不足之处，含硫的蛋白质食品如鱼类、贝类、肉类在加热杀菌时会产生硫化物，以致罐壁上常产生硫化斑或硫化铁，使食品污染。有色水果在罐内亚锡离子的作用下会发生褪色现象。高酸性食品装罐后常出现氢胀罐和穿孔现象，有的食品还会呈现金属味。樱桃、葡萄、草莓、杨梅等含花青素水果罐头，因花青素是锡、氢的接受体，加速镀锡薄钢板腐蚀，同时导致水果褪色。

2. 涂料镀锡铁罐（涂料罐）

在镀锡铁罐内壁上涂布涂料，称为涂料铁，以防止金属面和食品直接接触引起反应，保证食品质量和延长罐头保存期。涂料铁的涂料膜要求无毒害、无嗅、无味、不会使食品产生异味或变色，并且要具有良好的抗腐蚀性能和机械加工性能，能经受强力的冲击、折叠、弯折等而不致损坏脱落，在制罐过程中能经受高温而膜层不致烫焦、变色或脱落且无有害物质溶出。涂料使用方便，能均匀涂布，干燥迅速。涂料铁通常具有一定的色泽，与镀锡表面有区别，价格便宜、来源方便。有的罐头外壁也采取涂料达到彩印、美观、防腐蚀等目的。

3. 铝罐

铝及铝合金薄板配合比例冶炼、压延、退火可制成含气易拉罐。其优点为轻便（密度为镀锡薄钢板的 1/3）、加工性能良好，易开盖，可回收利用，导热性好，有耐腐蚀性能、金属光泽，可彩印，但是其价格贵、耐腐蚀性差、容易变形、回收价值低。

4. 镀铬铁罐

镀铬铁又称无锡铁皮，采用金属铬代替价格昂贵的锡，即薄钢板表面镀铬及其氧化物。镀铬薄钢板降低成本，涂料后涂膜牢度和抗腐蚀性能优于镀锡薄钢板和涂料铁，但由于铬的熔点（大于 1000℃）大大高于锡（锡熔点 276℃），故必须采取黏结法或高频电阻焊熔接法焊接罐身，但是外壁易生锈。

二、非金属罐

1. 玻璃罐

玻璃罐在罐头工业中应用广泛，其优点包括稳定性好，不会与食品发生化学变化；与金属接触面小，不易发生反应；透明度高，便于顾客选购；可重复使用，经济便利。缺点是质量大、易碎，运输和携带不便，内容物易褪色或变色，传热性差，不能承受温度骤变。目前，玻璃罐正朝着薄壁、高强度的方向发展，各种新的瓶型不断问世。工业发达国家卫生部门已正式规定婴幼儿食品只能使用玻璃罐。

玻璃罐的生产流程为：原料磨细→过筛→配料→混合→加热熔融→成型→退火→检查。

质量好的玻璃罐应呈无色或略微带青色，具有良好的化学稳定性和热稳定性，通常在加热和加压杀菌条件下不破裂，罐身应端正光滑，厚薄均匀，罐口圆而平整，底部平坦，罐身不得有严重的气泡、裂纹、石屑及条痕等缺陷。

玻璃罐的关键是密封部分，包括金属罐盖和玻璃罐口。玻璃罐的形式很多，但现在使用最多的是四旋罐，其次是卷封式的胜利罐（即 CKO-83-1 型）。胜利罐由马口铁或涂料铁制成的罐盖、橡皮圈及玻璃罐身组成，其密封性能好，能承受加热加压杀菌，但开启不便。四旋罐由马口铁制成的罐盖、橡胶或塑料垫圈及罐颈上有螺纹线的玻璃罐组成。当罐盖旋紧时，则罐盖内侧的盖爪与螺纹互相吻合而压紧垫圈，即达到密封的目的。

2. 蒸煮袋（软包装）

蒸煮袋（retort pouch）由一种能耐高温杀菌的复合塑料薄膜制成的袋状罐藏包装容器，俗称软罐头（flexible canned foods）。高温蒸煮袋种类主要包括：聚乙烯（PE）薄膜、聚酯（PET）薄膜、铝箔、尼龙（PA）、聚丙烯（PP）薄膜、聚偏二氯乙烯（PVDC）薄膜。蒸煮袋包装材料一般采用聚酯、铝箔、尼龙、聚烯烃等薄膜借助胶黏剂复合而成，一般有 3~5 层，多者可达 9 层。外层是 12μm 的聚酯，起加固及耐高温作用，中层为 9μm 的铝箔，具有良好的避光性，防透气，防透水。也可用乙烯与乙烯醇的聚合物，聚丙烯腈等取代。内层为 70μm 的聚烯烃（早期用聚乙烯，目前大量用聚丙烯），有良好的热封性能和耐化学性能，能耐 121℃ 高温，又符合食品卫生要求。

与其他罐藏容器相比，蒸煮袋具有如下优点：质量轻、体积小、易开启、携带方便；耐高温杀菌，贮藏期长；封口、成型等加工方法简便，而且杀菌时传热速度快，可缩短杀菌时间；不透气、水、光，内容物几乎不发生化学变化，能较好地保持食品的色香味，可在常温下贮藏，质量稳定。

第三节　果蔬罐藏对原料的要求及适合的主要品种

一、罐藏对果蔬原料的要求

原料品种及质量对果蔬罐藏制品的品质有很大的影响，关系着制品的色泽、风味、质地、大小及原料的利用率。因此，正确地选择罐藏原料是保证品质的关键。罐藏对果蔬原料的要求比较严格，应符合 GB 14881—2013《食品安全国家标准　食品生产通用卫生规范》相关规定，罐藏性能良好的品种称为罐藏用种或罐藏专用种，它们与鲜食品种虽有不少相同之处，但有其特殊的品种特性。罐头加工对果蔬原料总的要求是：色鲜、味美、质地柔嫩、坚实、大小一致，耐高温处理，成熟度均匀，可溶性固形物含量高，可食部分比例大，去皮去核容易，且抗病性和耐藏性较强，无病虫害和机械损伤。

1. 罐藏对水果原料的要求

罐藏对水果原料的要求包括品种栽培和加工工艺两个方面，品种栽培上符合良种所必备的条件，要求树势强健，结果习性良好，丰产稳产，抗逆性强等。工艺上的要求依当前的加工工艺过程和成品质量标准而定。在品种成熟期方面，要求早、中、晚熟品种搭配，但常以中、晚熟品种为佳，因后者品质常优于早熟，且有较好的耐藏性，可以延长工厂的生产季节；另外，要求成熟度往往略高于坚熟，稍低于鲜食成熟度，称之为罐藏成熟度，以便于贮运、减少损耗、能经受工艺处理，并达到一定的质量标准。

水果罐藏的工艺过程大致为原料处理（包括洗涤、切分、去皮、去核、预煮、酸碱处理等）、装罐加糖液，再经排气、密封、杀菌和冷却，最后包装。其中原料处理和杀菌对原料有特殊要求。为了便于原料处理的机械化和自动化，要求果实形状整齐、大小适中；为避免预煮、酸碱处理和加热杀菌时果块组织溃烂，汤汁混浊，要求果肉组织紧密，具有良好的煮制性。此外，为减少加工过程中的损耗，降低原料的消耗定额，提高产品率，要求果皮、果核、果心等废弃部分少。

2. 罐藏对蔬菜原料的要求

用作罐藏的蔬菜原料要求新鲜饱满，成熟适度且一致，具有一定的色香味，肉质丰富，质地柔嫩细致，粗纤维少，无不良气味，没有虫蛀、霉烂以及机械损伤，能耐高温处理。罐藏蔬菜原料的选择通常从合适的蔬菜品种、适当的成熟度和新鲜度 3 个方面考虑。

罐藏用的蔬菜品种极其重要，不同的产品均有其特别适合于罐藏的专用种。例如，菜豆应选择豆荚呈圆柱形，直径<0.7cm，豆荚直而不弯，无粗纤维的品种；蘑菇要采用气生型；番茄应选择小果型、茄红素含量高的品种。

蔬菜原料的成熟度对罐藏蔬菜色泽、组织、形态、风味、汤汁澄清度有决定性影响，与工艺过程的生产效率和原料利用率关系密切。不同的蔬菜种类、品种要求有不同的罐藏成熟度，如豌豆罐头应选用幼嫩豆粒，蘑菇罐头应为不开伞的蘑菇，罐藏加工的番茄要求可溶性固形物含量 5%以上、番茄红素含量达到 12%以上。

罐藏用蔬菜原料越新鲜，加工的质量越好。因此，从采收到加工，间隔时间越短越好，一般不要超过 24h。有些蔬菜如甜玉米、豌豆、蘑菇、芦笋等应在采收后 2~6h 内加工。如果时间过长，甜玉米或青豌豆粒的糖就会转化成淀粉，风味变差，杀菌后汤汁混浊。

二、水果罐藏原料

1. 柑橘

用于制取全去囊衣和半去囊衣的糖水橘瓣罐头的品种，由于工艺上须去皮和分囊，所以只有宽皮橘类才符合这一要求。生产上以全去囊衣品质为上。柑橘主要生产国有日本、中国、西班牙、摩洛哥、南非和以色列，其中以日本产量最大，年产约 10 万 t。

加工上用于罐藏的柑橘，要求剥皮容易、砂囊紧密、色泽鲜艳、香味浓郁、糖分含量高、糖酸比合适。果形扁圆，大小适中，果形指数在 1.30 以上，橘瓣形状接近半圆形且整齐，容易分囊，种子少或无，果皮薄，橙皮苷含量低，果实横径 50~70mm（重 50~100g），耐热力强、有利于杀菌，耐贮运，成熟度要求充分成熟。

世界橘瓣罐头主产国中，日本、西班牙用普通温州蜜柑制取，摩洛哥用克莱门丁（Clementine）红橘制取。我国则用温州蜜柑制取，此外还有本地早、芦柑、四川红橘、朱红等。温州蜜柑中品系甚多，以中、晚熟的较好，用于罐藏的普通温州蜜柑品系主要有尾张、宫川、南柑 20 号、林温州、山田等。我国罐藏温州蜜柑的主要良种有浙江的宁红、海红、石柑，湖南的涟源 73-696，四川的成凤 12-1 及南方各省均有栽培的宫川、尾张。本地早的罐藏适应性仅次于温州蜜柑，其优点为果肉硬度较好，果形大小和橘囊大小适当，果肉色泽较深，成品白色沉淀少。但其早熟且不耐贮藏，酸份较低、种子多（种子质量占全果的 1.56%～1.88%）。目前推广的少核优良罐藏本地早品种有浙江黄岩的新本 1 号和福建的黄斜 3 号，种子少，加工性能好。

2. 桃

糖水桃是世界水果罐头中的大宗商品，生产量和贸易量均居世界首位，年产量近百万吨，其中美国约占 2/3。罐藏桃要求：白桃应白色至青白色，果尖、合缝线及核洼处无花青素，白桃不含无色花青素。黄桃含有大量的类胡萝卜素，果肉金黄色至橙黄色，且具有波斯系及其杂种所特有的香气和风味，其品质优于白桃。肉质要求不溶质（non-melting flesh），桃果实耐贮运及加工处理，生产效率高，原料损耗低。另外，种核应黏核，因黏核种肉质较致密，粗纤维少，树胶质少，去核后核洼光洁；离核种则相反。所谓的“罐桃品种”常指黄肉、不溶质、黏核品种。此外，罐藏用桃还要求果实横径在 55mm 以上，个别品种可在 50mm 以上，蟠桃 60mm 以上，果形圆整，核小肉厚，可食率高，单果各部位成熟一致，后熟较慢等。

美国的罐桃品种最多，主要的罐藏品种有 3 个类型：早熟种以泰斯康（Tuscan）为主，中熟种以派洛罗（Paloro）为主，晚熟种为菲力浦（Phillips），都是黄肉、不溶质、黏核品种。目前，世界上许多桃罐头用安德罗斯（Andross）生产。日本供罐藏加工的黄肉桃品种有爱保太、晚黄金、罐桃 2 号、罐桃 5 号、罐桃 12 号及罐桃 14 号、明星等；另有少量的白桃品种如山下、大久保、冈山白等。我国用于罐藏的黄桃品种有黄露、丰黄、连黄、橙香、橙艳、爱保太黄桃和日本引进的罐桃 5 号、罐桃 14 号、明星；另有不溶质白肉 60-24-7、京玉白桃、北京 24 号、大久保白桃、简阳白桃、白凤、新红白桃、白香水蜜桃、中州白桃、晚白桃等白桃也用于罐藏。

3. 菠萝

菠萝为主要的罐藏原料，国际上的销路日益扩大。制品有圆片、扁形块、碎块和菠萝米等。菠萝的罐用品种要求果实新鲜良好，果形呈长筒形，果心小且居中心位置，纤维少，果眼浅，果肉黄色，呈半透明，风味浓，糖酸适合；无黑心、水泡、霉烂和褐斑等损伤和缺陷。菠萝的罐藏良种有无刺卡因（Smooth Gayenne）、沙劳越（Sarawak）、巴厘（Comtede Paris），要求横径 80mm 以上。另外，菲律宾、红色西班牙（Red Spanish）、皇后（Queen）、本地种等也可作罐藏。上述品种我国均有栽培。

4. 荔枝

荔枝是我国特产水果，罐藏用品种的果实较大且圆整，要求果实横径在 28mm 以上，个别品种可在 25mm 以上；核小肉厚，果肉洁白而致密、无开裂；糖分高、香味浓、涩味淡、风味好；酶褐变轻微或不褐变。罐藏品种以黑叶（乌叶）最好，也可采用淮枝、陈紫、大造、上番枝、下番枝、尚书怀、桂味等。一般要求果实八至九成熟时采收。

5. 龙眼

龙眼为我国南方特产佳果，罐藏要求果实大，横径在24mm以上，个别品种可在20mm以上，肉厚核小，肉质致密，乳白色，不易褐变。罐藏品种以福建泉州的福眼、厦门同安的水涨、福州的南圆种为好，此外还有东壁（糖瓜蜜）、石硖等品种。

6. 枇杷

枇杷为我国特产水果之一，但产量不多，远不能满足罐头工业的需求。枇杷果实中存在大型种核，加工后出品率较低，但其加工品色泽鲜丽，风味好而颇受欢迎。罐藏枇杷要求果肉色泽橙红至橙黄色，中等大小，果形圆整，果肉厚且肉质致密、粗纤维少、糖酸含量高、风味好、耐煮制不塌果，种子小而少。白肉种组织柔软，容易产生机械伤和褐变，一般不用于罐藏。适宜制罐的品种有浙江余杭的大红袍，安徽歙县的朝宝、光荣，浙江黄岩的洛阳春、黄岩5号，江苏吴县的富阳种及福建的太城4号、梅花霞和车本等。日本用于罐藏的有田中、茂木，品质一般，仅少量生产。

7. 杨梅

杨梅原产我国，为珍贵果品之一，尤以福建、浙江的产量多且品质优，但罐藏数量不多，因成熟期短，不耐贮藏，所含花青素不稳定，易受金属离子和光线等作用而褪色。罐藏要求原料紫红色或鲜红色，色泽较一致；果大核小，果实横径在22mm以上，果形整齐，可食率高，可溶性固形物含量8%以上，含酸量适宜，果实紧密耐煮制，不易裂果，肉柱顶部要求圆齿，维生素C含量高。适宜罐藏的品种主要有浙江余姚的荸荠种、温州的丁香梅、黄岩的东魁、临海的大梅、舟山的皋泄、福建的迟长蒂和江苏的大叶细蒂等。

8. 梨

罐藏对梨的要求是果实中等大小，果面光滑，果形圆整或“梨形”；果心小，肉质细致，风味好，香味浓，石细胞与纤维少，肉白色；加工过程中无明显褐变，不具备无色花青素的红变现象；成熟适度，果肉硬度达7.7~9.6kg（用顶尖直径8mm的硬度计），耐贮运。巴梨（Bartlett）是西洋梨中供罐藏的专用种，其他还有大红巴（Max-Red Bartlett）、拉·法兰西（La France）、秋福（Kieffer）、大香槟（Grand Champion）等均可罐藏。日本梨以长十郎为好，其他如廿世纪、菊水、八云、晚三吉、黄蜜、今村秋等也可少量加工。中国梨用作罐藏的有莱阳的慈梨、河北的鸭梨、辽宁的秋白梨、河北赵县的雪花梨、延边的苹果梨等品种。

9. 樱桃

罐藏樱桃果重不应低于2.5g，以风味正常、果形大核小、果肉红色、淡黄或淡红色、肉质致密、易去梗、耐煮制为佳。适宜的品种有宝玉、福寿、黄玉、黄樱、旅大10-14。

10. 李

李罐藏的品种不多，以黄肉种为佳，要求果实横径30mm以上，个别品种25mm以上，肉质紧密、耐煮制、易去皮、果核小。我国常用品种有辽宁的鸡心李、浙江的茄皮李、青宵李，广东、广西的三华李，福建的芙蓉李。

11. 杏

罐藏杏要求果实中大，横径35mm以上，个别品种可在30mm以上；果肉厚，肉质致密，粗纤维少，色泽黄亮，风味浓郁，耐煮制和运输，易去皮；成熟度适当，过熟会软烂而不耐加工处理，过青的果实罐藏后有苦涩味。我国用的罐藏杏种有辽宁的大红杏、大杏梅，河北的串枝红，河南的鸡蛋杏，山东的荷包榛、玉杏和北京的铁巴达、红桃、黄桃、老爷脸等。

12. 中华猕猴桃

猕猴桃是我国新发展的罐藏原料，原产于我国，但栽培以新西兰居多。罐藏上要求果实大且果形整齐，果心小且籽小，果面光滑无毛或少毛，果形呈圆柱形或椭圆形，果肉黄白，风味酸甜适口、香味浓，维生素 C 含量高。带毛猕猴桃由于果肉青绿，果心大、籽多，味酸、风味差和成品色泽暗，大都不适用于罐藏。近年来，我国各地选育出的罐藏品种有江西的庐山 79-2，奉新县的 F-T-79-3，福建建宁县的 D-13、D-15、D-16 和 D-25 等。从新西兰引进的良种有海沃德（Hayward）和布鲁诺（Brono），其罐藏适性也较好。

三、蔬菜罐藏原料

1. 蘑菇

蘑菇罐头是产量最大的蔬菜罐头之一。供罐藏的蘑菇要求伞球质地厚实，未开伞，色泽洁白，无异味，有蘑菇特色的香气。整菇罐头要求菌盖直径 18~40mm，菌柄切口平整，不带泥根，无空心，柄长不超过 15mm，菌盖直径 30mm 以下的菌柄长度不超过菌盖直径的 1/2（菌柄从基部计算）。片菇和碎菇采用菇色正常，无严重机械损伤和病虫害的蘑菇，菌盖直径不超过 60mm，菌褶不得发黑。用于罐藏的品种均为白蘑菇，如浙农 1 号、福建 2796 号、上海白蘑菇（洋蘑菇）、嘉定 29 号、南翔 3 号、索密塞尔 11 号等。

2. 番茄

番茄是蔬菜罐藏的主要种类，其罐藏制品有整番茄、番茄酱、番茄汁和调味番茄酱等。供罐藏的品种，要求果形中等，果面光滑，颜色鲜红且全果着色均匀，果肉厚，果心小种子少，番茄红素、可溶性固形物及果胶含量高，酸度适当，香味浓且抗裂果。用作整番茄的果实，横径在 30~50mm 为宜，生产番茄汁的应选大果型为好，而生产番茄酱等制品应采用大果型番茄与小果型番茄混合搭配较好。许多国家都有自己的罐藏加工专用品种，如美国的 Pearson、Roma、Chico、H1370、Red Rock 和 Success，意大利的 Ace、San Marzano，日本的赤福 3 号、大罗马，匈牙利的 Kecskemet 262，K815、K529 等品种。我国用于罐藏的品种有佳丽矮红、罗城 1 号、罗城 2 号、北京早红、浦红 1 号、罗马、浙江 1 号、浙江 2 号、扬州红、奇果、渝红 1 号等。

3. 竹笋

竹笋是我国特产，供罐藏的竹笋有冬笋和春笋。冬笋需未出土之前掘取，其组织脆嫩，粗纤维少，肉质呈乳白色或淡黄色，味道鲜美，无苦涩味；要求无病虫害，笋肉无损伤。春笋原料要求新鲜质嫩，肉质白色，笋体充实无明显空洞，无霉烂、病虫害和机械伤，不畸形，不干缩。罐藏优良品种有产于福建、广东、广西、海南、台湾等地的绿竹笋、甜竹笋、大头笋和麻竹笋，浙江天目山区所产的早竹笋、石竹笋及广笋；陕西秦岭以南和长江流域的毛竹笋和淡竹笋。

4. 芦笋

芦笋也称石刁柏，是一种多年生宿根性植物，食用部分是其幼嫩带有细小鳞片的嫩茎。优良的罐藏品种要求植物生长旺盛，早熟、丰产、抗病；组织致密，粗壮幼嫩，乳白色或绿色，粗细一致，不弯曲、不开裂、无空心；肉质细嫩、纤维少，滋味、气味鲜美，没有苦味或苦味少，目前我国引用的罐藏良种有美国的 Mary Washington 和 Mary Washington 500，另外还有 Martha Washington、Schwetizinger、Meisterchuss 等。

5. 菜豆

菜豆又称青刀豆，罐藏要求新鲜饱满、色泽深绿、脆嫩无筋、豆荚横断面近似圆形、肉质丰富、成熟一致、豆荚不弯曲。最主要的罐藏品种是美国的蓝湖（Blue Lake），其他还有长箕（Extender）、顶簇（Topmost）、嫩荚（Tender Crop）、嫩白（Tender White）和嫩绿（Tender Green），意大利的丰收（Top Crop）、纤绿（Slim Green）和长荚白（Slender White），日本的黑三度和白三度，法国的旦冈（Digoin）和曲兰奔（Drabant），荷兰的阿姆保依（Amboy）、瓦尔雅（Valja）和马克西多尔（Maxidor）等。我国供罐藏用的主要品种有小刀豆、棍儿豆、白子长箕、曙光等品种。

6. 豌豆

豌豆又称青豆，罐藏品种要求成熟一致，豆粒光滑饱满，质地鲜嫩，含糖量高，粒小有香气，色泽鲜绿，种脐无色，在杀菌贮藏中能保持其固有色泽，不致变黄。罐藏豌豆品种，有圆粒和皱粒两类，罐藏加工原料以皱粒为主。最重要的圆粒种是阿拉斯卡（Alaska），皱粒种主要有派尔范新（Perfetion）、大绿 537（Green Giants-537）。日本有冈山绢荚、白姬豌豆和滋贺改良白花一号等。我国生产上常用大青荚、小青荚和宁科百号等品种。

7. 甜玉米

玉米有粉质和糖质两种类型，粉质类型只作粮食和饲料，糖质类型主要用于罐藏加工，因其糖含量甚高，口味甜糯，所以称为甜玉米。甜玉米有黄色和白色两种。甜玉米罐头有整粒、糊状或二者相混进行装罐。罐藏上要求甜玉米糖含量高、种粒柔嫩、风味甜香、能耐煮、色泽金黄或白色、成熟度整齐一致。甜玉米从甜与柔嫩阶段到粗硬多淀粉阶段时间很短，要在适当的成熟度采收。罐藏甜玉米的主要品种有 Stowell′s Evergeen、Country Gentleman、Golden Bantam、Croshy 等。我国甜玉米罐藏品种有甜单 1 号、华甜 5 号和甜玉 26 号等。

8. 荸荠

荸荠又称马蹄、地栗或水栗，可食部分是地下球茎，属水生蔬菜，味甘质脆，性清凉，生煮食用均可。罐藏用种要求丰产抗性强，新鲜肥嫩，含糖量高，淀粉少，粗纤维少，肉色洁白，质地爽脆，无黑斑和黑丝，球茎扁圆，形状端正，蒂部平坦不凹陷，无抽芽和萎缩，无虫害和机械伤，要求横径 30mm 以上。我国的荸荠罐藏良种有广东、广西的桂林马蹄，浙江的余杭大红袍、黄岩荸荠，江苏的苏州荸荠。

9. 胡萝卜

胡萝卜罐藏采用橙红色种，要求肉质根新鲜肥嫩，形态完整，表面光滑，内部完全呈橙红色或红色，心髓部不明显，粗纤维少，无木质化现象，干物质含量 11.5%以上，糖含量不少于 4%，无病虫害和机械伤。罐藏胡萝卜除整装以外，常以切片、丁块或与其他原料混合装罐。罐藏的优良品种，国外有秦太那红心（Red Cored Chantenay）、早角（Early Horn）、优角（Champion Horn）、Shorn Horn、Imperator 等，国内有鲜红五寸、长红、烟台三寸、金条子和一支蜡等。

10. 黄瓜

黄瓜常加工成酸黄瓜罐头。罐藏要求黄瓜无刺或少刺、新鲜饱满、深绿色、瓜形正常、组织脆嫩（种子尚未发育）、直径 30~40mm、长不超过 110mm、粗细均匀、无病虫害及机械损伤。常用的黄瓜罐藏品种有哈尔滨小黄瓜、成都寸金子和江苏乳黄瓜等。

11. 茎用芥菜

茎用芥菜（俗称青菜头）常加工成榨菜罐头和榨菜肉丝罐头。茎用芥菜基部茎上瘤状物突起呈不同形状，成熟时大多呈3层螺旋状突起；茎纵径14~18cm，横径10~12cm，膨大茎重0.5~0.75kg，茎叶比约0.7；茎上易萌发腋芽，不易空心，不易抽薹，较耐病毒病和软腐病；丰产优质，生长期约145d，榨菜以重庆涪陵榨菜闻名于世。常用的优良品种有草腰子、永安小叶、涪丰14号、涪杂1号、涪杂2号、涪杂3号等。

第四节 罐藏基本工艺

果蔬罐藏工艺过程包括原料的预处理、装罐、排气、密封、杀菌、冷却、保温及商业无菌检验等。原料预处理已在第二章中介绍，本节从装罐开始，对果蔬罐头的基本工艺作介绍。

一、装罐

（一）空罐的准备及操作要点

原料装罐前应检查空罐的完好情况，空罐在使用前必须进行清洗和消毒，以清除灰尘、微生物、油脂等污物及氯化锌残留物，以保证容器的卫生，提高杀菌效果。金属罐先用热水冲洗，后用清洁的100℃沸水或蒸汽消毒30~60s，然后倒置沥干备用。玻璃罐先用清水（或热水）浸泡，然后用有毛刷的洗瓶机刷洗，再用清水或高压水喷洗数次，倒置沥干备用。罐盖也进行同样处理，或用前用75%酒精（体积分数）消毒。清洗消毒后的空罐要及时使用，不宜堆放太久，以免灰尘、杂质再一次污染或金属罐生锈。

（二）灌液配制及操作要点

果蔬罐藏时除了液态食品（果汁、菜汁）和黏稠食品（如番茄酱、果酱等）外，一般都要向罐内加注液汁，称为罐液或汤汁。果品罐头的罐液一般是糖液，蔬菜罐头多为盐水，或清水。灌液中加入适当的柠檬酸，有增进风味、护色、杀菌作用。果蔬罐头杀菌前加注罐液能填充罐内除果蔬以外所留下的空隙，目的在于增进风味、排除空气、提高初温，并加强热的传递效率。

1. 糖液配制

水果罐头所用的糖液浓度，根据水果种类、品种、成熟度、果肉装量及产品质量标准而定。我国目前生产的糖水水果罐头，一般要求开罐糖液浓度为14%~18%。每种水果罐头加注糖液的浓度，可根据式（3-4）计算：

$$Y=\frac{W_3Z-W_1X}{W_2} \tag{3-4}$$

式中 W_1——每罐装入果肉质量，g；

W_2——每罐加入糖液质量，g；

W_3——每罐净重，g；

X——装罐时果肉可溶性固形物含量，%；

Z——要求开罐时的糖液糖含量，%；

Y——需配制的糖液糖含量，%。

配制糖液的主要原料是蔗糖，要求纯度在99%以上，色泽洁白、清洁干燥、不含杂质和有色物质。最好使用碳酸法生产的蔗糖。若用亚硫酸法生产的蔗糖，若残留的二氧化硫过多，会引起罐内壁产生硫化铁，污染内容物。除蔗糖外，如转化糖、葡萄糖、玉米糖浆也可使用。

糖液配制方法有直接法和稀释法两种。直接法是根据装罐所需的糖液浓度，直接称取蔗糖和水在溶糖锅内加热搅拌溶解并煮沸过滤待用。稀释法是配制高糖含量的糖液（称为母液），一般糖含量在65%以上，装罐时再根据所需糖含量用水或稀糖液稀释。蔗糖溶解调配时，必须煮沸10~15min后过滤，保温85℃以上备用；如需在糖液中加酸必须随用随加，防止积压，以免蔗糖转化为转化糖促使果肉色泽变红；荔枝、梨等罐头所用糖液，加热煮沸后迅速冷却到40℃再装罐，对防止果肉变红有明显效果。

2. 盐液配制

所用食盐应选用精盐，食盐中氯化钠含量98%以上。配制时常用直接法按要求称取食盐，加水煮沸过滤即可。一般蔬菜罐头所用盐液质量浓度为10~40g/L。

3. 调味液配制

调味液的种类很多，但配制的方法主要有两种，一种是将香辛料先经一定的熬煮制成香料水，然后香料水再与其他调味料按比例制成调味液，另一种是将各种调味料、香辛料（可用布袋包裹，配成后连袋去除）一起一次配成调味液。

（三）装罐及操作要点

装罐的方法可分为人工装罐和机械装罐。果蔬原料由于形态大小、色泽、成熟度、排列方式各异，所以多采用人工装罐，主要过程包括装料、称量、压紧和加汤汁等。颗粒状、流体以及半流体食品常用机械装罐。在装罐时应注意以下问题。

1. 确保装罐量、内容物符合要求

装入量因产品种类和罐型大小而异，罐头食品的净重和固形物含量必须达到要求。净重是指罐头总质量减去容器质量后所得的质量，它包括固形物和汤汁。固形物含量指固形物（即固态食品）在净重中所占的比例（%），一般要求每罐固形物含量为45%~65%，常见的为55%~60%。同一罐内原料的成熟度、色泽、形状大小应基本一致，搭配合理，排列整齐。有块数要求的产品应按要求装罐。

2. 保留一定的顶隙

所谓顶隙是指罐头内容物表面和罐盖之间所留空隙的距离。顶隙大小因罐型大小而异，一般装罐时罐头内容物表面与翻边相距4~8mm，在封罐后顶隙为3~5mm。罐内顶隙的作用很重要，但须留得适当。如果顶隙过大，会引起罐内食品装量不足，同时罐内空气量增加，会造成罐内食品氧化变色；如果顶隙过小，则罐内食品会在杀菌时受热膨胀，使罐头变形或裂缝，影响接缝线的严密度。

3. 符合卫生要求

装罐时要注意卫生，严格操作，防止杂物混入罐内，保证罐头质量。

二、排气

排气是将食品装罐后、密封前将罐头顶隙间的、装罐时带入的和原料组织内未排净的空气，尽可能从罐内排出，使密封后罐内形成真空的生产技术。在操作中，虽然加注的是热糖液，但遇到凉的果块，温度下降很快，罐头顶隙及原料组织中仍留有空气。通过加热排气，原料组织受热膨胀，空气逸出罐外，同时，顶隙中的空气被水蒸气所替代，随后，经过封罐、杀菌、冷却后，罐头内容物收缩，顶隙中的水蒸气凝为液体，因而罐内形成适度的真空状态，这是罐头制品得以保存的必备条件。

（一）排气的作用

抑制好气性细菌及霉菌的生长发育，减轻杀菌负担；排除顶隙及内容物中的空气，可防止或减轻铁罐内壁的氧化腐蚀和内容物的变质，减少维生素 C 和其他营养物质的损失，较好地保持产品的色、香、味，减少或防止氧化变质，延长罐头制品的贮藏寿命；可减轻加热杀菌时空气膨胀而使铁皮罐头变形和防止玻璃罐“跳盖”。由于杀菌温度高于排气温度，尤其高压杀菌，杀菌时罐头的内压必然增大，若罐内没有适度真空，内压的增大，会使玻璃罐“跳盖”、铁皮罐膨胀变形，影响罐头卷边和缝线的密封性。排气使罐头内保持一定的真空状态，罐头的底盖维持一种平坦或向内凹陷的状态，这是正品罐头的外部表象，便于成品检查；因为容器内含有较多空气时，空气的热传导系数远小于水，传热效果差，加热杀菌过程中的传热就会受阻，所以排气可加速杀菌时热的传递。

（二）排气的方法及操作要点

排气方法及其使用设备视不同产品及要求而异，主要有加热排气、真空封罐排气和喷蒸汽封罐排气 3 种。

1. 加热排气法

罐头生产过程中，利用空气、蒸汽和内容物受热膨胀原理，将罐内空气排除。

（1）热罐装法　先将物料加热至一定温度，趁热装罐并密封，适于含空气不多的流体、半流体食品。此外，一些软嫩果蔬和热敏性食品冷装后立即加入 95℃以上热汤汁，使其平衡后温度在 75℃以上，立即密封。应注意装罐迅速，密封及时，立即杀菌，不能积压，才能保证真空度和防止微生物活动。

（2）加热排气法　内容物装罐后，放置在用蒸汽或热水加热的排气箱内，经一定时间加热使罐中心温度达到 75～85℃，立即密封。加热排气的温度越高，时间越长，则罐内及食品组织中的空气被排除越多。但过高的排气温度，易引起果蔬组织软烂及糖液溢出，同时造成密封后真空度过高，形成瘪罐。一般排气箱温度为 82～98℃，时间 7～20min，罐中心温度达 75℃以上。加热排气法适于无真空封罐机或手扳式封罐机封口时采用，但应及时杀菌。

2. 真空封罐排气法

即在真空封罐机内进行抽真空排气密封。真空封罐时利用真空泵先将真空封口机密封室内空气抽出，形成一定的真空度，待罐头通过密封阀门送入已形成一定真空度的密封室时，罐内部分空气就在真空条件下被迅速抽出，同时，立即封口后，通过另一密封阀门送出。一般真空度在 46662～59994Pa 为宜。真空封罐排气法适于汤汁少、空气含量较多和加热排气传导慢的果蔬，如苹果、梨、菠萝等。还应配合装罐前的抽空处理，提高或弥补封罐机真空度不能达到要求的目的，减少产品变色等问题。

3. 喷蒸汽封罐排气法

装好内容物的罐头用机械装置将内容物压实到预定的高度，以保证一定的顶隙，然后将罐头送到罐盖下部，保持一定的距离，罐与盖一起送入装有喷射蒸汽装置的封罐机中，具有一定温度和压力的蒸汽向罐内顶部喷射，由蒸汽取代顶隙中的空气，在身、盖合处周围维持有大于大气压的蒸汽，并立即密封，这样在罐盖密封前能防止空气流入罐内，待冷却后蒸汽冷凝，罐内就产生了部分真空。喷蒸汽封罐排气法要求留有适当顶隙，如果顶隙太小，密封后会导致真空度不够。如果操作和运行符合要求，顶隙大，真空度大。由于蒸汽喷射时间短，仅表面受到轻微的加热，食品本身并未受到加热，无法将食品组织和间隙的空气排除，因此不适宜空气含量多的果蔬，如桃、梨。

三、密封

（一）金属罐的密封及操作要点

金属罐的密封是指罐身的翻边和罐盖的圆边在封罐机中进行卷封，使罐身和罐盖相互卷合，压紧而形成紧密重叠的卷边的过程。所形成的卷边称为二重卷边。

1. 封罐机的主要部件和作用

封罐机的型号很多，有手摇式、半自动的、全自动的及真空封罐机等。封罐机的原理和主要部件设计基本一致。每台封罐机至少有一套封罐机组，每套封罐机组由第一道滚轮（卷边轮）、第二道滚轮（压边轮）、底座（底板）、压头（顶板）组成。压头用来固定和稳住罐头，不让罐头在密封时发生任何滑动，以保证卷边质量。压头的尺寸是严格的，误差不允许超过25. 4μm。压头突缘的厚度必须和罐头的埋头度相吻合，压头的中心线和突缘面必须成直角，压头的直径随罐头大小而异。压头必须由耐磨的优质钢材制造以经受滚轮压槽的挤压力。底座又称底板、升降板，它的作用是托起罐头使压头嵌入罐盖内，并与压头一起固定稳住罐头，避免滑动，以利于卷边密封。滚轮是由坚硬耐磨的优质钢材制成的圆形小轮，分为第一道滚轮和第二道滚轮，两者的作用、结构不同。滚轮主要的工作部分转压槽的结构如图 3-3 中阴影部件所示，第一道滚轮的转压槽沟深，且上部的曲率半径较大，下部的曲率半径较小，第二道滚轮的转压槽沟浅，上部的曲率半径较小，下部的曲率半径较大。

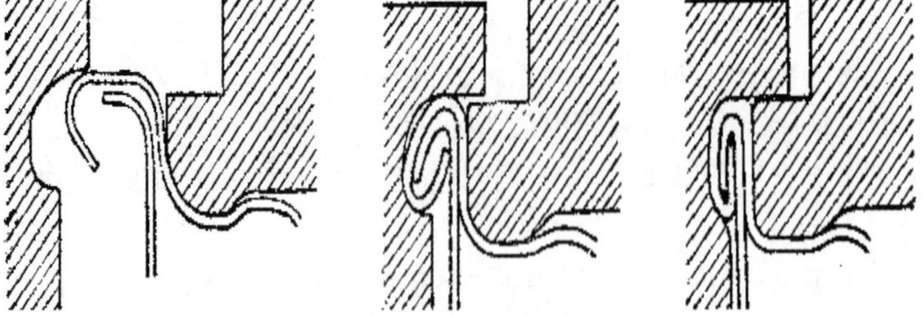

（1）　　（2）　　（3）

图 3-3　封罐各阶段的状态

（1）卷边开始前状态　（2）头道卷边完成时卷边状态　（3）二道卷边完成时卷边状态

2. 二重卷边（double seam）的形成过程

密封时，罐头进入封罐机作业位置底座上，底座即刻上升使压头嵌入罐盖内并固定住罐头

［图 3-3（1）］。压头和底座固定住罐头后，第一道滚轮首先工作，围绕罐身做圆周运动和自转运动，同时做径向运动逐渐向罐盖边靠拢紧压，将罐盖盖钩和罐身翻边卷合在一起形成图 3-3（2）所示卷边，即行退回，紧接着第二道滚轮围绕罐身做圆周运动，同时做径向运动逐渐向罐盖边靠拢紧压，将第一道滚轮完成的卷边压紧形成图 3-3（3）所示卷边，随即退出。卷边操作有两种形式，一种是上述的在操作时罐头自身不转动的形式；另一种形式是在密封过程中罐头做自身旋转，滚轮则只做径向运动，不做圆周运动。

（二）玻璃罐的密封及操作要点

玻璃罐的密封方式与金属罐不同。玻璃罐的罐盖是金属的，一般由镀锡薄钢板制成。玻璃罐的密封是靠镀锡薄钢板和密封圈紧压在玻璃罐口而形成密封的，要求封口结构简单，开启方便。

目前采用的密封方法有卷边密封法、旋转式密封法、揿压式密封法等。

卷边密封法是依靠玻璃罐封罐机的滚轮的滚压作用，将金属盖的边缘卷压在玻璃罐的罐颈凸缘下，以达到密封的目的，多用于 500mL 玻璃罐的密封，特点是密封性能好，但开启困难。最近研究的卷舌盖开启较方便，已有罐头厂试用。

旋转式密封法主要依靠罐盖的螺旋或盖爪扣紧在罐口凸出螺纹线上，有三旋、四旋、六旋和全螺旋式密封法等。其中，三旋、四旋和六旋密封法的特点是开启容易，罐盖可以重复使用，广泛用于果酱、糖酱、果冻、调味番茄酱等罐头的密封。全螺旋密封法的特点是密封性能好，一般用于酸黄瓜、花生酱等罐头的密封。

揿压式密封法是依靠预先嵌在罐盖边缘上的密封胶圈，由揿压机紧压在罐口凸缘线的下缘而得到密封，特点是开启方便。另外，还有抓式密封法，靠抓式封罐机将罐盖边缘压成“爪子”紧贴在罐口凸缘的下缘而得到密封，适用于果酱、糖酱、酱菜类罐头的密封。

（三）蒸煮袋的密封及操作要点

作为生产软罐头的蒸煮袋，又称复合塑料薄膜袋，一般采用真空包装机进行热熔密封，是依靠蒸煮袋内层的薄膜在加热时熔合在一起而达到密封目的。热熔强度取决于蒸煮袋的材料性能，以及热熔合时的温度、时间和压力。

（1）电加热密封法　由金属制成的热封棒，表面用聚四氟乙烯作保护层。通电后热封棒发热到一定温度，袋内层薄膜熔融，加压黏合。为了提高密封强度，密封后再冷压一次。

（2）脉冲密封法　通过高频电流使加热棒发热密封，即使接合面上有少量的水或油附着，热封时仍能密切接合，时间仅为 0.3s，操作方便，适用性广，接合强度大，密封强度也胜于其他密封法，是目前最普遍的方法。

四、杀菌

罐头加热杀菌的方法很多，因其原材料种类和包装容器的不同，所使用的杀菌方式也不尽相同。罐头的杀菌可以在装罐前进行，也可以在装罐密封后进行。装罐前进行杀菌，即所谓的无菌装罐，首先要对装罐的食物和容器进行消毒，之后再在无菌的条件下装罐并密封。

我国各罐头厂普遍采用的是装罐密封后杀菌。以果蔬原料的特性为依据对其进行杀菌，通常可以将其分成两种类型：常压杀菌（杀菌温度不超过 100℃）和加压杀菌。

1. 常压杀菌

常压杀菌适用于 pH 在 4.5 以下的酸性食品，如水果类、果汁类、酸渍菜类等。常用的杀菌温度是 100℃或以下。一般是在开口锅或柜子内盛水，水量要超过罐头 10cm，用蒸汽管从底部对罐头进行加热杀菌，然后进行冷却。长型的连续搅拌杀菌机，使罐体在杀菌机内不停旋转，从而提高杀菌效率、减少杀菌时间。

2. 加压杀菌

加压杀菌是在完全密封的加压杀菌器中进行，靠加压升温来进行杀菌，杀菌的温度在 100℃以上。此法适用于低酸性食品（pH>4.5），如蔬菜类、肉禽和水产类的罐头。在高温加压杀菌中，依传热介质不同有高压蒸汽杀菌和高压水杀菌。目前，多使用高压蒸汽杀菌，对于马口铁罐头杀菌效果更佳。在高压蒸汽杀菌过程中，加压杀菌锅表压与温度的关系如表 3-4 所示。而对于玻璃罐来讲，最好是用高压水进行消毒，这样就能避免并降低玻璃罐在加压杀菌过程中出现的脱盖和开裂的现象。不同大气压下水的沸点见表 3-5。

表 3-4　加压杀菌锅表压与温度的关系

表压/Pa	饱和蒸汽温度/℃	表压/Pa	饱和蒸汽温度/℃
6864.6	101.8	61781.9	114.0
13279.3	103.0	68646.5	115.2
20593.9	105.3	75511.2	116.4
27458.6	106.9	82375.9	117.6
34323.2	108.4	89240.5	118.8
41187.9	109.9	96105.2	119.9
48052.5	111.3	102969.8	120.9
54917.2	112.6		

表 3-5　不同大气压下水的沸点

大气压/kPa	沸点/℃	大气压/kPa	沸点/℃
101.325	100	206.920	121.29
102.969	100.53	241.244	126.25
138.274	108.86	275.567	130.68
172.597	115.58		

加压杀菌过程可分 3 个阶段：①排气升温阶段，将罐头送入杀菌器后，将杀菌器盖严密封，然后通入蒸汽，并将所有能泄气的阀门打开，在将杀菌器内空气抽干之后，只留下排气阀打开，将其他的泄气阀全部关闭，这时就开始上压升温，使温度升到规定的杀菌温度；②恒温杀菌阶段，到达杀菌温度时关小蒸汽阀门，但排气阀仍开着，使杀菌器内保持一定的流通蒸汽，并维持杀菌温度达到规定的时间；③消压降温阶段，杀菌结束后，关闭蒸汽阀门，同时打开所有泄气阀，使压力降至 0，然后通入冷水降温。若用反压冷却，则杀菌结束关闭蒸汽后，通入压缩空气和冷水，使降温时罐内外压力达到基本平衡。

3. 杀菌操作要点

杀菌操作是否正确，对产品质量有很大关系，因此一定要控制好，以保证罐头的质量。无论是加压杀菌，还是常压杀菌，在杀菌的时候，都要注意以下几点：尽可能保持罐内食品初温，封好口的罐头不能久放。目前大部分的罐头都是以蒸汽为热源进行杀菌。杀菌时，要保证杀菌设备内的余气充分排出，并保证有充足的放气时间，尽可能早地放气。在对罐头进行加热杀菌的时候，要将升温的时间尽量缩短，这样就可以提高罐中的温度。在送放蒸汽的初期，提高蒸汽流量和流速，以缩短升温时间和减少锅中的温度分布不均匀问题。严格控制恒温时间和温度。罐头在杀菌器中的堆放，以蒸汽能充分流通为宜。冷凝水太多会影响传热效果，降低时间效率。及时检查杀菌器上各种仪表、阀、管道是否正常也是非常重要的。

五、冷却

罐头在杀菌完毕后，必须迅速冷却，否则，罐内食品继续处于较高的温度，会使色泽、风味发生变化，组织软化。食品中的有机酸在较高温度下会加速罐头内壁的腐蚀，并促进罐头中残留的嗜热菌的活动。应严格按照杀菌工艺规程进行冷却，如采用反压冷却操作时，降压速度应根据罐内外压力相平衡的原理，采取逐步稳定缓慢降压的方式进行操作。金属罐要防止瘪罐、凸角，对玻璃瓶产品，要同时控制玻璃瓶内外的温差，防止发生跳盖、破瓶等现象，直至容器内中心温度冷却到40℃以下。对某些热敏性差的产品（如粥类罐头等），中心温度可冷却到45℃以下。

1. 影响冷却的因素

罐头冷却时降温速度理论上与罐头杀菌时的升温速度是相当的，升温快的罐头冷却也较快。有汤的食物要比没有汤的食物更容易被冷却，同样的食物，块形小的食物要比块形大的食物更容易被冷却，果酱类产品浓度低的食物要比浓度高的食物更容易被冷却。装入同一食品时，铝罐比铁罐冷却快，而铁罐又比玻璃罐快些。采用同一种材料容器时，罐型小的比罐型大的快些。

2. 冷却的方法

目前罐头生产普遍使用冷水冷却的方法，极少采用空气冷却。在常压下进行杀菌消毒的罐头可以使用喷淋冷却和浸水冷却两种方式，其中以喷淋冷却的效果最好，当喷淋的水滴在与热的罐头相接触的时候，水滴在遇到罐子的时候，会因为受到罐子的加热而被蒸发，变成水蒸气，从而吸收大量的潜热。加压水消毒和加压蒸汽消毒的罐头，由于它们的内压比较大，有时需要使用反压冷却。在冷却的时候，要对杀菌器的内压进行补充，如果内压不是很高，也可以在不加压的状态下进行冷却。加压冷却因加压方法不同又可分为蒸汽加压冷却、空气加压冷却及加压水反压冷却等。冷却速度在保证容器不破损的前提下越快越好。但玻璃罐因温度急剧变化容易产生破裂，应逐步冷却。目前有些罐头杀菌器都连接冷却装置，如常压连续杀菌器、静水压杀菌器等，生产效率较高。

3. 冷却水的质量要求

对于冷却水的质量要求，常常被生产单位忽视，罐装食品加工过程中，往往存在着一些不易察觉的空隙，在冷却过程中，因为压力的改变，会有部分冷却水进入罐内，当冷却水的品质达不到标准，并且含有更多的微生物时，很容易造成制品的腐烂。一般冷却水应符合国家饮用水卫生标准。如果水质不能达标时必须进行处理，最经济而有效的方法是加氯处理，其中常用的为加入次氯酸钠，冷却水排放口余氯含量应不低于0.3~0.5mg/L。

第五节 罐头检验与贮藏

一、罐头检验

果蔬罐头符合 GB 7098—2015《食品安全国家标准 罐头食品》的要求，主要包括感官检测、理化检测，要求罐头食品符合商业无菌的要求，罐头食品中的添加剂和营养强化剂含量也应该符合添加规定。

1. 感官检验

罐头容器的检测按照 GB/T 10786—2022《罐头食品的检验方法》执行，要求密封完好，无泄露、无胖听。容器外表无锈蚀，内壁涂料无脱落。

罐头内容物的检测按照 GB/T 10786—2022《罐头食品的检验方法》执行，要求具有该品种罐头食品应有的色泽、气味、滋味、形态。

2. 理化检验

污染物限量应该符合 GB 2762—2022《食品安全国家标准 食品中污染物限量》的规定，真菌毒素限量应该符合 GB 2761—2017《食品安全国家标准 食品中真菌毒素限量》的规定。

3. 微生物限量

应符合罐头食品商业无菌的要求，按照 GB 4789.26—2023《食品安全国家标准 食品微生物学检验 商业无菌检验》规定的方法检测。另外，番茄酱罐头霉菌计数（%视野）应该≤50，按照 GB 4789.15—2016《食品安全国家标准 食品微生物学检验 霉菌和酵母计数》规定的方法检测。

4. 食品添加剂和食品营养强化剂

食品添加剂使用应符合 GB 2760—2024《食品安全国家标准 食品添加剂使用标准》的规定；食品营养强化剂使用应符合 GB 14880—2012《食品安全国家标准 食品营养强化剂使用标准》的规定。

二、罐头食品包装和贮藏

1. 包装

果蔬罐头标签符合 GB 7718—2025《食品安全国家标准 预包装食品标签通则》要求，即将印刷有食品名称、生产者和（或）经营者的名称、地址和联系方式、生产日期和保质期到期日、贮存条件、食品生产许可证编号、产品标准代号、致敏物质提示等的商标，贴在罐壁上，便于消费者选购。

罐头食品的贴标，目前多用手工操作。此外，也有的采用各种贴标机械，如半自动贴标机、自动贴标机等。罐头贴标后，要进行包装，便于成品的贮藏、流通和销售。包装作业一般包括纸箱成型、装箱、封箱、捆扎四道工序。装罐的纸箱要干燥，瓦楞纸的适宜 pH 8~9.5。商标纸的黏合剂要无吸湿性和腐蚀性。完成这 4 道工序的机械分别称为成箱机、装箱机、封箱机和捆扎机。但目前国内前 3 道工序仍多为手工操作。

2. 贮藏

罐头贮藏的形式有两种：一种是散装堆放，罐头经杀菌冷却后，直接运至仓库贮存，到出厂之前才贴商标装箱运出。另一种是装箱贮放，罐头贴好商标或不贴商标进行装箱，送进仓库堆存。

散装堆放费时费工，运输不便，且堆放高度不宜过高，否则容易倒塌造成损失。一般堆成长方形，堆与堆之间，堆与墙之间应留出 0.33m 以上的距离以便于检查。装箱贮存，在贮存数量庞大的罐子方面有许多优点，运送和堆积快速便利，堆放高度比较稳定，操作简单，不费工时；另外，由于外层有木盒子或纸盒子的保护，使罐子与外部环境没有直接接触，所以很容易保持干净，也不会“出汗”，但存在的问题就是不容易检验。作为堆放罐头的仓库，要求环境清洁，通风良好，光线明亮，地面应铺有地板或水泥，并安装有可以调节仓库温度和湿度的装置。对于大多数罐头，最好贮藏在如表 3-6 所列的温湿度条件下。

表 3-6　罐头贮藏保管条件

罐头种类	气温/℃	相对湿度/%
禽肉类罐头	0~15	70~75
鱼类罐头	0~15	70~75
果蔬罐头	10~15	70~75
果酱罐头	10~20	70~75
果汁罐头	0~12	70~75

为了罐头的长期贮藏，罐头厂应努力达到上述条件。在雨季，尤其南方春季多雨季节，更应做好罐头的防潮、防锈和防霉工作。

第六节　果蔬罐头常见质量问题与控制

果蔬罐头在生产过程中由于原料处理不当或加工不够合理，或操作不谨慎，或成品贮藏条件不适宜等，往往能使罐头发生败坏。罐头的败坏有两种类型，一是失去食用价值，罐头内容物因腐败微生物的作用已经腐败，不能食用；二是失去商品价值，罐头外形失去正常状态，食品色泽，罐头内容物质量变化不大，还能食用，但不能被消费者接受，只能作为次品罐头来处理。罐头败坏的原因可归纳为理化性的败坏和微生物的败坏两类。

一、胖听

胀罐（swells）俗称“胖听”。所谓胀罐是指罐头的一端或两端（底和盖）向外凸出的现象。根据凸的程度，可分为弹胀（springer）、软胀（soft swell）和硬胀（hard swell）。弹胀是罐头一端稍外凸，用手揿压可使其恢复正常，但一松手又恢复原来凸出的状态；软胀是罐头两端凸出，如施加压力可以使其正常，但一除去压力立即恢复外凸状态；硬胀即使施加压力也不能使其正常。胀罐的主要是微生物生长繁殖所致，尤其是产气微生物的生长，产生大量的气体而使罐头内部压力超过外界气压。这种胀罐除产生气体外，还常伴有恶臭味和毒素，已完全失去食用价值，应予废弃。也有可能是罐头内容物装量太多，排气不完全或贮藏温度过高造成的物理性胀罐，这种胀罐的内容物并未坏，可以食用。

氢胀罐是罐头内容物与金属包装容器作用引起金属罐内壁腐蚀而产生氢气，外形上也为一种胖罐。因其不是腐败菌引起，轻度时也无异味，尚可食用；严重时能使制品产生金属味，且重金属含量超标。高酸性果蔬罐头常易出现此类败坏。

二、罐壁腐蚀

罐藏容器的腐蚀主要是指马口铁罐，可分为罐头外壁的锈蚀和罐头内壁腐蚀两种情况。

罐头外壁的锈蚀主要是由于贮藏环境中湿度过高而引起马口铁与空气中水、氧气作用，形成黄色锈斑，严重时不但影响商品外观，还会促进罐壁腐蚀穿孔而导致果蔬罐头的变质和腐败。因此，贮存罐头的仓库温度最好维持在20℃左右，同时要避免突然变化的温度，要保证库房中的空气流通，空气中的相对湿度不要超过80%，并且要做好防潮、防锈、防霉的工作；罐头成品不得在露天堆放或与地面直接接触，与墙壁之间应相距20cm以上；不得接触和靠近潮湿、有腐蚀性物质的场所等。

罐头内壁的腐蚀情况较为复杂，分述如下。

① 均匀腐蚀：马口铁罐内壁在酸性食品的腐蚀下，常会全面地、均匀地出现溶锡现象，致使罐壁内锡层晶粒体全面外露，在表面呈现出鱼鳞斑纹或羽毛状斑纹，这种现象就是均匀腐蚀的表现。随着时间的延长，腐蚀继续发展，会造成罐内壁锡层大片剥落，罐内溶锡量增加，食品出现明显的金属味。同时，铁皮表面腐蚀时，会形成大量氢气造成氢胀罐。

② 集中腐蚀：在罐头内壁上出现有限面积内金属（锡或铁）的溶解现象，称为集中腐蚀。表现出麻点、触孔、蚀班，严重时能导致罐壁穿孔。常在酸性食品或空气含量较高的水果罐头中出现。溶铁常是集中腐蚀的主要现象。因而食品中的含锡量不会像均匀腐蚀时那样高，但其腐蚀速度快，造成的损失常比均匀腐蚀大得多。涂料擦伤和氧化膜分布不匀的马口铁罐极易出现集中腐蚀现象。

③ 其他腐蚀现象：除上所述外，氧化圈、硫化斑和硫化铁等也是罐内壁腐蚀的表现，已在前面提及。另外，还受其他因素的影响，如果蔬种类不同，腐蚀性不同，一般酸黄瓜、菠萝、杨梅、葡萄等具有较强的腐蚀性，而桃、梨、竹笋等腐蚀性就较弱。在罐头中添加调味料，会使罐内壁的腐蚀进一步复杂化。另外，罐内硝酸根、亚硝酸根或铜离子含量较高时，易促进罐内壁的腐蚀。

罐头内壁腐蚀的原理及过程：用马口铁制成的罐藏容器有时因为镀锡层不完整，必然会有一些露铁点存在，再加上在制空罐过程中的机械冲击和擦伤，在铁皮表面某些部位会造成一些锡层损伤，露出钢基，由于铁和锡同时暴露在外，又与罐内食品直接接触，而果蔬罐头多呈酸性，就会发生化学变化和电化学反应形成短路电池，铁和锡作为原电池的两端，由铁皮本身连成电路，此种电偶的形成对罐头内壁的腐蚀是很重要的。当锡为阳极时，在铁皮上可以看到锡层的剥落，露铁点逐渐扩大而露出铁皮的钢基，当铁为阳极时，则表面的锡层较完整，而在露铁点的钢基被腐蚀，严重时可使罐头穿孔，造成漏罐，同时产生氢气，发生氢胀罐现象。这种由铁皮和食品作用引起的罐头内壁变化现象称为罐头内部的腐蚀。

三、变色及变味

1. 变色

由于内容物的化学成分之间或与罐内残留的氧气、包装的金属容器等的作用而造成的变色现象，致使品质下降。如桃子、杨梅等果实中的花青素与马口铁作用而呈紫色，甚至可使杨梅褪色；荔枝、白桃、梨等的无色花青素变色（变红）；绿色蔬菜的叶绿素变色；桃罐头的多酚类物质氧化为醌类而显红色；苹果中的单宁物质变黑以及果蔬罐头中普遍存在的非酶褐变引起的变色等。这些都会对产品的品质指标造成影响，尽管它们通常是没有毒性的，但是对它们的外表和颜色有直接的影响。

2. 变味

变味情况较多。微生物可以引起变味从而不能食用，如罐头内平酸菌（如嗜热性芽孢杆菌）的残存，会使食品变质后呈酸味；加工中的热处理过度常会使内容物产生煮过味，罐壁的腐蚀又会产生金属味（铁腥味）；原料品种的自身特性会带来异味，如杨梅的松脂味、柑橘制品中由于橘络及种子的存在而带有苦味。对于这一类的变味应分别从各种原因上去针对性地采取措施加以防治，如严格卫生制度、掌握热处理的条件、选择合适的罐藏原料和适当的预处理、避免内容物与铜等材料的接触等。

四、罐内汁液混浊和沉淀

罐内汁液的混浊和沉淀现象产生的原因有多种，如加工用水中钙、镁等金属离子含量过高（水的硬度大）；原料成熟度过高，热处理过度，罐头内容物软烂；制品在运销中振荡过度，而使果肉碎屑散落；罐头贮藏过程中内容物由于物理的或化学的影响而发生沉淀。如糖水橘子罐头和清渍笋罐头的白色沉淀，一些果汁和蔬菜汁的絮状沉淀或分层等。这些情况如不严重影响产品外观品质，则允许存在。应针对上述原因采取相应的措施。

第七节　产品实例

一、糖水橘子罐头

（一）全去囊衣糖水橘子罐头

1. 工艺流程

原料（蜜橘）→ 选择、分级、洗涤 → 去皮 → 去络、分瓣、选瓣、分级 → 去囊衣 → 漂洗 → 去核、中心柱及残留囊衣 → 透视 → 装罐 → 加罐液 → 密封 → 杀菌冷却 → 保温检验 → 包装 → 成品

2. 操作要点

（1）果实选择、分级、洗涤　要求蜜橘品质一致，成熟适度（8~9 成熟），果实新鲜饱满，无畸形、干瘪、霉烂、冻伤及裂果，果实横径在 45~60mm。选除非本品种、畸形、干瘪、霉烂、伤重、裂口等果实，选取成熟度一致、新鲜、饱满者，按大、中、小分为 3 级，用清水洗涤干净或 0.5g/L 高锰酸钾溶液消毒洗涤 3~5min。

（2）去皮、去络、分瓣及选瓣、分级　按果实大、中、小分别投入沸水中，热烫 0.5~1min，取出，趁热撕去外果皮及橘络，逐瓣分开。撕下橘的皮络分别收集加工利用。选出畸形、僵瓣、干瘪、破伤橘瓣。合格橘瓣按大小分为大、中、小 3 级，分别放置。

（3）去囊衣

① 浸酸：将0.5%~0.8%盐酸溶液用不受酸碱腐蚀的容器盛装，按橘瓣：盐酸溶液=1：（1.2~1.5）计，将橘瓣浸入并轻轻搅动片刻，稀盐酸溶液必须淹没橘瓣。在常温下（25~35℃）酸处理30~40min，取出用清水淘洗2~3次，洗去酸液，滤干。

② 浸碱：将酸处理后的橘瓣浸于3~5g/L氢氧化钠溶液中［按橘瓣：氢氧化钠溶液=1：（1.2~1.5）计］轻轻搅动，在常温下处理8~12min，使绝大部分囊衣已溶去，迅速取出用清水淘洗3~4次，洗尽碱液，以不太滑手为度。

（4）漂洗　将去囊衣的橘瓣用清水漂洗1~2h，漂洗期中每隔15~20min换水一次，务必洗净残留碱液，以橘瓣不滑手为度。

（5）去核、中心柱及残留囊衣　经漂洗后的橘瓣，装入盛有清水的盆中，用不锈钢夹子，逐片的将核、中心柱及残留囊衣、橘络等去尽，并将软瓣、病瓣、过大过小的瓣以及破碎1/3的橘瓣选除另放，完整的、合格的橘瓣整齐排列在透视盘内。

（6）透视　将透视盘放在流动清水的电光透视台上，逐片检查有无橘核、焦核、橘络、囊衣、杂质及不合格的橘瓣，有者，除去或返工，再逐盘在流动清水机中淘洗2次，放在滤水架上滤干，以备装罐。

（7）装罐　空罐及盖洗净，用沸水或常压蒸汽消毒8~10min，倒置滤干备用。按照开罐时糖水糖含量14%~18%配制糖液，加入1~3g/L柠檬酸溶化（根据橘瓣原有的含酸量而定，若橘瓣原含酸量在0.9%以上，则不加柠檬酸；含酸量在0.8%左右则加1g/L柠檬酸；含酸量0.7%则加3g/L柠檬酸），溶解后过滤备用。选取瓣形完整、大小一致的橘瓣装入罐内，装量为开罐时固性物达到50%~55%，一般按照罐型装内容物总量（60%~65%）±（1%~2%）。例如，装净重312g的“781型”铁皮罐，装橘瓣200~220g，加290~350g/L糖水92~102g；净重530g的玻璃罐，则装橘瓣335~370g，加290~350g/L糖水160~175g。

（8）加罐液、密封　装罐时糖液的温度不得低于95℃，趁热装入罐内，称重。加罐液量至罐型内容物总重量±（1%~2%），装罐后上面约需留0.5cm的顶隙，趁热密封罐口。注意热装密封法密封时罐内温度不得低于75℃，若用真空封罐机，可装入冷糖液，再抽空密封，密封时要求真空度为44.5~53.3kPa；若用加热排气法，也可装冷或热糖液，经排气后使罐中心温度达80℃时趁热密封。密封后，逐罐检查密封口是否良好。

（9）杀菌冷却　密封后的罐头，应尽快杀菌，其间隔时间不得超过30min。杀菌公式如式（3-5）、式（3-6）所示：

“781”型铁皮罐：（5min—11min）/100℃　　（3-5）

玻璃罐（530g）：（10min—15min）/100℃　　（3-6）

（10）保温检验、包装　杀菌后迅速冷却至40℃以下，送入25~28℃恒温库中（玻璃罐倒放或卧放），保温检验5d，并抽样进行感官、理化、微生物指标检验，参照GB/T 13210—2014《柑橘罐头质量通则》执行。合格完好罐，擦干后，用石蜡油擦敷罐身，随即包装打捆成件，贮放在干燥、低温仓库中。

（二）半去囊衣糖水橘子罐头

1. 工艺流程

原料（红橘）⟶ 选果分级 ⟶ 热汤去皮、去络分瓣 ⟶ 酸处理 ⟶ 碱处理 ⟶

漂洗 → 剪芯去核(中心柱) → 透视 → 清洗滤干 → 称重装罐 → 加糖水 → 密封 → 杀菌冷却 → 保温检验 → 成品

半去囊衣糖水橘子罐头工艺流程和操作要点，基本同全去囊衣糖水橘子罐头。仅脱囊衣酸碱浓度和时间条件和剪芯去核有差异。在此简单介绍其脱囊衣要求。

2. 操作要点

（1）酸处理　将橘瓣大小分别盛浸酸盆中，浸入0.15%~0.2%盐酸溶液（以HCl计）中，在常温下处理40~50min。橘瓣与酸液比为1∶(1.2~1.5)。浸酸时不停轻微搅动或互通压缩空气搅动。浸酸适度标准以橘瓣变硬但无粗硬感为宜，随之取出在清水中淘洗3次，洗去黏附酸液。浸酸液可重复使用3次（第二次补加0.05%盐酸，第三次补加0.10%盐酸）以后弃去。

（2）碱处理　将酸液处理过的橘瓣分别浸入0.5~0.8g/L碱液中（以NaOH计），在常温下处理3~6min，橘瓣与碱液比1∶1.3，浸碱时不停地轻微搅动。浸碱适度标准以橘瓣背部囊衣变薄，透明，用手从两侧囊衣向背部拉时能轻轻拉断，口尝无粗硬感为宜，过度则容易断瓣，不足则有粗渣感。适度浸碱后，随即取出在清水中淘洗3~4次，洗去黏附碱液，以不太滑手为度，浸碱液可重复使用3次（第二、三次可适当补加0.2~0.3g/L氢氧化钠）以上弃去。

（3）漂洗　将碱处理橘瓣用清水漂洗至不滑手为度，漂洗时应随时轻微搅动或通入压缩空气缓缓搅动提高漂洗效果，漂洗时间约为2h，其间换水5~6次。

（4）剪芯去核（中心柱）　经漂洗后橘瓣装入盛有清水的浅盆中，送修剪台，逐瓣用弯剪刀剪去橘芯，剪口要求整齐光滑呈半弧形，橘瓣两端保持原有形状，不得剪成三角尖（凹缺口）、一字形、大小头等畸形瓣，并用剪刀尖挑去未去尽的橘络。剪芯去核完整合格的橘瓣，按大、中、小整齐地分别排列在透视盘中。每盘约装盛一罐的原料（380g左右）。僵瓣、畸形瓣、断瓣、过软瓣以及压破瓣经去芯去核后另外处理。

二、蘑菇罐头

（一）工艺流程

原料护色 → 漂洗 → 预煮 → 冷却 → 分选修整及分级 → 装罐 → 注液 → 排气密封 → 杀菌冷却 → 检验 → 成品

（二）操作要求

1. 原料护色、漂洗

要求蘑菇新鲜，色泽洁白，菌伞完整，无机械伤、无病虫害。将鲜蘑菇立即用护色液10~20g/L盐水或0.3~0.5g/L亚硫酸氢钠或焦亚硫酸钠淘洗除去泥沙杂质，若护色液发浑应换新液，使蘑菇全部淹没在护色液中，护色2~8min，然后放掉护色液，用流动清水漂洗1~2h，以除去药液，水变清为止。若产地较远，蘑菇采收后，也最好放入装有6g/L盐水或0.03g/L亚硫酸氢钠的护色液桶内进行运输，并需注明已护色的时间，以补充护色液的不足。护色所用工具要求清洁，在运输中用薄膜盖好，不使蘑菇暴露在空气中，防止杂质落入。经护色处理的蘑菇应是洁白、无异味、无杂质、无烂脚蘑菇。

2. 预煮、冷却

用0.7~1g/L柠檬酸水预煮蘑菇8~10min，以蘑菇煮透为准。清水与蘑菇原料之比为1.5∶1，及时打去水面上的泡沫，捞出蘑菇放入流动水槽里，蘑菇成淡黄色。用流动水冷却30min左右。

3. 分选修整及分级

按照蘑菇、片菇的质量要求进行拣选。按照大、中、小将蘑菇分级，首先选取整菇，余下做片菇或碎菇。对不符合要求或有异味、变质、色泽不正常，菌褶发黑者不能作装罐用。对于泥根、菇柄过长、起毛、斑点应进行修整去掉。

4. 装罐

应分为整、片、碎三种规格装罐，装罐量以开罐时按照固形物≥53.0%。食盐质量浓度12.96~27.68g/L，pH 5.0~6.4。整菇：色淡黄、具弹性，菌盖形态完整，修削良好，同一罐中色泽、大小、菇柄长短大致均匀，生产上按6级分别装罐。片菇：同一罐内厚薄一致。碎菇：不规则的碎块。

5. 注液

注液用汤汁为23~25g/L沸盐水，加入0.5~1g/L柠檬酸，加汁时温度在80℃以上。

6. 排气密封

排气要求中心温度80℃以上，抽气要求真空度46.59~52.67kPa。

7. 杀菌冷却

净重184g、198g、284g、425g杀菌公式如式（3-7）所示：

$$10\text{min}—(17\text{min}—20\text{min})—反压冷却/121℃ \tag{3-7}$$

净重850g杀菌公式如式（3-8）所示：

$$15\text{min}—(27\text{min}—30\text{min})—反压冷却/121℃ \tag{3-8}$$

净重2977g、2840g、3062g杀菌公式如式（3-9）所示：

$$15\text{min}—(30\text{min}—40\text{min})—反压冷却/121℃ \tag{3-9}$$

杀菌后迅速冷却至37℃左右。

8. 检验

蘑菇罐头检验标准参照GB/T 14151—2022《食用菌罐头质量通则》执行。

思考题

1. 什么是食品罐藏？食品罐藏有哪些优点？简述果蔬罐藏的基本原理。
2. 罐头食品按其酸性大小分为哪几类？
3. 罐头食品中有哪些常见的腐败菌？
4. 为什么许多罐头食品都把肉毒梭状芽孢杆菌作为杀菌的主要对象菌？
5. 微生物耐热性的常见参数有哪些，*TDT*值、*F*值、*D*值、*Z*值的含义分别是什么？
6. 罐藏对果蔬原料有何要求？
7. 试述果蔬罐头的加工工艺过程。
8. 为什么大部分原料装罐时须保留一定的顶隙？
9. 原料装罐时应注意哪些事项？为什么有些罐头要加汁液？

第四章

04

果蔬制汁

本章学习目标与要求

1. 掌握果蔬汁加工的基本工艺流程。
2. 了解果蔬汁的主要种类和特点。
3. 了解常见果蔬汁的生产工艺。
4. 掌握果蔬汁生产常见的质量问题的控制方法途径或方法。

果蔬汁有“液体果蔬”之称，较好地保留了果蔬原料中的营养成分。随着《“健康中国2030”规划纲要》的提出，“讲健康、吃营养”观念的不断深入，果蔬汁越来越受到人们的青睐。

果蔬汁一般是指以果蔬为原料，采用物理方法（机械方法、水浸提等）制成的可发酵但未发酵的汁液、浆液制品；或在浓缩果蔬汁（浆）中加入其加工过程中除去的等量水分复原制成的汁液、浆液制品。可使用糖（包括食糖和淀粉糖）或酸味剂或食盐调整果蔬汁浆的口感，但不得同时使用糖（包括食糖和淀粉糖）和酸味剂，调整果蔬汁（浆）的口感。果蔬汁营养丰富，风味鲜美，易于消化吸收。营养保健价值在于它保存了新鲜原料所含的糖分、氨基酸、维生素、矿质元素等。这些矿质元素主要是钾、钠、钙、镁等金属元素，在人体内的氧化产物是带阳离子的碱性氧化物，属于生理碱性食品。而膳食结构中，米、面、肉、鱼、蛋、禽等都属于生理酸性食品。因此，经常食用一些果蔬制品对于维持人体的酸碱平衡有着重要意义。

第一节　果蔬汁分类及对原料的要求

一、果蔬汁分类

1. 天然果蔬汁（浆）

果蔬汁一般指天然的从果蔬中直接压榨或提取而得可发酵但未发酵的汁液。

可回添香气物质和挥发性风味成分，但这些物质或成分的获取方式必须采用物理方法，且只能来源于同一种水果或蔬菜。可添加通过物理方法从同一种水果和（或）蔬菜中获得的膳食纤维、囊胞（来源于柑橘属水果）、果粒、蔬菜粒。

只回添通过物理方法从同一种水果或蔬菜获得的香气物质和挥发性风味成分，和（或）通过物理方法从同一种水果和（或）蔬菜中获得的膳食纤维、囊胞（来源于柑橘属水果）、果粒、蔬菜粒，不添加其他物质的产品可声称100%。

（1）原榨果汁（非复原果汁） 以水果为原料，采用机械方法直接制成的可发酵但未发酵的、未经浓缩的汁液制品。

（2）果汁（复原果汁） 在浓缩果汁中加入其加工过程中除去的等量水分复原而成的制品。

（3）蔬菜汁 以蔬菜为原料，采用物理方法制成的可发酵但未发酵的汁液制品，或在浓缩蔬菜汁中加入其加工过程中除去的等量水分复原而成的制品。

（4）果浆/蔬菜浆 以水果或蔬菜为原料，采用物理方法制成的可发酵但未发酵的汁液制品，或在浓缩果浆或浓缩蔬菜浆中加入其加工过程中除去的等量水分复原而成的制品。

（5）复合果蔬汁（浆） 含有不少于两种果汁（浆）或蔬菜汁（浆），或果汁（浆）和蔬菜汁（浆）的制品。

2. 浓缩果蔬汁（浆）

以果蔬为原料，采用物理方法制取的果汁（浆）或蔬菜汁（浆）中除去一定量的水分制成的、加入其加工过程中除去的等量水分复原后具有果蔬汁（浆）应有特征的制品。

可回添香气物质和挥发性风味成分，但这些物质或成分的获取方式必须采用物理方法，且只能来源于同一种水果或蔬菜。可添加通过物理方法从同一种水果和（或）蔬菜中获得的膳食纤维、囊胞（来源于柑橘属水果）、果粒、蔬菜粒。含有不少于两种浓缩果汁（浆），或浓缩蔬菜汁（浆），或浓缩果汁（浆）和浓缩蔬菜汁（浆）的制品为浓缩复合果蔬汁（浆）。

3. 果蔬汁（浆）类饮料

以果蔬汁（浆）、浓缩果蔬汁（浆）、水为原料，添加或不添加其他食品原辅料和（或）食品添加剂，经加工制成的制品。

可添加通过物理方法从水果和（或）蔬菜中获得的膳食纤维、囊胞（来源于柑橘属水果）、果粒、蔬菜粒。

（1）果蔬汁饮料 以果蔬汁（浆）、浓缩果蔬汁（浆）或蔬菜汁（浆）、浓缩蔬菜汁（浆）水为原料，添加或不添加其他食品原辅料和（或）食品添加剂，经加工制成的制品。

（2）果肉（浆）饮料 以果浆、浓缩果浆、水为原料，添加或不添加果汁、浓缩果汁、其他食品原辅料和（或）食品添加剂，经加工制成的制品。

（3）复合果蔬汁饮料 以不少于两种果汁（浆）、浓缩蔬菜汁（浆）、果蔬汁（浆）、浓缩果蔬汁（浆）水为原料，添加或不添加其他食品原辅料和（或）食品添加剂，经加工制成的制品。

（4）果蔬汁饮料浓浆 以果汁（浆）、蔬菜汁（浆）、果蔬汁（浆）、浓缩果汁（浆）或浓缩蔬菜汁（浆）中的一种或几种、水为原料，添加或不添加其他食品原辅料和（或）食品添加剂，经加工制成的，按一定比例用水稀释后方可饮用的制品。

（5）发酵果蔬汁饮料 以水果或蔬菜，或果蔬汁（浆）经发酵后制成的汁液、水为原料，添加或不添加其他食品原辅料和（或）食品添加剂，经加工制成的制品。

（6）水果饮料 以果汁（浆）、浓缩果汁（浆）、水为原料，添加或不添加其他食品原辅料和（或）食品添加剂，经加工制成的果汁含量较低的制品。

二、果蔬汁加工对原料的要求

优质果蔬汁必须选择新鲜、成熟、风味好、香气浓郁、色泽稳定、汁多、酸味适度的原料，剔除霉烂果、病虫果、未熟果和杂质，采用合理的工艺才能得到优质的果蔬汁。加工果蔬汁的原料要求美好的风味（酸甜适口）和香味，无异味；色泽美好而稳定；糖酸比合适，要求出汁率高，取汁容易。并且在加工贮藏中能保持这些优良的品质。

1. 果蔬新鲜度

果蔬的新鲜度是影响果蔬汁风味的重要因素；加工用的原料越新鲜完整，成品的品质就越好。采摘存放时间太长的果蔬，一方面由于其水分蒸发损失，新鲜度降低，酸度降低，糖分升高，维生素损失较大；另一方面果蔬堆放，品温升高，易腐烂变质。因此，果蔬汁加工应以新鲜果蔬为原料。

2. 果蔬成熟度

果蔬的成熟度对果实的汁液含量、可溶性固形物含量及芳香物含量都有影响。果蔬汁加工要求成熟度在九成左右，汁液丰富、提取果蔬汁容易，糖分含量高，香味浓郁，酸低糖高。采收时未成熟的水果易失水萎蔫、产生机械损伤，并且后熟时品质较差。过熟的水果采收后很快变软变绵，并且风味平淡。过早或过晚采摘的水果不但易发生生理紊乱而且比正常采收水果的贮藏期短。

3. 果蔬清洁度

果蔬的清洁度主要指水果原料表面和内部初始细菌含量和农药残留量。

由于原料污垢中存在着大量的微生物，部分受到损伤的果实或表皮附着污垢的原料，在贮存过程中很容易迅速腐败，所以清洗与除杂是一道很重要的工序。不能用腐败的或开始腐败的果蔬原料制造果蔬汁，如果库房中某角落的果蔬原料已经严重腐败，只是简单地剔除腐败果蔬是不够的。因为这时腐败果蔬的滋味物质和气味物质已经进入了健康果实的内部。

4. 果实出汁（浆）率

出汁（浆）率一般是指从水果原料中压榨（或打浆）出的汁液（或原浆）的质量与原料质量的比值。通常出汁率为：苹果 77%~86%，梨 78%~82%，葡萄 76%~85%，草莓 70%~80%，柑橘类 40%~50%，石榴籽粒 87%~91%，其他浆果约为 70%~90%。出浆率为：杏 78%~80%，桃 75%~80%，梨 85%~90%，浆果类 90%~95%。果汁加工的目的就是要获得果汁，出汁率低不仅会使成本升高，而且会给加工过程造成困难。

5. 糖酸比

糖酸比是水果中的还原糖（或总糖含量）与其总酸含量的比值。水果的糖酸比越高，则这种水果越甜；反之，则越酸。不同人群对水果糖酸比有不同的味觉感受。据研究，对大多数人而言，所谓酸甜适度的水果，其糖酸比在 8~20。糖酸比高于 20，则仅可感觉极微的酸味；而当糖酸比小于 8 时，可感觉出显著酸味。为了使果汁有良好的风味和口感，加工用水果的糖酸比应比用于鲜食的同一水果的糖酸比低。仁果类水果糖酸比在 10~15 较为适合制汁。苹果汁加工中糖酸比在 13 左右，榨出的汁甜酸适口。浆果类水果原料的含酸量往往可以大一些。

6. 香气

每种水果都有其各自的典型香气。例如，苹果、杏的香气主要来自酯类和酸类，桃主要为 γ-癸内酯，葡萄主要为萜品醇，柑橘主要为萜类。只有用于加工果汁的原料具有该品种典型香气时，才能加工出香气诱人的果汁产品来。

7. 营养成分及保存率

人们食用果汁主要是为了摄取其中的营养。果汁也确实包含了果实中绝大部分营养。但不同水果品种间，同一品种采收期不同，产地间的制汁原料的营养成分是不一样。例如，猕猴桃的维生素 C 含量远远高于苹果、柑橘，但不同猕猴桃品种间维生素 C 含量差异可达几倍乃至十几倍，且不同品种的维生素 C 含量在加工过程中保存率也不尽相同。因而应根据品种营养特性及其加工特性选择营养丰富的原料加工制汁。

8. 严重影响果汁品质的成分含量

如用橙皮苷和柠碱含量高的柑橘类品种制汁，会使产品苦味重、品质差。苹果中的某些品种如红星的酚类物质含量高，制汁过程中褐变严重，易失去该类产品的应有品质。

9. 可溶性固形物含量

可溶性固形物的含量过低，说明果汁中溶质较少，营养成分含量较少；同时这也会给加工带来困难，如加大机械负荷与能量消耗等。

10. 质构

随着成熟，肉质果实一般趋于软化，同时果皮保护作用加强。果品质构关系到果汁出汁率，质构太硬果汁制取困难，能量损失大；质构太软不易形成果汁流动通道，使出汁率降低。

第二节 果蔬汁加工基本工艺

一、果蔬汁加工基本工艺概述

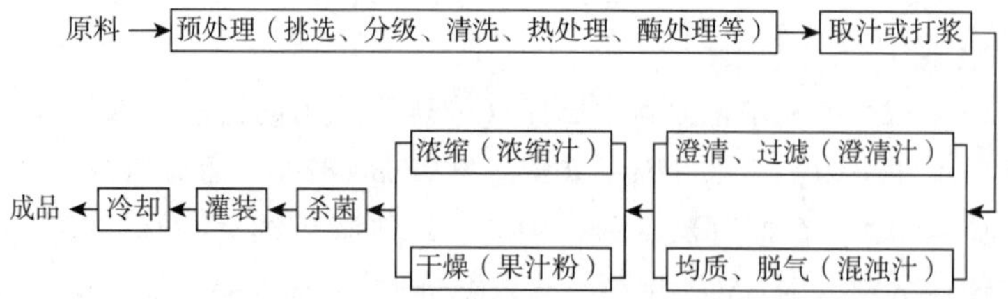

选择优质的制汁原料，应有良好的风味和芳香、色泽稳定、酸度适中、出汁率高、原料新鲜。果蔬榨汁前为了防止杂质进入果汁，必须进行充分洗涤。榨汁前的破碎是为了提高出汁率，果实的破碎程度要适当，破碎后的果块应大小均匀。榨汁的方法依果实的结构、果汁存在的部位及组织性质以及成品的品质要求而异。

大多数水果，一般通过破碎就可以榨取果汁，但是有厚厚外皮的果实，榨汁时外皮中的不良风味和色泽的可溶性物质会一起进入果汁中。为了避免上述物质大量进入果汁中，这类果实应该采用逐个榨汁的方法。对于混浊果汁是在保持色粒以获得色泽、风味和香味特性的前提下，除去分散在果汁中的粗大颗粒或悬浮粒。对于透明果汁，粗滤之后还需精滤，或先澄清后过滤，务必除尽全部悬浮物。制取澄清果汁时，通过澄清和过滤，不仅要除去新鲜榨出液中的全部悬浮物，而且还需除去容易产生沉淀的胶粒。通过加糖、酸、维生素和其他添加剂，或将不同的果蔬汁进行混合，改进风味，增加营养、色泽。生产混浊果蔬汁或带肉果汁时，为了防止产生固液体的分离，降低产品的品质，需进行均质处理。果蔬细胞间隙存在着大量的空气，在原料的破碎、取汁、匀质和搅拌、输送等工序中要混入大量的空气，所以得到的果汁中含有大量的 O_2、CO_2、N_2。这些气体一部分以溶解形式在微粒表面吸附着，也有一部分以果汁的化学成分存在。脱气即采用一定的机械和化学方法除去果蔬汁中气体的工艺过程。由于在加热浓缩过程中，果蔬中部分典型的芳香物质随水分的蒸发而逸出，从而使浓缩产品失去原有的天然、柔顺风味，所以有必要将这些物质进行回收浓缩，加入果蔬汁中，然后进行杀菌和灌装。

二、原料预处理工艺

（一）分选

果蔬原料进厂后首先进行分选，目的是剔除霉烂及病虫害和伤口大的果实；对残、次果及损伤不严重的原料分别加工利用。同时，还能除去混在原料中的树叶、树枝、石块等异物。

果蔬按大小、色泽和成熟度进行分级，根据原料的种类和加工产品的要求，分别采用一种或多种分级方法，以便于机械化操作，提高生产效率，保证产品质量，得到均匀的产品。无须保持形态的制品如果蔬汁，则不需要形态及大小的分级。其他的加工类型均需按大小分级，可分为手工分级和机械分级两种。手工分级一般在生产规模不大或机械设备条件较差时使用，同时还配有简单的辅助工具，如圆孔分级板、分级筛及分级尺等，以提高生产效率。机械分级常用滚筒分级机、振动筛及分离输送机。

成熟度与色泽的分级常用目视估测法进行。苹果、梨、桃、柑橘等常先按成熟度分级，大部分按低、中、高三级进行目视分级。色泽分级常按颜色深浅进行，除目测外，也可用灯光法和电子测定仪装置进行色泽分辨选择。除了在预处理前需要分级外，大部分罐藏果蔬在装罐前也要按色泽分级。

（二）清洗

1. 挑选与清洗

为了保证果汁的质量，原料必须进行挑选，剔除霉变果、腐烂果、未成熟和受伤变质的果实，清洗的目的在于洗去果蔬表面附着的尘土、泥沙和大量的微生物以及部分的化学农药，来保证产品的清洁卫生，从而保证产品品质。洗涤一般先浸泡后喷淋或流动水冲洗。对于农药残留较多的果实，洗涤时常在水中加化学洗涤剂，常用的有盐酸、醋酸、氢氧化钠及高锰酸钾。

2. 清洗的原理

水果原料清洗体系包括四个因素：清洗对象、污物、介质及清洗作用力。清洗过程如下。

$$\text{清洗对象}\cdot\text{污物}\xrightarrow[\text{介质}]{\text{清洗作用力}}\text{清洗对象}+\text{污物}$$

即清洗是在一定的介质环境中，在清洗作用力的作用下，使物体表面上的污物分离去除，而使其清洁的过程。清洗的作用机制主要包括水的溶解作用、机械冲刷作用、化学作用、界面活性作用、酶的作用和加热作用等。

（1）水的溶解作用　水的溶解作用是指果汁厂使用水对无机盐有极强的溶解力，对碳水化合物、蛋白质、低级脂肪酸有一定的溶解力，而对油脂性污物几乎没有溶解力。

（2）机械作用力　机械作用力是指通过浸泡、鼓风、搅动、喷淋、喷射、刷洗、振动等物理方法，把附着在原料表面的污物清洗掉。

（3）化学作用力　化学作用力是指用清洗剂溶液（清洗液）清洗。清洗液对污物所产生的化学作用力，如用酸、碱等溶液将原料表面的污物清洗掉，包括碱性成分对油脂的皂化作用，对脂肪酸的中和作用，对蛋白质的水解作用；酸性成分对无机性污垢的溶解力；过氧化物及氯化物对有机性污物的氧化还原力；有机螯合剂对金属离子的螯合力等。

（4）界面活性作用力（界面活性力）　这里的界面是指洗液与污物、污物与被清洗物、被清洗物与洗液之间的界面。界面活性力是指在这些界面间有选择地施加各种影响，改变其界面间物化特性的作用力的总称，包括湿润力、渗透力、乳化力、分散力、溶解力等。

（5）酶的作用　酶的作用是利用酶制剂来促进清洗污物。如蛋白酶促进蛋白质性污物的水解；用含有半纤维素酶洗液清洗植物性黏物及多糖类、果蔬污物等。

（6）热作用力　热作用力促进清洗过程的理化反应，使污物发生变化而易于清洗脱落，加速清洗过程。

3. 清洗的方法

清洗从原理上可分为物理清洗和化学清洗两大类。

在清洗过程中没有新化学物质生成的即物理清洗。物理清洗包括借助机械力、声波、热力、光以及单纯物理溶解的清洗。在清洗过程中有新物质生成的是化学清洗，包括通过酸碱反应、氧化还原反应、配合反应等以除去污物；也包括借助电化学、酶及微生物等的作用清洗污物。水果清洗的具体方法有以下几种。

（1）浸洗式　浸洗式是最基本的方法。一般在流送槽或不锈钢水槽中进行，水果浸泡一段时间，使表面黏附的污物松离而浮于水中，再通过换水而排出。为了加强浸洗效率，水中可加二氧化氯、臭氧等清洗剂，在常温下浸泡数分钟，然后用清水洗净。在清洗过程中，清洗剂不与食品发生化学反应和破坏营养成分。

（2）鼓风式　一般鼓风清洗是在清洗槽内安置管道，在管道上开有一定数量的小孔，然后通入高压空气形成高压气泡，在高压空气的剧烈搅拌下，使水果在水中不断翻滚，使黏附在物料表面的污物加速脱离下来。由于剧烈的翻滚是在水中进行的，所以物料不会受到损伤，是最适合果蔬原料清洗的方法。常用的设备有鼓风式清洗机。另外，如果将鼓风装置安置在清洗后的输送带上，还会起到快速风干的作用。

图 4-1 中所示为鼓风式清洗机的结构，主要由洗槽、吹气装置、输送装置等组成。洗槽为长方形，内装清水；吹气装置包括鼓风机、吹泡管等，由鼓风机将气流从吹泡管中吹出；输送装置则将原料由水槽中送出。

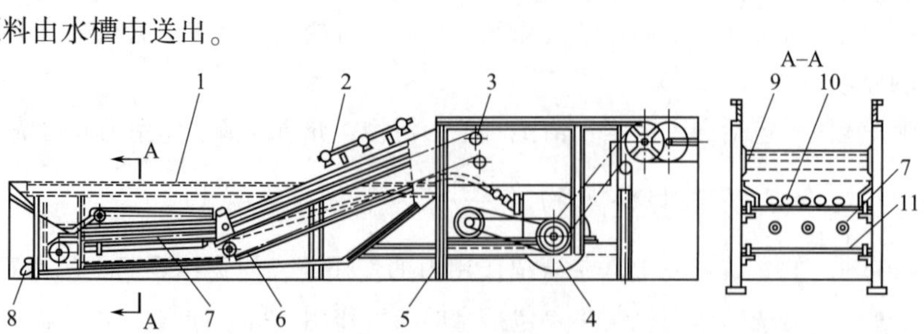

图 4-1　鼓风式清洗机

1—洗槽　2—喷淋装置　3—压轮　4—鼓风机　5—支架　6—链条　7—空气输送装置　8—排水管　9—斜槽　10—原料　11—输送机

（3）喷淋式　喷淋一般在浸泡后进行。典型的喷淋方法是在提升机或输送带上安装一定数量的喷头，当输送带上的物料通过时，喷头在物料的上方向物料喷淋（若采用网眼式输送带可以上下装喷头，从上、下对物料进行喷淋），使已经浸泡松脱的污物与物料分离。喷淋清洗的效率与水的压力、喷头与物料的距离、用水量有很大的关系，一般小水量高压效果比大水量低压效果好。

（4）摩擦搅拌式　摩擦搅拌是在浸洗和喷淋过程中用搅拌机构（如桨叶式搅拌器等）与物料接触摩擦。同时，也使物料相互间接触摩擦，将黏附在物料表面的污物松离脱落，然后被浸洗或喷淋的水带走，达到清洗的目的。这种清洗方法特别适用于漂浮在水面上的水果，如苹果、柑橘等。

（5）毛刷洗式　利用毛刷对果蔬表面的泥沙污物进行清洗。适用于多种水果及块根类物料的清洗。常用的设备有刷果机，采用浸洗、刷洗、喷淋组合使用的洗果机以及在滚筒清洗机中加上毛刷来加强清洗效果的清洗机械设备。

图 4-2 所示为毛刷式喷洗机，主要由水槽、毛刷、喷水管、传送带等组成。水槽为长方形结构，以盛洗涤水。传送带位于水槽下部，以传送原料。在水槽的两侧安有两根喷水管，可喷出高压水协助洗涤。

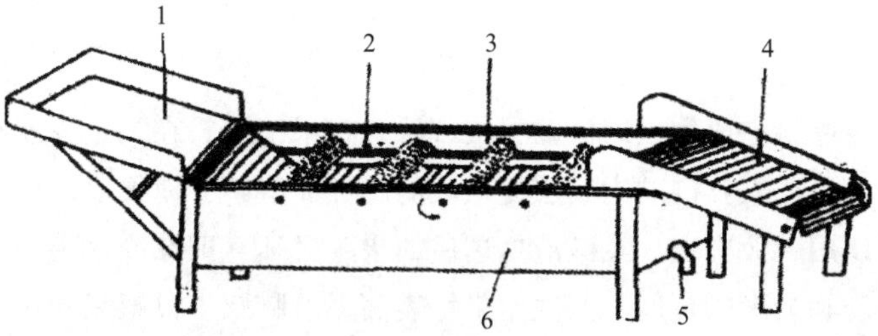

图 4-2　毛刷式喷洗机

1—进料斗　2—喷水管子　3—毛刷　4—传送带　5—排水口　6—水槽

工作时，将原料放入进料斗中，原料因重力滑落入水槽，由传送带带动前行；前行中，遇到多根毛刷，毛刷由电动机带动旋转，对原料进行多次刷洗，而位于两侧的喷水管又适时地喷出高压水流，从而完成了洗涤过程；随后，洗净的原料被传送带带出喷洗机。

水果原料来源多种多样，不同的原料所采用的清洗方法也不尽相同。水果原料的形状、密度，果皮和果肉的坚实度和抵抗机械负荷的能力千差万别，因此不存在通用的清洗工艺和设备。在选择清洗工艺和与此工艺相配套的清洗设备时，必须考虑所加工原料的自身特性。总的来讲，清洗作业和清洗设备最重要的工艺要求如下。

① 在浸泡过程中，采用紊流的水流或采用机械力（摩擦力和刷洗力，必要时还要施加力）使黏附在水果原料表面上的泥土或其他污物松动或脱离水果原料。在喷射过程中，应注意使强烈的水流尽可能地喷射在水果原料的所有表面上；

② 原料的输送方向和清洗水的流动方向应该相反；

③ 选择清洗工艺时，在考虑如何提高清洗效果、达到作业要求的同时，还要考虑不应该使原料受到机械损伤。

（三）去皮

大部分果蔬的外皮都较粗糙、坚硬，对加工制品有一定的不良影响。因此，许多果蔬加工时都要进行去皮处理，以提高制品品质。果蔬去皮时，只要求去掉不可食用或影响产品质量的部分，不可过度，否则会增加原料消耗和生产成本。

1. 手工去皮

手工去皮是用人工工具削皮，应用较广。其优点是去皮干净、损失较少，并可有修理的作用，去芯、去核、切分等也可以同时进行。在果蔬原料较不一致的条件下能显出其优点。但手工去皮费工、费时、生产效率低，大量生产时困难较多，一般作为其他去皮方法的辅助方法。

2. 机械去皮

采用专门的机械进行。常用的机械去皮机主要有旋皮机、擦皮机和特种去皮机三类。

（1）旋皮机　旋皮机是在特定的机械刀架下将果蔬皮旋去，适合于苹果、梨、柿、菠萝等大型果品。

（2）擦皮机　擦皮机是利用内表面有金刚砂、表面粗糙的转筒或滚轴，借摩擦力的作用擦去表皮，适用于马铃薯、胡萝卜、芋头等原料的去皮；擦皮机效率较高，但去皮后表皮不光滑。

（3）特种去皮机　豌豆、黄豆采用专用的去皮机械进行。菠萝可以一次完成去皮、切端、通心、挖去芽眼。

3. 碱液去皮

碱液去皮是果蔬原料中应用最广泛的去皮方法。将果蔬原料在一定浓度和温度的强碱溶液中处理一定的时间，果蔬表皮内的中胶层受碱液的腐蚀而溶解，使果皮分离。绝大部分果蔬如苹果、胡萝卜等可以用碱液去皮。经碱液处理后的果蔬必须立即在冷水中浸泡、漂洗，同时搓擦、淘洗除去果皮渣和黏附的余碱，漂洗至果块表面无滑腻感，口感无碱味为止。

4. 热力去皮

果蔬在高温下处理较短时间，使表皮迅速升温而松软，果皮膨胀破裂，果皮与果肉间的原果胶发生水解失去胶黏性，果皮与果肉组织分离而脱落。适用于成熟度高的桃、枇杷、番茄等的去皮。

5. 酶法去皮

柑橘的囊衣，在果胶酶的作用下，使果胶水解，脱去囊衣。如将橘瓣放在15g/L的703果胶酶溶液中，在35~40℃、pH 1.5~2.0的条件下处理3~8min，可达到去囊衣的目的。酶法去皮条件温和，产品质量好。

6. 冷冻去皮

将果蔬与冷冻装置的冷冻表面接触片刻，其外皮冻结于冷冻装置上，当果蔬离开时，外皮即被剥离；冷冻装置温度在-28~-23℃。这种方法可用于桃、杏、番茄等的去皮。去皮损失5%~8%，质量好，但费用高。

（四）去梗、去核

核果类的原料一般要去核。对于体积较大的水果如桃、杏、李等，常采用劈半取核的方法除核，而对于体积较小的水果，如山楂、枣、油橄榄、樱桃等，采用穿孔冲核的方法除核。常用的手工工具有挖核器、捅核器，机械的有除梗机、去核机。捅核器用于去除枣、山楂等果实的核。生产时应根据果实的特点和大小选择适宜的去核工具。

（五）加热处理和酶处理

许多果蔬破碎后、取汁前需行加热处理，其目的在于提高出汁率和品质。因为加热使细胞原生质中的蛋白质凝固，改变细胞的结构，同时使果肉软化，果胶降解，降低了果汁黏度；另外，加热抑制多种酶类，如果胶酶、多酚氧化酶、脂肪氧化酶、过氧化氢酶等，并且产品不会发生分层、变色等不良变化；再者，对于一些含水溶性色素果蔬，加热有利于色素的提取，如杨梅、山楂、红色葡萄等。

三、原料破碎工艺

对于皮肉致密、尺寸较大且使用浸提法取汁的果蔬，需要进行破碎，破碎程度视种类不同而异。苹果、梨、藕等其破碎颗粒以 3~4mm 为宜；草莓、樱桃、葡萄等破碎果块以 3~5mm 为宜。如成熟度较高，也可用打浆机直接破碎取汁。榨汁前先行破碎可以提高出汁率，特别是皮、肉致密的果实更需要破碎，但破碎粒度要适当，要有利于压榨过程中在果浆内部形成果汁的排汁通道。粒度过大，导致出汁率低，降低经济效益；破碎过度，易造成压榨时外层果汁很快榨出，形成一层厚皮，使内层果汁流出困难，也会造成出汁率下降，另外，制造澄清果汁时，会造成果汁中果肉含量增加，澄清作业负荷加大。

破碎根据原理可以分为机械破碎、冷冻破碎和超声波破碎。

1. 机械破碎

机械破碎是用机械力来克服固体内部凝聚力达到破碎的单元操作，将原料分裂成小块物料的操作称为破碎，将小块物料分裂成细粒的操作称为磨碎或研磨。将水果尺寸减小到一定程度一般属于破碎范畴。对于果汁生产，绝大部分采用机械破碎。对于生产不同类型的果汁，破碎工艺有所不同，如制造澄清果汁，一般采用的破碎机有锤式破碎机、齿板式破碎机、离心式破碎机，原料果进行适度破碎后，对果浆进行预处理（灭酶），即可输送到下道榨汁工序；若制造带肉混浊汁，可使用打浆机、水果钢玉盘磨机等。

果蔬汁加工使用的破碎设备要根据果实的特性和破碎的要求进行选择。如对于葡萄、草莓等浆果可选用桨叶型破碎机，使破碎与粗滤一起完成；对于肉厚且致密的苹果、梨、桃等，可选用锤碎机、辗式破碎机；产带果肉果蔬汁时可选择磨碎机等；桃和杏等水果，可以用磨碎机将果实磨成浆状，并将果核、果皮除掉。对于山楂果汁，按工艺要求，宜压不宜碎，可以选用挤压式破碎机，将果实压裂而不使果肉分离成细粒时最合适；果实在破碎时常喷入适量的氯化钠及维生素 C 配成的抗氧化剂，防止或减少氧化作用的发生，以保持果蔬汁的色泽和营养。破碎时还要注意避免压破种子，李、枇杷和樱桃等水果的籽和核不能吃，因为它们可能含有氰苷。氰苷本身是无毒的，但是当植物细胞结构被破坏，植物内的 β-葡萄糖苷酶可水解氰苷，生成有毒的氢氰酸，大量摄取就可能引发急性中毒。并且糖苷类物质进入汁液，使制品呈苦味。有一些原料在破碎后须进行预煮，使果肉软化，果胶物质降解，以降低黏度，便于后续榨汁工序，如桃、杏、山楂等。

果实破碎要求必须适度。粒度过大，出汁率低，榨汁不完全；如果粒度过小，压榨时外层汁液很快榨出，形成厚层，会阻碍内层果汁榨出，降低汁液滤出速度，造成出汁率降低。通过压榨取汁的果蔬，例如，苹果、梨、菠萝、芒果、番石榴以及某些蔬菜，其破碎粒度以 3~4mm 为宜。

2. 冷冻破碎

冷冻破碎缓慢地将原料冷冻至-5℃（冷冻速度低于0.2cm/h），这时，原料中出现大量冰晶体。冰晶体形成过程对水果细胞壁产生作用力，使其受到机械损伤。化冻时，由于细胞壁的破损可使原料出汁率提高5%~10%，效果比较显著。

3. 超声波破碎

用高强度（>3W/cm^2）的超声波处理原料，引起果肉共振，造成不可逆的伤害，导致细胞壁破坏。原料含水量越大，声波吸收能力就越高。果蔬在破碎时或破碎以后，有的需要进行加热处理，目的是软化果蔬组织，使其细胞原生质中的蛋白质凝固和酶失活，细胞膜通透性增加，从而提高出汁率，防止果蔬褐变。果胶含量较低的果蔬原料，特别是多酚物质含量适中的果蔬，可以进行加热处理。一般加热温度为60~80℃，最佳温度为70~75℃，加热时间为10~15min。也可采用瞬时加热方式，加热温度为85~90℃，保温时间为1~2min。果蔬浆酶解可促进果蔬细胞中可溶性物质的抽提，降低果蔬浆黏度，提高出汁率。在温度适宜范围内，果浆酶制剂的添加量一般为果蔬浆质量的0.01%~0.03%，反应时间为2~3h。

四、压榨提汁工艺

提汁是果汁生产的关键作业之一。由于国际食品法典委员会（CAC）、国际果蔬汁生产者联合会（IFU）等国际权威机构以及各主要果汁消费国都规定水果制汁必须采用机械方法，有些国家甚至明确规定必须用压榨方法来制造水果原汁。我国历来高度重视食品安全，果汁质量监督机构日臻完善，对果汁质量检查更加严格，因此，绝大部分果汁制造企业都采用压榨取汁工艺制汁。

1. 压榨

压榨是通过挤压力将液相从液固两相混合物中分离出来的一种单元操作。对水果榨汁而言，这里所说的液相即含有果肉的果汁，液固两相混合物即经破碎的果浆。取汁是果蔬汁加工中的一道非常重要的工序，取汁方法影响出汁率，也影响果蔬汁产品品质和生产效率。

果蔬取汁有压榨法和浸提法两种。大多果蔬含有丰富的汁液，故以压榨法为多用。仅对山楂、李、干果、乌梅等果干采用浸提法。杨梅、草莓等浆果有时也用浸提法来改善色泽和风味。压榨时的汁液流出量可由式（4-1）估算。

$$V=\pi r4Pt/8\eta L \tag{4-1}$$

式中 V——果汁流出量，cm^3/s；

P——果浆上施加的压力，kPa；

r——毛细管半径，cm；

L——毛细管长度，cm；

η——果汁的黏度，mPa·s；

t——果汁流出时间，s。

由此可见，降低压榨层的厚度，即缩短毛细管长度，加入一些疏松物质，增加毛细管半径，降低果浆黏度有利于提高出汁率。实际生产中，压榨时间和压力对果蔬汁出汁率影响较大，如果压力增加太快，那么施加压力也能降低出汁率。不同的榨汁方法所要求的果浆的粒度是不同的，一般要求果浆粒度在3~9mm，破碎粒度均匀，不含有粒度大于10mm的颗粒，果浆粒度可通过调节破碎机工作部件的间隙或筛板的孔径来控制。破碎时可加入适量的维生素C

等抗氧化剂，以保护果汁的色泽和营养成分。

2. 浸提

浸提就是把果蔬细胞内的汁液转移到液态浸提介质中的过程。在我国山楂也采用浸提法，方法有①一次浸泡法：软化温度 85~95℃，浸提时间 20~30min，软化后自然冷却 12~24h，软化和浸泡总用水量约为鲜山楂的 3 倍。②连续逆流浸泡法：可采用各种形式的渗出器，以卧式斜槽为例，用螺旋输送器推动物料均匀地由低向高逆流前进，浸提水由高至低，软化温度 80~95℃，浸提时间 20~30min；软化温度 65~80℃，浸提时间 90~120min，总用水量为原料总重的 2~3 倍。

出汁率是衡量取汁方法、评价果蔬原料和评价取汁设备的重要指标。计算方法如下。

（1）质量法　如式（4-2）所示。

$$出汁率=果汁质量/原料果实质量\times100\% \tag{4-2}$$

（2）可溶性固形物质量法　如式（4-3）所示。

$$出汁率=果汁中的总可溶性固形物质量/果实中的总可溶性固形物质量\times100\% \tag{4-3}$$

（3）波斯曼（Posmann）法　计算浸提设备的出汁率如式（4-4）所示。

$$出汁率=100\%-\frac{100\times渣中可溶性固形物含量/渣中不溶性固形物含量}{果浆中可溶性固形物含量/果浆中不溶性固形的含量}\times100\% \tag{4-4}$$

一般果汁工业要求果汁的出汁率：苹果 77%~80%，梨 78%~82%，葡萄 76%~85%，草莓 66%~70%，甜橙、葡萄柚 40%~45%，宽皮橘 50%~55%。实践中常常是用加热的方法破坏细胞壁，使其完全渗透，易于与外界进行液体交换，加速浸提过程。

五、澄清工艺

果蔬汁是复杂的多分散相系统，它含有细小的果肉、胶态或分子状态及离子状态的溶解物质，这些果肉是果蔬汁浑浊的原因。制取澄清果蔬汁时，通过澄清和过滤，能把汁液中的全部悬浮物除去，而且还能除去易产生沉淀的果胶、淀粉、蛋白质、多酚物质、金属离子和悬浮物等。悬浮物主要包括种子、果芯、果皮、维管束和果粒等。果蔬汁常用的澄清方法有使用澄清剂法、自然沉降澄清法、热凝聚沉淀法和加酶澄清法。

（一）使用澄清剂法

1. 常用的单一澄清剂

（1）明胶　明胶是一种从动物的结缔或表皮组织中胶原部分水解出来的蛋白质，能与果蔬汁中的单宁、果胶和其他成分反应，形成明胶-单宁酸盐络合物和果胶-明胶单宁络合物，随着络合物的凝聚并吸附果蔬汁中其他悬浮颗粒，最后沉降到容器底部。通常，明胶用量是 10~200g/100L 果蔬汁，明胶溶液质量浓度为 50~100g/L，常把明胶溶于 40℃水中制备成明胶溶液用。

（2）硅溶胶　硅溶胶是一种纳米材料，有很大的比表面积。它可吸附果蔬汁中的蛋白质。硅溶胶与蛋白质在可溶性溶液中形成浅色的凝乳状絮凝物。对于酸度高的果汁，需要硅溶胶与明胶或其他澄清剂组合来澄清。

（3）膨润土　膨润土又称皂土，是以蒙脱石为主要成分的黏土矿物，它具有吸附某些阳离子的能力。除了吸附作用，膨润土还能通过离子交换反应排除果蔬汁中的蛋白质。由于膨润土呈负电性，它除了具有消除过量明胶的作用，还能吸附导致果蔬汁发酵的成分以及酶类、多酚物质、残留农药、生物胺、气味物质和滋味物质等。一般来讲，经过改性的钠-膨润土的澄清性能优于钙-膨润土。膨润土通常与明胶、硅溶胶结合使用，以硅溶胶（30%溶液，25~50ml/100L）+明胶（5~10g/100L）+膨润土（50~100g/100L）添加顺序为佳。膨润土在使用前，必须在5~7倍水中充分浸泡膨胀。其缺点是，使果蔬汁中金属离子增加，能吸附色素和具有脱酸作用。另外，膨润土使用过量，会给以后的过滤工作带来困难。

（4）单宁　单宁种类较多，其中最为普通的为焦性没食子酸单宁。单宁与蛋白质生成不溶于水的沉淀，在氧化酶的作用下，发生氧化聚合而生成黑褐色物质。明胶与单宁形成复合物后聚集沉淀，同时捕集和清除其他悬浮固体，因此明胶与单宁常结合使用，称为明胶-单宁法。

（5）活性炭　活性炭是以优质木材和特种木屑为原料，经碳化、活化及多道后工序精制加工而成的粉状多孔性的含碳物质，是一种优良的吸附剂。其吸附作用是借物理性吸附与化学性吸附脱除果蔬汁中的果胶、蛋白质和色素物质。缺点是不具有选择性，使用后回收困难，对环境有一定污染。

2. 常用的混合澄清剂

单一澄清剂不能达到比较理想的澄清效果，通常是将两种或三种单一澄清剂按一定顺序添加，形成复合澄清剂使用。

（1）明胶-硅溶胶　对于多酚物质含量过高的果蔬汁，只用明胶澄清，得到的效果不佳，而且明胶最佳处理温度在20~25℃，温度过高，明胶会溶于果蔬汁中。而且，过量的明胶还会使果蔬汁饮料出现混浊。因此，大多数工厂会采用明胶-硅溶胶澄清处理。一般在加入明胶之后再加入150g/L硅溶胶溶液。明胶通过静电引力与果蔬汁中的负电荷粒子互相吸引络合絮凝，硅溶胶粒子呈负电性，与果蔬汁中呈正电性的蛋白质粒子等以及可能过量存在的明胶结合而沉淀。硅溶胶的用量为明胶的5~10倍。

（2）明胶-单宁　此法适用于苹果、葡萄、山楂等果汁，它们含有较多的单宁物质。明胶、鱼胶或干酪素等蛋白物质可与单宁形成络合物，此络合物沉降的同时，果汁中的悬浮颗粒被缠绕而沉降。另外，果汁中的果胶、维生素、单宁及多聚戊糖等带负电荷，酸性介质中明胶、蛋白质、纤维素等带正电荷。这样，正负电荷的相互作用，促使胶体物质不稳定而沉降，果汁得以澄清。果汁中含有一定数量的单宁物质，生产中为了加速澄清，也常加入单宁。明胶和单宁必须是食用级的，明胶以盐酸法制取为优，其等电点为7~9。用时用冷水浸胀2~3h，之后加热至50~60℃，配制后放置5h左右，过长和过短均不利于澄清。常用明胶液可配成30g/L左右。

明胶和单宁在果汁中的用量取决于果汁种类、品种及成熟度和明胶质量。通常为明胶100~300mg/L果汁，单宁90~120mg/L果汁。例如，苹果汁中一般明胶加入量在80~100mg/L果汁。使用时需预先实验，以加入明胶和单宁后产生大量的片状凝絮，2h内可发生沉降，摇匀后过滤容易，滤液透明、澄清为度。影响此法澄清效果的主要因素为温度、果蔬pH及明胶的等电点。较酸（与等电点相比）和温度较低的条件下易澄清，以8~10℃为佳。不足之处在于对含花色苷的果汁会发生部分褪色，高温下澄清时间过长，果汁易发酵。

（3）明胶-膨润土　由于非絮状的膨润土的沉淀速度很慢，可将明胶和膨润土联合使用去除果蔬汁中的蛋白质。明胶的用量为膨润土质量的1/10~1/5。膨润土要先于明胶加入果蔬汁中。明胶加入膨润土果蔬汁悬浮液内时要充分搅拌。

（4）明胶-硅溶胶-膨润土 明胶、硅溶胶、膨润土一般质量比为1∶10∶5。在澄清处理时，在搅拌条件下首先添加明胶溶液，约10min后添加硅溶胶溶液，再间隔相同时间后添加膨润土。

（5）明胶-硅溶胶-膨润土-活性炭 用苹果酸将原果汁pH调节至3.5脱胶。脱胶后的果汁依次按0.2g/L果汁加入明胶搅拌10min，按0.8ml/L果汁加入硅溶胶搅拌10min，再加膨润土搅拌10min；最后加入0.5g/L活性炭充分混匀后，静置60min。用此法制得的澄清苹果汁透光率可达99%以上，色值为0.20左右。该复合澄清法虽然成本略高，但具高效、省时、易操作、产品质量好等优点。

（二）自然沉降澄清法

将果蔬汁置于澄清容器内，经过较长时间的静置，果胶物质会逐渐水解，果蔬汁的黏度降低，汁中的悬浮物质利用自身重力就会沉降于容器底部。该法需时长，果汁易腐败变质，因此常用于果蔬汁的预澄清。

（三）热凝聚沉淀法

将果蔬汁在80~90s内加热至80~82℃，并保持1~2min，然后迅速冷却至室温，静置。由于温度的剧变使蛋白质和其他胶质变性凝固析出，使果蔬汁得以澄清。

（四）加酶澄清法

利用果胶酶制剂水解果蔬汁中的果胶物质，同时使其他胶体物质失去果胶的保护作用而沉淀，从而达到澄清的目的。这是目前工厂生产澄清汁最常用的方法。用于果蔬汁澄清的酶制剂来自黑曲霉或米曲霉，这些酶制剂往往是复合酶制剂，除了主要含有果胶酶外，还含有纤维素酶、淀粉酶等。这些酶与果胶酶协同作用，对果蔬汁澄清有利。

六、浓缩工艺

果蔬汁的含水量通常高达80%~85%，易于腐败，且贮存运输极不方便。而将其浓缩后，由于糖度和酸度的提高，即使不添加任何防腐剂也能使产品长期保存。目前，普遍采用的果蔬汁浓缩方法是真空浓缩法，另外还有浓缩新技术——冷冻浓缩和反渗透浓缩。浓缩果蔬汁汁容量小，可溶性固形物含量可高达65%~70%，可节省包装和运输费用，便于贮运；浓缩果蔬汁用途广泛，可作为各种食品的基料。理想的浓缩果蔬汁，在稀释和复原后，应和原果蔬汁的风味、色泽、浑浊度相似，因而加热温度、果蔬汁在浓缩机内的停留时间显得十分重要。

（一）超滤浓缩

与反渗透原理相同，依靠反渗透压力除去水分子使果蔬汁浓缩；不同之处是超滤法压力低（0.5~0.6kg/cm^2），一般可以使果胶等高分子通过半透膜。利用这种方法还可以把果胶从果蔬汁中除去，从而使果蔬汁被澄清，常使用聚丙烯膜和聚烯烃系的半透膜。

（二）冷冻浓缩

冷冻浓缩果蔬汁的冷冻浓缩应用了冰晶与水溶液的固、液相平衡原理。当水溶液中所含溶质浓度低于共熔浓度时，溶液被冷却后，水（溶剂）部分成冰晶析出，剩余溶液中的溶质浓度则由于冰晶数量的增加和冷冻次数的增加而提高，溶液的浓度逐渐增加至某一温度，被浓缩的溶液以全部冻结而告终，这一温度即为低共熔点或共晶点。冷冻浓缩可以得到高质量产品，但仍有问题，如能耗高、设备价格高、产品浓缩度低；酶没有被有效钝化；分离时一部分果蔬汁损失等。

果蔬汁冷冻浓缩包括结晶（冰晶的形成）、重结晶（冰晶的成长）、分离（冰晶与液相分开）及果蔬汁回收四个步骤。结晶过程以两种形式进行，一种为在管式板式、转鼓式及带式设备中进行所谓的界面渐进冷冻法，另一种为搅拌的冰晶悬浮液中进行悬浮冻结。果蔬汁中以前者为好，可以形成一个整体的冰结晶，固液界面小，使母液与冰晶的分离较易。在冰晶成长期，要求冰晶尽可能大、大小尽量均匀一致、形状最好为球形。研究表明，冻结速度慢，冰晶形状大；果汁浓度低，冰晶形状大。冰晶的分离主要有离心法、压榨法和过滤法几种。果汁的回收则主要有喷水清洗法、反渗透法等。

冷冻浓缩的优点：

① 由于在低温条件下，所以对热敏性物料，尤其是食品物料的浓缩非常有利。

② 冷冻浓缩中溶剂水的排除是依靠从溶液到冰晶的相际传递，因此，可避免低沸点的芳香物质成分因挥发造成的损失。

冷冻浓缩的缺点：

① 浓缩比较低，物料最终浓度不超过其低共熔浓度。

② 晶液的分离技术要求高且溶液的黏度越大，分离越困难，冰晶的夹带损失也越大。

③ 成品中的微生物活性未能受到抑制，加工后仍需采用加热等后处理或需要冷冻贮藏；生产成本较高。

冷冻浓缩主要包括料液冷却结晶和冰晶与浓缩液分离两部分，因而冷冻浓缩设备主要由冷却结晶设备和冰晶悬浮液分离设备两大部分组成。将冷冻结晶装置与冰晶悬浮液分离装置有机地结合在一起，便可构成冷冻浓缩装置系统。冷冻浓缩装置系统可以分为单级冷冻浓缩系统和多级冷冻浓缩系统。

1. 单级冷冻浓缩系统

单级冷冻浓缩系统一次性使料液中的部分水分结成冰晶，然后对冰晶悬浮液分离，得到冷冻浓缩液。

图 4-3 为单级冷冻浓缩装置流程图。原料罐中稀溶液通过循环泵首先输入到刮板式热交换器，在冷媒作用下冷却，生成细微的冰晶，然后进入再结晶罐（成熟罐）。再结晶罐保持一个较小的过冷却度，溶液的主体温度将介于该冰晶体系的大、小晶体平衡温度之间，高于小晶体的平衡温度而低于大晶体的平衡温度。小冰晶开始融化，大冰晶成长。再结晶罐下部有一个过滤网，通过滤网从罐底出来的浓缩液，一部分作为浓缩产物排出系统，另一部分与进料液一道再循环冷却进行结晶。未通过滤网的大冰晶料浆从罐底出来后进入活塞式洗涤塔。洗涤塔出来的浓缩液再循环冷却结晶，融化的冰水由系统排出。单级冷冻浓缩装置可将 8~14°Bx 原果蔬汁浓缩至 40~60°Bx 浓缩汁。

2. 多级冷冻浓缩系统

多级冷冻浓缩系统将前一级的浓缩液作为原料液进一步地通过更低的温度使部分水结成冰晶，再进行分离。控制料液在结晶器中的循环速度，可以使料液获得不同的过冷度，从而可以利

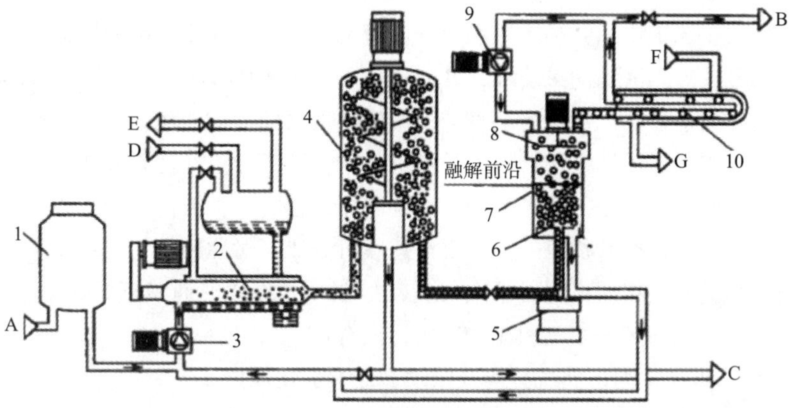

图 4-3 单级冷冻浓缩装置流程图

1—原料罐 2—刮板式热交换器 3、9—循环泵 4—再结晶罐 5—液压装置 6—板活塞 7—冰洗涤柱 8—刮冰搅拌器 10—融冰加热器

用同一状态制冷剂实现多级冷冻浓缩所要求的冻结温度差异。三级逆流冷冻浓缩系统如图 4-4 所示。

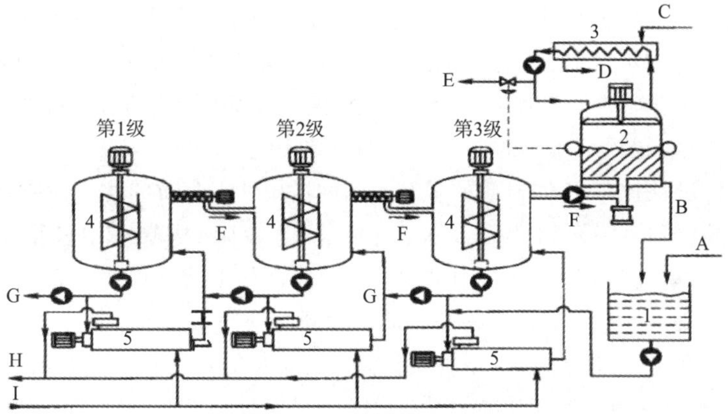

图 4-4 三级逆流冷冻浓缩系统

1—进料罐 2—洗涤塔 3—融冰加热器 4—成熟罐 5—旋转刮板式冻结器

A—进料 B—排代液体 C—高压制冷剂蒸汽 D—制冷剂冷凝液 E—熔化冰水

F—冰晶悬浮液 G—浓缩液 H—低压制冷剂气体 I—低压制冷剂液体

系统工作过程：原料液进入进料罐后与从洗涤塔排出来的稀溶液混合后由泵抽出，与第 3 级结晶罐中抽出的一部分溶液混合后，通过 3 级旋转刮板式冻结器冷却成过冷液，进入第 3 级成熟罐。在此形成大的冰晶悬浮液。此悬浮液分离后，浮在上面的冰晶浆由泵抽至洗涤塔洗涤融化成水，沉在下层的浓缩液通过过滤网被泵抽出。抽出的浓缩液一部分与进料液混合后在本级再进行冻结，另一部分则由泵抽送至第 2 级进行结晶。第 2 级和第 1 级的工作原理基本与第 3 级的类似，但此二级成熟罐上层冰晶浆料是由螺旋输送器输送至下级成熟罐的，另外，第 1 级的浓缩液有一部分作为最终浓缩物形式输出系统。

（三）反渗透浓缩

反渗透浓缩是用一张半透膜将果蔬汁与纯水隔开，在果汁一侧施加压力，该压力大于果蔬汁的渗透压，则果蔬汁中的水能穿过膜反向渗入水中，直至两侧压力相等为止。渗透压的大小与溶液中的溶质浓度成正比，并随溶质的分子质量及其活度而变化。影响果蔬汁渗透压的主要因素是糖和有机酸。对于浓缩的果蔬汁，其渗透压可达10MPa以上。用反渗透膜进行浓缩时，外部施加的压力要大于膜两侧高浓度溶液与低浓度溶液之间的渗透压力差。因此，在使用反渗透膜浓缩果蔬汁之前，要了解其渗透压。反渗透是依赖于膜的选择性筛分作用，以压力差为推动力，水分透过，而其他组分不透过，从而达到浓缩的目的。性能优良的合成高分子膜是实现反渗透浓缩的必要条件。据其加工方法，反渗透膜可分成不对称膜、中空纤维膜、复合膜、动力形成膜4类。其优缺点相差很大，管式装置易控制浓差极化，而板框式和中空式有投资低、产量大的优点。与传统的蒸发浓缩相比，它的优点有：

① 不需加热，可在常温下实现分离或浓缩，品质变化较少；

② 在密封回路中操作，不受氧气的影响；

③ 在不发生相变下操作，挥发性成分的损失相对较少；

④ 节能，所需能量约为蒸发浓缩的1/17，是冷冻浓缩的1/2。

影响反渗透浓缩的主要因素如下。

① 浓差极化：所有的分离过程均会产生这一现象，在膜分离中它的影响特别严重。当分子混合物由推动力带到膜表面时，水分子透过，另外一些分子被阻止，这就导致在临近膜表面的边界层中被阻组分的集聚和透过组分的降低，这种现象即浓差极化。它的产生使透过速率显著衰减，削弱膜的分离特性。工程上主要有加大流速、装设湍流促进器、脉冲法、搅拌法、流化床强化、提高扩散系数等方法减弱浓差极化的影响。

② 膜的特性及适用性：不同材质的膜有不同的适用性，介质的化学性质对膜的效果有一定的影响，如醋酸纤维素膜在pH 4~5，水解速度最小，在强酸和强碱中水解加剧。

③ 操作条件：一般来讲，操作压力越大，一定膜面积上透水速率越大，但这又受到膜的性质和组件特性的影响，而且，同一种膜在低压和高压下的反应不一样。理论上随温度升高，反渗透速率增加，但果蔬汁大多为热敏物质，应控制温度在40~50℃时为宜。

④ 果蔬汁的种类性质：果蔬汁的化学成分、果浆含量和可溶性固形物的初始浓度对透汁速度影响很大。果汁中果浆含量提高不利于反渗透的进行，可溶性固形物含量高也同样不宜，这是因为浓度高，滤透压大、黏度大、溶质间作用力大，透过物质的回扩散加强，浓差极化也严重。

（四）真空浓缩

真空浓缩是利用果蔬汁中的水分在低压情况下其沸点降低而引起低温下的沸腾汽化从而去除水分达到浓缩目的的一种浓缩方法。由于物料不受高温影响，避免了热不稳定成分的破坏和损失，更好地保存了原料的营养成分和香气。特别是某些氨基酸、黄酮类、酚、类维生素等物质，可防止受热而破坏。而一些糖类、蛋白质、果胶等黏性较大的物料，低温蒸发可防止物料焦化。真空浓缩的设备由蒸发器、真空冷凝器和附属设备组成。蒸发器由加热器和果蔬汁气液分离器组成。常用的真空浓缩设备如下。

① 强制循环式：利用泵和搅拌桨机械地使果蔬汁循环，加热管内的流速为2~4m/s，在管内呈沸腾，液面高度控制到分离注入处，其水垢生成较少，传热系数大。用于因热变化少的番茄汁的浓缩。图4-5为强制循环式双效浓缩设备。第一效强制循环，第二效自然循环，适用于

冷破碎番茄汁。同时还适合高黏度和高浓度的果蔬汁浓缩，它可与降膜式蒸发器连用，作最终浓缩用。

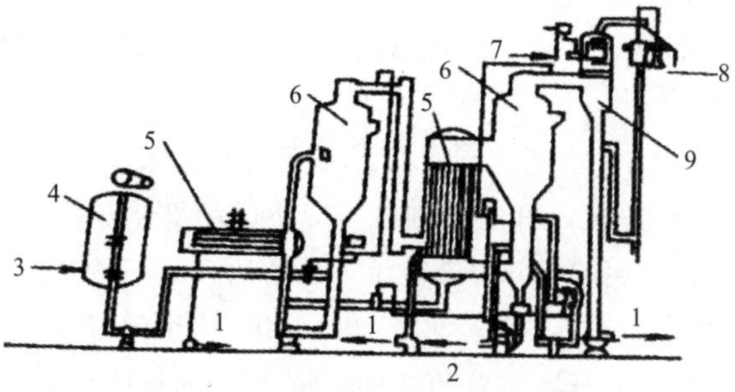

图 4-5 强制循环式双效浓缩设备

1—排水 2—浓缩汁 3—果蔬汁 4—贮汁罐 5—加热器 6—分离器 7—冷却水 8—蒸汽喷射器 9—低水位气压冷凝器

② 真空闪蒸式：真空闪蒸最大的特点是果蔬汁浓缩时接触面大，热交换效率高。柑橘果汁经过高效热交换，分别在第一组热交换段预热，在第二组热交换段升温，在第三组热交换段达高温进行瞬时高温杀菌处理（95~120℃，3~20s），然后立即呈雾状喷射进入真空蒸发室中，并迅速释放热量，进行闪蒸浓缩，由于迅速脱水使果汁瞬间冷却，果汁可快速降温。采用该法可避免果蔬汁过度受热，防止出现加热臭，并完全消除褐变现象，但必须配置芳香回收装置，才能最大限度地提高产品的色、香、味，这一技术对热敏性的果蔬汁进行浓缩，效果良好。

七、杀菌工艺

果蔬汁杀菌的目的一是杀死果蔬汁中的致病菌、产毒菌、腐败菌；二是钝化各种酶类，避免各种不良的变化。传统的果蔬汁常以灌装、密封、杀菌工艺进行加工。现代工艺则先杀菌后灌装，也大量采用无菌灌装方法进行加工。

凡能导致食品腐败变质的各种微生物称为腐败菌。果汁的 pH 与腐败菌有着密切的关系。各种腐败菌对酸性环境的适应性不同，由于果汁的酸度或 pH 也各有差异，故在各种果汁中出现的腐败菌也不同。若杀菌的微生物对象为酵母和霉菌时，酵母在 66℃下 1min，霉菌在 80℃下 20min 即可被杀灭，一般的巴氏杀菌条件为 80℃下 30min，可保证杀灭。但对于浑浊果蔬汁，此杀菌温度和时间并不合适，很易产生煮过味，色泽和香味损失也较大，因此有必要采用高温瞬时杀菌。大多数引起品质败坏的酶，如果胶酶，88℃下 1min 才可被钝化，因此要防止酶的变质须在 88℃下保持 60~90s。果蔬汁加热杀菌的方法主要有巴氏杀菌法和高温瞬时杀菌法。巴氏杀菌条件为 80~85℃，20~30min。混浊果蔬汁常采用高温瞬时杀菌法。果蔬汁经均质脱气后，迅速泵入高温瞬时杀菌器，快速加热至汁温度（93±2）℃，维持 15~30s。对于低酸性果蔬汁（pH≥4.5）要采用超高温瞬时杀菌（130~150℃ 3~5s）。

（一）热杀菌

目前，生产出的果蔬汁大部分是用热杀菌方法。果蔬汁热杀菌常用高温瞬时杀菌（high temperature short time，HTST）、超高温瞬时杀菌（ultra heat treated，UHT）和巴氏杀菌。

果蔬汁中的微生物主要来自原料的表面以及原料内的各种夹杂物。原料未挑选和清洗的果蔬汁，微生物含量一般在 $10^3 \sim 10^7$ 个/g，原料清洗的果蔬汁微生物含量大大减少，一般含量为 $10^3 \sim 10^5$ 个/g，但仍然很高。因此，果蔬汁加工后，要进行杀菌。现在，生产出的果蔬汁大部分是用热杀菌方法，如巴氏杀菌法和高温瞬时杀菌法等。

巴氏杀菌法是应用较早的一种方法，是以法国人巴斯德的名字命名的。巴氏杀菌法的杀菌温度低于 100℃，杀菌时间较长，一般在数分钟至数十分钟。这种杀菌方法可杀死致病菌，但不能把非致病的腐败芽孢菌完全杀死，它们在常温下可能繁殖，因而，只有有限的货架寿命。在果蔬汁杀菌时，因其酸性较高，pH 一般在 3.5 以下，能抑制芽孢杆菌的生长，少数的耐酸芽孢杆菌，在 100℃以下经一定的时间也能被杀死，所以，低温杀菌的密封包装的酸性果汁具有可靠的贮藏性。果汁的低温杀菌温度一般在 85~100℃，杀菌时间为数分钟。高温瞬时杀菌是将食品加热到 100℃以上，进行短时杀菌处理，常用的杀菌温度在 135℃以下，杀菌时间一般在数秒至 6min。超高温瞬时杀菌的杀菌温度一般在 135~150℃，杀菌时间为数秒钟。这种杀菌方法加热时间更短，物料的营养成分损失及其色、香、味变化少。

果蔬汁的杀菌和灌装的顺序，可加热杀菌后灌装，也可灌装后再加热杀菌。不论用哪一种方法，果蔬汁经加热杀菌、灌装后，要及时冷却至 40℃以下，以防各种营养成分的破坏。果蔬汁先加热杀菌后灌装时，一般用间接法杀菌。即加热蒸汽不直接与被加热物料相接触，通过传热壁将物料加热杀菌。常用的间接加热杀菌设备有管式热交换器和板式热交换器两种。

（二）非热杀菌

果蔬汁的非热杀菌主要包括物理杀菌和化学杀菌。

1. 物理杀菌

物理杀菌主要是指辐照杀菌、紫外线杀菌、超高压杀菌、高压脉冲电场杀菌、磁力杀菌和超声波杀菌等。物理杀菌的主要优点是杀菌效果好，对果蔬汁污染小，易于操作和控制，能更好地保持食品自然风味；但杀菌成本较高。

（1）超高压杀菌　超高压杀菌（UHP）是将 100~1000MPa 的静态液体压力作用于食品物料，在此压力下持续一定时间，从而达到杀菌，破坏酶及改善物料结构和特性的作用。其杀菌机制是：通过改变微生物细胞蛋白质和酶结构，从而抑制酶的活力，杀灭果蔬汁中大量的腐败菌和致病菌，而食品感官和营养价值不会受到影响。

（2）高压脉冲电场杀菌　高压脉冲电场杀菌是通过 2 个电极之间产生瞬时短时的高压。以脉冲电场作用于食品，在强电场的作用下，微生物的细胞膜有可能被击穿，导致细胞膜破裂，细胞组织受损，微生物失活。该技术适用于液体和半固体食品的加工和保存，如果汁、果浆、牛乳等。

（3）辐照杀菌　辐照杀菌是利用放射源产生的射线或高能电子束辐射食品，使食品中的微生物发生物理或化学变化，从而达到抑制微生物的生长或杀灭微生物的目的。辐照杀菌是一种效果好，易操作控制，能耗低，无污染的杀菌技术。

（4）紫外线杀菌　紫外线是一种波长为 136~390nm 的不可见光线，在波长为 240~280nm 时具有杀菌作用，尤以波长为 253.7nm 的紫外线杀菌作用最强。它的杀菌机制较为复杂。当微生物被紫外线照射时，细胞的核酸生物活性会因吸收紫外线而可能改变，从而引起菌体内蛋白质和酶的合成障碍，导致结构发生变异、功能破坏，致使微生物死亡。此外，微生物吸收的紫外线会使脱氧核糖核酸（DNA）分子结构发生变化，产生蛋白质的变性，结果会带来微生物新陈代谢的障碍，不能增殖并对细胞产生破坏作用，尤其是250~260nm的紫外线最易被DNA所吸收。由于紫外线对DNA的破坏力强，所以对任何微生物（细菌、真菌、病毒等）都有明显的杀伤效果。适用于水和果蔬汁的紫外线杀菌装置是由外筒、低压汞灯、石英套管及电器设施等部分组成的。水和果蔬汁从外筒和石英套管之间以一定速度流过，低压汞灯装在石英套管内。外筒由不锈钢材料制成，除考虑承压外还应具有很高的表面光洁度，使其对紫外线的反射率达到85%以上；杀菌灯管为高强度低压汞灯。

2. 化学杀菌

化学杀菌主要是指在加工中通过添加抑菌剂［如臭氧（O_3）等］和化学防腐剂，达到抑菌或杀菌的目的。该方法易于操作、控制，杀菌效果好，成本较低；但是在使用中易受pH和机体环境等因素的影响，作用效果变化较大。

（1）O_3 杀菌 O_3 是一种新型、高效、广谱的杀菌剂。O_3 的氧化还原电位很高，仅次于氟，因而具有很强的氧化能力。O_3 的杀菌机制主要是先破坏细菌细胞膜中具有各种重要机能的蛋白酶，与构成细胞膜的脂类双链反应，进而侵入细胞，迅速破坏蛋白质、基因等的酶类。O_3 具有杀菌力强、作用时间短、杀菌彻底、无残留等特点。O_3 可以应用于加工果汁前水果表面的清洗杀菌。仇农学等研究了臭氧的溶解度以及对苹果表面耐热菌——酸土环脂芽孢杆菌（*Alicyclobacillus acidoterrestris*）的杀菌效果。结果表明，O_3 与水接触最初10min水中 O_3 浓度增加很快，20min后 O_3 浓度增加非常缓慢；O_3 水在室温条件下的半衰期为21min，所以在利用 O_3 水进行杀菌时，应考虑其半衰期的影响；31.1mg/L的 O_3 水对耐热菌作用15min，杀菌率达99.96%；在试验条件下，O_3 通气的杀菌效果要好于 O_3 水的杀菌效果。

（2）化学防腐剂保藏 常用的化学防腐剂有苯甲酸、山梨酸、甲酸以及它们的衍生物和亚硫酸（H_2SO_3）。化学防腐剂能够抑制和杀灭微生物，从而防止果蔬汁产生微生物腐败。在大多数工业发达国家，在法律上禁止用化学防腐剂保藏果汁。但是不少国家允许用化学防腐剂保藏果汁含量很低的果汁饮料。对不直接食用的半成品，许多国家在法律上允许采用某些化学防腐剂保藏。化学防腐剂的保藏效果取决于许多因素，例如，化学防腐剂的添加量、果汁的成分和pH，果汁中的微生物的种类和数量及其生长阶段，果汁的贮存时间及贮存温度等。弱酸性的化学防腐剂如亚硫酸和山梨酸的保藏作用与它是否解离有关。不解离的弱酸性化学防腐剂的保藏作用又与果汁的pH有关。pH越低，不解离的酸分子的保藏作用就越强。不解离的弱酸性防腐剂在强酸性环境中有很强的抑制和杀灭微生物的作用，但在弱酸性和中性环境中保藏作用要小得多。

① H_2SO_3：SO_2 溶解于水就成为 H_2SO_3 溶液。在果汁中，一部分 H_2SO_3 与果蔬汁的摆基化合物，主要是葡萄糖结合，其余的 H_2SO_3 一部分是不解离的酸（H_2SO_3），一部分是半解离的酸 HSO^{3-}，另一部分是解离的酸 SO_3^{2-}。亚硫酸在果蔬汁中的存在状态，主要取决于果蔬汁的pH，也受其他因素，如贮存时间和贮存温度的影响。H_2SO_3 杀灭啤酒酵母的能力是 HSO_3^- 的500~1000倍，而 SO_3^{2-} 对微生物毫无作用。在1000mL的pH为3.0的葡萄原汁中添加1000mg亚硫酸，那么有6%左右的 H_2SO_3，94%的 HSO^{3-} 和0.005%的 SO_3^{2-}，也就是说，有强烈杀菌作用的 H_2SO_3 的质量浓度仅为60mg/L。

通入惰性气体（如 N_2 或水蒸气）或加热都可以排除果蔬汁中的 SO_2。含有 SO_2 的果汁，如葡萄原汁，在板式热交换器中被加热到沸点，流入除硫柱的顶部。在除硫柱中，果汁从上到下运动，水蒸气、惰性气体（N_2）和数量不断增加的 SO_2 从下向上运动。果汁流经除硫柱时，SO_2 随气体一同流向除硫柱顶部，而除去 SO_2 的果汁由泵泵入板式热交换器，冷却到常温。含

SO_2 的气体进入反应器中，气体中的 SO_2 与反应器中的石灰乳反应，其他气体则经空气压缩机重新被压入除硫柱中。在除硫过程中，可以把新鲜蒸汽喷入除硫柱内，也可以在压力下把果汁加热到 110℃后再泵入除硫柱中，产生膨胀气汽化。除硫后，果汁中的 SO_2 含量可以从初始的 1216mg/L 降低到 15mg/L。有相关研究表明，在除硫过程中，果蔬汁既不会被稀释，也不会被浓缩。感官评价和气体色谱分析证实，除硫过程对果蔬汁的芳香成分实际上并无影响。

② 苯甲酸：苯甲酸（C_6H_5COOH），又称安息香酸，难溶于水，因此生产上常采用易溶于水的苯甲酸钠（C_6H_5COONa）。苯甲酸钠的防腐力仍然来自苯甲酸本身。苯甲酸钠的保藏能力与果蔬汁的 pH 有关，酸度越大（pH 越小），保藏作用越大。我国 GB 2760—2024《食品添加剂使用标准》中苯甲酸及其钠盐的使用限量规定，碳酸饮料为 0.2g/kg，植物（类）饮料为 1.0g/kg，果蔬汁（浆）类饮料为 1.0g/kg。

③ 山梨酸：山梨酸（C_5H_7COOH），又称花楸酸，难溶于水，因此生产上一般采用易溶于水的山梨酸钾或山梨酸钠。山梨酸能抑制酵母菌和霉菌的生长繁殖，但对细菌，尤其是对乳酸菌的防腐效果不佳。用于果汁保藏，当添加量大于 200mg/L 时，人们就能在感官上察觉果汁中含有山梨酸。从目前资料报道来看，山梨酸对人体无害。我国 GB 2760—2024《食品安全国家标准　食品添加剂使用标准》中规定，山梨酸及其钾盐在浓缩果蔬汁（浆）中的最大使用量为 2.0g/kg。

八、灌装工艺

目前果蔬汁的灌装方法常用的有高温灌装法（热灌装）和低温灌装法（冷灌装）。热灌装是果蔬汁杀菌后，立即密封，利用果蔬汁的热量对容器内表面进行杀菌。果蔬汁的热灌装温度应在 85℃以上，灌装密封后将容器倒置 3~5min，使容器无菌。冷灌装又称标准包装法，是在果蔬汁杀菌后，通过热交换器立即冷却至常温后灌装。对于容易产生加热臭的果蔬汁，冷灌装是最有效的灌装方式，但果蔬汁的保存寿命短，在冷藏下仅有两周。无菌灌装是冷灌装的一种特殊形式。经过杀菌冷却的果蔬汁在无菌状态下装入预先经过杀菌的容器内，密封后无须杀菌和冷却，即成产品，可以在常温下长期贮藏。一般果蔬汁制品尽可能保持在 4~5℃环境中以减少不良变化。

（一）热灌装

传统灌装法将果蔬汁加热到 85℃以上，趁热装罐（瓶），密封，在适当的温度下进行杀菌，之后冷却。此法产品的加热时间较长，品质下降较明显，但对设备投入不大，要求不高。

热灌装是将果蔬汁加热杀菌后立即灌装到清洗过的容器内，封口将瓶子倒置 10~30min，对瓶盖进行杀菌，然后迅速冷却至室温。使用玻璃瓶时，要对瓶子预热。若使用塑料瓶，先将果蔬汁冷却至 40℃以下，再进行灌装封口。若灌装后杀菌，是先将果蔬汁灌入瓶内并封口，再放入杀菌釜内用 90℃的温度杀菌 10~15min。也可装入回转式杀菌设备中，以 85℃的温度杀菌 5min。热灌装比较简单，但由于灌装过程中易受到污染，货架寿命较短。灌装后杀菌较彻底，货架寿命较长，但要求容器能承受高温。

（二）无菌灌装

无菌灌装包括产品的杀菌和无菌充填密封两步。为了保证充填和密封时的无菌状态，还须进行机器、充填室等和空气的无菌处理。

无菌灌装可使产品达到商业无菌的目的。无菌灌装的条件是果蔬汁和包装容器要彻底杀菌。果蔬汁用高温瞬时杀菌，从而保持营养成分和色泽、风味。在 pH<4.5 的果蔬汁中，采用 85~95℃下 10~15s，pH>4.5 的产品则用 135~150℃下 2~3s 的工艺。包装材料可用热成型的无菌容器，也可用化学、物理的方法如过氧化氢、紫外线或化学与热相结合的方法等对包装容器进行杀菌。这样可节约包装材料和能耗，而不像常规的灌装方式要用耐热的包装容器。要在无菌的环境下进行，灌装后的容器应密封好，防止再次污染。无菌灌装的优点是分别连续加工出无菌果蔬汁和对容器进行杀菌，从而得到高经济性和高质量的产品。实验证明，随着温度的升高，杀死微生物量的提高速度要比物料劣变增加的速度快得多。如温度每提高 10℃，耐热菌被杀死的量增加 11 倍，而褐变的增加仅为 3 倍。因此，产品经高温短时（数秒）的处理，然后迅速冷却，物料的质量劣变少。由于果蔬汁冷却到常温下进行灌装，可用便宜的包装材料。包装材料在灌装前单独进行杀菌。

1. 典型的无菌包装装置

瑞士利乐无菌包装装置和德国康美包无菌灌装系统是两个应用广泛且有代表性的设备。前者采用纸板在机器内成型，有标准型（用于四面体）和 AB 型（用于砖形）两种。卷状的纸板，通过导向装置从机器上方进入。为便于纵向密封和防止食品与纸板切边相接触，在纸板的内接边贴上一条聚乙烯带。后者则是预制纸盒，在机器内消毒、打开灌装密封。利乐无菌包装过程示意图如图 4-6 所示。

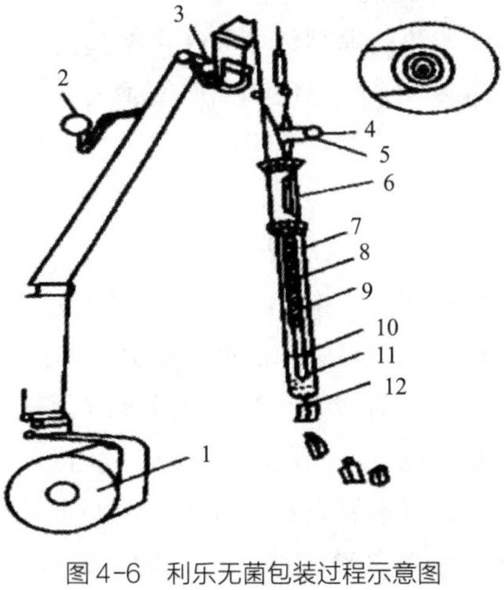

图 4-6 利乐无菌包装过程示意图

1—纸卷 2—塑料袋 3—H_2O_2 浴槽 4—无菌食品 5—无菌空气 6—纵向密封 7—加热器 8—纸筒 9—无菌空气 10—液面 11—食品出口 12—横向密封

2. 无菌灌装技术要点

该系统和杀菌冷却系统是紧密连接在一起的，与自动控制系统也是互相紧密联系的。根据物料品种、生产能力、包装形式的不同，无菌灌装机可制成多种形式。如单头的和双头的，灌装头口径可配成不同大小的，灌装头可制成固定式或升降式，灌装盒有适用于灌装小袋的，有适用于灌装大袋的，有先灌装然后将灌好的袋子装入外包装桶，也有先将空袋装入外包装桶然后再灌装的等。即使功能相同，但外形也会不同。从果蔬汁杀菌、冷却直至进入无菌灌装机灌装头，所有物料经过之处必须保证无菌。在此部位的要求比杀菌冷却系统要求更严，采取的措施要更加可靠，对水、电、汽、压缩空气的要求更高。果蔬汁自灌装进入包装袋时不可避免地要与空气接触，故此空间必须无菌。包装袋的开盖、灌装完毕后的扣盖动作也是在此无菌空间进行。长期暴露于空气中的袋口在进入此空间时立即进行专门的杀菌处理，然后才开盖灌装。当采用蒸汽杀菌时，必须设置可靠的、连续工作的冷凝水排除设施。杀菌的方式可以采用高温蒸汽杀菌，也可采用氯气杀菌。在灌足设定量后，根据产品要求，也可进行充氮。系统运行可进行程序控制，除了简单的人工辅助操作外，设备可自动完成灌装过程。操作人员可随时调出运行参数，在显示屏上显示出。运行参数可间断记录，也可连续记录，设打印装置。根据需要还可设自动称重、标签打印功能。自动控制系统连续对各监测点运行参数进行监测，且进行调节。若调节后还达不到要求，物料可通过旁路回到杀菌冷却设备中去。若参数在规定时间内不能恢复，将自动停机。条件齐备后，需重新启动。

九、芳香物质的回收

水果的芳香物质是水果在成熟过程中形成的各种挥发性芳香成分，这些成分混合在一起构成水果的芳香物质。水果主要含有下列挥发性芳香成分：萜烯（tepeme）、单价醇（monovalentalcohol）、萜烯醇（terpenacohol）、单碳酸（monocarbonicacid）、酯（ester）、醛（aldehyde）和酮（ketone）。在为数众多的水果芳香成分中，只有一部分芳香成分构成某种水果，甚至某个水果品种的特有的、典型的芳香气味，这类化合物称作“特征效应化合物”。芳香物质具有很高的感官价值和一定的生理价值，对食欲及消化系统具有很大影响，甚至还影响人的精神状态。芳香物质能够刺激食欲，促进消化系统分泌，因此也有一定的营养生理意义。另外，芳香物质又易受到光线、氧气和微量重金属的损害。水果的典型特征风味主要是由酯、醛、酮、醋酸酯、某些醇和挥发酸类物质构成的。在加工过程中，水果中的一些芳香成分会分解，甚至全部消失；有些芳香成分则被合成，产生新芳香成分。许多种水果的果皮本身就是一个制造芳香成分的“生物化学工厂”。被削下的苹果皮与未削皮的苹果比较，在室温下搁置 1d 后，芳香物质总含量会增加 5~10 倍。因此，从果皮中可以提取多种芳香成分。

芳香回收系统是在加热浓缩过程中，果蔬中部分典型的芳香成分随着水分的蒸发而逸出，从而使浓缩产品失去原有的天然、柔顺风味，故此，有必要将这些物质进行回收浓缩，加入果蔬汁中。其技术路线有两种，一是在浓缩前，首先将芳香成分分离回收，然后加到浓缩果蔬汁中；另一种是将浓缩罐中蒸发蒸汽进行分离回收，然后回加到果蔬汁中。芳香回收还须注意只有从完整、新鲜和成熟的果实、蔬菜中制取的果蔬汁，才可能回收到满意的浓缩香精。

芳香成分有 5 种提取方法：水蒸气蒸馏法、冷榨法、萃取法、吸附法和超临界流体萃取法。水蒸气蒸馏法常会造成馏分损失，且水蒸气蒸馏时，芳香成分处于高温下，易水解生成无用杂质；萃取法和吸附法在低温条件下操作可避免水解发生，但无法避免香精中溶剂残渣的存在，由于溶剂必须通过蒸馏除去，有害的热降解反应无法排除；超临界流体萃取是较为理想的提取方法，但设备昂贵，操作繁杂。

1. 萃取（extraction）

液液萃取法又称有机溶剂萃取法，是一种传统的呈香物质前处理方法。依据相似相溶的原理，通过挥发性成分在溶剂相和样品之间或溶剂相和蒸馏液之间的溶解程度不同从水溶液中提出。首先使用有机溶剂从样品中萃取待测有机物，再根据测定要求进行浓缩、净化、定容、分析。该方法可通过选择不同的有机溶剂有针对性地提取果实以及其他食品特征呈香物质。另外，在萃取过程中，可以适当加入无机盐（如 NaCl 等）改善萃取效果。

2. 蒸馏（distillation）

蒸馏就是根据液体混合物中各组分挥发性的不同使之相互分离的一种单元操作。若将混合液加热至沸腾但只令其部分汽化，则挥发性高的组分，即沸点低的组分在汽相中的浓度比在液相中的浓度要高；而挥发性低的组分，即沸点较高的组分在液相中的浓度比在汽相中的要高。同理，混合物的蒸汽部分冷凝，则冷凝液中难挥发组分的浓度要比汽相中的高，反之亦然。多次进行部分汽化或部分冷凝以后，最终可以在汽相中得到较纯的易挥发组分，而在液相中得到较纯的难挥发组分，称为精馏（rectification）。

图 4-7 为蒸发冷凝器的工作原理示意图。该装置主要由两组板式换热器组成。工作时原果汁先送入下板组的通道中，被相隔通道内的蒸汽加热蒸发，提香后的浓缩液与含芳香物质的蒸汽由下板组上部流出，利用挡板改变方向，使其流向下方，汽液进行分离，然后浓缩液由壳体底部排出；含芳香物质的蒸汽上升导入上板组的通道中，被相隔通道内的冷却水降料液温冷凝，形成芳香物质水溶液，从上板组的底部排出，而冷却水由上板组的上部排出。芳香物质水溶液，经两次蒸发冷凝，制成较纯的芳香液。

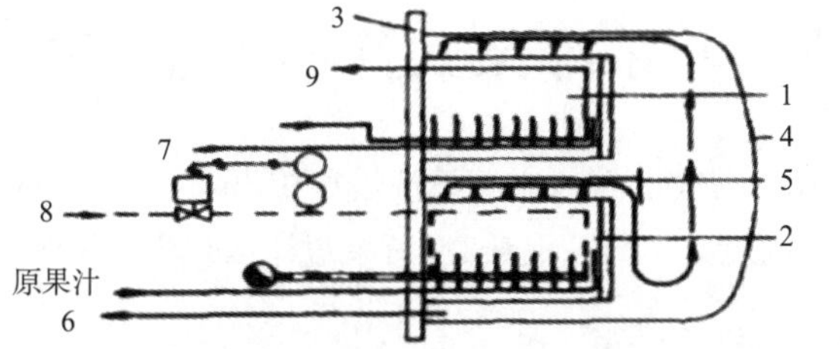

图 4-7　蒸发冷凝器的工作原理示意图

1—上板组　2—下板组　3、4—壳体　5—挡板　6—浓缩液出口
7—芳香物质水溶液出口　8—蒸汽进口　9—冷却水进口

在水果原汁芳香物质回收设备中，通常采用蒸发工艺来分离芳香物质，再在精馏塔中用连续逆流精馏工艺获得芳香物质。果汁芳香物质回收流程如图 4-8 所示。

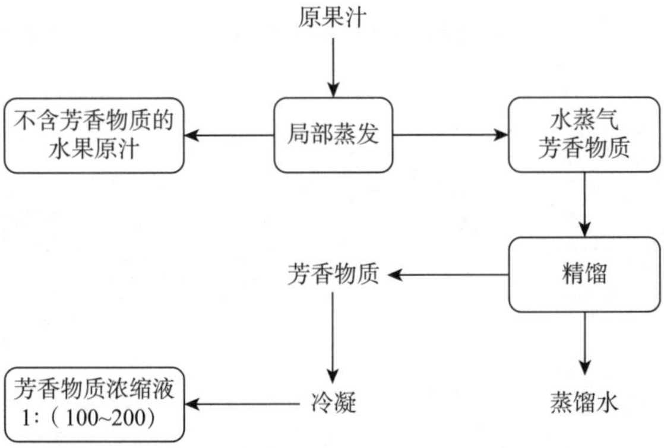

图 4-8　果汁芳香物质回收流程图

3. 超临界流体萃取技术（superitical fluid extraction，SFE）

SFE 是一种新型萃取分离技术。它利用超临界流体，将温度高于临界温度、压力高于临界压力的热力学状态的流体作为萃取剂。从液体或固体中萃取出特定成分，以达到分离目的。

在较低温度下，不断增加气体的压力时，气体会转化成液体，当压力增高时，液体的体积增大，对于某一特定的物质而言，总存在一个临界温度（T_c）和临界压力（P_c），高于临界温度和临界压力，物质不会成为液体或气体，这一点就是临界点。在临界点以上的范围内，物质状态处于气体和液体之间，这个范围之内的流体成为超临界流体（SF）。

一般用 CO_2 作萃取剂。原因如下。

① 临界温度和临界压力低（$T_c=31.1$℃，$P_c=7.38$MPa），操作条件温和，对有效成分的破坏少，因此特别适合于处理高沸点热敏性物质，如香精、香料、油脂、维生素等；

② CO_2 可看作与水相似的无毒、廉价的有机溶剂；

③ CO_2 在使用过程中稳定，无毒、不燃烧、不污染环境，且可避免产品的氧化；

④ CO_2 的萃取物中不含硝酸盐和有害的重金属，并且无有害溶剂的残留；

⑤ 在超临界 CO_2 萃取时，被萃取的物质通过降低压力，或升高温度即可析出，不必经过反复萃取操作，所以超临界 CO_2 萃取流程简单。

因此超临界 CO_2 萃取特别适合于对生物、食品、化妆品和药物等的提取和纯化。

第三节　非浓缩果蔬汁制作工艺技术要求

非浓缩还原汁（NFC）是将新鲜原果蔬清洗后压榨出果蔬汁，经杀菌后灌装（不经过浓缩或还原），完全保留果蔬的风味。NFC 混浊/澄清果蔬汁工艺流程如图 4-9、图 4-10 所示。

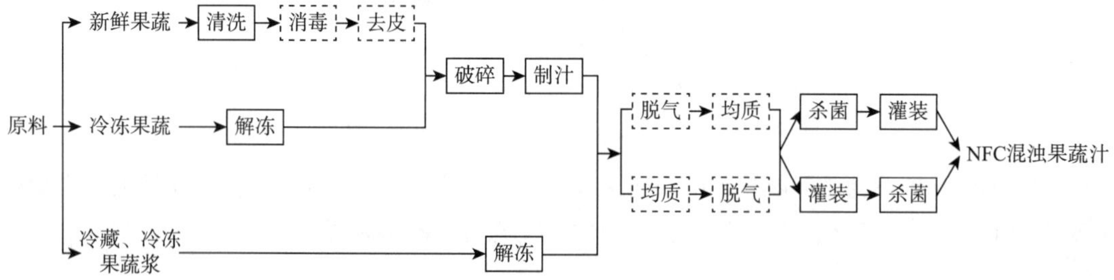

图 4-9　NFC 混浊果蔬汁工艺流程（虚线框内为可选择工艺环节）

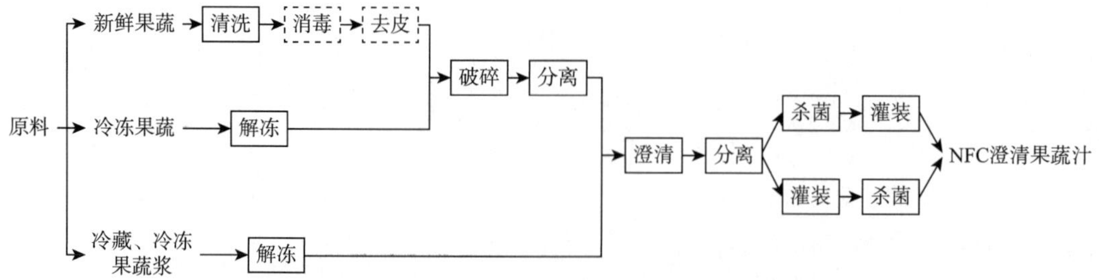

图 4-10　NFC 澄清果蔬汁工艺流程（虚线框内为可选择工艺环节）

技术要求有：将原料进行清洗，清洗用水和凡是与果蔬原料及其制品接触的水，均应符合 GB 5749—2022《生活饮用水卫生标准》。水的硬度对加工质量有很大影响。水的硬度过大，钙、镁与蛋白质等物质结合，使果蔬汁发生混浊或沉淀；镁盐如果含量过高，加工产品有苦味。水的硬度取决于水中钙盐、镁盐的含量，我国常用德国度即 CaO 含量表示水的硬度的大小，硬度 10 相当于 1L 水中含 10mg CaO。凡是硬度在 80 以下的水为软水，硬度在 80～160 的水为中度硬水，硬度在 160 以上的水为高度硬水。果蔬汁加工品均要求使用软水。

①清洗：表皮较硬的果蔬可以先刷后喷淋清洗等方法；浆果类水果、叶菜或茎菜类蔬菜可采用鼓泡清洗、振动清洗等方法。②消毒：根据原料特性可采用添加二氧化氯等方式消毒，随后进行喷淋或漂洗等环节。③去皮：根据原料特性，可去皮食用的果蔬可去皮后制汁。④解冻：对于冷冻果蔬或者冷冻果蔬原料，可采用常温、冷藏温度下的自然解冻等其他解冻方法。⑤破碎：根据原料特性可进行热破碎或者冷破碎，冷破碎可添加氮气等惰性气体。⑥制汁：果蔬进行破碎后，常温或者低温条件下进行制汁。⑦对于澄清果蔬汁产品，可采用酶解后超滤、过滤或离心等技术来澄清。⑧对于混浊果蔬汁产品需要胶体磨或者匀质机处理。⑨脱气：多用于混浊果蔬汁，需要脱气，可采用真空脱气等处理。⑩杀菌：可采用高温瞬时杀菌、巴氏杀菌或超高压杀菌等方式。⑪灌装：可采用热灌装或者冷灌装。非热杀菌 NFC 果蔬汁应采用冷灌装。超高压 NFC 果蔬汁应灌装到柔软容器。巴氏杀菌和超高压杀菌均可以采用先灌装后杀菌或者先杀菌后灌装的方式。⑫包装：包装和材料应该符合相关法规及标准的规定。⑬标签和标识：生产加工过程符合相关文件规定的果蔬汁产品可以标注非浓缩还原果蔬汁、非还原果蔬汁或 NFC 果蔬汁。⑭运输或者贮存：不应与有毒、有害、有异味和易挥发、易腐蚀的物品混存。常温贮存的产品应贮存于阴凉干燥处。

第四节　果蔬汁生产常见质量问题及处理方法

果蔬汁以色、香、味优于其他果蔬制品，深受消费者欢迎。但果蔬汁经常出现败坏、变色、变味等质量问题，如何防止这种现象的产生是生产上需要解决的问题，也是提高果蔬汁饮料品质的关键。

一、混浊与沉淀

澄清果蔬汁要求汁液清亮透明，混浊果蔬汁要求有均匀的混浊度，但果蔬汁生产后在贮藏销售期间，常达不到要求，易出现异常。例如，苹果和葡萄等澄清汁常出现混浊和沉淀，柑橘、番茄和胡萝卜等混浊汁，常发生沉淀和分层现象。

1. 澄清果蔬汁混浊与沉淀的原因

（1）加工过程中杀菌不彻底或杀菌后微生物再污染。微生物活动会产生多种代谢产物，因而导致混浊沉淀。

（2）果蔬汁中的悬浮颗粒以及易沉淀的物质未充分去除，在杀菌后贮藏期间会继续沉淀。

（3）加工用水未达到软饮料用水标准，带来混浊和沉淀的物质。

（4）金属离子与果蔬汁中的有关物质发生反应产生沉淀。

（5）调配时糖和其他物质质量差，可能会有导致混浊沉淀的杂质。

（6）香精水溶性低或用量过大，从果蔬汁中分离出来引起沉淀等。

2. 混浊果蔬汁沉淀与分层的原因

（1）果蔬汁中残留的果胶酶水解果胶，使汁液黏度下降，引起悬浮颗粒沉淀。

（2）微生物繁殖分解果胶，并产生导致沉淀的物质。

（3）加工用水中的盐类与果蔬汁中的有机酸反应，破坏体系的 pH 和电性平衡，引起胶体及悬浮物质的沉淀。

（4）香精的种类和用量不合适，引起沉淀和分层。

（5）果蔬汁中所含的果肉颗粒太大或大小不均匀，在重力的作用下沉淀。

（6）果蔬汁中的气体附着在果肉颗粒上时，使颗粒的浮力增大，引起果蔬汁分层。

（7）果蔬汁中果胶含量少，体系黏度低，果肉颗粒不能抵消自身的重力而下沉等。

3. 果蔬汁混浊、沉淀与分层的预防

果蔬汁为复杂的多分散相系统，它含有细小的果肉粒子，胶态或分子状态及离子状态的溶解物质，这些粒子是果蔬汁混浊的主要原因。由于果蔬澄清汁出现混浊和沉淀的原因是多方面的，为防止不同果蔬汁的混浊和沉淀，需要根据具体情况而定。在榨汁前后对果蔬原料或果蔬汁进行加热处理，破坏果胶酶的活力。严格均质、脱气和杀菌操作，是防止混浊果蔬汁沉淀和分层的主要措施。在加工过程严格澄清和杀菌质量，是减少果蔬汁混浊和沉淀的重要保障。

果粒果肉饮料常出现的是悬浮稳定性问题，不稳定。因此为了使其比较稳定，在工艺允许的情况下，通过均质尽量降低果肉颗粒的粒度，以降低果肉颗粒的运动速度，增加果粒果肉饮料的悬浮稳定性。但由于果肉果粒饮料要求果肉颗粒有一定粒度，因此很难完全通过改变果肉颗粒的粒度来达到增加悬浮稳定性的目的。

果粒果肉饮料生产中虽然很难使果肉颗粒密度与汁液的密度相等，但可以采取一些措施使二者的密度接近。例如，通过调整汁液的浓度来改变汁液的密度；通过对果肉颗粒进行适当的热处理，部分破坏细胞膜的半透性，增加物质的通透性，当果肉颗粒加入汁液中后，很快使两者的密度接近；在果肉颗粒加入汁液之前，可在与汁液密度和成分相同或接近的液体中进行适当时间的浸泡，以缩小果肉颗粒与汁液的密度差。

添加合适的稳定剂增加汁液的黏度。果肉颗粒要达到悬浮平衡必须有一定的汁液黏度，临界黏度的确定既要考虑果肉颗粒的悬浮平衡，又要考虑果粒果肉饮料的口感风味，否则汁液黏度高，易品尝到稳定剂的稠腻味。生产中通常使用混合稳定剂，稳定剂混合使用的稳定效果比单独使用好。如果汁液中钙离子含量丰富，则不能选用海藻酸钠、羧甲基纤维素（CMC）作稳定剂，因为钙离子可以使此类稳定剂从汁液中沉淀出来。

二、变色

果蔬汁色泽的变化比较明显，原因可分为本身所含的色素的改变、酶促褐变和非酶褐变。

1. 叶绿素变化引起的变色

果蔬汁进行加热处理时，叶绿素蛋白变性释放出叶绿素，同时细胞中的有机酸也释放出来，促使叶绿素脱镁而成为脱镁叶绿素；在果蔬汁中加酸，同样会使叶绿素变成脱镁叶绿素，而使果蔬汁的颜色消失。叶绿素受光辐射可发生光敏氧化，从而裂解为无色的产物。果蔬中存在的叶绿素水解酶可使叶绿素水解为脱叶醇基叶绿素及叶绿醇，最后被氧化成无色产物。

叶绿素只有在常温下的弱碱中稳定，在碱液中加热则分解为叶绿醇、甲醇及水溶性的叶绿酸，该酸呈鲜绿色而且较稳定。

2. 类胡萝卜素变化引起的变色

类胡萝卜素色素是包含异戊二烯共轭双键的一类色素，按结构差异可分为胡萝卜素和叶黄素。类胡萝卜素为脂溶性色素，比较稳定，耐 pH 变化，较耐热，在锌、铜、锡、铝、铁等金属存在时也不易破坏，只有强氧化剂才能使其破坏褪色，但光敏氧化作用极易使其褪色。

含类胡萝卜素的果蔬汁饮料必须采用避光包装或避光贮存。

3. 多酚类色素变化引起的变色

多酚类色素包括花青素类、花黄素类、单宁物质类，均为水溶性色素。花青素类是一类极不稳定的色素，其颜色随环境 pH 的变化而改变，易被氧化剂氧化而褪色；对光和温度也极敏感，含花青素的果蔬汁饮料在光照下或稍高的温度下会很快变为褐色，二氧化硫可以使花青素褪色或变成微黄色。花青素还可以与铜、镁、锰、铁、铝等金属离子形成络合物而变色。花黄素主要是黄酮及其衍生物，颜色自浅黄至无色，偶为鲜明橙黄色，但遇碱会变成明显的黄色，遇铁离子可变成蓝绿色。如能控制果蔬汁饮料的铁离子含量，则花黄素对果蔬汁饮料色泽的影响较小。

含多酚类色素的果蔬汁尽量低温、避光、隔氧、避免与金属接触。

4. 褐变引起的变色

在非酶褐变过程中，果蔬汁中的糖类尤其是戊糖和己糖，在高温或酸性条件下会脱水生成羟甲基糠醛，羟甲基糠醛进一步聚合形成褐色的聚合物，使其颜色加深。非酶褐变引起的变色对浅色果蔬汁饮料明显，对类胡萝卜素含量较高的柑橘汁及花青素较多的红葡萄汁等的影响较小，对浓缩果蔬汁色泽影响较大，因为褐变变化随反应物的浓度增加而加快。影响非酶褐变的因素主要是温度和 pH，温度高，酸度低，褐变加快。果实组织中的酶，在加工过程中接触空气，多酚类物质在酶的催化下氧化生成有色的醌类物质，使果蔬汁发生酶促褐变。

果蔬汁加工中应尽量降低受热程度，控制 pH 在 3.2 或以下，避免与非不锈钢的器具接触，延缓果蔬汁的非酶褐变。防酶促褐变除采用低温、低 pH 贮藏外，还可添加适量的抗坏血酸及苹果酸等抑制酶促褐变，减少果蔬汁色泽变化。

三、败坏

果蔬汁败坏常表现为表面长霉、发酵，同时产生二氧化碳、醇或醋酸而败坏。

1. 败坏原因

引起果蔬汁败坏的细菌主要是乳酸菌，除产生乳酸外，还有醋酸、丙酸、乙醇等，并产生异味。这种菌耐二氧化碳，在真空和无氧条件下繁殖生长，耐酸力强，温度低于 8℃时活动受到限制。因醋酸菌、丁酸菌等会引起苹果汁、梨汁、橘子汁等败坏，使汁液产生异味。它们能在厌氧条件下迅速繁殖，对低酸性果蔬汁具有极大的危害。

酵母菌也是引起果蔬汁败坏的重要菌类，在果蔬汁发酵中产生乙醇和大量的二氧化碳，发生胀罐现象，甚至会使容器破裂。有时可产生有机酸，分解果实中原有的酸；有时可产生酯类物质。酵母菌需氧，在低温条件下活性受到抑制。

霉菌主要侵染新鲜果蔬原料，当原料受到机械损伤后，霉菌迅速侵入造成果实腐烂，霉菌污染的原料混入后易引起加工产品的霉味。这类菌大多数都需要氧气，对二氧化碳敏感，热处理时大多数被杀死。它们在果蔬汁中破坏果胶引起果蔬汁混浊，分解原有的有机酸，产生新的异味酸类，使果蔬汁变味。

2. 预防措施

果蔬汁中所含的化学成分如碳水化合物、有机酸、含氮物质、维生素以及矿物质，均是微生物生长活动所必需的。因此在加工中必须采取各种措施尽量避免微生物的污染。

（1）采用新鲜、健全、无霉烂、无病虫害的原料取汁。

（2）注意原料取汁打浆前的洗涤消毒工作，尽量减少原料外表微生物数量。

（3）防止半成品积压，尽量缩短原料预处理时间。

（4）严格车间、设备、管道、容器、工具的清洁卫生，并严格加工工艺规程。

（5）在保证果蔬汁饮料质量的前提下，杀菌必须充分；适当降低果蔬汁的 pH，有利于提高杀菌效果等。

只有这样，才能减少微生物的污染，生产出质量较好的产品。

四、风味变化

果蔬汁的风味是感官质量重要指标。适宜的风味可以令人食欲增加。但加工贮藏过程中风味是很容易变化的。因为风味物质是热敏性成分，高温会使果蔬汁带有焦味或煮熟味。另外加工过程中酶促和非酶反应或微生物的产物会使风味发生变化。果汁加工中风味的变化主要是指果汁中的呈味物质（甜、苦、酸、涩等）的变化。过量苦味的产生是柑橘工业中的一个大问题，特别是在果汁产品中。对于葡萄柚，某些苦味是需要和期望的，但它的苦味强度常常超过许多消费者的喜爱程度。柑橘类中的主要苦味物质是柚皮苷和柠檬苦素（又称柠碱），其是影响柑橘加工产品口感和品质的重要因素。柚皮苷是一类黄酮类化合物，在果实白皮层中的含量最高，而柠檬苦素是一种三萜烯化合物，通常是柑橘类果汁中最重要的苦味来源。

可采用由节杆菌和放线菌产生的固定化酶将橙汁脱苦。酶打开 D-内酯环仅能暂时降解这个问题，D-内酯环在酸性条件下会重新闭合。然而，利用柠檬酸脱氢酶可以将这个 D-内酯环打开的化合物转变成无苦味的 17-脱氢柠檬酸 A 环内酯，这样，就可生产脱苦橙汁。也可以利用吸附（树脂）的方法将橙汁脱苦，这是生产厂家更愿意采用的方法。柚皮苷的苦味与分子的构型有关，这种分子是由鼠李糖与葡萄糖以 1→2 键合而形成的。柚皮苷酶是一种可从柑橘果胶的工业化生产过程中分离得到，也可采用黑曲霉生产得到，这种酶水解鼠李糖和葡萄糖间的 1→2 键，产生无苦味的产物。固定化酶系统也已应用于柚皮苷含量过高的葡萄柚果汁的脱苦。

总之，在原料加工成产品的整个过程中，各种物理的、化学的和微生物的因素不断地同时或交替相互作用于果蔬汁，对其品质产生影响。了解这些因素对果蔬汁的复合作用，在选择制造工艺时就可以在每一道工序中采取对抗性制约措施，一方面尽可能地减少这些因素的损害程度，尽可能地预防这些损害。另一方面还要判断哪些因素对果蔬汁质量是有利的，并且加以引导。总的来讲，在整个制造工艺中，必须尽可能地减少果蔬汁的质量损害，即尽可能地保持果蔬原料中含有的天然营养成分和各种有利于果蔬汁质量的天然化学成分。

为了保持良好的风味，应采取以下措施。

（1）如不愉快的胡萝卜怪味，大多数人不愿接受。实践中采用切片软化或者蒸煮，再用清水清洗迅速冷却、浸泡的方法，可有效地去除胡萝卜怪味。

（2）不同果蔬汁进行调配，取长补短。例如，胡萝卜汁可用红枣汁进行调配，同时加入适量砂糖、柠檬酸制成的具有浓郁枣香及胡萝卜味的混合汁。

（3）采用先进加工工艺。例如，对于柑橘类果汁在榨汁时可采用锥形榨汁机分别取汁和取油，或先磨油再榨汁，且榨汁时不要压迫种子或者过度压榨果皮，这样可以防止香精油和苦味物质进入果汁。在制出的柑橘类果汁中再加入少量经过处理的橘皮油，这样可以突出柑橘汁特有的风味。

（4）在运输贮藏过程中严格管理，注意在低温贮藏，贮藏时间不宜过长。

五、柑橘类果汁的苦味和脱苦

柑橘类果汁出现的过度苦味是柑橘加工业所面临的严重问题。中晚熟的无损伤柑橘鲜果无苦味，但被加工成果汁后，就会带上令消费者难以接受的苦味。

（一）柑橘类果汁的苦味

柑橘类水果中的苦味物质主要分为两大类。

1. 三萜系化合物

脐橙和茯苓夏橙中的主要苦味物质是被称为柠檬苦素的三萜双内酯（A 环和 D 环）化合物，它也是葡萄柚的苦味成分。在完整的水果中，并无柠檬苦素存在，但含有柠檬苦素的无苦味衍生物，该衍生物是由酶水解柠檬苦素的 D-内酯环而产生。果蔬汁提取后，酸性条件使 D-内酯环闭合形成柠檬苦素，产生滞后的苦味，同时也引起严重的经济后果。

2. 黄烷酮糖柑类化合物

柑橘类水果还含有黄烷酮糖柑类化合物，而柚皮苷是葡萄柚和苦橙中主要的黄烷酮糖。柚皮苷含量高的果汁非常苦，除非有大量柚皮苷含量低的果汁将它稀释，否则这种果汁几乎没有经济价值可言。工业上也从葡萄柚皮中回收柚皮苷，并将它用于某些食品中代替咖啡因（产生苦味）。

（二）柑橘类果汁的防止与脱苦方法

（1）用锥形榨汁机或全果榨汁机压榨时分别取油和取汁，或先行磨油再行榨汁，同时改变操作压力，不要压破种子和过分压榨果皮，以防橘皮油和苦味物质进入果汁。

（2）杀菌时控制适当的加热温度和时间。

（3）将柑橘类果汁于4℃条件下贮藏，风味变化较缓慢；如果在21~27℃下贮藏，柑橘类果汁在2~3个月后就会变味。在柑橘汁中加入少量经过除萜处理的橘皮油，以突出柑橘汁特有的风味。

（4）目前脱苦的主要方法有：代谢脱苦、吸附脱苦、酶法脱苦、固定化细胞脱苦、超临界 CO_2 脱苦、膜分离脱苦和覆盖脱苦等。酶法脱苦具有操作简单、脱苦条件温和、脱苦效率高、便于应用等优点。

① 代谢脱苦：代谢脱苦通过采摘前减少柑橘自身的代谢活动，从而减少苦味物质的含量，一般是用三乙胺衍生物来喷洒果树。

② 吸附脱苦：吸附法去除柑橘类果汁中苦味物质在商业中利用较为广泛，具备三方面的优点。第一，带入杂质少，对本身果汁中营养成分不产生干扰。第二，工艺温度低，可在室温下进行。第三，工艺处理时间短、成本较低，而且还可再生。活性物质可去除脐橙中的柠檬苦素，但是经该种方法处理后的脐橙果汁虽然苦味去除了，但是果汁的口味也发生了变化，出现了极强的硫化味。吸附剂的选择主要要求吸附剂表面积要大、与苦味物质有较强较快的吸附性、表面孔径多等特点。目前采用的吸附剂主要有活性炭、活化硅酸镁、硅胶、醋酸纤维素、

木质吸附剂和吸附树脂等。

③ 酶法脱苦：目前较为有效的脱苦方法还是酶法脱苦，其加工过程中对柑橘的风味、营养成分没有破坏，而且成本低。目前常用的固定化酶法脱苦材料有醋酸纤维素、卡拉胶、分子筛、壳聚糖和海藻酸钠，也有用戊二醛包被的蛋清来固定柚皮苷酶。市售的柚皮苷酶产品种类较多，且多是微生物产生的复合酶类。

④ 超临界 CO_2 脱苦：该种方法是将压力和温度设置到一定条件下作用于目标溶液。例如，有人尝试了将温度设置在 30~60℃，压力设置为 21~41MPa，然后对柑橘类果汁作用 4h，这种方法可以将柑橘类果汁中的柠檬苦素含量由原来的 17.5mg/L 降低至 7mg/L，而且这种方法作用后的柑橘类果汁的营养成分没有明显变化。结合脱苦效果和营养成分变化来看，超临界 CO_2 脱苦方法比较符合要求，但是它较其他脱苦方法而言，需要配备超临界高压装置，由于该装备成本偏高、操作复杂，在一定程度上限制了其广泛推广。

⑤ 膜分离脱苦：膜分离技术的关键在于分离膜，按照膜的分离原理不同，可以分为滤膜和溶解-扩散膜。前者的原理是以膜的孔径为分界，如果分子大于膜孔径则会被拦截，反之可以通过。而后者的原理则不同，其主要依靠膜对溶质分子的溶解性和扩散性。有研究表明，后种方法能在 25℃时，将溶液中的柠檬苦素含量降到原来的 1/5，但损失的营养成分却不超过 5%。由此可见，该种方法的脱苦效率比较高，而且营养成分损失也较小，效果也较为理想。但是由于膜的稳定性问题，该方法还停留在实验室研究阶段。

⑥ 覆盖脱苦：覆盖脱苦方法通过添加物质掩盖苦味。例如，苹果酸及其他一些有机酸可以覆盖苦味，也有研究表明，在水解过程中加入古柯豆胶、果胶、麦芽糊精等物质也可去除苦味。

第五节　产品实例

一、浓缩山楂汁

（一）工艺流程

1. 浓缩山楂混浊汁

原料挑选 → 清洗 → 破碎 → 加热软化、浸提 → 粗滤、分离 → 过滤 → 原料山楂混浊汁 → 真空浓缩 → 瞬时杀菌、冷却 → 无菌灌装 → 密封、冷藏 → 浓缩山楂混浊汁

2. 浓缩山楂澄清汁

原料挑选 → 清洗 → 破碎 → 加热软化、浸提 → 粗滤、分离 → 澄清（酶反应）→ 分离 → 过滤 → 原料山楂澄清汁 → 浓缩 → 瞬时杀菌、冷却 → 无菌灌装 → 密封、冷藏 → 浓缩山楂澄清汁

（二）操作要点

1. 原料要求

用于榨汁的山楂果应充分成熟、色泽红艳、新鲜。果实大小不限，但要尽可能剔除病虫及

腐烂的不合格果实。

2. 原料的清洗与破碎

用流动的净水将果实洗干净，并经过挑选除去其中的草、叶等杂物，剔除不合格的山楂果。为加速山楂汁的提取，提高出汁率，常将山楂果实压裂。压裂可使用辗式破碎机，调节两辊轮之间的距离，使果实被压成扁平状而不破碎。如果山楂果实大小不一且加工量大时，应在破碎前对果实进行大小分级，否则果实破碎程度不均影响出汁率或者压破大果的果核，使核中的不良成分进入影响汁的风味，也可以不用机械方法压裂。例如，利用浸提水与山楂果的温差，使山楂果表皮破裂，使果实中的可溶性固形物加速向浸提水中扩散。

3. 软化与酶处理

山楂果实质地紧密，汁液较少，果胶含量高，使液汁胶黏，加之果核占整果质量的15%~20%，直接用压榨法很难提取山楂汁。在浸提山楂汁前需要进行预处理，生产中常用以下两种方法。

① 加热软化：山楂果在破碎以后进行加热软化，可使细胞中的可溶性固形物容易向外扩散，同时使果肉软化、果胶质溶化，降低汁液的黏度，提高出汁率。另外，加热还可促进色素和风味物质的渗出，使果肉中的酶失去活性，稳定果汁的混浊度。加热温度一般为85~90℃，时间为15~20min。

② 酶处理：添加果胶酶是为了有效地降解果肉组织中的果胶物质，降低山楂果肉汁的黏度，便于榨汁和过滤，提高浸提率；同时破坏果胶对悬浮物的保护作用，便于汁的澄清。添加果胶酶时，首先将洗净的山楂破碎，在果肉中加适量的水，加热至45~69℃，加入果胶酶制剂充分搅拌均匀，然后在40~50℃温度下进行3~4h的酶反应。果胶酶制剂的添加量一般为果肉质量的0.01%~0.03%。

4. 山楂汁的提取

山楂汁的提取有水浸提法、压榨法、真空浸提法等。

（1）水浸提法　该法是最普遍使用的方法，又可分为几种形式。

① 一次浸提法：浸提过程一般是在浸提罐内进行的。装料量一般为罐容量的80%~85%，料水比为（1∶2.0）~（1∶2.5），浸提6~8h，放出浸提汁。一次浸提汁的可溶性固形物含量一般为4.5%~6.0%，汁中的果胶含量低，透明度好，色泽和风味均佳；但一次浸提有效成分的浸提率低。

② 多次浸提法：是对分离浸提汁后的果渣依次用相同方法再行浸提，然后将各次浸提获得的浸提汁混合。一般鲜山楂可以浸提3~4次，干山楂片甚至可以进行8次浸提。多次浸提法的果汁得率高，山楂果实中各种成分的浸提取比较彻底，但混合汁的可溶性固形物含量低，浓缩时耗能大，果汁中的维生素C及芳香物质的损失也较严重。

③ 罐组或逆流浸提法：最后一次浸提的果渣用新鲜水浸提，新鲜果或果渣都使用前一次果渣的浸提汁进行浸提。

④ 连续逆流浸提法：在浸提机内完成。在浸提机内，原料与浸提水的接触可以是逆流，也可以是十字流。山楂果实从设备的一端进入，由输送螺旋或传送带等向前输送，浸提水和果汁都从设备另一端进出。

（2）压榨法

① 凝胶压榨法：将山楂果捅核后加入一定量的水，并用破碎机破碎。由于山楂果中的果

胶含量较高，经过一定时间，破碎的山楂果肉就会凝固，形成凝胶。将凝胶搅碎，用压榨机压榨，就可获得浓度稍高的山楂汁。在榨渣中加水，经过 20~30min 后再行压榨，得到浓度较低的山楂汁，可将其加入捅核的新鲜山楂中，再用以上方法使果肉形成凝胶，可以获得浓度更高的山楂汁。

② 酶解压榨法：将洗净的山楂果实破碎，在果料内加入果料量 0.5~1 倍的沸水，搅拌均匀，在 45~50℃温度下加入果料质量 0.1%~0.3%的果胶酶制剂，并在上述温度下保持 4h 左右，用压榨机压榨，可获得含量 8%~10%的山楂汁。

（3）真空浸提法　浸提罐为真空容器，放入山楂果后，使容器内减压，利用真空破坏果实细胞壁。在生产澄清汁时，可同时加入果胶酶，在提汁的同时进行酶处理。

5. 山楂汁的澄清

山楂浸汁必须经过粗滤、离心分离、澄清、过滤等操作过程，才能获得澄清透明、质量高的山楂汁。

（1）粗滤　粗滤一般采用筛滤方法。粗滤常用不锈钢制作的平筛、回转筛或振动筛，筛网以 32~60 目（0.25~0.50mm 孔径）为宜。小规模生产可用滤布进行粗滤。

（2）离心分离　主要用于除去山楂汁中的夹杂物、沉淀物和部分果肉等固体小颗粒。最常用蝶式离心机。

（3）澄清

① 自然澄清法：将山楂汁置于密闭容器中，经长时静置，汁中的悬浮物质就会沉淀到容器底部。

② 明胶-单宁澄清法：利用单宁与明胶形成絮状沉淀物，使果汁中的悬浮颗粒被缠绕而随之下降，果汁被澄清。明胶用量要适当。明胶和单宁的添加量，需要在使用前进行澄清实验确定。

③ 加热凝聚澄清法：果汁中的胶体物质受到热的作用时会发生凝聚，形成沉淀。因此，常将山楂汁迅速加热至 80~82℃并保持 1~2min，然后迅速冷却至室温，静置。果汁的加热和冷却可以使用板式换热器进行。

④ 加酶澄清法：酶制剂用量一般为果汁质量的 0.004%~0.05%，可直接加入浸汁中，也可以加在灭菌的山楂汁内。在浸提过程中如果已在浸提液中加入果胶酶，浸提汁或压榨汁比较清澈透明；在澄清中无须加酶进行澄清。果胶酶制剂还可与明胶配合使用。例如，在山楂汁中加入酶制剂反应 20~30min 后，再加入明胶，在常温下澄清，效果会更好。

（4）过滤

山楂汁经过澄清处理后，还必须进行第二次离心分离和过滤操作，以进一步分离山楂汁中的沉淀物和悬浮物，使山楂汁清澈透明。常用的过滤设备有袋滤器、纤维过滤器、板框压滤机、真空过滤机等。主要的过滤介质有尼龙布、不锈钢丝布、纸板、硅藻土等。

6. 山楂汁的浓缩

在确定浓缩山楂汁生产工艺时，必须首先考虑成品浓缩汁的质量，使之在稀释加工果汁饮料时能保持与原果汁相近的品质，保持原果汁的色泽、口味和营养成分。混浊汁含有果胶，蒸发浓缩比较困难，宜选用搅拌模式或强制循环式的真空浓缩方法。

（1）真空浓缩法

① 离心式薄膜蒸发器：此类设备传热效率极高，蒸发强度大，器内液汁薄膜的厚度仅有

0.1mm；物料受热时间极短，在1～3s内即能完成蒸发过程；可浓缩的液汁黏度高达20Pa·s，很多品种的果汁可浓缩到85%。

② 刮板式薄膜蒸发器：液汁在浓缩过程中成薄膜状态，而且不断更新，总传热系数较高，适合于高黏度和带果肉的果汁的浓缩，不会出现结焦、结垢等现象。

③ 双效或多效降膜式蒸发器：依靠分配器使液汁在加热壁面形成薄膜，设备使用效果较好，液汁受热时间短。

（2）反渗透浓缩　山楂汁中含有较多的可溶性固形物，果汁渗透压高，一般只能进行2～2.5倍浓缩，浓缩极限约为30%的可溶性固形物含量。

（3）冻结浓缩　通过冷却和冻结，将食品中所含水分变为冰晶，分离去冰晶，从而提高溶液可溶性固形物的含量。

7. 无菌灌装、冷却

无菌灌装前面已经述及。经灌装后的产品冷至8℃以下。

二、非浓缩苹果汁制汁工艺

（一）工艺流程

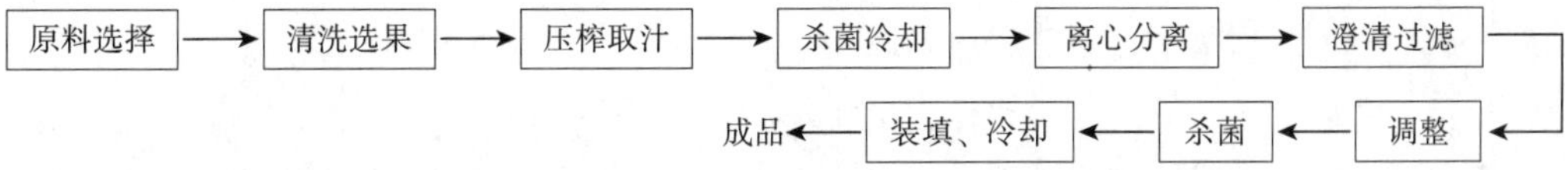

（二）操作要点

1. 原料选择

原料应选择香味浓郁、含糖量高、酸甜适口、果汁丰富、榨汁容易、不易褐变的苹果品种，以红玉、国光和富士为佳，其他品种的苹果也可以混合制作果汁。

2. 清洗选果

首先剔除腐败果及病虫害果，然后洗净附着在果实上的泥土、微生物和农药。清洗时先用溶液和1～2g/L正磷酸钠或洗涤剂混合液或盐酸溶液浸泡10min，然后清水充分洗涤，以除去表面的洗涤液。

3. 压榨取汁

洗净的果实进入苹果磨碎机或锤碎机进行破碎。锤碎机速度快，苹果受锤击而粉碎，并从底部排出。破碎颗粒的大小，可由底部带孔板的孔径大小来调节，同时可根据苹果的硬度改变锤碎机回转速度。对于过熟的苹果，往往破碎过度，造成榨汁困难。如果使用离心分离机进行榨汁，破碎后须用碎浆机进行处理，使颗粒微细，增加出汁率。生产混浊苹果汁时，苹果中的酚类会因为酚酶的作用而发生褐变，因此常添加一定的抗坏血酸溶液，用定量泵加入破碎机中，以防止褐变发生。破碎后进行压榨取汁，苹果榨汁有压榨法及离心分离法两种。榨出的果汁，应立即通过筛滤器分离出果肉浆，筛滤器使用不锈钢的回转筛或振动筛，滤网以60～100目筛为宜。

4. 离心分离

澄清苹果汁在加酶澄清之前，应先除去部分沉淀物，以提高酶作用效果，澄清后果汁容易过滤，但可造成2%～4%的果汁损失，混浊苹果汁通过离心分离，可除去多余的果肉浆。

5. 澄清过滤

通常用明胶-单宁法或加酶处理法。澄清每100L苹果汁加8～10g明胶，或加入10g/L果胶酯酶，或用10g/L聚半乳糖醛酸酶和10g/L明胶。澄清后用硅藻土过滤器过滤，即可得到清澈透亮的苹果汁，1000kg苹果汁需用1～2kg硅藻土。

6. 调整

苹果汁根据原料的糖度，添加砂糖调整后，成品糖度为12%、酸度为0.4%左右。苹果汁饮料，要求原果汁含量为50%以上，如果采用浓缩4倍的浓缩果汁时，1000kg成品中含浓缩果汁125kg、砂糖75kg、柠檬酸2kg、抗坏血酸0.5kg，并适当添加香料，成品糖度为12%、酸度为0.35%左右。

7. 杀菌、装填与冷却

采用瞬时杀菌器杀菌，装罐后迅速冷却即为成品。

思考题

1. 按照我国标准分类方法，果蔬汁可以分成哪几类？
2. 为什么果蔬汁榨汁前要进行热处理和酶处理？
3. 硅藻土过滤及反渗透过程各有什么优缺点？
4. 哪些原因会导致澄清汁混浊，如何检验？
5. 果蔬汁有哪些灌装方法，各有什么优缺点？
6. 果蔬汁澄清的方法有哪些，它们依靠什么原理？
7. 设计一种当地主要的果蔬汁生产流程。

第五章

05

果蔬干制

本章学习目标与要求

1. 掌握果蔬干制的基本原理。
2. 了解影响果蔬干制过程的因素。
3. 了解果蔬在干制过程中的各种物理变化和化学变化。
4. 掌握自然干制和人工干制的方法技术；了解人工干制各种设备的结构特点及干制原理。

水分是果蔬组织中重要的组成成分之一，其质量分数超过其他物质的总和。由于果蔬种类和品种的不同，大部分果蔬的水分含量在70%~90%。水分对果蔬的风味、品质保持起着重要作用。水分给微生物的活动、酶的作用以及发生氧化作用提供了条件，因而易引起果蔬品质的劣变。因此，对于以干燥为贮藏手段的果蔬干制品，必须充分考虑水分的影响，并通过各种方法加以控制。

果蔬干制是指在自然或人工控制的条件下促使新鲜果蔬原料水分蒸发脱除的工艺过程。

第一节　果蔬干制原理

一、果蔬中水分存在形式

新鲜果蔬中含有大量水分，一般水果中的含水量为70%~90%，蔬菜为75%~95%，各种果蔬含水量见表5-1。果蔬中的水分按其存在形式可以分为游离水、结合水和化合水三类。

表5-1　果蔬含水量　单位：%

果蔬种类	含水量	果蔬种类	含水量
苹果	83.4~90.8	马铃薯	79.8
梨	83.6~91.0	胡萝卜	87.4~89.2
桃	85.3~92.2	白萝卜	88.0~93.0
杏	89.4~89.5	大蒜头	66.6
柑橘	88.1~89.5	香椿(尖)	85.2
香蕉	75.8	芹菜	89.4~94.2
荔枝	81.9	莲藕	80.5
猕猴桃	83.4	洋葱	89.2

1. 游离水

游离水又称自由水（free water）或机械结合水，指充满在果蔬组织内毛细管中的以及附着在果蔬外表面的湿润水。果蔬中游离水含量很高，可占总含水量的65%～80%。游离水主要包括细胞内可自由流动的水分，细胞组织结构中的毛细管水分，生物细胞器、膜所阻留的滞化水。游离水借渗透和毛细管的虹吸作用可以自由地向外或向里移动，所以干制时容易蒸发排出。游离水的特点是可作为溶剂溶解糖、酸等有机物质，流动性大，能被微生物、酶和化学反应所利用。

2. 结合水

结合水（bound water）又称胶体结合水或物理化学结合水，指果蔬中亲水基团、带电粒子与水分发生水合作用，使水分子受到一定的束缚，这部分被束缚的水分称为结合水。结合水可以与蛋白质、糖类等大分子结构中的亲水性官能团（如—OH、$—NH_2$、$—CONH_2$、—COOH等）结合，形成氢键，或者与某些离子官能团产生静电引力而发生水合作用。因此，结合水的特点是在低温下不易结冰，不可作为溶剂。在干制过程中难以排除，很难被微生物、酶和化学反应所利用。

3. 化合水

化合水（compound water）又称化学结合水，是指与果蔬内非水物质结合得最牢固的并构成非水物质整体的那部分水，如乳糖、柠檬酸结晶中的结晶水。这部分水的结合力最强，性质极其稳定，不会因干制作用而变化。化合水的解离一般不应看作是干制过程。

果蔬干制过程中除去的水分主要是游离水和部分结合水。在干制过程中，最先排出的是结合力最弱的游离水，然后是部分结合力较弱的结合水，最后是结合力较强的化合水。

二、水分活度和贮藏性

（一）果蔬中水分的表示方法

根据水分在果蔬中的结构、性质和对果蔬贮藏性能的影响，一般分为水分含量和水分活度两种表示方法。

1. 水分含量（平衡水分）

在一定的干燥条件下，果蔬原料和一定温度与湿度的干燥介质相接触，当果蔬排出水分与吸收水分相等时，果蔬的含水量保持一定的数值，这一数值即为该干燥条件下此类果蔬的平衡含水量或平衡水分，一般用百分数来表示。只要干燥介质的温度、湿度不变，原料的平衡水分就是该原料可以干燥的极限。

2. 水分活度（A_w）

果蔬中的水溶液与纯水性质不同。因果蔬中多种成分的吸附，果蔬中水的蒸气压比同温度下纯水的蒸气压低，汽化后逸出的能力也降低，导致水在果蔬组织内部扩散移动能力降低。为了定量说明水分子在果蔬中受束缚的程度，通常用水分活度（A_W）表示。水分活度是指食品中水的逸度和同温度下纯水逸度之比，见式（5-1），又指溶液中能够自由运动的水分子与纯水中自由水分子之比。水分活度表示水与食品的结合程度，水分活度值越小，结合程度越高，脱水越难。

$$A_W = f/f_0 \tag{5-1}$$

式中　f——食品中水的逸度；

f_0——纯水的逸度。

因为水分逃逸的趋势通常可以近似地用水的蒸气压表示，水分活度也可以定义为食品中水的蒸气压与同温度条件下纯水的饱和蒸气压的比值。在低压或室温时，f/f_0 和 P/P_0 的差距非常小（<1%）。因此，可用 P/P_0 来定义水分活度（A_w）值，其计算如式（5-2）所示：

$$A_w = P/P_0 = ERH/100 \quad (5-2)$$

式中　P——食品中水蒸气分压，Pa；

P_0——纯水的蒸气压（相同温度下纯水的饱和蒸气压），Pa；

ERH——平衡相对湿度，即物料既不吸湿也不散湿时的大气相对湿度来定义 A_w。

水分活度的大小取决于水分含量、温度、水中溶质的浓度、食品成分、水与非水部分结合的强度。水分活度一般在 0~1，纯水的 $A_w = 1$。食品中的部分水分与非水组分紧密结合，组成非水组分整体，食品的蒸气压低于纯水的蒸气压，因此食品的水分活度一般小于 1。

（二）水分活度与保藏性

1. 低水分活度对微生物的抑制作用

在不同的水分活度下，微生物的生长发育存在明显差异。不同的微生物生长繁殖时所需要的水分活度范围不同，这取决于微生物的种类，食品中的水分活度、湿度、pH 等因素。低水分活度会抑制微生物的生命活动。表 5-2 列举了抑制微生物生长繁殖的最低 A_w。一般情况下，当水分活度降低时，最先抑制细菌生长繁殖，其次是酵母菌，然后才是霉菌。革兰氏阴性菌对水分活度的要求比革兰氏阳性菌高。绝大多数腐败细菌在水分活度低于 0.91 时就无法生长，水分活度在 0.91 以下时，食品腐败主要是由酵母菌和霉菌引起，霉菌在水分活度低至 0.8 时均能生长，当水分活度低于 0.60 时，绝大多数的微生物都无法生长。

表 5-2　抑制微生物生长繁殖的最低 A_w

微生物类群	最低 A_w	微生物类群	最低 A_w
大多数细菌	0.94~0.99	嗜热性细菌、嗜盐菌	0.75
大多数酵母菌	0.88~0.94	嗜渗透压酵母菌	0.66
大多数霉菌	0.73~0.94	嗜干燥霉菌	0.65
革兰氏阴性菌、部分细菌孢子、少数酵母菌	0.95~1.00	任何微生物都不生长	<0.60

一般把水分活度 0.70~0.75 作为微生物生长的下限值，但微生物对低水分活度的耐受性还与果蔬种类、贮藏温度和湿度等因素有关。一般而言，环境条件（如营养物质、pH、氧气、二氧化碳浓度及温度等）越差，微生物生长繁殖所需要的最低水分活度就越大，反之亦然。如金黄色葡萄球菌在正常条件下，当水分活度低于 0.86 就难以生长；若在缺氧状态下，水分活度则需大于 0.90 才能生长繁殖。

果蔬干制过程并不是杀菌过程，而是降低原料水分活度，使微生物的生命活动受到限制，进入休眠状态。一旦环境条件改变（温暖潮湿气候），果蔬物料吸湿，微生物也会恢复生命活动，引起食品变质。因此，干制过程中需加强卫生管理，减少微生物污染，并进行必要的包装，以增强干制品的贮藏性能。

2. 低水分活度对酶活力的抑制作用

酶是指由生物的活细胞产生的，具有催化活性和高度特异性的蛋白质。酶对食品成分有催化作用，使其发生降解反应，导致食品质量的稳定性下降。酶活力与很多因素有关，如温度、水分活度、pH、底物浓度等，其中水分活度的影响非常显著。水分活度降低时，酶活力也降低。果蔬干制过程中，水分减少，酶活力下降，但酶和底物的浓度同时增加，可能会加快酶促反应的发生。所以，干制前应对物料进行湿热或化学处理，使物料中的酶钝化失活，控制干制品中酶活力，降低酶对果蔬干制过程的影响。

每种酶都有一个最低水分活度，比如多酚氧化酶引起儿茶酚的褐变，反应体系的最低水分活度为0.25，即水分活度低于0.25，褐变反应不会进行。酶活动所需的最低水分活度与酶的种类有关。此外，酶的热稳定性与水分活度也有一定关系。一般情况下，酶在较高水分活度环境中更容易热失活，也就是酶在湿热条件下更容易钝化失活。当食品原料的水分含量降至1%以下时，酶活力才能完全钝化。一般，蔬菜干制后的水分活度是0.10~0.35，水果干制后的水分活度为0.60~0.65。

综上所述，水分活度是影响果蔬干制品贮藏稳定性的重要因素。降低水分活度能有效地抑制微生物的生长发育，减缓或抑制酶促反应，防止氧化作用和非酶褐变的发生，提高干制品的贮藏稳定性。

三、干制机制

干燥是干制过程中的一个关键环节，在干制过程中，果蔬水分的蒸发主要依赖于两种作用，即水分外扩散作用和内扩散作用。果蔬干制时所需除去的水分，是游离水和部分结合水。果蔬表皮的温度上升，表皮的水分吸热后蒸发，这个过程被称为水分外扩散。果蔬表面积越大、空气流动速率越快、空气相对湿度越小以及温度越高，表皮水分蒸发的速率就越快。在干燥初期主要发生的是水分外扩散作用。由于水分外扩散，造成原料表面和内部水分之间的水蒸气分压差，促使果蔬组织内部的水分在湿度梯度的作用下向外渗透扩散，以求得原料各部分的平衡，这种作用称为水分内扩散。水分的内扩散作用是借助于内、外层的湿度梯度，使水分由含水量高的部位向含水量低的部位转移。湿度梯度越大，水分内扩散的速率就越大。

由于干燥时食品各部分的温度不同，导致出现温差现象，产生了与水分内扩散方向相反的水分热扩散，其方向是从温度高处向温度低处转移，即由四周移向中央。但因干制时果蔬的内、外温差较小，热扩散作用进行得较少，水分主要还是从果蔬内部向外部转移。

水分的内扩散和外扩散是同时进行的，但在不同干燥过程的不同时期，影响干燥速率的机制不同，这与物料的结构、性质、温度等条件有关。干燥过程中，某些物料水分表面汽化的速率小于内部扩散速率，而另一些物料则情况相反，因此，速率较慢的环节是控制的关键。前一种情况称为表面汽化控制，后种情况称为内部扩散控制。

干燥时，水分的表面汽化和内部扩散同时进行，二者的速率随果蔬的种类、品种、原料的状态及干燥介质的不同而异。枣、柿子等可溶性固形物含量高、个体较大的果蔬，物料水分内部扩散速率小于表面汽化的速率，应采用内部扩散控制型干燥。这时干燥速率主要取决于水分的内部扩散。对这一类果蔬干燥时，为了加快干燥速率，必须采用如抛物线式升温的方式，对果实进行热处理，以加快物料内部水分扩散速率。如果只降低相对湿度、提高干燥温度，可能就会影响干制品的品质。特别是在干燥初期，将会导致表面汽化速率过快，水分外扩散远超过内扩散，原料表面就会因过度干燥而形成硬壳（称为硬壳现象），它的形成隔断了水分内扩散的通道，阻碍水分的继续蒸发，反而延长干燥时间。由于此时内部含水量高，蒸汽压力高，当这种压力超过果蔬所能承受的压力时，就会使组织被压破，并使结壳的原料发生开裂，汁液流失，降低干制品品质。黄花菜、苹果片和萝卜片等可溶性固形物含量低、干燥时切片薄的果蔬，物料内部水分扩散速度大于表面水分的汽化速率，可以采用表面汽化控制型干燥。这时干燥速率取决于水分的外扩散。此类果蔬内部水分扩散比较快，只要提高环境温度、降低湿度就能加快干燥速率。所以，干制时需将水分的表面汽化和内部扩散相互衔接，合理使用，才能缩短干燥时间、提高干制品质量。

四、干燥过程

按照水分干燥速率可将干燥过程分为两个阶段，即恒速干燥阶段和降速干燥阶段。在两个阶段交界点的水分称为临界水分，这是每一种原料在一定干燥条件下的特性。

果蔬干制过程中，原料的温度、绝对水分含量及干燥速率与干燥时间的关系可以利用干燥曲线、干燥速率曲线以及食品温度曲线（图 5-1）组合在一起来进行分析描述。

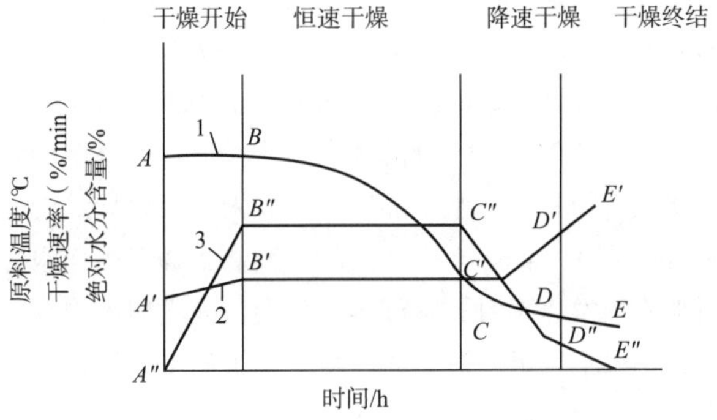

图 5-1 食品干制曲线

1—干燥曲线 2—食品温度曲线 3—干燥速率曲线

干燥曲线是干燥过程中果蔬物料的水分含量和干燥时间之间关系的曲线（图 5-1 曲线 1），说明果蔬含水量随干燥时间而变化的规律。在干燥初期很短时间内（$A \to B$），果蔬含水量基本不变，经短暂平衡后，由于游离水较高又易于挥发，所以出现直线式的快速下降（$B \to C$），当达到 C 点即临界点时，干燥速率减慢（$C \to D$），随后达到平衡水分（$D \to E$），干燥过程即停止。

食品温度曲线是表示干燥过程中果蔬温度与含水量之间关系的曲线（图 5-1 曲线 2）。干燥开始时，果蔬表面温度缓慢上升（$A' \to B'$），而后进入恒速干燥阶段温度不变（$B' \to C'$），即因加热所获得的热量全部转用于水分蒸发。在降速干燥阶段，因水分扩散的速率低于水分蒸发的速率，导致果蔬温度逐渐升至干燥介质温度（$C' \to D' \to E'$）。

干燥速率曲线是表示干燥过程中任何时间的干燥速率与该时间的果蔬绝对水分之间关系的曲线（图 5-1 曲线 3），干燥速率指单位时间内绝对水分含量降低的百分数。随着热量的传递，干燥速率很快达到最高值（$A'' \to B''$），然后进入恒速干燥阶段，即干燥速率稳定不变（$B'' \to C''$），此时水分从内部快速转移到表面，从而可以维持表面水分含量的恒定，即水分从内部转移到表面的速率大于或等于水分从表面蒸发到空气中的速率。当果蔬含水量降低到临界点时，干燥速率开始下降，进入所谓的降速干燥阶段（$C'' \to D'' \to E''$）。由于在降速干燥阶段内的干燥速率的变化与果蔬的结构、大小、水分与食品的结合形式及水分迁移的过程有关，所以不同的果蔬具有不同的干燥速率曲线。

五、影响干燥速率的因素

干制过程中，干燥速率的快慢对于干制品品质的好坏起着重要作用。干燥速率受许多因素的影响，归纳起来可分为两方面：一是干燥环境条件，如干燥介质温度、干燥介质湿度、空气流速等；二是原料自身性质和状态，如原料种类和原料干燥时的状态。

（一）干制环境条件的影响

1. 干燥介质的温度

果蔬干制多采用预热空气作为干燥介质。干燥时，热空气与湿的物料接触，将所带热量传递给被干燥物料，物料所吸收的热量使其含有的部分水分汽化，所以干燥介质的温度会下降，而此时干燥介质是空气和水蒸气的混合物。如果要加快干燥速率，应提高空气和水蒸气温度，增大干燥介质和果蔬间的温差，加快热量向果蔬传递速率，同时加快使水分外逸速率。如果以空气作为干燥介质，那么温度、湿度和空气流速要先保持平衡，此时温度变为次要因素。因为物料内水分以水蒸气状态从它表面外逸时，其表面形成饱和水蒸气层，如果不及时排出，将阻碍物料内水分的外移和蒸发，从而降低水分的蒸发速率。所以，温度的影响也将因此而降低。

如果干燥介质的温度低，物料表面水分蒸发速率就慢，就会导致干燥速率慢，干制时间延长，可能会造成干制品质量下降。如果干燥介质的温度高，物料表面水分蒸发速率快，当内部水分扩散速度小于表面水分蒸发速率时，水分蒸发就会从表面向内层深处转移。但是，果蔬干制时，特别是干制初期，一般不宜采用过高的温度。如果温度过高，会产生以下不良现象：第一，高温使果蔬组织中的汁液受热快速膨胀，致使细胞壁破裂，内容物质流失；第二，加快果蔬中的糖和其他有机物的分解或焦化，对制品的外观和风味造成损失；第三，因为果蔬含水量较高，干燥初期，由于温度梯度和湿度梯度的方向相反，阻碍水分由内向外的扩散，使外层温度继续上升，直至达到介质温度，在物料表面形成高温、低湿的情况，容易导致物料表面形成干膜或硬壳现象，进而收缩、龟裂，影响水分蒸发，降低干制品质量。因此，干制过程必须控制干燥介质的温度，选择适宜的干燥温度。

一般根据干制品的种类和性质决定具体的干燥温度，通常在40~90℃。水分多的果蔬，可以采用前期持续高温，后期适当降低温度的方法，使水分的内外扩散相适应。水分少的果蔬干燥时通常用较低的温度，相对湿度不宜过低，避免形成硬壳、龟裂和焦化现象。

2. 干燥介质的湿度

果蔬干制时，作为干燥介质的空气相对湿度越小，水分蒸发的速率就越快，而相对湿度又受到温度的影响，空气温度升高，相对湿度将减小，果蔬表面与干燥空气之间的蒸气压差越大，传热速率加快，果蔬干燥速率也越快；反之，温度降低，相对湿度就会增大，导致果蔬干燥速率减慢。在温度不变的条件下，相对湿度越低，空气饱和差越大，干燥速率越快。

干制过程中，采用升高温度与降低相对湿度的方法可以缩短干燥的时间。空气的相对湿度不仅能够影响果蔬干燥的速率，而且决定了果蔬干制品的最终含水量。因为果蔬干制后能够达到的最小含水量与干燥空气的相对湿度相对应，相对湿度越低，果蔬干制品的含水量越低。例如，红枣干制后期，分别在两个 60℃的烤房中干制，一个烤房相对湿度为 65%，红枣干制后的水分含量为 47.2%，另一个烤房相对湿度 56%，则干制后的红枣含水量为 34.1%。甘蓝干燥后期，如果相对湿度为 30%，干制品含水量为 8.0%；相对湿度为 8%~10%，干制品的含水量可达 1.6%。

3. 空气的流动速度

空气的流动速度越快，果蔬的干燥速率也越快。因为加快空气流速，可以增加干燥空气与物料接触的频率，使原料表面蒸发出的、聚集在果蔬周围的饱和水蒸气层迅速带走，并及时补充未饱和的空气，使果蔬表面与其周围干燥介质始终保持较大的温差，从而促进水分的不断蒸发。同时，促进干燥介质将所携带热量迅速传递给果蔬原料，增大对流换热系数，以维持水分蒸发所需要的温度。因此，人工干制设备中，常用鼓风的办法增大空气流速，以缩短干燥时间。

4. 大气压力和真空度

温度不变时，大气压力降低，水的沸点随之降低，水分蒸发加快，真空加热干燥即是利用这一原理，在真空室内加热干燥，可以在较低的温度条件下进行，使果蔬内的水分以沸腾形式蒸发，同时提高产品的溶解性，较好地保存营养价值，延长产品的贮藏期。对于热敏感果蔬的脱水干燥，低温加热与缩短干燥时间对制品的品质极为重要。干制条件对果蔬干燥速率的影响见表 5-3。

表 5-3 干制条件对果蔬干燥速率的影响

干制条件	恒速干燥阶段	降速干燥阶段
温度升高	干燥速率加快	干燥速率加快
相对湿度下降	干燥速率加快	无变化
空气流速加快	干燥速率加快	无变化
真空度上升	干燥速率加快	无变化

（二）原料自身性质和状态

原料自身的因素主要包括果蔬种类、预处理、装载量和装载厚度，它们对干燥速率影响也很明显。

1. 果蔬种类

不同种类的果蔬原料，由于所含各种化学成分的保水能力不同，其理化性质、组织结构也不同。即使在同样的干燥条件下，其干燥速率也不相同。一般来讲，可溶性固形物含量高、组织致密的产品干燥速率慢；反之，可溶性固形物含量低、组织疏松的产品干燥速率快。物料呈片状或小颗粒状可以加速干燥过程。因为这种状态缩短了热量向物料中心传递和水分从物料中心向外扩散的距离，从而加速了水分的扩散和蒸发，缩短了干制时间。因此，具有较大表面积的叶菜类果蔬比根菜类或块茎类果蔬易干燥。另外，果蔬表皮具有保护作用，能阻止水分的蒸发，特别是果皮组织致密，且表面包有蜡质的原料。因此，干制前必须进行适当除蜡质、去皮和分切等处理，以加速干燥过程。否则干燥时间过长，降低干制品质量。

2. 果蔬干制前的预处理

果蔬干制前的预处理包括去皮、切分、热烫、浸碱、熏硫等，对于干制均有促进作用。去皮使果蔬原料失去表皮的保护，有利于水分的蒸发。因为传热介质与果蔬的换热量及果蔬水分的蒸发量，均与果蔬的表面积成正比，所以切分后的原料比表面积（表面积与体积之比）增大，增加了果蔬与传热介质的接触面积，而且缩短了热与质的传递距离，提高了蒸发速率，缩短了干燥时间。切分得越细、越薄，所需干燥时间越短。热烫和熏硫均能改变细胞壁的透性，降低细胞持水力，使水分容易移动和蒸发。如葡萄等表面具有蜡质的果蔬，在干制前需用碱液处理去除蜡质，使干燥速率显著提高，经浸碱处理的葡萄，完成全部干燥只需 12~15d，而未经浸碱处理的则需 22~23d。

3. 原料的装载量和装载厚度

原料的装载量和装载厚度对于果蔬的干燥速率影响也很大。干燥设备的单元装载量越大，厚度越大，越不利于空气流动和水分蒸发，干燥速率越慢。干燥过程中可以随原料体积的变化，改变其厚度，干燥初期宜薄些，后期再合并，加厚料层。自然气流干燥的宜薄，鼓风干燥的可以厚些。

此外，干制设备的类型及干制工艺也是影响干燥速率的主要因素。应该根据原料的特性，选择理想的干制设备，控制合理的工艺参数，提高干制速率，保证干制品的质量。

六、果蔬干制过程中的变化

果蔬在干制过程中会产生一系列的物理变化和化学变化，主要表现在以下两个方面。

（一）物理变化

1. 体积缩小、质量减轻

体积缩小、质量减轻是果蔬干制后最明显的变化。新鲜果蔬物料在干制过程中，物料将会随着水分消失均匀地进行线性收缩，使其质量减轻、体积缩小，有利于节省包装、贮藏和运输费用，并且便于携带。例如，水果干制后的体积只有原来物料的 20%~35%，蔬菜大约只有原来物料的 10%；干制后，水果质量为鲜重的 10%~20%，蔬菜为 5%~10%。实际生产中由于温度、湿度、空气流速等干制因素的不同，物料干燥时不一定均匀干缩。因食品物料的不同，干制过程中它们的干缩也各有差异。

原料种类、品种以及干制品的含水量不同，干燥前后产品质量差异很大，用干燥率（原料鲜重与干燥成品之比）来表示原料与成品间的比例关系。一些果蔬的干燥率见表 5-4。

表 5-4　一些果蔬的干燥率

名称	干燥率	名称	干燥率
杏	(4~7.5):1	马铃薯	(5~7):1
苹果	(6~8):1	洋葱	(12~16):1
梨	(4~8):1	南瓜	(14~16):1
桃	(3.5~7):1	辣椒	(3~6):1
李	(2.5~3.5):1	甘蓝	(12~20):1
荔枝	(3.5~4):1	菠菜	(16~20):1
香蕉	(7~12):1	胡萝卜	(10~16):1
柿	(3.5~4.5):1	菜豆	(8~12):1
枣	(3~4):1	黄花菜	(5~8):1

2. 干缩和干裂

干缩是指果蔬中具有充分弹性的细胞组织在均匀而缓慢地失水时，产生均匀收缩，达到一定限度时，再也无法恢复到原来的形状。干缩的程度与果蔬种类、干燥方法及条件等有关。含水量多、组织脆嫩的果蔬干缩程度大，而含水量少、纤维质果蔬的干缩程度轻。热风干燥时，高温比低温所引起的干缩严重，缓慢干燥比快速干燥引起的干缩严重；冷冻干燥制品几乎不发生干缩。因此，用高温干燥或烫热干燥的方法后，果蔬细胞组织都会失去弹性，产生永久变形，且易于出现干裂和破碎等现象。干裂是指在高温快速干燥时，物料块片表层在中心干燥之前干硬，而中心收缩时就会脱离干硬壳膜而出现内裂、空隙和蜂窝状结构的现象。干缩和干裂是干制过程中最容易出现的问题。

3. 表面硬化

表面硬化是果蔬物料表面收缩和封闭的一种特殊现象，指干制品外表干燥而内部软湿的现象。如物料表面稳定性较高，就会因为内部水分未能及时转移至物料表面排除，而迅速形成一层干燥膜，干燥膜的渗透性很低，以至于将大部分残留水分阻隔在食品内，同时还使干燥速率急剧下降。

造成表面硬化现象（又称硬壳）主要有两种原因。一种原因是果蔬干燥时，物料表层收缩使深层受压，果蔬内部的溶质成分随水分同时穿过空隙、裂缝和毛细管，不断向表面迁移，不断积累在表面上形成结晶的硬化现象；另一种是由于果蔬的表面干燥过于强烈，水分汽化很快，因而内部水分不能及时迁移扩散到表面，而表面迅速形成一层干硬膜的现象。产品表面硬化后，内部水分移动的毛细管断裂，水分移动受阻，大部分水分封闭在产品内部，致使干制速率急剧下降，进一步干制困难。第一种现象常见于含糖或含盐多的果蔬干燥；第二种现象与干燥条件有关，是人为可控制的。如果想要获得好的干燥结果，必须控制好干燥条件，让物料温度在干燥初期低一些，保持在50~55℃，以促进内部水分较快扩散和再分配。同时，加大空气湿度，避免物料表层附近的湿度快速变化。

4. 物料内多孔性的形成

快速干燥时，物料表面硬化及其内部蒸气压的迅速建立会促使物料形成多孔性制品。膨化马铃薯、苹果、柑橘等果蔬正是利用内部大的蒸气压外逸促使其膨化。果蔬运用真空干燥会促使水分迅速蒸发并向外扩散，从而形成多孔性的产品。

目前，不少干燥技术或干燥前经预处理促使物料形成多孔性结构，加快水分的扩散，提高物料的干燥速率。不论采取何种干燥技术，多孔性食品主要的优点是能迅速复水和溶解，提高其食用的方便性，如方便面中的蔬菜包以及快餐食品等就有很好的复水性。但是，多孔性食品容易被氧化，贮藏性能较差，贮藏条件要求较高。

5. 热塑性

热塑性是指在干燥过程中，果蔬因温度升高而出现软化甚至有流动性，而冷却后会变硬的现象。糖分及果肉成分高的果蔬汁就属于这类食品，加热时更易软化变形，即热塑性强，这对于干制是十分不利的。

6. 透明度的改变

新鲜果蔬细胞间隙中的空气，在干制时受热被排除，使优质的干制品呈半透明的状态（所谓“发亮”）。果蔬组织细胞间隙存在的空气排除得越彻底，干制品的透明度越高，质量越好。因此，干制前的热烫处理，一方面可以排除果蔬细胞内的空气，减少氧化作用，改善外观，另一方面可以钝化酶的活力，增强制品的贮藏性。

（二）化学变化

果蔬干制过程中，会发生一系列的化学变化，如营养成分、色泽、风味等均会不同程度地发生变化，这些变化的程度因果蔬种类、干燥方式而异。

1. 营养成分的变化

果蔬中的主要营养成分是碳水化合物、蛋白质、维生素和矿物质等。在干制过程中，果蔬失去水分，会使单位质量干制果蔬营养成分的含量相对增加（表 5-5）。但与新鲜果蔬相比，干制品的营养价值有所下降。一般情况，糖分和维生素损失较多，矿物质和蛋白质较稳定。

表 5-5　　豌豆干制前后营养成分的比较　　单位：%

阶段	水分	蛋白质	脂肪	碳水化合物	灰分
干制前	80	7	1	11	1
干制后	5	25	3	65	2

（1）碳水化合物　碳水化合物普遍存在于果蔬中，是果蔬甜味的主要来源。其变化直接影响到果蔬干制品的质量。果蔬中含有的主要碳水化合物是葡萄糖、果糖和蔗糖。其中，葡萄糖和果糖均不稳定，受热易分解。所以，在自然干制果蔬时，由于干燥速率缓慢，酶的活力不能被很好的抑制，呼吸作用仍然要持续一段时间，从而会消耗一部分碳水化合物和其他有机物质。干制时间越长，碳水化合物的损失越多，干制品的质量越差。在人工干制果蔬时，能够快速抑制酶的活力和呼吸作用，干制时间短，可以减少碳水化合物的损失，但过高的干燥温度对碳水化合物的影响很大。碳水化合物的损失随温度的升高和时间的延长而增加，且温度过高易焦化变苦。

（2）蛋白质和脂肪　蛋白质和脂肪在果蔬中的含量较低，但对热都极其敏感。干燥过程中，果蔬中蛋白质受热变性。并且，在适宜的条件下，蛋白质和还原性糖会发生美拉德反应，降低溶解性和生物学价值，影响干制品质。含脂肪的果蔬受热容易氧化，产生异味。

（3）维生素　果蔬中含有多种维生素。在果蔬干制过程及干制品的贮藏过程中，各种维生素均有不同程度的破坏和损失。其中维生素 C 最容易被氧化破坏，其破坏程度与干制条件中的含氧量、温度和抗坏血酸酶的含量及活力大小密切相关。氧化与高温的共同作用，往往会使维生素 C 全部被破坏。维生素 C 在阳光照射和碱性环境中也不稳定，但在避光、缺氧、酸性溶液或高浓度的糖溶液中则较稳定。因此，在干制过程中原料的处理方法不同，维生素 C 的保存率也不同。

另外，其他维生素在干燥过程中也有不同程度的损失。如维生素 B_1（硫胺素）对热敏感；维生素 B_2（核黄素）对热比较稳定，但对光敏感；胡萝卜素在光照下会加快氧化反应而造成损失。

2. 色泽的变化

新鲜果蔬的色泽一般都比较鲜艳。干制会改变果蔬的物理和化学性质，其反射、散射、吸收和传递可见光的能力发生变化，使果蔬色泽发生变化。在果蔬干制过程中或干制品的贮藏中，如果原料处理不当就会变成黄色、褐色或黑色等，一般统称为褐变。根据褐变发生的原因，可将其分为酶促褐变和非酶褐变。

（1）酶促褐变　酶促褐变是指在有氧的条件下，酚酶催化果蔬中酚类物质（单宁、儿茶酚、绿原酸等）形成醌及其聚合物的反应过程。酚类物质在完整的细胞中可作为呼吸传递物质，酚-醌之间保持着动态平衡，当细胞组织被破坏后，氧气大量侵入，造成醌的形成和其还原反应之间的不平衡，于是发生了醌的积累，醌再进一步氧化聚合，就形成了褐色色素，称为黑色素或类黑精。

影响果蔬酶促褐变的主要因素有 3 个：酚类物质、酶和氧气，只要控制其中的一个，即可抑制酶促褐变。其中，单宁是大多数果蔬褐变的主要基质，其含量因原料的种类、品种及成熟度而异。就果实而言，一般未成熟的果实单宁含量远多于同品种成熟果实。不同种类的果实单宁含量不同。因此，在干制果蔬前，应选择单宁含量少且成熟度高的原料。氧化酶和过氧化酶组成的氧化酶系统也是发生酶促反应的主要原因，可以通过控制酚酶来抑制酶促褐变反应的发生。因此，干制前采用热烫或使用抑制剂处理果蔬来钝化酶的活力，抑制酶促褐变的发生。氧气也是酶促反应的必备条件，常通过隔绝氧气来防止酶促褐变，如使用亚硫酸溶液、盐水或清水浸泡。

（2）非酶褐变　凡没有酶参与反应而发生的褐变均可称为非酶褐变。这种褐变在果蔬干制过程中和干制品的贮藏中都有发生，比较难控制。非酶褐变的主要原因是果蔬中氨基酸游离氨基和还原糖的羰基作用，发生羰氨反应，生成复杂的黑色络合物。

羰氨反应引起褐变的变色程度和快慢取决于氨基酸的含量与种类、糖的种类以及温度条件。氨基酸可与含有羰基的醛类化合物和还原糖发生反应，分别形成相应的醛、氨、二氧化碳和羟基呋喃甲醛。其中，羟基呋喃甲醛与氨基酸及蛋白质化合物生成类黑色素。因此，类黑色素的形成与氨基酸含量的多少呈正相关，尤以赖氨酸、胱氨酸及苏氨酸等与糖的反应较强。糖类主要是还原糖，即具有醛基或酮基的单糖和具有醛基的二糖。不同的还原糖对褐变影响不同，对褐变影响的大小顺序是：五碳糖约为六碳糖的 10 倍；五碳糖中，核糖>阿拉伯糖>木糖；六碳糖中，半乳糖>甘露糖>葡萄糖>鼠李糖；单糖>二糖；醛糖>酮糖。类黑色素的形成与温度关系很大，提高温度能促使美拉德反应加强。美拉德反应的温度系数很高，温度上升 10℃，褐变概率增加 5~7 倍。因此，低温贮藏干制品是控制非酶褐变的有效方法。

此外，重金属也会促进褐变，按促进作用由小到大排列为：锡、铁、铅、铜。如单宁与锡长时间加热会生成玫瑰色的化合物，单宁与铁生成黑色的化合物，单宁与碱作用变黑。对原料进行硫处理可以抑制果蔬的非酶褐变，因为二氧化硫与不饱和的糖发生反应生成磺酸，可减少类黑色素的形成。

3. 风味的变化

果蔬经过干制加工，由于高温加热干燥使其挥发性的芳香物质损失，失去原有风味。在果蔬干制过程中防止风味物质损失具有一定难度。在生产中可以从干燥设备中回收或冷凝处理外逸的蒸汽，再回到干制品中，尽可能保持其原有风味。此外，还可以通过添加食品风味剂，或干燥前在液体原料中添加树胶等包埋物质，将风味物质微胶囊化，减少风味物质损失。

第二节　果蔬干制工艺与设备

一、果蔬干制工艺

果蔬原料种类繁多，干制的方法较多，干制品的品质要求也不尽相同，果蔬干制工艺流程可以简单归纳如下。

原料选择、分级 → 原料预处理 → 干制 → 包装 → 贮藏

（一）原料选择

果蔬原料品质的优劣对干制品的质量和产量影响都很大，必须对果蔬原料进行精心选择。选择合适干制的原料，既能保证干制品质量，提高出品率，又可以降低生产成本。干制时对果品的要求为：干物质含量高，纤维素含量低、风味色泽好、肉质致密、核小皮薄、成熟度适宜。对蔬菜原料的要求：肉质厚密、组织致密、粗纤维少、新鲜饱满、废弃物少。

（二）原料预处理

原料干制前的处理又称预处理，包括整理分级、清洗、去皮、去核、切分、护色等处理步骤，以灭酶护色最为重要，可以防止果蔬在干燥和贮藏过程中变色和变质。常用的灭酶方法是热烫处理、硫处理或者二者兼用。

1. 热烫处理

热烫处理是指用一定温度或者煮沸的清水，也可以用饱和蒸汽对原料进行的一种短时间的热处理过程。热烫处理主要用于钝化原料中酶的活力，是抑制酶促褐变最常用和有效的方法，是果蔬干制时的一个重要工序。

热烫的主要目的是果蔬原料经过热烫后，使氧化酶钝化，减少氧化变色现象，保持色泽、营养、风味的稳定；增加原料组织细胞透性，排除细胞组织中的空气，利于干燥，并且易于复水，恢复原状；去除原料的苦、涩、辛辣味等不良风味；杀死原料表面的微生物和寄生虫虫卵。

热烫常用的方法是热水热烫法和蒸汽热烫法，温度为90~100℃，处理3~5min即可。热烫后应迅速冷却，以防原料组织软烂，减少热力对原料的持续作用。此外，为增强护色效果，热烫时根据原料的不同添加不同的食品添加剂，如氧化钙、碳酸氢钠等。

2. 硫处理

硫处理可以有效地防止酶促褐变和非酶褐变。除葱蒜类不宜用硫处理外，其他果蔬原料均可采用此方法进行灭酶护色。

硫处理的主要目的是使多酚氧化酶钝化，减少酚类物质氧化变色；延缓棕色色素的生成，防止变色；抑制杂菌生长或杀死杂菌。

硫处理常用的方法是熏硫法和浸硫法，熏硫法是直接用气态二氧化硫处理原料，对果蔬组织中的细胞膜产生一定的破坏作用，增强其通透性，有利于干燥，对维生素C的保护作用明显。浸硫法是用一定浓度的亚硫酸或亚硫酸盐溶液浸泡原料，其优点是便于操作使用。但要注意，处理时间不能过长，一般浸没10~15min即可，防止残留超标。

3. 浸碱脱蜡

一般果蔬（如李、葡萄）表皮都有蜡质层，干制前要进行浸碱处理，以除去附着在表面上的蜡质，加速水分蒸发，提高干燥效率和产品质量。浸碱脱蜡常用的试剂有氢氧化钠、碳酸氢钠等。

（三）干制工艺条件

干制的工艺条件影响干制品的质量，不同的干制方法决定了果蔬干制的不同工艺条件。用

空气干燥时，主要的工艺条件包括空气温度、空气相对湿度、空气流速和原料的温度等；用真空干燥时，主要的工艺条件包括真空度、干燥温度等。无论选择哪种干燥方法，选择最佳工艺条件的原则：最短的干制时间、最低的能量消耗、最高的干制品质量和最易控制的工艺条件。

果蔬干制工艺条件主要由干制过程中控制干燥速率、物料临界水分和干制果蔬品质等重要参数组成。例如，以热空气为干燥介质时，空气温度、相对湿度和原料的温度是它的主要工艺条件。具体工艺条件及过程详见本节“二、干制方法与设备”部分。

（四）干制品包装

果蔬干制完成后，还需要进行一系列的处理，包括分级、回软、压块和防虫等工艺环节才能进行包装，以提高干制品的质量，延长贮藏期。

1. 包装前的处理

（1）分级　分级的目的是使成品的质量合乎规格标准，便于包装。分级工作应在固定的分级台或附有振动筛等分级设备上进行。根据品质和大小分为不同等级，剔除块、片和颗粒大小不符合标准的产品以提高其质量。筛下物另作他用，碎屑物视作损耗。大小合格的产品还要进行进一步的筛选，剔除变色、残缺或不良成品及杂质，并经磁铁吸出金属杂质。

（2）回软　回软（equilibration）又称均湿、发汗或水分平衡。因果蔬干制后，产品内、外干燥程度往往均一度不一致，造成内干外湿的现象。所以，在包装前要进行回软处理，其目的在于干制品内部与外部水分转移，使呈适宜的柔软状态，各部分的含水量均衡，便于后续处理。回软的方法是将筛选、分级处理后的干燥产品稍冷却后，立即堆积起来或放置于较大的密闭容器中，进行短暂贮藏，使水分在干制品内部及干制品之间相互扩散和重新分布。最终，达到均匀一致，水分平衡的要求。一般情况下，蔬菜干 1~3d，水果干 2~5d。回软操作一般适于菜叶类、丝、片状干制品，防止其在后期加工过程中因过于干脆而碎裂。

（3）压块　压块是将干燥后的样品进行压缩处理。干制后的果蔬，虽然质量减轻，体积收缩，但容积大，较膨松，不利于包装和运输，因此，在包装前要压块。压块后，产品体积缩小至 1/7~1/3。压块与温度、湿度和压力密切相关。在不损害产品质量的前提下，温度越高、湿度越大、压力越高，则菜干压得越紧。几种果蔬干制品压块处理的工艺条件及效果见表 5-6。

表 5-6　几种果蔬干制品压块处理的工艺条件及效果

干制品	形状	水分含量/%	温度/℃	最高压力/MPa	加压时间/s	密度/(kg/m³)		体积缩减率/%
						压块前	压块后	
甘蓝	片	3.5	65.6	15.47	3	168	961	83
马铃薯	丁	14	65.6	5.46	3	368	801	54
桃	半块	10.7	24	2.02	30	577	1169	48

压块可使用水压机、油压机或螺旋压榨机，机内都附有特制的压块模型。压块时，一般压力为 7MPa，维持 1~3min，水分含量低时要加大压力。

（4）防虫　果蔬干制品常有虫卵混杂其间，特别是自然干制的产品最易受到损害。一旦温度、湿度等条件适宜时，干制品中的虫卵就会生长，侵袭干制品，造成损失。因此，干制品防虫治虫是不容忽视的重要问题。常见的害虫有蛾类，如印度谷斑螟（*Plodia interpunctata*）、粉斑螟蛾（*Ephestia cautella*）、米扁虫（*Cathartus advena Waltl*）等；壁虱类有粗脚粉螨（*Tyroglyphus siro*）、腐酪食螨（*T. longior*）等。

防治害虫的方法可分为物理防治和化学防治。物理防治就是利用自然或人为的物理因子变化，扰乱害虫正常的生理代谢，从而达到抑制或杀死害虫的方法。常见的物理防治方法如下。

① 低温杀虫：是利用冷空气对害虫的生理代谢、体内组织产生干扰破坏，加速害虫死亡。干制品最有效的杀菌温度是-15℃，但设备条件要求相对较高，费用昂贵。生产中-8℃冷冻7~8h即可杀死60%的害虫。

② 高温杀虫：是利用自然或人为的高温作用于害虫，使其躯体结构、组织机能产生严重的干扰破坏，引起害虫死亡的方法。在不损害干制品质量的适宜高温下，一般加热几分钟，即可杀死其中隐藏的害虫。另外，日光暴晒也可杀虫。

③ 气调杀虫：是人为地改变干制品贮藏环境的气体成分含量，造成不良的生态环境来防治害虫的方法。降低环境的氧气含量，提高二氧化碳含量，可直接影响害虫的生理代谢和生命。一般氧气含量为5%~7%，1~2周内可杀死害虫。2%以下的氧气浓度杀虫效果最为理想。采用充惰性气体、抽真空包装或充二氧化碳等方法可以降低氧气浓度。当二氧化碳浓度达到60%~80%时，有明显的杀虫效果，且二氧化碳浓度越高，杀虫效果越好，杀虫时间越短。气调杀虫无毒害残留，且便于操作，是一种新的杀虫技术，具有广阔的发展前景。

④ 电离辐射杀虫：电离辐射可以引起生物有机体组织及生理过程发生各种变化，使新陈代谢和生命活动受到严重影响，从而导致机体死亡或停止生长发育。一般采用X射线、γ射线和阴极射线对果蔬材料进行辐射处理。其中γ射线杀虫效果最好，使用较多。

化学防治方法是利用有毒的化学物质直接杀灭害虫的方法。具有快速彻底、效率高的特点。既能在短时间内消灭大量害虫，又可预防害虫再次侵害，是目前应用最广泛的一种防治方法。但所用化学物质对人体毒性大，易造成污染，影响食品安全，应用时要谨慎。常用的是熏蒸药剂，如二硫化碳、二氧化硫、溴代甲烷等。

2. 干制品的包装

包装对干制品耐贮性效果影响很大，因此，要求其包装时应达到以下要求：①防潮防湿，以避免干制品吸湿回潮引起发霉、结块。②避光和隔氧。③能密封，防止外界虫、微生物及灰尘等进入。④符合食品卫生管理要求。⑤包装大小、形状和外观应有利于商品的推销，包装材料应低碳环保。

（1）包装容器　生产中常用木箱、纸箱、金属罐以及聚乙烯、聚丙烯等软包装复合材料作为包装材料。用纸箱或纸盒作为包装时，内衬有防潮纸或涂蜡纸用以防潮。金属罐是包装干制品时较为理想的容器，具有防潮、密封、防虫和牢固耐用等特点，适合果汁粉、蔬菜粉等的包装。软包装类复合材料由于能够热合密封，用于抽真空和充气包装，但降解性差，易造成环境污染。

（2）包装方法　果蔬干制品的包装方法主要有普通包装法、充气包装法和真空包装法。

普通包装法是指在正常大气压下，将经过处理和分级的干制品按一定的量装入容器中。充气包装法和真空包装法是将产品先进行充惰性气体或抽真空，然后进行包装的方法。这两种方法降低了贮藏环境中的含氧量（一般降至2%），可以防止维生素被氧化破坏，增强制品的贮藏性。真空包装和充气包装可分别在真空包装机或充气包装机上完成。

（五）干制品贮藏

合理包装的干制品受环境因素影响小，未经密封包装的干制品在不良环境条件下，容易发生变质现象。因此，良好的贮藏环境是保证干制品耐藏性的重要保证。

1. 贮藏条件

影响干制品贮藏的环境条件主要有温度、湿度、光线和空气。

（1）温度　温度对于干制品贮藏影响很大。以0~2℃贮藏效果最好，既降低了贮藏温度，同时又抑制了干制品的变质和生虫。一般不超过10~14℃，高温会导致干制品氧化变质，加速干制果蔬的褐变。所以，干制品的贮藏尽量保持较低的温度。

（2）湿度　空气湿度对未经防潮包装的干制品影响很大。贮藏环境的相对湿度最好在65%以下，空气越干越好。湿度大，干制品易吸湿返潮，特别是含糖量高的制品。一般情况下，贮藏果干的相对湿度不超过70%。

（3）光线和空气　光线和空气的存在也降低干制品的耐藏性。光线能促进色素分解，导致干制品变色并失去香味，还会造成维生素损失。空气中的氧气会引起干制品变色和维生素的破坏，可以采用包装内附除氧剂消除其危害。所以，干制品最好在避光、缺氧的环境中贮藏。

2. 贮藏方法

贮藏果蔬干制品的库房要求清洁卫生，通风良好又能密封，具有防鼠措施。切忌贮藏干制品的同时，存放潮湿物品。在贮藏库内堆放箱装干制品时，总高度以2.0~2.5m为宜，箱堆离墙壁30cm以上。对顶距离天花板至少80cm以上，保证充足的自由空间，利于空气流动。室内应预留宽1.5~1.8m的过道。库内维持一定的温度、湿度，经常检查。防止害虫和鼠类危害的发生。

二、干制方法与设备

根据干制时所使用的热量来源不同，果蔬干制方法可以分为自然干制和人工干制两种。自然干制法是利用太阳的辐射能量使物料中的水分蒸发而除去，或利用寒冷的空气使物料中的水分冻结，再通过冻融循环以除去水分。它仍是一些传统干制品干燥中常用的方法。人工干制法是利用特殊的装置来调节干燥工艺条件，使果蔬水分脱除的方法。

（一）自然干制

自然干制是在自然环境下，利用太阳辐射能量、热风等进行果蔬干制加工的方法。自然干制法可分为两种：一种是晒干或阳光干制，即原料直接受阳光暴晒；另一种是阴干或晾干，即原料在通风良好的室内、棚下以热风吹干。

晒干是选择空旷通风、地面平坦的地方，将果蔬直接置于晒盘或锡箔上直接暴晒，直至晒干为止。阴干主要是采用干燥空气使果蔬脱水的方法。我国新疆吐鲁番地区生产葡萄干常采用此法。葡萄收获时，当地气候炎热干燥，将整串葡萄挂在多孔干燥室内，利用热风作用将葡萄吹干。自然干制的设备主要是晒场或凉房，用具有晒盘等。

自然干制法简便、设备简单、费用低廉、不受场地限制，干制过程中管理粗放，也能促使尚未成熟的原料在干燥过程中进一步成熟。因此，自然干燥是许多地方常用的方法。但自然干燥缓慢，干燥时间长；受气候条件影响大，产品质量变化大；易受灰尘、杂质、昆虫等污染和鸟类、鼠类等侵袭，制品的卫生安全性较难保证。

（二）人工干制

人工干制是指人为的控制和创造干制工艺的方法，可以缩短干制时间，获得高质量的产品。与自然干制相比，人工干制的设备复杂，并且投资高，操作技术复杂，成本高。但人工干制具有自然干制无法比拟的优势。

人工干制设备应具备下列条件：具有良好的加热装置及保温设施以保证干制过程所需的较高而均匀的温度；具有完善的通风设施，可以及时排出蒸发出来的水分；具有良好的卫生条件和劳动条件，便于管理。现介绍几种生产中常用的有代表性的干制设备。

1. 烘房

烘房是一种较传统的，但目前仍然广泛使用的干制设备，适于大量生产，干制效果好，设备费用低。烘房是烟道气加热的热空气对流式干燥设备，其主要组成部分包括烘房主体结构、加热设备、通风排湿设备和装载设备。按升温方式的不同，烘房可以分为一炉一囱直火升温式烘房、一炉一囱回火升温式烘房、一炉两囱直火升温式烘房、一炉两囱回火升温式烘房、两炉两囱直火升温式烘房、两炉两囱回火升温式烘房、两炉一囱直火升温式烘房、两炉一囱回火升温式烘房和高温烤房等。实际生产中普遍应用的是两炉一囱回火升温式烘房，其优点是充分利用热能，保温性能好，烘房内温度均衡。此外，按房顶形式不同，烘房可以分为屋脊式烘房、平顶式烘房、窑洞式烘房；按烘房内烘架设置方式的不同，可分为固定烘架式烘房和活动烘架式烘房。

烘房干制不同品种的果蔬时，应采用不同的升温方式，一般可以分为以下 3 种：①干制期间，烘房温度按照“低→高→低”的方式进行温度控制，即初期为低温，中期为高温，后期为低温，直至结束。这种升温方式适于可溶性物质含量高的果蔬，或不切分的整个果蔬，如红枣、柿饼等的干制。该方式加工出来的产品质量好、成本低、成品率高。②烘房温度按照“高→低”的方式进行温度控制，即干制初期急剧升温，之后逐渐降温至烘干结束。这种升温方式适于可溶性物质含量较低的果蔬，或切成薄片、细丝的果蔬，如辣椒、苹果等。③恒温完成干制：在整个干制期间，温度维持在 55~60℃ 的恒定水平，直至烘干完成，再逐步降温。这种升温方式适于大多数果蔬的干制。其操作容易，产品质量好，但能耗高，生产成本也高一些。

2. 隧道式干燥机

隧道式干燥机（tunnel drier）是指干燥室为狭长的隧道型，原料装载在运输载车上（地面需铺设铁道），经狭长的隧道，以一定的速度向前移动，并与流动的热空气接触，进行热湿交换而进行干燥，从隧道另一端出料，完成干燥。

根据原料与干燥介质的运动方向不同，隧道式干燥机可以分为顺流式（countercurrent）、逆流式（cocurrent）和混合式（mixed flow）。

（1）顺流式干燥机　顺流式干燥机是指载车的前进方向和空气流动的方向相同。原料从隧道高温低湿的热风端进入。开始时水分蒸发很快，但随着载车的前进，湿度增大，温度降低，干燥速度逐渐减慢，有时甚至不能将干制品的水分降至最低的标准含量。这种干燥机的开始温度为 80~85℃，终点温度为 50~60℃，适于干制含水量高的蔬菜。其特点是前期干燥强烈，后期干燥缓慢，且制品最终的水分含量较高，一般高于 10%。

（2）逆流式干燥机　逆流式干燥机是指载车的前进方向和空气流动的方向相反。原料从隧道低温高湿的热风端进入，由高温低湿的一端完成干燥过程出来。开始时温度较低，为40~50℃，终点温度较高，为65~85℃。这种干燥机适于含糖量高、汁液黏厚的果实，如桃、李、杏、梅、葡萄等。但也应注意，干燥后期温度不能太高，否则容易引起硬化和焦化，如桃、杏等干制时的最高温度不能超过72℃，葡萄不宜超过65℃。其特点是前期干燥缓慢，后期干燥强烈，制品最终的水分含量较低，一般不超过5%。

（3）混合式干燥机　混合式干燥机又称对流式干燥机或中央排气式干燥机，混合式干燥机综合了上述两种干燥机的优点，克服了它们的缺点。混合式干燥机有两个鼓风机和两个加热器，分别设置在隧道的两端，热风由两端吹向中央，通过原料后，一部分热气从中部集中排出，一部分回流加热再利用（图5-2）。干制时，果蔬原料首先进入顺流隧道，用高温和风速较大的热风吹向原料，加速原料水分的蒸发。载车前进过程中，温度不断下降，湿度逐渐增加，水分蒸发减缓，利于水分内部扩散，不易发生硬壳现象，待原料大部分水分蒸干后，载车再进入逆流式隧道，温度渐高，湿度降低。因此，混合式干燥处理的原料干燥比较彻底。其优点是能够连续生产，温度、湿度易于控制，生产效率高，产品质量好。

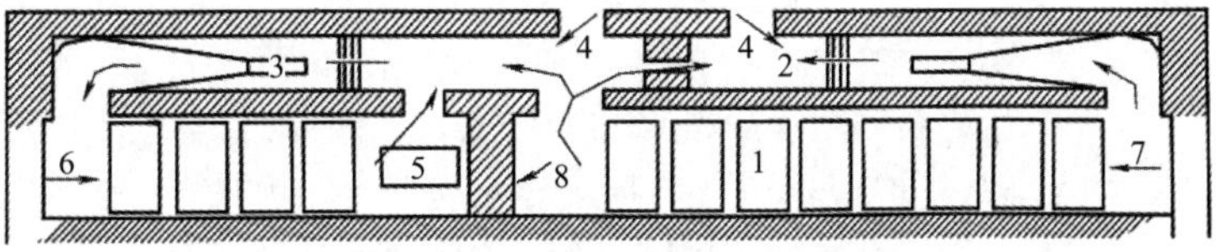

图5-2　混合式干燥机

1—运输车　2—加热器　3—电扇　4—空气入口　5—空气出口

6—新鲜品入口　7—干燥品出口　8—活动隔门

3. 带式干燥机

带式干燥机（conveyer or belt drier）是使用环带作为输送原料装置的干燥机。常用的输送带有橡胶带、帆布带、涂胶布带、钢带和钢丝网带等。将原料铺在带上，借助机械力向前转动，与干燥室干燥介质接触，排除水分，使原料干燥。当上层温度达到70℃时，将原料从顶部入口定时装入，随着传送带的转动，原料从最上层逐渐向下移动，至干燥完毕后，从最下层的一端出来。这种干燥机可用蒸汽加热，散热片装在每层传送网之间，新鲜空气由下层进入，经过加热管变成热气，使原料水分蒸发，湿气由顶部出气口排出。带式干燥机适于单品种、整季节的大规模生产。例如，胡萝卜、马铃薯、洋葱和苹果都可以在带式干燥机上进行干燥。

4. 滚筒式干燥机

滚筒式干燥机（drum drier）是由一个或两个以上表面光滑的金属滚筒构成。滚筒是加热部分，其直径20~200cm，中空并通有加热介质。这样，滚筒壁就成为被干燥产品接触的传热壁。干燥时，滚筒的一部分浸没在稠厚的浆状或泥状原料中，或者将稠厚的浆状及泥状原料洒到滚筒表面时，因滚筒的缓慢旋转使物料呈薄层状附着在滚筒外表面进行干燥。其干燥量与有效干燥面积成正比，也与转速有关，转速以每转一周使原料干燥为准。当旋转接近一周时，原料即可达到预期的干燥程度，由附带的刮料器刮下，收集起来，干燥可以连续进行。滚筒式干燥机主要用于苹果酱、甘薯泥、南瓜酱、香蕉和糊化淀粉等的干燥，但不适合热塑性物料的干燥。

5. 流化床式干燥机

流化床式干燥机（fluidized bed drier）上的流化床呈长方形或长槽形，其底部是金属丝编织的网板或多孔性陶瓷板（图 5-3）。颗粒状原料经进料口散布于多孔板上，热空气由多孔板下方吹入，流经原料，对其加热干燥。当空气的流速适宜时，干燥床上的颗粒状原料呈流化状态，即保持缓慢沸腾状，显示出与液体相似的物理特性。流化作用会把干燥物料向出口方向推移。调节出口挡板高度，即可以保持物料在干燥床停留的时间和干制品的水分含量。流化床式干燥机多用于颗粒状物料的干制，可以连续化生产，其设备简单，物料颗粒和干燥介质紧密接触，不经搅拌就能达到干燥均匀的要求。

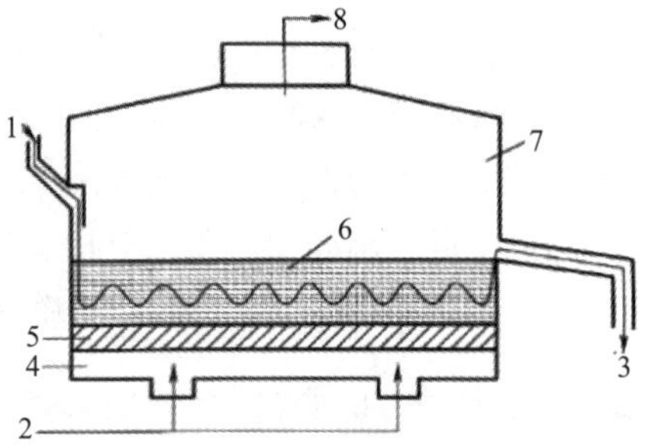

图 5-3　流化床式干燥机

1—物料出口　2—空气入口　3—出料口　4—强制通风室

5—多孔板　6—沸腾床　7—干燥室　8—排气窗

6. 喷雾式干燥机

喷雾式干燥机（spray drier）是采用雾化器将液态或浆质态的原料分散成雾状液滴，使之悬浮在热空气中进行脱水，完成干燥过程。喷雾式干燥机适于各种果蔬粉等粉体食品的生产。喷雾式干燥机的核心部件是喷雾系统和干燥系统，其中根据喷雾的原理不同，将喷雾式干燥机分为 3 种类型。

（1）气流式喷雾　气流式喷雾是采用高速气流（300m/s）从喷嘴喷出，利用高速气流与液膜之间的速度差所产生的摩擦力，将料液分离裂成雾状，所以又称双流体喷雾。其工作过程是：料液由供料泵送入喷雾器的中央喷管，形成速度较慢的流体。而高速气流从中央喷管周围的环隙中流过，在中央喷管出口处，高速气流与料液流之间存在很大的相对速度差，从而产生混合和摩擦，将料液撕裂成雾滴状而完成汽化。

（2）压力喷雾　利用高压泵对物料进行加压，当高压物料以旋转方式被强制通过喷嘴（直径为 0.5~1.5mm）时，压力转变为动能而高速喷出分散形成雾状。其工作过程是：液料在高压作用下沿导流沟槽进入旋流室进行旋转运动。因旋流室为锥形，越靠近喷嘴的位置，空间截面积越小，料液的旋流速度越快，压力越低。旋流到达喷孔时，压力降至接近或低于大气压。此时，外界空气即可从喷孔中心进入旋流室形成空气心，物料则成为围绕空气心的环状薄膜从喷孔喷出。离开喷嘴后的环状薄膜在离心力的作用下，继续张开变薄，并与空气摩擦撕裂成细丝，断裂成小液滴，最终形成雾状。

（3）离心式喷雾　离心式喷雾是指料液在高速转盘 5000~2000r/min 或线速度为 90~150m/s 中受离心力作用从盘的边缘甩出而雾化。其雾化原理是将物料送到高速旋转的圆盘后，因离心力的作用扩展成液体薄膜，从盘缘的孔眼中甩出，同时受到周围空气的摩擦而碎裂成为雾滴。离心式喷雾系统的核心是转盘，常见的转盘形式有喷枪式和圆盘式。

（三）干制新技术

1. 真空冷冻干燥

真空冷冻干燥（freeze drying or lyophilization，FD）又称冷冻升华干燥、升华干燥，简称冻干。它将物料中的水分冷冻成冰后，在真空条件下，使其直接升华变成水蒸气逸出，从而使物料脱水获得冻干制品的过程，是一种适合热敏物质的干燥方法。该方法属于物理脱水，其过程可以用水的三相平衡理解。水有固态、液态和气态 3 种存在状态，3 种状态之间可以相互转换也可以共存。当压力低于 610.5Pa 时或温度降到 0℃ 以下时，水的液态都不能存在，纯水形成的冰晶会直接升华成为水蒸气，真空冷冻干燥就是基于此原理。

真空冷冻干燥过程可以分为 3 个阶段：冷冻阶段、升华干燥阶段和解析干燥阶段。冷冻阶段是采用预先冻结的方式，将物料的水分快速冻结成冰晶，内部水分从液态变为固态得以固化；然后进入升华干燥阶段，在高度真空条件下给物料提供适当的热量使其直接升华为水蒸气；最后就是解析干燥阶段，在较高的温度下去除物料内部的结合水，从而达到果蔬干燥的目的。

真空冷冻干燥的优点是不仅能够较好地保护产品的色、香、味和营养价值，且容易复水，复水后产品接近新鲜状态。同时，产品挥发物损失少，蛋白质不易变性，体积收缩小。但这种干燥方法所需设备投资和操作费用都比较高，因而生产成本高。

2. 远红外线干燥

远红外线干燥（far-infrared radiation drying）是利用远红外线辐射元件所发出的远红外线作为热源，直接照射在物料上使其升温，将光能变成热能实现干燥。远红外线干燥的原理是利用辐射传热、匹配吸收的原理，当远红外辐射器发出的频率与物料的固有频率一致时，就会产生共振吸收，使分子的内能增加，物料内部粒子的振动加剧，从而使物料升温、水分受热汽化而达到干燥的目的。获得远红外线的方式靠发射远红外线的物质，主要有氧化钴、氧化锆、氧化铁、氧化钛等氧化物及氮化物、硼化物、硫化物等。不同物质对远红外线的吸收强弱不同，果蔬组织中各种组分对远红外线的吸收强弱也不同。果蔬内部成分对远红外辐射吸收占主导作用的是水、碳水化合物和蛋白质。

远红外线干燥的主要特点是：不需要借助介质即可对物料进行加热，加热速度快、传热效率高，干燥速率高，而且远红外线具有很强的穿透能力，使物料均匀加热，得到的干制品品质较高。远红外线干燥时间一般为热风干燥时间的 1/10 左右；干制时间被缩短，节能效果明显，有效地避免了果蔬中营养物质的损失；设备尺寸小，建设费用低。目前，已被用于果蔬干制中。

3. 微波干燥

微波干燥（microwave drying）是一种快脱水技术，利用微波发生器，将产生的频率为 300MHz~300GHz，波长为 1mm~1m 的微波辐射到干燥物料上，利用微波的穿透特性使物料内部的水等极性分子随微波的频率做同步高速旋转，使物料内部瞬时产生摩擦热，导致物料表面和内部同时升温，从物料逸出大量的水分子，达到干燥的效果。微波穿透能力较强，在全体积受热的情况下，物料不同的属性、形态及其位置都会导致受热不均匀，干燥后品质难以控制。常将微波加热作为辅助干燥方式，与其他干燥方式联合后提高干燥速率并改善产品品质。

微波干燥的主要特点是：微波穿透性强，能很快深入物质内部；具有选择性加热的特性，物料中水对微波的吸收多于其他固形物。因此水分容易蒸发，其他固形物吸收热量小，营养物质及风味不宜被破坏，而且不会产生表面过热和硬化现象。但是，在微波干燥过程中，随着物料中含水率减少，物料的介电常数变化，微波作用下大量的内部热量有可能会造成内部出现焦糊、燃烧等现象，造成干燥品品质劣化。因此，微波干燥具有容易控制和调节、干燥时间短、干燥速率快等优点。其主要缺点是加热不均匀。

4. 膨化干燥

膨化干燥（explosion puffing drying）又称加压减压膨化干燥或压力膨化干燥，其干燥系统主要由一个体积比压力罐大5~10倍的真空罐组成。果蔬原料经预处理干燥后，干燥至水分含量为15%~25%（不同果蔬原料的水分含量要求不同），然后将果蔬置于压力罐内，通过加热，使果蔬内部水分不断蒸发，罐内压力上升至40~480kPa，物料温度大于100℃，因而和大气压力下水蒸气的温度相比，它处于过热状态，随着迅速打开连接压力罐和真空罐的减压阀，由于压力瞬间降低，使物料内部水分迅速蒸发，导致果蔬表面形成均匀的蜂窝状结构。在负压状态下，维持加热脱水一段时间，直至达到所需的水分含量（3%~5%），停止加热，使加热罐冷却至外部温度时打破真空，打开盖，取出产品进行包装，即得到膨化果蔬脆片。

5. 真空油炸脱水

真空油炸脱水（vacuum frying）是利用减压条件下，物料中的水分汽化温度降低，能迅速脱水，实现在低温条件下，对产品油炸脱水。热油脂作为产品的脱水供热介质，还能起到膨化及改进产品风味的作用。真空油炸技术的关键在于原料的前处理及油炸时真空度和温度的控制，原料前处理包括清洗、切分、护色，还包括渗糖和冷冻处理。一般渗糖浓度为30%~40%，冷冻要求在-18℃左右的低温冷冻16~20h。油炸时真空度一般控制在92.0~98.7kPa，油温控制在100℃以下。

目前，市售的真空油炸水果有苹果、柿子、香蕉等；蔬菜有胡萝卜、番茄、青椒、洋葱等。因其制品较好地保留原有风味及营养，松脆可口，所以市场前景广阔。

6. 联合干燥

联合干燥是指根据物料的特性，将两种或两种以上的干燥方式优势互补，分阶段进行的一种复合干燥技术。它是热风干燥、微波干燥、真空干燥、冷冻干燥、膨化干燥和喷雾干燥等各种干燥方式相结合的产物。可以分为以下3种组合方式。

（1）结合各种干燥方法的组合干燥装置　将两种或两种以上不同的干燥设备组合起来，利用第一种干燥设备使物料的含水量降低一定程度后，再经过第二干燥器，提高干燥效果，使物料水分及其他指标达到产品要求。

（2）结合多种热过程的联合干燥装置　把真空油炸脱水干燥、冷却等过程组合起来，实现一机多用和连续化生产。

（3）结合其他加工过程的联合干燥装置　如干燥器附带搅拌机和粉碎机的联合装置，可以极大改善干燥物料流的流体力学状态，利于破碎结块和消除黏壁现象，提高干燥速率。

第三节　果蔬粉生产工艺与设备

新鲜果蔬直接加工成果蔬粉是近几年出现的一种新型加工方式。将新鲜果蔬加工成果蔬粉，其含水量低于6%，减少了因其腐烂造成的损失，而且其低含水量不易被微生物利用，同时抑制酶的活力，大大降低贮藏、运输、包装等方面的费用。果蔬制粉对原料的要求不高，可食性的皮、核均可利用，拓宽了果蔬原料的利用范围；果蔬粉具有保存和食用方便、可食性强及营养丰富等特点，保持了果蔬肉质、果蔬皮和核的营养成分，且不加任何添加剂和色素，已被用作很多食品的主料或配料，加工其他食品。

随着现代食品工业科技的发展，传统的果蔬粉生产工艺，先将果蔬干燥再粉碎的方法已经不能适应生产的需求。目前，粉碎工艺正朝着超微粉碎技术的方向发展。

一、超微粉碎技术概念与优点

超微粉碎技术是利用特殊的粉碎设备，对物料进行碾磨、冲击、剪切等，将颗粒直径在3mm以上的物料粉碎至直径为10~25μm的微细粉体，从而使产品具有界面活性，呈现出特殊的功能。美国、日本等国家出售的果味凉茶、冻干水果粉等，多是采用超微粉碎技术加工而制成的。利用超微粉碎技术生产的超微果蔬粉具有以下优点：表面吸附力及亲和力强，固香性、分散性和溶解性好；较好地保持物料原有的生物活性和营养成分，利于人体消化和吸收；原来不能吸收或利用的原料得以重新利用，提高果蔬内营养成分的利用程度，增加利用率；因空隙增加，微粉孔径中容纳一定量的二氧化碳和氮气，可以延长制品的保质期；可配置和加工其他功能食品，增加食品的种类。

二、超微粉碎方法

在工业中，生产超微粉的方法有化学法和机械法两种。化学法能得到微米级、亚微米级甚至纳米级粉体，但因为其产量低，生产成本高，应用范围窄。因此，在实际生产中常采用成本低、产量大的机械粉碎法作为制备超微粉的主要手段，并已经大规模应用于食品工业生产中。根据物料的环境介质不同，机械法可以分为干法超微粉碎和湿法超微粉碎。干法超微粉碎是将干燥后的物料通过研磨或粉碎机粉碎得到一定粒度的粗粉体，再将粗粉体使用气流粉碎、高能纳米冲击磨、球磨仪等超微粉碎设备进一步超细粉碎的过程。湿法超微粉碎通常是将液体物料通过胶体研磨、高压均质、超声波粉碎机、微流态化、高速均质等方式制备出粒小、分布均匀的具有良好表面特性的超细颗粒。根据粉碎过程中物料受力情况及机械的运动形式，机械粉碎法又可分为气流式、高频振动式、旋转球（棒）磨式和冲击式等几种。果蔬物料因含有水分、纤维素、糖等多种成分，所以粉碎工艺比较复杂，采用干式粉碎法较多。近年来，针对果蔬原料具有韧性、黏性、热敏性和纤维类物料的特性，采用深冷冻超微粉碎方法取得了较好的效果。

三、超微粉碎设备

1. 气流式超微粉碎设备

利用高速气流（300~500m/s）从压力喷嘴的喷射，使颗粒产生的剧烈碰撞、冲击、摩擦等作用实现对物料的超微粉碎。与普通机械式超微粉碎机相比，气流式超微粉碎机的产品细度更好，可达1~5μm，颗粒度更均匀，颗粒表面光滑、形状规整，具有纯度高、活性大和分散度好等特点。但该设备不适合于低熔点、热敏性物料的超微粉碎。食品工业上主要有扁平式气流磨、靶式气流磨、循环管式气流磨、对喷式气流磨和流化床对喷式气流磨等。

2. 高频振动式超微粉碎设备

高频振动式超微粉碎是利用棒形或球形磨机作高频振动而产生的冲击、摩擦、剪切等作用力来实现对物料的超微粉碎。振动磨机使用弹簧支撑磨机体，由一个附有偏心块的主轴带动而达到使其振动的效果，磨机通常是圆柱形或槽形。振动磨的效率比普通磨高 10~20 倍。其振幅为 2~6mm，频率为 1020~4500/min。

3. 旋转球（棒）磨式超微粉碎设备

旋转球（棒）磨式超微粉碎是利用研磨介质对物料的摩擦和冲击进行研磨粉碎，如球磨机、棒磨机等。常规球磨机一直是细磨的主要设备，但缺点是效率低、能耗大、加工时间长。搅拌球磨机是超微粉碎机中能量利用率最高的一种超微粉碎设备，它主要由搅拌器、筒体、传动装置及机架组成。工作时，搅拌器以一定速度运转，带动研磨介质运动，物料在研磨介质中利用摩擦和少量冲击进行破碎。

4. 冲击式超微粉碎设备

利用围绕水平轴或垂直轴高速旋转的转子上所附带的锤、叶片、棒等对物料进行撞击，并使其在转子与定子间、物料颗粒间产生高频度的强烈冲击、碰撞和剪切作用而粉碎的设备。其特点是结构简单、粉碎能力强、运转稳定性好、动力能耗低，适合于中等硬度物料粉碎。按转子的设置可以分为立式和卧式两种。该设备入料粒度 3~5mm，产品粒度为 10~40μm。

5. 胶体磨

胶体磨又称胶磨机、分散磨，主要由一个固定面和一个高速旋转面组成，两表面之间的间隙可以微调，一般为 50~150μm。物料通过空隙时，因旋转体的高速旋转，在固定体和旋转体之间形成很大的速度梯度，物料因受到强烈剪切而被破碎。其产品粒度能达到 2~50μm。我国生产的胶体磨可分为变速胶体磨、滚子胶体磨、多级胶体磨、砂轮胶体磨和卧式胶体磨等。

6. 超声波粉碎机

超声波粉碎的原理是利用超声空化效应。超声波是由超声波发射器和换能器所产生的，利用其传播时产生的疏密区，在介质的负压区产生许多空腔，这些空腔随振动的高压频率变化而膨胀、爆炸，真空爆炸时产生几千甚至几万个大气压的瞬间压力，将物料震碎。超声波粉碎机粉碎后的颗粒粒度在 4μm 以下，并且粒度分布均匀。

第四节　果蔬复合脆片加工工艺

一、果蔬复合脆片

1. 果蔬复合脆片概述

随着人们对营养健康饮食的追求，果蔬类休闲食品尤其是果蔬脆片的市场需求逐年增加。目前，果蔬脆片在现代消费者的饮食中已经变得越来越重要。传统的果蔬脆片通常由单一果蔬原料制成，如市场上常见的甘薯片、苹果片等，存在营养素不够丰富、均衡的问题。随着生活品质的提高，人们对于高营养、多元化的休闲食品需求越来越高，单一原料的果蔬脆片已经不能满足消费者需求，而市场上的复合型果蔬脆片产品种类少、生产规模小，并且大多以淀粉类、谷物粉等为主要原料，产品中的果蔬原料比例不高。因此，果蔬脆片类休闲食品的开发与研究应该多考虑营养均衡性，提高果蔬比例，以适应和满足当前消费者的需求。

2. 复合型果蔬脆片产品优点

复合型果蔬脆片是将多种果蔬原料制浆后，将果蔬浆复合调配并利用模具重新塑形，然后将混合坯料干燥加工而成的。复合型果蔬脆片增加了营养成分的多样性，提高了产品的营养价值，其优越性则表现在其既可作为休闲食品，又可以作为特殊人群或者果蔬缺乏地区的营养供应，并且便于贮运、携带方便。复合型果蔬脆片作为一种新兴产品，不仅符合国内外现代食品健康营养理念，而且市场广阔、成本低廉、携带方便，并可以为果蔬的深加工提供一条新的途径，开发前景十分乐观。

3. 果蔬复合脆片生产技术

目前，果蔬脆片生产工艺已经形成了两大成熟体系：真空油炸工艺和真空非油炸工艺。其中，非油炸工艺的种类繁多，如微波干燥、真空微波干燥、真空冷冻干燥以及变温压差膨化干燥。

二、苹果-甘薯复合脆片加工工艺

（一）工艺流程

苹果、甘薯原料 → 修整、切块 → 护色 → 蒸煮 → 打浆 → 原料复配 → 摊片 → 预干燥 → 均湿 → 变温压差膨化干燥

（二）操作要点

1. 苹果、甘薯原料

要求选择新鲜、成熟、无腐烂、无虫害、无农药污染的苹果和甘薯。

2. 修整、切块

人工去除原料不宜食用的部分，修整成有利于切块的形状。然后将原料洗净去皮后切块，大致切成 1cm×1cm×1cm 小块。

3. 蒸煮

100℃蒸煮 30min，使原料充分熟化。

4. 打浆

将熟苹果和熟甘薯分别放入打浆机中打浆，加水比例为原料总质量的 20%。

5. 原料复配

将苹果浆与甘薯浆按照 5∶5 的比例混合均匀。

6. 预干燥

将混合均匀的样品平铺在烘箱的烘盘上，在 60℃下干燥至干基含水量（20.0±2.0）%。

7. 均湿

将物料装入自封袋中并把口扎紧，置低温下均湿 24h。

8. 变温压差膨化干燥

将预干燥后的坯料放在料盘上。设置膨化温度为 85℃，停滞时间 10min，抽湿温度为 70℃，抽空时间为 1.5h。膨化后的脆片继续放在压力罐中，开冷凝水将管道中的温度降低，关

上泄压阀，将通气阀打开，待到罐中压力恢复到正常压强后开罐取出。

第五节　产品实例

一、红枣干

红枣为我国传统的干制果品，由鲜枣干制而成。它含有丰富的维生素 C、磷和糖等营养成分，为民间滋补食品。我国枣产区分布广泛，除东北严寒地区和西藏外均有栽培，尤以山东、河北、河南、山西和陕西等省为多。

（一）工艺流程

原料→除杂→热烫→晒制（或烘制）→翻动→分级→包装→贮藏

（二）操作要点

1. 原料

无论大枣、小枣均可干制。一般在枣果充分成熟、枣皮由乳黄转红色、开始失水微皱时采收。采后要剔除破损和病虫果，选择皮薄、肉厚致密、核小、糖分高的品种，用沸水热烫 5～10min，冷却后干制。

2. 晒制

红枣晒制的方法比较简单，一般都以空旷的平地或平顶房的屋顶作晒场，上铺席箔，将枣子摊在席箔上暴晒。经常翻动，以加速干燥过程。晒 5～6d，枣皮变红、发皱，再晒至枣色深红、肉色金黄或淡黄，手捏感到紧实、干爽而有弹性时为止。成品含水量 25%～28%，干燥率 3∶1。

3. 烘制

采取人工烘制红枣，可以大大提高生产效率和制品品质。将经过大、小分级和热烫处理的枣子，均匀铺于烘盘上，置于烤房或干制机里。装载量为 1～15kg/m^2（约两层红枣）。干燥初温 55℃左右，以后逐步升至 65～68℃，不超过 70℃。干燥过程相对湿度控制在 55%～80%。干燥后期，枣中的水分大部分已蒸发，干燥速度减缓，温度宜降至 55℃左右，维持 8h，使红枣逐渐干透。干燥结束后，及时摊开散热、冷却，防止积热，造成霉烂损失。

4. 其他

干制好的红枣拣出破枣、绿枣，分级、包装和保藏。

二、百香果果脯

百香果，也称巴西果、鸡蛋果、西番莲，是西番莲属中的一种多年生藤本植物。果实为卵形、硬皮、果肉为黄色的浆果，内部有黑色种子，由于其气味中含有草莓、柠檬、桃子、石榴等许多水果的香气而被称为百香果。百香果全身都是宝，除果肉富含多种维生素、有机酸等营养成分，果皮中也含有大量的花青素、黄酮等营养物质，具有美容养颜、化痰止咳、增强人体免疫力、延缓衰老、抗高血压的功效，深受人们青睐。

（一）工艺流程

挑选新鲜百香果 → 清洗 → 切瓣 → 取汁 → 预煮 → 分离外壳 → 糖煮 → 渗糖 → 烘烤 → 包装 → 成品

（二）操作要点

1. 挑选新鲜百香果

选用成熟、果皮新鲜、色泽光滑、无霉烂、无虫叮咬的黄色百香果。

2. 清洗

用自来水洗涤，除去表面的泥沙、杂质、农药。

3. 切瓣、取汁

将洗涤好的百香果从中间切成两瓣，人工挖去果肉后，将果皮清洗干净。

4. 预煮

将清洗干净的百香果皮、柠檬酸、白砂糖置于清水中煮制一定时间。

5. 分离外壳

将果皮内层的囊膜去除，保留果皮外壳。

6. 糖煮

将百香果果皮在60℃下糖煮一段时间，在煮制过程中用不锈钢勺轻轻搅拌，防止糖煮不均匀，同时加入一定量5g/L柠檬酸，确保柠檬酸能够均匀溶解在糖液中，并渗透到果皮中。

7. 渗糖

将糖煮后的百香果果皮放在该糖液中渗透一定时间。

8. 烘烤

将渗糖后的果皮置于60℃恒温鼓风干燥箱中，烘烤一定时间，为了使百香果果皮均匀烘干，在干燥过程中要隔段时间旋转烤盘，确保烤盘每个位置均匀受热。

9. 包装

将烘干后的百香果果脯置于无菌操作间，采用真空包装将产品包装起来，以防止回潮、滋生细菌。

三、胡萝卜脆片

（一）工艺流程

胡萝卜挑选 → 清洗 → 去皮 → 切片 → 预煮 → 脱水 → 真空油炸 → 脱油、冷却 → 称重 → 包装 → 成品

（二）操作要点

1. 胡萝卜挑选

选择红橙色鲜艳、表面光滑、纹理有致、不萎缩的胡萝卜，并剔除霉烂及受病虫害的残

次品。

2. 清洗

以洗净胡萝卜表皮的泥沙及原料中夹带的菜叶等杂质为目的，清洗时可采用配有喷淋水的冲刷机械。

3. 去皮

采用化学去皮为主，以机械去皮为辅的工艺。用100g/L氢氧化钠碱液，在不低于95℃的温度下浸泡13min后，立即用流动的清水过水2~3次冲洗，以洗掉被碱液腐蚀掉的表皮组织及残留的碱液。大多数胡萝卜表皮生有环状沟痕，经碱液去皮处理后，沟痕处往往会出现去皮的不良现象，因此，还需要用去皮机进行处理。

4. 切片

把去皮后的胡萝卜放入切片机，切成2~4mm的薄片。

5. 预煮

在夹层锅中用10~25g/L食盐水煮沸5~10min，沥干。

6. 脱水

将预煮沥干水的胡萝卜片摆在烘盘上，送入烘箱，在65~70℃烘至含水量达到5%~10%。如用真空冷冻干燥，则效果更佳。

7. 真空油炸

将脱水的胡萝卜片放入真空油炸机进行油炸，真空度可控制在0.08MPa，油温控制在80~85℃，油炸时间可依据胡萝卜品种、质地、油炸温度、真空度而定。具体通过油炸机的观察孔看到胡萝卜片上的泡沫全部消失，此时含油量在35%~40%。

8. 脱油

采用离心机除去胡萝卜中多余油分。如果采用真空离心脱油，则会使含油量达20%以下，这样，更容易为消费者所接受，而且可以延长货架期。

9. 冷却

油炸后胡萝卜脆片可用冷风机冷却。

10. 称重、包装

把上述制好的胡萝卜脆片中的碎片清除，按大小、色泽分级，称重，然后采用真空或氮气包装，即为成品。

四、柿干

柿干是用鲜柿经护色处理，然后烘干而成的干制品。其色泽、风味和透明度较好。成品柿干为杏黄色、半透亮，外表十分诱人。

（一）工艺流程

选果 → 去蒂、去皮、去萼片 → 护色处理 → 烘干 → 回软 → 涂膜 → 包装

（二）操作要点

1. 选果

选个头中等、立桩或扁圆形、沟纹少、质地坚硬、致密、含糖量高、种子少（最好没有

籽）的品种。宜选用 50g 左右的柿果，过大的果实要适当切分。

2. 去蒂、去皮、去萼片

先将柿果清洗干净后，晾干，然后用不锈钢刀去萼片，剪短果柄。以手工去皮为最好，并要求修整干净，不留残皮，去皮要薄而匀，以提高美观和出品率。

3. 护色处理

将削净皮的柿果立即投入 10g/L 食盐与 92g/L 柠檬酸的混合液中，然后，再浸于 5g/L 亚硫酸氢钠溶液中 30min，捞出后进行烘干。

4. 烘干

将经过护色处理过的果实排列在烘盘内，送入烘房烘干。温度控制在 60℃左右，时间控制在 36h 左右，注意排湿通风，至果肉含水量达 25%为止。当干燥至果面皱缩时，进行揉捏、整形，使果实厚薄一致，形状整齐。

5. 回软

将烘干的柿果于通风处晾半天再装入塑料袋中，密封放在阴凉处 3~5d 进行回软，使果实内部水分均匀一致。

6. 涂膜

在柿干表面均匀涂布一层 2g/L 果胶溶液，保持柿干表面金黄透亮，防止在贮藏中吸水返潮出霜。涂膜后再烘干 2h，以表面不黏手为止。

7. 包装

涂膜烘干后，可按 500g/袋（盒）包装，密封，而后置于冷凉仓库中贮存。

思考题

1. 果蔬干制保藏的理论依据是什么？
2. “壳化”是怎么形成的？防止“壳化”的措施是什么？
3. 如何防止干制品褐变？
4. 贮藏果蔬干制品应控制哪些因素？
5. 影响果蔬干制快慢的主要因素是什么？
6. 什么是冷冻干燥？控制冷冻干燥速率的因素是什么？

第六章

06

果蔬速冻

本章学习目标与要求

1. 理解和掌握速冻贮藏的基本原理。
2. 理解冷冻对微生物、酶及果蔬组织结构的影响。
3. 掌握食品冷却和冷冻的传统方法及新型方法。
4. 掌握食品冻藏工艺条件的控制。

第一节　果蔬速冻原理

一、冷冻过程

速冻，即快速散热降温，同时液态水形成冰晶的过程。首先是水由初始温度降至冰点，再由液态变为固态而冻结，然后继续散热使温度下降到一定的范围。因此，食品冻结温度的下降可分为3个阶段。第一阶段，食品的温度从初温迅速降至冻结点，放出热量是显热，此热量与全部放出热量相比较小，故降温较快。第二阶段是食品内部冰晶体的生成。这阶段的温度在-5～-1℃，食品内部大部分水分冻结成冰，同时放出相变热，故温度下降缓慢，特别是对肉制品而言，在此温度带内，内部80%以上水分都冻结成冰，因此称此温度带为最大冰晶生成带。通过最大冰晶生成带时间越长，生成的冰晶体越大且分布不均，食品损伤越严重。因此，在进行冷冻操作中，要加快冻结的速度，快速通过最大冰晶生成带。第三阶段为食品温度继续下降冻结到规定的最终温度，食品内部残留的水继续冻结，同时已结的冰进一步降温。在这一阶段中，开始时温度下降比较迅速，以后随着食品与周围介质之间的温差的缩小，降温速度不断变慢。

二、冰点及晶体形成

冰点，是指水的凝固点，即水由液态变为固态的温度。在标准大气压下温度0℃为纯水的冰点，冰点的大小和水的杂质有关，但是有杂质的水不能算标准的冰点。食品中的水分呈溶液状态，内含许多有机物质，它的冰点比纯水低，且溶液浓度越高，冰点越低。果蔬的冻结点与其可溶性固形物的含量呈负相关，随可溶性固形物含量的增加而降低，一般为-4～-1℃。游离水易结冰，结合水不易结冰，即使小于-15℃有时也以过冷水形式存在，结冰对产品质量不利，因此，游离水越少，冻藏食品的质量越好。

组织内水分的结晶包括两个过程，即晶核的形成和晶体的增长。晶核只有在某种过冷条件下才能发生。晶核形成后，随着温度的下降，周围的水分子就不断地有规律地结合到晶核上面，使晶核增大，当所有能结晶的水分子全部结晶，便形成了冰晶体。在很低的介质温度条件下，果蔬原料迅速通过其冰点，在短时间内水分生成大量冰晶，造成原料剩余汁液中可溶性固形物含量的上升和冰点的持续下降，表现出更低的冻结点。大多数果蔬的冰点在-1℃左右，最大冰晶生成带在-5～-1℃，且冻结过程具有明显的3个阶段（快→慢→快）。但仍有很多果蔬的冰点远低于-1℃，最大冰晶生成带也远低于-5～-1℃这个温度区域，如荔枝、龙眼等。对于这类果蔬，-5～-1℃最大冰晶生成带的观点并不适用，而且它们的最大冰晶生成带的下限可能低于-18℃，要严格达到速冻的要求则在速冻过程中应尽可能地加快通过最大冰晶生成带和增加冻结速度。几种果蔬的冻结参数见表6-1。

表6-1　几种果蔬的冻结参数

果蔬种类	冻结温度/℃	冻结点/℃	过冷点/℃	最大冰晶生成带/℃	通过最大冰晶生成带的时间/min
芋头	-80	-1.7	-2.8	-15～-1.7	22
牛肝菌	-80	-1.1	-1.7	-5～-1	≤10
香菇	-40	-1.5	-1.6	-7.4～-1.6	24
子姜	-40	-1.8	-1.9	-9.0～-1.8	25
荔枝	-35	-3.3	-3.5	-15～-3	49
龙眼	-40	-2.8	-3.2	-14～-2	35
板栗	-35	-2.8	-3.4	-15～-2.8	35

1. 速冻

在速冻条件下，果蔬降温速度快，水分尚未重新分布到果蔬整体。这时，组织内的热量迅速向外扩散，细胞内的温度会迅速下降，使得果蔬细胞内、外同时达到形成晶核的温度条件，在细胞内、外广泛形成晶核。水分在许多晶核上结合，形成的晶体小而多，冰晶均匀分布，分布接近于天然果蔬中液态水的分布情况。由于晶体在细胞内、外广泛分布，数量多而小，细胞受到压力均匀，基本不会伤害细胞组织，解冻后产品容易恢复到原来状态，流汁量极少或不流汁，能够在最大程度上保持果蔬原有的质量。

2. 缓冻

果蔬在缓冻条件下，降温速度较慢，水分重新分布到果蔬的整体。细胞内大量水分从细胞间隙外逸，细胞内的浓度也因此而增加。细胞内、外难以同时达到形成晶核的条件，通常在细胞间隙首先出现晶核，且晶核数量较少。水分在少数晶核上结合，形成的晶体较大，且数量较少。随着冰点的进一步下降，水分外逸量又会再次增加。由于较大的晶体主要分布在细胞间隙中，致使细胞内、外受到压力不均匀，易造成细胞机械损伤和破裂，破坏了食品组织复原性。解冻后，果蔬流汁现象严重，质地软烂，质量严重下降。

但当冻结速度超过一定极限时，冻结速度与因热应力引起食品的低温断裂呈正相关。冻结速度越快，低温断裂越严重，果蔬的品质劣变也更严重。值得注意的是，在果蔬冻结过程中，果蔬物料细胞结构的破坏主要由冻结的第一阶段和第二个阶段造成。第一阶段主要是冰晶对细胞结构造成的机械损伤；第二阶段则是因为冻结速度过快，果蔬体系因温度梯度引起的热应力造成断裂（宏观断裂和微观上细胞结构的破坏）。低温断裂会引起果蔬组织内酶活力的上升，并导致解冻后汁液流失率的增加。

三、低温对微生物的影响

1. 低温与微生物之间的关系

果蔬中的微生物都有其适宜的生长繁殖温度范围，这主要是由于微生物的主要功能包括繁殖和生长都建立在复杂的生化反应基础上，而反应速度随温度降低而减慢，因此任何微生物都有一定的正常生长和繁殖的温度范围。当环境温度低于最适宜的温度时，微生物的活力受到抑制，当环境温度达到其生长的临界温度时，微生物的新陈代谢会减弱并呈休眠状态，当环境温度低于其生长的临界温度时，微生物的生命活动就会受到威胁，甚至出现死亡的现象。

根据适宜生长温度范围可将微生物分为 3 大类：嗜热菌、嗜温菌和嗜冷菌。大多数食物的致病性微生物和粪便污染性菌都属于嗜温菌类。能在冷藏环境中生长繁殖的微生物菌落，大多数属于嗜冷菌类，它们在 0℃以下环境中还具有响应的活性，主要受蛋白水解酶、脂解酶和醇类发酵酶等的催化作用影响。因此为了更好地抑制微生物的生长，常常还需要搭配其他的抑制方式。鉴于大多数动物性食品（肉、禽、鱼）的嗜冷菌主要是好氧性微生物，通过对食品加以包装或在厌氧条件下冷却贮存（装满包装袋、空隙部分抽真空或充二氧化碳、氮气等惰性气体）的方式，可显著地延长动物性食品的贮藏期。同时，大多数蔬菜中的嗜冷菌为细菌和霉菌，而水果上主要的嗜冷菌是霉菌和酵母菌，且许多嗜冷菌和嗜温菌的最低生长温度低于 0℃，有的可达-8℃（表 6-2）。因此，贮藏温度的降低，可有效抑制果蔬上微生物的生长，且贮藏温度越接近最低生长温度，微生物生长延缓的程度就越明显。

表 6-2　一些微生物的最低生长温度　单位：℃

菌名	最低生长温度	菌名	最低生长温度
灰绿曲菌	5	黑根霉	5
黑曲菌	10	乳酸杆菌	-4
大毛霉	-2	肉毒梭状芽孢杆菌	10 左右
灰绿青霉	-5	大肠杆菌	2 ~5

当温度低于微生物最低生长温度后，持续降温可能导致微生物死亡，不过微生物在低温环境下的死亡速率比高温环境要缓慢得多，因为微生物对低温抵抗能力较强（表 6-3）。低于生长最低温度一般只能抑制其生长，很少有杀死作用。例如，酵母菌细胞可在-130℃下经 24h 不死亡，细菌芽孢和霉菌孢子可在-190℃下存活半年。因此，根据微生物对低温的抵抗能力，在实践中常用低温保存菌种。

表 6-3　不同温度和贮藏期的冻鱼中的细菌残留率　单位：%

贮藏期/d	各温度下细菌残留率		
	-18℃	-15℃	-10℃
115	50.7	16.8	6.1
178	61.0	10.4	3.6
192	57.4	3.9	2.1
200	55.0	10.0	2.1
220	53.2	8.2	2.5

2. 低温导致微生物死亡的原因

当贮藏温度在冰点或冰点以上时，部分能适应低温的微生物仍具有一定的生长繁殖的能力（表 6-4）。由于各种微生物生物学特性的差异，温度对于各种微生物生长的影响程度是不同的。冻结温度对微生物的杀伤性很大，尤其是-5～-2℃的温度范围对微生物的伤害最大，在这个温度范围内微生物的生理活动将会受到抑制，甚至诱导微生物的死亡。

表 6-4　牡蛎在贮藏过程中细菌数的变化　单位：个/mL

贮藏期/d	各温度下的细菌数		
	5℃	0℃	-5℃
0	1600	1600	1600
6	6600	3600	3400
17	66500	4100	2100
24	1660000	8900	1800

（1）冷却速度　在冻结温度以上时，冷却速度越快，微生物细胞内新陈代谢所需要的各种生化反应的协调一致性被迅速破坏，其死亡速率也越大。一般食品在缓慢冻结时，由于微生物长时间处于-12～-2℃，特别是在-5～-2℃，形成了大量颗粒较大的冰晶体，容易对微生物细胞产生机械性破坏，还会促进蛋白质变性，导致微生物的大量死亡。而速冻则恰恰相反，由于微生物处于-5～-2℃的温度区间的时间较短，故其死亡率一般较低。

（2）结合状态和过冷状态　急剧冷却时，如果水分能迅速转化成过冷状态，避免结晶形成固态玻璃体，就有可能避免微生物因介质内水分结冰所遭受的机械破坏作用。微生物细胞内原生质含有大量结合水时，介质极易进入过冷状态，不再形成冰晶体，有利于保持细胞内胶体的稳定性。例如，芽孢在低温下稳定性比生长细胞高。

（3）介质　微生物介质中较高的水分含量和较低的 pH 会加速微生物的死亡，而营养物质（如糖、盐、蛋白质、胶体、脂肪等）的存在，则对微生物起保护作用，能够有效减缓微生物的死亡率。

（4）贮藏期　一般来讲，低温贮藏时微生物的存活量将会随着贮藏期的增加而减少，但贮藏温度越低，微生物减少的量反而越少，有时甚至不会减少。在贮藏初期微生物减少的量较多，而到了贮藏后期，微生物的死亡率将会下降，一般微生物在贮藏 1 年后死亡数达到原菌数的 60%～90%。

（5）交替冻结和解冻　交替冻结和解冻使微生物数量下降，只不过实际效果并不显著。

这主要是因为交替冻结和解冻对果蔬和肉制品品质的影响较大。

四、低温对酶的影响

温度对酶促反应的影响比较复杂。温度对酶促反应速率的影响呈钟形曲线增长，在最适温度下，酶促反应速率最高（图 6-1）。温度对酶活力的影响也较为显著，大多数酶的适应温度为 30~40℃。化学反应速率的变化率一般用 Q_{10}表示，即温度增加或减少 10℃，化学反应速率的变化率。大多数酶化学反应的 Q_{10}为 2~3，也就是说温度每下降 10℃，酶活力就削弱至原来的 1/3~1/2。低温贮藏温度可以根据酶的品种和食品的种类而定，对于多数食品而言，可以在-18℃低温下贮藏数周甚至数月仍能保持较高的安全性；而对于含有不饱和脂肪酸的多脂鱼类等食品，则需更低的温度，如-30~-25℃的低温环境中贮藏，以达到有效地抑制酶促反应速率的目的。

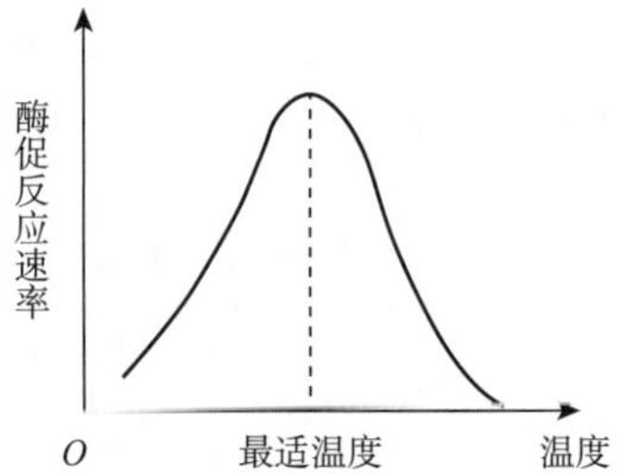

图 6-1 温度对酶促反应速率的影响

低温对酶活力并不能起到完全的抑制作用，这主要是由于酶在低温环境下仍然能保持部分活力。食品冷冻对酶活力只是起到抑制作用，使其活力降低，温度越低，时间越长，酶蛋白失活程度越重。因而催化作用实际上并未停止，只是进行得非常缓慢，酶的作用仍可使食品变质。虽然有些酶类，例如，脱氢酶，在冻结中受到强烈的抑制，但大量的酶类即使在冻结的基质中仍然具备一定的活性，甚至在极低温环境下还能保持轻微活性。例如，胰蛋白酶在-30℃下仍有微弱的活性，脂酶在-20℃下仍能催化脂肪水解。就以 β-葡萄糖苷酶（又称 β-D-吡喃葡萄糖苷水解酶）来讲，温度对该酶的影响如图 6-2（1）所示，该酶最适温度为 40℃，温度高于 45℃时，酶活力急剧下降。温度稳定性如图 6-2（2），在 25℃，30℃，35℃条件下保存 1h，酶仍能保持 70%以上的酶活力，40℃，45℃，50℃条件下保存，酶活力急剧下降。因此，低温贮藏能降低酶或者酶系活力，使食品保鲜时间也随之延长，从而有效延缓食品的腐败变

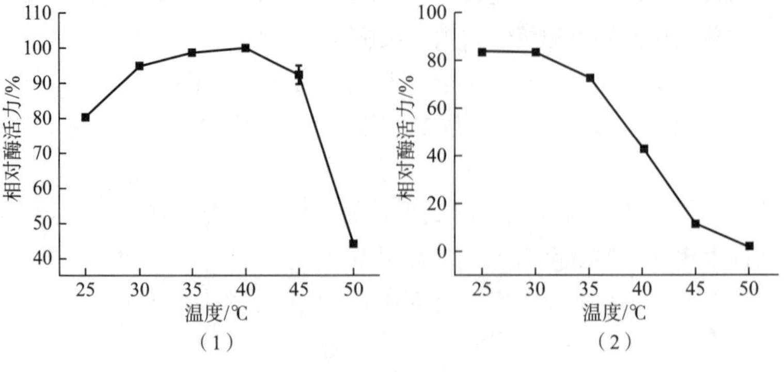

图 6-2 温度对 β-D-吡喃葡萄糖苷水解酶活力的影响

质。同时需要注意的是温度越低和贮藏期越长的规律并非适用于所有的原料，有些原料会产生生理性伤害，如马铃薯、香蕉和黄瓜等。

与食品品质下降相关的一些酶见表 6-5。

表 6-5 与食品品质下降相关的一些酶

酶作用的对象	相关的酶	食品品质下降的表现	举例
碳水化合物	糖原磷酸化酶、淀粉酶、其他糖类降解酶	糖原降解，淀粉降解	动物宰后僵直，解僵过程 pH 变化；植物贮藏过程质地和风味变化
	果胶酶、聚半乳糖醛酸酶	植物软化，果汁分层	黄瓜腌制过程中变软
蛋白质	蛋白酶	质构软化，蛋白质相对分子质量下降	鱼自溶，肉的僵直和解僵，蛋白水解产物生成
脂肪	脂酶、脂肪氧合酶	脂肪水解，风味劣变	豆类，不饱和脂肪含量高的食品
核酸	核酸酶、核苷酸酶、ATP 酶、核苷酶	核酸、核苷酸降解	酵母提取过程中风味物质的生成和分解
风味	多酚氧化酶	褐变	马铃薯、梨、苹果等变色
	脂肪氧合酶、过氧化氢酶	风味变化，漂白	豆类风味变化
	胱硫醚酶	风味变化	花椰菜风味劣变
其他营养素	硫胺素酶、维生素 C 氧化酶	维生素降解	—

五、食品在冷藏过程中的变化

1. 水分蒸发

水分蒸发也称干耗，在冷却和冷藏过程中均会发生。对于果蔬而言，通常水分蒸发会抑制果蔬的呼吸作用，影响果蔬的新陈代谢，当水分蒸发大于 5%时，会对果蔬的生命活动产生抑制；水分蒸发还会造成果蔬的凋萎，新鲜度下降，果肉软化收缩，氧化反应加剧等变化；还会导致果蔬质量上的损失。水分的蒸发在冷却初期速度较快，损失量在冷藏过程的前期也比较多。影响水分蒸发的因素主要有冷空气的流速、相对湿度、食品物料的摆放形式、食品物料的特性以及有无包装等。

2. 低温冷害

低温冷害指当冷藏的温度低于果蔬可以耐受的限度时，果蔬的正常代谢活动遭到破坏，诱导果蔬出现病变（果蔬表面出现斑点，内部发生颜色变化等）。

3. 成分发生变化

果蔬在冷冻和冷藏过程中的缓慢成熟会使果蔬的成分发生变化，对于大多数水果来讲，随着果实由未成熟状态向成熟状态转变，果实内的糖分和果胶的含量逐渐增加，果实的质地逐渐变得软化多汁，糖酸比更加适口，食用口感变佳。值得注意的是，冷藏过程会造成果蔬的一些营养成分如维生素 C 等的损失。

4. 变色、变味和变质

果蔬的色泽会随着成熟过程而发生变化，如冷冻和冷藏过程中果蔬的叶绿素和花青素的含量会逐渐减少，从而逐渐展现出胡萝卜素的颜色。此外，冷藏过程中食品物料中微生物的数量会逐渐增加，这是微生物繁殖的结果。微生物数量的增长，会加速食品的腐败变质，影响食品的品质和保质期。

六、食品在冻结过程中的物理变化和化学变化

1. 体积变化

水在 4℃时的体积最小，当 0℃的纯水冻结后体积约增加 8.7%。食品物料在冻结后也会发生体积膨胀，但膨胀的程度较纯水小，体积约增加 6%。结冰后随着温度的下降，冰的体积虽也有所收缩，但是微乎其微，只有几万分之一。即使温度低至-18℃，也远比 4℃时水的体积要大得多，所以含水分多的食品冻结时体积会膨胀。例如，牛肉的含水量为 70%，水分冻结率为 95%，则牛肉的冻结膨胀率为 6.0%。但也有一些例外情况，如高浓度的蔗糖溶液冻结后体积会出现很小的收缩。影响这一变化的因素包括以下几方面。

（1）食品成分　主要是物料的水分质量分数和空气的体积分数。食品物料中溶质和悬浮物的存在有“替代”效应，也就是这些物质的存在相对减少了物料中的水分含量，而水分是导致物料体积发生变化的原因，水分的减少使冻结时物料体积的膨胀缩小；物料内的空气主要存在于细胞之间（特别是对于植物组织），空气可为冰结晶的形成与膨胀提供空间。因此空气所占的体积越大，物料冻结过程中体积的膨胀越小。

（2）冻结时未冻结水分的比例　食品物料中可以冻结的自由水分的减少意味着冻结时冰结晶的减少，溶质的种类和数量会影响物料中结合水的量和形成过冷状态的趋势。冻结前后物料的体积在不同温度段的变化规律不同，这些温度段可以分为：冷却阶段（收缩）、冰结晶形成阶段（膨胀）、冰结晶的降温阶段（收缩）、溶质的结晶阶段（收缩或膨胀，根据溶质的种类而定）、冰盐结晶的降温阶段（收缩）、非溶质如脂质的结晶和冷却（收缩）。多数情况下，冰结晶形成所造成的体积膨胀在物料冻结前后体积的变化中起主要作用。

2. 水分的重新分布

冰结晶的形成还可能造成冻结食品物料内水分的重新分布，这种现象在缓慢冻结过程中较为明显。这主要是由于在缓慢冻结过程中食品物料内部不是同时冻结，细胞外（间）的水分往往先冻结，冻结后造成细胞外（间）的溶液浓度升高，细胞内外由于浓度差而产生渗透压差，使细胞内的水分向细胞外转移，导致水分的重新分布。

3. 重结晶

重结晶是指冻藏过程中食品物料中冰结晶的大小、形状和位置等都发生了显著变化，特别是冰结晶数量的减少和体积的增大等。在贮藏过程中如果温度波动大，果蔬会反复解冻和再冻结，导致水分的重结晶现象。通常，当温度升高时，冷冻果蔬中细小的冰晶体首先融化，经过反复几次后，细小的冰晶体会减少乃至消失，而当温度降低时，残留的水分会结合到较大的冰晶体上，较大冰晶体会变得更大。导致重结晶的原因可能有几种，一般认为，任何冰结晶表面（形状）和内部结构上的变化有降低其本身能量水平的趋势，表面积/体积比大、不规则的小结晶变成表面积/体积比小、结构紧密的大结晶等会降低结晶的表面能。这就是同分异质重结晶。这样反复进行重结晶的产品解冻后，流汁现象严重，产品质量严重下降。

4. 机械损伤

机械损伤也称冻结损伤，食品物料冻结时冰结晶的形成、体积的变化和物料内部存在的温度梯度等会诱导机械应力的产生并造成机械损伤。机械损伤对脆弱的食品组织，例如，果蔬等植物组织的损伤较大。一般认为，冻结时的体积变化和机械应力是食品物料产生冻结损伤的主要原因。机械应力与食品物料的大小、冻结速度和最终的冻结温度有关。体积较小的食品物料冻结时内部产生的机械应力较小。对于一些含水量较高、厚度较大的物料，当物料表面温度下降极快时，可导致物料发生严重的破裂，这往往是由物料组织的非均一收缩所导致的（物料外壳首先冻结固化，而当内部冻结膨胀时导致冻结外壳发生破裂）。

5. 非水相组分被浓缩

由于冻结时物料内水分是以纯水的形式形成冰结晶的，原来水中溶解的组分会转到未冻结的水分中而使剩余溶液的浓度逐渐增加。浓缩的程度主要与冻结速度和冻结的最终温度有关，在冰盐结晶点之上时温度越低，浓缩程度越高。液态食品物料冻结时加以搅拌可以减少溶质在固-液界面的聚集，有助于纯水冰结晶的形成，溶质的浓缩也将达到最大程度。缓慢冻结会导致连续、平滑的固-液界面的形成，冰结晶的纯度越高，溶质的浓缩程度也越大；反之，快速冻结导致不连续、不规则的固-液界面的产生，冰结晶中会夹带部分溶质，溶质的浓缩程度也将较小。

冻结浓缩现象可以用于液态食品物料的浓缩。冻结浓缩现象会导致未冻结溶液的相关性质，如酸度、离子强度、黏度、冻结点、氧化还原电势以及表面张力和界面张力等的变化。冻结浓缩现象还可能导致水的结构和水与溶质的相互作用发生变化。

6. 蛋白质溶解性下降

冻结的浓缩效应往往导致大分子胶体稳定性的丧失，可能导致蛋白质分子发生凝聚和溶解性下降，甚至会出现絮凝和诱导蛋白质变性等现象。冻藏时间的延长往往会加剧这一现象的发生，而冻藏温度的降低和冻结速度的加快可有效减轻这一现象的发生。

7. 冻害

冻害又称为冻烧和干缩，这是由于食品物料表面脱水（升华）形成多孔的干化层，物料表面的水分下降到原来的10%以下时，导致食品物料表面出现氧化、变色、变味等品质明显降低的现象。冻害是一种表面缺陷，多见于动物性组织。减少干缩的措施包括减少冻藏间的外来热源及温度的波动，降低空气的流速，改变食品物料的大小、形状、堆放形式和数量以及采取适当的包装方式等。

8. 其他变化

冻藏过程中食品物料还会发生一些其他的变化，如 pH、色泽、风味和营养成分等的改变。图 6-3 显示了一些食品物料在冻结前和冻藏过程中的 pH 的变化情况。pH 的变化一般是由于食品物料的成熟和未冻结部分溶质的浓缩所导致的，冻藏过程中食品物料 pH 变化的速率和程度与物料的缓冲能力、所含盐的组成、蛋白质和盐的相互作用、酶活力和贮藏温度有关。pH 的变化所引起的质量变化并不明显，但理论上可知 pH 会影响酶活力和细胞通透性。

此外，资料表明食品物料冻结后 pH 的变化与其所蕴含的蛋白质含量有关，高蛋白质的食品物料，如鸡和鱼等，在冻结后 pH 呈增加趋势（特别是当初始 pH 低于 6 时），而低蛋白质的食品物料，如牛乳等冻结后，物料的 pH 呈现降低趋势。

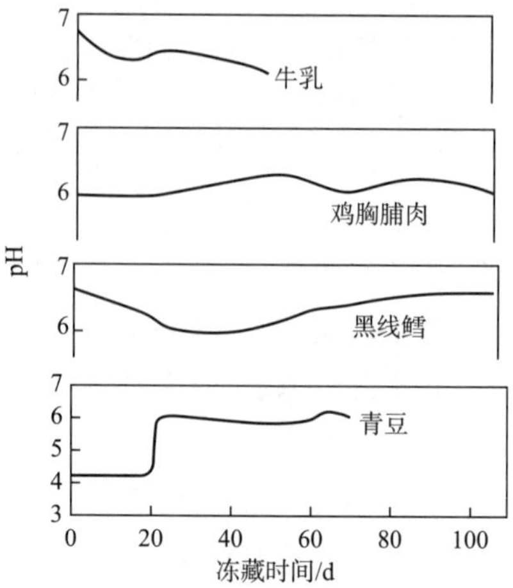

图 6-3 一些食品物料在冻结前和冻藏过程中的 pH 变化情况

七、冷冻对果蔬的影响

果蔬在冷冻过程中，其组织结构及内部成分仍会发生一些理化变化，影响产品的质量。影响程度视果蔬的种类、成熟度、加工技术及冷冻方法等的不同而不同。

1. 冷冻对果蔬组织结构的影响

一般来讲，冷冻可以导致果蔬组织细胞膜的变化，即膜通透性增加，膨胀压降低，这虽然有利于水分和离子的渗透，但也可能造成组织的损伤，而且缓冻和速冻对果蔬组织结构的影响也是不同的。

在速冻条件下，由于温度的快速下降，可以使冰晶在细胞间隙和细胞内部同时形成，且具有数量多、体积小、分布均匀、每个冰晶的增长幅度也很小等特点，不存在内部水分过多地向细胞间隙的渗透。这样在整个冻结过程中，细胞的内外压力处于比较均衡的状态，对果蔬的细胞膜和细胞壁不会造成挤压现象，细胞壁不会遭受到较大的机械损伤，所以组织结构破坏不多。因而解冻后能较好地保持原有的质地，也不会造成明显的流汁现象。值得注意的是保持细胞膜的结构完整对维持细胞内的静压是非常重要的，它可以有效防止汁液的流失和组织的软化。

2. 冷冻对果蔬中微生物的影响

大多数微生物在低于0℃的温度条件下其生长活动就可被抑制，温度越低对微生物的抑制作用就越强。冷冻低温可以使微生物细胞原生质蛋白质变性，微生物细胞大量脱水，使微生物细胞受到冰晶体的机械损伤而死亡，因而冷冻可以抑制微生物的生长和繁殖。一般酵母菌和霉菌比细菌的忍耐低温能力更强，有些霉菌和酵母菌能在-9.5℃未冻结的基质中生活。微生物的孢子有较强的忍受低温的能力，常能免于冷冻的伤害。

致病细菌在果蔬速冻时随着温度降低其存活率迅速下降，但冻藏低温的杀伤效应则很慢。如果冷冻和解冻重复进行，对细菌的营养体具有更高的杀伤力，但对果蔬的品质也有很大的破坏作用。

3. 冷冻对果蔬化学变化的影响

果蔬原料在降温、冻结、冻藏和解冻期间都会发生色泽、风味和质地的变化，因而影响产品的质量。在冻结和冻藏期间常发生影响产品质量的化学变化有：不良气味的产生、色素的降解、酶促褐变以及抗生素的自发氧化等。

果蔬在冻结和贮藏过程中出现的化学变化，一般都与酶活力和氧气的存在相关。蔬菜在冻结前及冻藏和冻结期间，由于加热、H^+、叶绿素酶、脂肪氧化酶等作用，使果蔬颜色发生改变，如叶绿素变成脱镁叶绿素，由绿色变为灰绿色等。此外，果蔬在冻结和贮藏过程中由酚类物质在酶的作用下发生氧化，使果蔬褐变。同时，在冻结和贮藏期间，果蔬组织中积累的羰基化合物和乙醇反应，产生挥发性异味。原料中类脂物的氧化分解也会产生异味。质构方面，由于在果胶酶的作用下，原果胶发生了水解，导致果蔬质地的软化。一般来讲，冷冻对果蔬营养成分有保护作用，温度越低，保护作用越强，因为有机物化学反应速率与温度呈正相关。产品中一些营养素的损失也可能由冷冻前的预处理如切分和热烫等造成。

4. 保护措施及处理

为保证食品品质稳定的目的，有些速冻制品会采用先预煮的方法破坏酶的活力，然后再采用不同的冻制方式，以将食品内不良变化降低到最低限度。在冷冻和冻藏条件下，果蔬中酶活力虽然减弱，但仍然存在，由其造成的败坏影响还很明显，尤其是在解冻之后更为迅速。因此，在速冻以前常采用一些辅助措施破坏或抑制酶活力，例如，冷冻前采用烫漂处理、浸渍液中添加抗坏血酸或柠檬酸以及前处理中采用硫化处理等。

在果蔬原料中加入糖浆对冷冻产品的风味、色泽也有较好的保护作用。糖浆的涂抹既能阻止果蔬与空气的接触，减少氧化机会，也有利于保护果蔬中挥发性酯类香气的散失和增加酸性果实的甜味等功能。冷冻加工中常将抗坏血酸和柠檬酸溶于糖浆中以提高其保护效果；同时二氧化硫与糖浆的协同作用对果蔬风味物质的保持也具有较好的作用。此外，工业上常常将上面提出的处理方法与真空处理相结合，以取得更好的效果。具体做法是将果蔬原料浸渍在这类化学溶液或糖液中，装入容器内，在真空条件下排除组织内的空气，待解除真空后，化学溶液或糖液就很快地渗入到组织中，取代原来由空气所占据的空间，以阻止空气通路，从而起到更有效的保护作用。

第二节　果蔬速冻工艺

一、预处理

果蔬加工前处理包括选别、分级、清洗、去皮、切分、修整、烫漂、硬化、抽真空等工序。在去皮后，还要对原料进行各种护色处理，以防原料发生变色而导致产品品质的下降。尽管果蔬种类和品种较为复杂，组织特性相差较大，加工方法存在差异，但加工前的预处理过程却基本相同。

（一）果蔬原料的选别、分级与清洗

原料的选别是指对原料品质进行区别和处理，主要是剔除霉烂、病虫害、严重机械伤、畸形、成熟度低的青果等不符合要求的果实。选别方法目前主要还是通过人的感官和机械进行挑选，然后分别处理，一般在固定的工作台或传送机上进行。

原料的分级是在品质符合要求的基础上，主要按大小分成若干级别，以便用同一工艺进行加工，制得形态整齐、规格一致的产品。无须保持果实形态的制品，如果酒、果汁、果酱等，

原料不需要分级。分级的方法，一是手工进行，二是使用机械。手工分级靠目测、手估或借助于分级板，小型工厂或少量加工时可采用上述分级方式。大型工厂须使用分级机，常用的分级机有振动筛分级机、转筒分级机和条带分级机等。

原料洗涤目的是除去表面附着的泥沙、碎屑、微生物及残留的农药，以保证产品的卫生。洗涤前先行浸泡，可使附着物更易于洗净。对残留农药较大的原料，常用0.5%~1.5%盐酸溶液，或1g/L高锰酸钾溶液，或有效氯为600mL/L的漂白粉水，在常温下浸泡数分钟，再用清水洗涤。洗涤的方式有浸洗、浮洗、淋洗、喷洗、冲洗和刷洗等，洗涤的设备有洗涤池、洗涤水槽以及各种洗涤机，如转筒洗涤机、鼓风式清洗机、浮洗机、滚动喷洗机等。

（二）果蔬的去皮、切分、去芯与去核

1. 果蔬的去皮

果实的外皮一般都比较粗糙，为提高产品质量和便于加工，往往需要去皮。去皮的工艺要求可简单地概括为“净而薄”，即既要去净果皮，又尽量不浪费果肉。去皮的方法如下。

（1）手工去皮　借助专用的去皮刀具去皮，适用于果形较大且圆正的苹果、梨、柿子等果实，虽然效率较低，但去皮彻底，使用灵活，在劳动力充足或加工量小的情况下，仍不失为一种可行的方法。

（2）机械去皮　目前使用的去皮机，主要是旋转去皮机，其次有摩擦去皮机、菠萝去皮通心机等。旋转去皮机有手摇式和电动式，主要部件为固定果实的转动轴杆和刀口略有弧度的削刀，刀的基部由弹簧控制，使刀口紧贴果面，同时有一定的伸缩以适应不同大小的果实。果实在转杆的带动下发生旋转，果皮即呈带状削去。

（3）化学去皮（碱液去皮）　化学去皮是采用强酸或强碱溶液作用于果蔬的果皮，使皮层的角质、半纤维素受酸碱的腐蚀作用而发生溶解，使表皮下中胶层的果胶失去凝胶性，在短时间内造成1~2层薄壁细胞的破坏，致使表皮呈片状或碎屑状脱落。由于生产上一般使用氢氧化钠，因此常称为碱液去皮。碱液去皮的特点为去皮效果均匀而迅速，损耗少，适用性广等，但其存在的化学污染问题仍需要解决。值得注意的是去皮时碱液的浓度、温度和浸碱时间应依原料的种类、品种及成熟度而异，应通过不断尝试来确定相关处理条件。

经碱液处理后的原料，立即投入冷水中进行搓洗，应反复换水或使用流水，将果皮屑洗净。然后可用0.1%盐酸溶液浸洗数秒钟，以中和碱液，再用清水漂洗以除去盐类。大型或专业化工厂使用的碱液去皮机实现了碱液去皮的机械化和自动化过程。

碱液浓度、处理时间和碱液温度为3个重要参数，应视不同的果蔬原料种类、成熟度和大小而定，碱液去皮的处理方法包括浸碱法和淋浸法两种。表6-6为几种果实的碱液去皮工艺条件参考值。

表6-6　几种果实的碱液去皮工艺条件参考值

果实种类	碱液浓度/%	碱液温度/℃	浸碱时间/s
黄桃	2~6	≥90	30~60
李	2~8	≥90	60~120
杏	3~6	≥90	60~120
猕猴桃	18~22	≥95	90~180
橘瓣	0.8	60~75	15~30

2. 果蔬的切分

果蔬的切分，即体积较大原料供作干制、罐藏、果脯蜜饯和速冻时，需要适当切分成一定的形态，如分瓣、片、段、条、丝等。切分的工艺要求切分后产品规格均匀整齐且切面平直光滑。

3. 果蔬的去芯与去核

去心去核也是多数制品加工时所需要的，其方式有切分后的挖芯（仁果）或挑核（核果）、整果的通芯（如苹果、菠萝等）或捅核（如山楂、枣、枇杷等）。工业上多使用小型工具人力手工操作，也可采用简单的机械进行。一般核果类加工前需去核，仁果类则需去芯。此外，对于枣、金橘、梅等果蔬品种，加工蜜饯时需划缝和刺孔处理。

（三）果蔬的硬化、烫漂与护色

1. 果蔬原料的硬化处理

硬化处理一般适用于罐藏和果脯蜜饯的原料，目的是使果实保持一定的硬度，具有较高的耐煮性，以便加工后的制品能保持块形的完整，有较好的脆度和口感。对质地较柔软的果实，硬化处理尤为必要。

硬化处理的原理是利用某些离子与果实中的果胶酸生成不溶性的果胶酸盐，从而起到类似原果胶的作用，使果实细胞之间的连接得以加强而保持硬度。常用的离子有钙离子和铝离子，相应的硬化剂有石灰、氯化钙、明矾等。处理时用一定质量浓度的硬化剂溶液浸泡果蔬原料至浸泡液接触果蔬中心为止。如橘饼的生产过程中，采用 2g/L 石灰浸泡鲜橘 12h 后，再用清水漂洗。生产中硬化处理也常和促进果蔬光亮透明的色泽、增强细胞膜的渗透性、减少加工过程中的营养流失的浸硫过程合并进行。

2. 果蔬的烫漂

果蔬的烫漂是指将已切分的或经其他预处理的新鲜果蔬原料放入沸水或热蒸汽中进行短时间的热处理。预处理中最重要的工艺是烫漂，烫漂处理能够破坏酶活力，改善果蔬的质构，有利于维持速冻果蔬在冻藏期的品质。但漂烫同时也会在一定程度上破坏果蔬的营养及风味物质，所以对漂烫工艺要求非常严格。鲜毛豆经烫漂处理 80s 后，粗蛋白质含量上升，粗脂肪含量下降，但效果不明显；而鲜毛豆在 92~100℃ 的热水中烫漂 80~100s，荚、粒色泽仍能保持翠绿，且脂肪氧化酶失活，具有口感好、无豆腥味的特点。

（1）烫漂的目的

① 加热钝化酶，防止酶褐变。烫漂可以使酶失活而停止其参与的生化反应。如多酚氧化酶在 71~73.5℃ 环境下发生钝化；过氧化酶在 90~100℃ 下处理 1~5min 即可失活，漂烫处理后，可有效钝化酶活力，从而有效地防止酶促褐变的发生，保护果蔬制品的色泽。

② 软化或改进组织结构，利于后续的加工过程。烫漂可以使蛋白质受热凝固，增加细胞膜的通透性，有助于加工过程中的物质交换。如干制时加快果蔬的脱水和糖制时加快糖浆的渗入。

③ 排除果肉组织中的空气特别是氧气，防止果蔬内容物的氧化，同时具有稳定或改进果蔬制品色泽的作用，如使绿色蔬菜变得更加翠绿和使浅色果蔬变得更加透明等。

④ 除去果蔬的部分辛辣味和其他不良风味等。

⑤ 降低果蔬中的污染物和微生物含量。

果蔬烫漂的缺点是烫漂过程会对果蔬中一部分营养成分造成伤害，使其流失。如切片的胡萝卜用热水烫 1min，将损失矿物质 15%，整条胡萝卜的烫漂过程也将造成大约 7% 的损失。

（2）烫漂的方法及果蔬烫漂程度的确定　烫漂主要采用热处理过程，常用的热处理包括热水热烫、蒸汽热烫和微波热烫等。热烫的温度和时间，应根据原料的特性、块形的大小和工艺的要求等条件适当调整，通常以过氧化物酶的充分失活为指标。值得注意的是原料热烫后应快速冷却，防止进一步热损伤的发生。除了时间和温度外，烫漂方式也会影响预处理的效果。不同食品采用的烫漂方式不同得到的预处理效果也不同。玉米速冻前的热烫处理，应采用蒸汽热烫 20min 的方式，该方法能有效减少可溶性糖和维生素 C 的损失，不仅有效地提高速冻玉米的感官品质，又能抑制玉米内过氧化物酶的活力。同时，热水热烫处理、蒸汽热烫处理和微波热烫处理均能有效地抑制玉米籽粒中多酚氧化酶及过氧化物酶的活力，研究表明通过微波热烫处理后的玉米籽粒中可溶性糖和维生素 C 含量显著高于热水热烫处理和蒸汽热烫处理，但微波热烫处理过程中易导致玉米籽粒的失水，影响籽粒的外观。蒸汽热烫处理的玉米籽粒中可溶性糖和维生素 C 含量均高于热水热烫处理，且贮藏后具有较好的感官质量。此外，采用多种烫漂方法相结合的处理方式对食品的预处理效果也不尽相同。分别采用热水热烫、蒸汽热烫和微波热烫对甘蓝处理能增加甘蓝中自由基清除剂的活性和维生素 C 及类黄酮等物质的含量，其中用热水热烫和蒸汽热烫协同处埋后的甘蓝色度值最高，能较好地保留其原有的风味和色泽。

3. 果蔬的护色

果蔬原料去皮切分之后，放置于空气中，很快会变成褐色，从而影响外观，也破坏了产品的风味和营养价值。这种颜色的改变主要与酶的褐变有关。其关键的作用因子有酚类底物、酶和氧气等。因为除去底物的方式较为困难，因此，一般护色措施均从排除氧气和抑制酶活力这两方面着手。在加工预处理中所用的护色方法有如下几种。

（1）热烫　热烫处理后，诱导酶的失活，还可有效地排除氧气，可作为防止酶褐变的长久性措施。

（2）氯化液浸泡　氯化液浸泡的方式，一般采用 10~20g/L 食盐水浸没原料（3~4h），该方法可有效抑制酶活力，同时还具有一定的隔氧气作用，可暂时防止酶促褐变的发生，常用于去皮、切分和挖心等工序之间。对易变色的原料，也可适当添加 1g/L 柠檬酸，以增加氯化液的抑制效果。果脯蜜饯原料可采用氯化钙溶液浸泡的方式，不仅可有效起到护色作用，也具有一定的硬化作用。

（3）硫处理　硫处理主要通过还原和对氧化酶活力的抑制，以防止多酚类物质的褐变。常用方法有熏硫或浸硫等两种方式。

① 熏硫法：将原料放在密闭的室内或塑料帐内，燃烧硫黄产生二氧化硫，也可由钢瓶直接将二氧化硫气体导入帐内。熏硫室或帐内的二氧化硫含量宜保持在 1.5%~2%，也可以根据每立方米空间燃烧硫黄 200g，或者可按每吨原料用硫黄 2~3kg 计量。

② 浸硫法：即在密封容器中将洗净后的原料浸没在一定质量分数的亚硫酸盐溶液中。亚硫酸盐的质量分数以有效二氧化硫（SO_2）计（表 6-7）。一般为果实及溶液总质量的 0.1%~0.2%。

表6-7　亚硫酸盐中有效 SO_2 的含量　单位：mg/kg

名称	有效 SO_2 含量	名称	有效 SO_2 含量
液态二氧化硫(SO_2)	100	亚硫酸氢钾($KHSO_3$)	53.31
亚硫酸(H_2SO_3)	6	亚硫酸氢钠($NaHSO_3$)	61.95
亚硫酸钙($CaSO_3$)	23	偏重亚硫酸氢钾($K_2S_2O_5$)	57.65
亚硫酸钾(K_2SO_3)	33	偏重亚硫酸氢钠($Na_2S_2O_5$)	67.43
亚硫酸钠(Na_2SO_3)	50.84	低亚硫酸钠($Na_2S_2O_4$)	73.56

（4）有机酸溶液的护色　有机酸溶液的护色机制主要是通过控制 pH，以影响果蔬内酶活力的方法。例如，酚酶的最佳活力 pH 为 6~7，当 pH<6 时酶活力将受到抑制。

（5）抽空护色　利用真空泵等机械设备造成真空状态，尽量排出果蔬中空气的处理方法。该方法可有效防止果蔬的氧化变色，可采用干抽法或湿抽法进行空气的排出。

二、速冻

果蔬速冻一般要求在 30min 或更短时间内将新鲜果蔬的中心温度降至冻结点以下，即将果蔬中 80%的水分尽快冻结成冰。进而将冻结后的果蔬在低温条件下进行加工和贮藏，速冻过程的引入可有效延长新鲜果蔬的贮藏期，一般在-18℃的环境下，可贮藏 10~12 个月以上。速冻水果可作果酱、果脯的原料和酸乳、派等的配料。此外，速冻果蔬的质量取决于原料的性质和工艺。

（一）果蔬速冻工艺

1. 冻结过程

果蔬冷冻的过程即采取一定的方式排除其蕴含的热量，并使果蔬中水分冻结的过程，水分的冻结包括降温和结晶两个过程。而果蔬的冻结过程是一个复杂的传热传质的不稳定导热过程，分为冷却阶段、冰晶形成阶段和冻结过冷阶段。在冻结过程中，最大冰晶生成带基本为-5~-1℃，在此温度范围内，原料的组织损伤最为严重。为使冰晶体损伤减小到最低程度可采用迅速冻结法，即 30min 或更短的时间内使果蔬的中心温度迅速通过最大冰晶生成带，快速将果蔬中约 80%的水分冻结成冰。使冰晶体颗粒小而均匀地分布在细胞组织内，减少对组织结构造成的机械损伤，可最大限度地保持冻结果蔬的质量和可逆性。

2. 速冻方法

目前，关于速冻方法，我国速冻生产厂普遍运用的方法有两种，一种是低温冻结，即静止冻结法，这种方式不仅冻结速度较慢，冷冻产品的质量也相对不佳，不宜推广。二是采用专用冻结装置生产，此方法具有速度快，产品质量好，适宜于各种速冻果蔬的特点。

同时按冷却介质与果蔬接触的方式可分为空气冷冻法、间接接触冷冻法、直接接触冷冻法 3 种。

（1）空气冷冻法　此法也称为鼓风冷冻法，是利用高速低温流动的空气，在鼓风机推动下形成一定速度的气流，促使果蔬的快速散热过程，以达到迅速冷冻的目的。一般多采用隧道式鼓风冷冻机，即在一个有隔热装置的长方形墙壁似通道中进行冷冻。一般将产品放在传送带或筛盘上，并将之以一定的速度通过隧道。冷空气由鼓风机吹过冷凝管道后再送到隧道穿流于产品之间，产品与冷风逆流而行。这种方法采用的空气温度一般为-34～-18℃，风速为30～100m/min。

空气冷冻法中，如将颗粒产品放在一个有孔眼的网带上或有扎眼的盘子上时，可采用冷空气以足够的速度从传送果蔬的输送带的下方向上鼓送的方式，主要设备有隧道式鼓风冷冻机、螺旋式连续速冻器、带式流化速冻装置。一般风速保持在至少375m/min，空气温度为-34℃的状态，这种鼓风的好处是可将产品吹起的同时对产品的横向位移影响较少，即不产生较大的偏移，使果蔬颗粒间保持相对水平位置。即当流经放置于有孔眼的网带上产品堆层时，此种方式可使果蔬颗粒发生轻微的跳动。增加果蔬原料与冷空气的接触面积，加速冷冻的同时做到均匀冷却，此方法又称流化冷冻法。这种方法一般几分钟至十几分钟就可完成果蔬的冻结，有效解决了果蔬颗粒冷冻时的黏结现象，加速了果蔬颗粒的冻结速度，特别适于小型果蔬（如草莓、青豌豆、蘑菇以及各种切分成小块的蔬菜）的冷冻。

（2）间接接触冷冻法　工业上常采用制冷剂或低温介质（如水或盐水等）冷却的金属空心平板与果蔬密切接触，而达到冷冻降温的方法称为间接接触冷冻法。其主要设备有间隙式接触冷冻厢、半自动接触冷冻厢、全自动接触冷冻厢等，可用于冻结未包装和用塑料袋、玻璃纸或纸盒包装的果蔬材料。主要装置是在绝热的厢橱内装置可以移动的空心金属板，金属板可静止，也可上下移动，常用的接触板形状有平板、浅盘和输送带等。制冷剂通过在接触板的空心内部流动，使其降温（一般的冷冻温度在-45℃左右）。冷冻速度一般与产品的种类、制冷剂的温度、包装的大小、相互接触的程度以及包装材料等因素相关。工业上一般将厚度2.5～7.5cm的待冷冻产品均匀放在上下两空心平板之间，并与制冷板紧密接触，进而达到热交换降温的目的。同时由于冻结品是上下两面同时进行降温冻结，因此冻结速度较空气冷冻法更快。值得注意的是这种冷冻方法虽然冻结速度较快，冻结效率较高，但需分批间歇式操作，具有劳动强度大，日产量低等缺点。同时对产品形状和薄厚度有一定的要求，因此仅适用于小型的果蔬加工厂。近年来，随着果蔬速冻技术的发展，半自动与全自动装卸的间接接触速冻设备的相继问世，加速了速冻果蔬的生产，提高了速冻产品的生产量与劳动生产率。

（3）直接接触冷冻法　直接接触冷冻法是指未包装或包装果蔬与低温介质或超低温制冷剂直接接触下，使果蔬冻结的方法。直接接触冷冻法的优点是冻结速率大、食品干耗低、颜色变化小等；缺点是因食品与不冻液直接接触而产生的安全卫生问题。目前，直接接触冷冻法有两种类型，一种是浸渍冷冻法，另一种是低温冷冻法。这两种方法都要求所用的冷冻剂应具有无毒、无异味、惰性强、黏度低、导热性强、稳定性好和经济合理等特点，主要应用设备有液氮快速冻结装置。

（二）果蔬速冻设备

果蔬速冻设备可按冻结速度划分为5～20cm/h的快速冻结、1～5cm/h的中速冻结以及0.1～1cm/h的慢速冻结，不同的冻结速度对产品组织内部的冰晶分布、冰晶形状和冰晶大小均有不同的影响。我国速冻果蔬生产企业大多采用空气式冻结装置，其中流态化式、螺旋式和隧道式冻结装置应用较为广泛。同时，近年来随着科技的发展，和人们对食品质量要求的提高，传统的冻结方式越来越难以满足消费者对冻结食品品质的更高要求，此形势下利用液态氮或二氧化碳直接喷淋冻结的喷淋快速冻结装置以及流态化单体快速冻结（individual quick frozen,

IQF）装置逐渐应运而生。

1. 间接接触冷冻装置

（1）平板式冷冻装置　平板式冷冻装置的主体是一组作为蒸发器的空心平板，平板与制冷剂管道相连，其工作原理是将冻结的果蔬放在两个相邻的平板间，并借助油压系统使平板与果蔬接触。由于果蔬与平板间接触紧密，且金属平板具有良好的导热性能，因此其传热系数较高。当接触压力为7~30kPa时，导热系数可达93~120W/(m·K)。生产上使用的平板式冷冻装置主要有以下几种类型：

① 间歇式接触冷冻装置：在一个隔热层很厚的箱体内安装多层的空心平板，制冷剂（氨、F-12、F-22或冷盐液）在板内流动，使用两级冷凝压缩系统操纵平板的温度，使其降温至-46~-45℃，这些平板由往复液压压头操纵其升降。将包装厚度为2.5~7.5cm的产品放在导热盘内并置于上下平板之间或直接放在平板上，与冷冻接触面紧密接触，进行热量交换。值得注意的是冷冻速度与包装的材料、包装的体积、装填的松紧度等因素有关，紧密包装的冷却速度较松散包装的冷却速度更快、时间更短。因包装内的空气间隙起到了一定的隔热作用，使热的传导受阻，所以操作时应注意包装的材料、包装的体积及其内部的装填松紧度对冻结的影响。这种冻结方式具有速度快、费用低的特点，但间歇式接触冷冻装置的装卸劳动强度较大，且操作时有一定的停工期（每个周期10~30min），因此，冻结效率相对较低。

② 半自动接触冷冻装置：类似于上述冷冻箱的结构，包装产品的进出，依靠人工控制的装卸器完成。冷却板间的距离可随物料的厚度自由调节，以使包装的产品能与冷却平板间有紧密的接触。进而将冷却平板安放在一个升降装置上，最后整个设备安置在隔热室中。操作时产品由传送带运送到冷冻箱中，工作人员通过推动杆将一定数目的包装产品推进箱内两块冷冻平板间，产品从外到内按次序推进，最先进入的一排产品冻结完毕被推送到传送带上，进行下一道装箱工序。待每批装完后，在计算器的控制下，传送带停止运行，并将此层冷冻板升起关闭，而后再重复另一层的装卸，如此循环直到各层物料冷却完毕后，升降器自动降落，以待下一次的装卸操作。这一类型的冷冻装置也具有一定的局限性，如只能进行同一大小包装的产品冷冻且冷冻物料的包装要严密，不能有汁液流出，以免冻结在冷却平板上，影响质量。

③ 全自动平板冷冻装置：全自动平板冷冻装置的构造原理和形式与上述半自动接触冷冻装置相同，只是装卸和循环操作都是在微型开关和继电器自动控制下进行。当包装好的产品由包装机卸出后，便自动地由传送带运送到冷冻箱内进行冷冻（图6-4）。这种方法具有劳动强度小，冷冻效率高，速度快等特点，适用于大型企业的生产。例如，一个17层冷冻板的冷冻箱能容纳208个纸盒果蔬，可以在45min之内完成一个装卸循环，装卸的时间根据产品的冷冻要求可进行调节控制。

（2）回转式冷冻装置　回转式冷冻装置是一种新型的间接接触式冷冻装置，也是一种连续式冷冻装置，能利用物料与金属表面直接接触冻结的原理使产品冻结。其主体为一个回转筒，由不锈钢制成，外壁为冷表面，由空心轴输入载冷剂，物料由投入口进入，排列在转筒表面，转筒回转一周，物料即完成冻结过程。冷冻果蔬转到刮刀处被刮下，刮下的产品由传送带输送到后续包装生产线上，进而由传送带输送到预定位置。转筒的转速可根据冷冻果蔬所需时间进行调节，每转一周约数分钟。制冷剂可用氨、F-22或共沸制冷剂等，载冷剂可选用盐水和乙二醇等。该装置适宜于菜泥、流态果蔬及鱼、虾的冷冻。这种设备具有结构紧凑、占地面积小、冷冻速度快、机械故障少、能耗低等特点，适用于流态食品的冻结。

（3）钢带式冷冻装置　钢带式冷冻装置的主体是钢质传送带（图6-5）。传送带由不锈钢

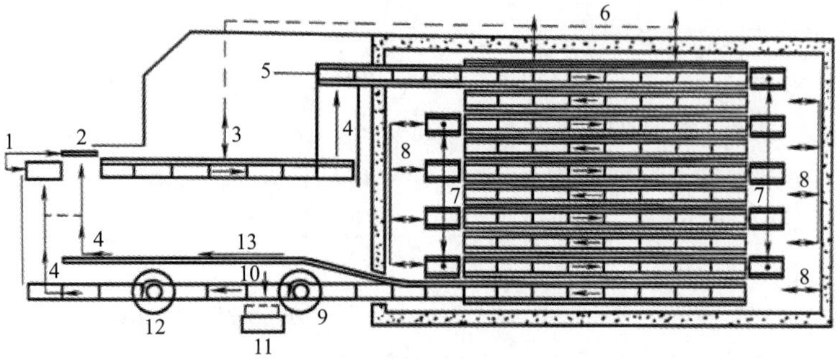

图6-4 全自动平板冷冻装置

1—货盘 2—盖 3—冷冻前预压 4—升降机 5—推杆 6—液压系统 7—降低货盘的装置 8—液压推杆 9—翻盘装置 10—卸料 11—传送带 12—翻转装置 13—传送带盖

制成，在不锈钢带下可直接喷射制冷剂（盐水）或使钢带滑过固定的冷却面（蒸发器）使果蔬降温。同时，果蔬上部装有风机，用冷风补充一定的冷量，冷风的方向可与果蔬传递方向平行、垂直、顺向或逆向等。同时，传送带的移动速度还可根据物料的冷冻状态进行调节。值得注意的是采用钢带式冷冻装置冷冻的产品只有一面与冷冻接触板接触，因此，对冻结的果蔬有一定局限性，更适用于果皮层较薄的果蔬。钢带式冷冻装置的特点是：可连续流动运行，且干耗较小；同时可分区冻结，即能设定几种不同的温度区域；与平板式和回转式相比，具有结构简单，操作方便，可改变带长和带速，可大幅度地调节产量等优势。

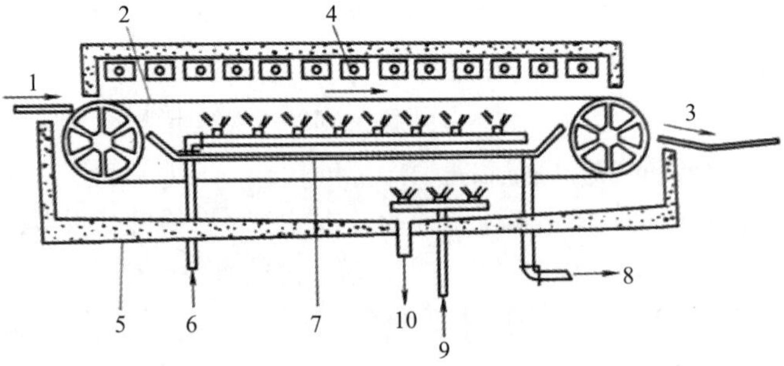

图6-5 钢带式冷冻装置

1—进料口 2—钢质传送带 3—出料口 4—空气冷却器 5—隔热外壳 6—盐水入口 7—盐水收集器 8—盐水出口 9—洗涤水入口 10—洗涤水出口

（4）隧道式鼓风冷冻机 隧道式鼓风冷冻机是空气冷冻法的一种典型装置，主要结构包括不锈钢传动网带、料架、风机、蒸发器或隧道体等。生产上采用的隧道式鼓风冷冻机，是一个狭长形的、墙壁有隔热装置的通道（图6-6、图6-7）。箱体是由隔热材料制成，当铺放于车架上各层筛盘或者网带上的被速冻物料通过隧道时，经蒸发器降温的空气进入到隧道中，不停地在果蔬制品之间穿流循环使其快速冻结。隧道式连续速冻机的兼容性较强，可不受食品形状的限制，处理多种果蔬制品，而且食品放置于吊轨上传送，具有劳动强度小，风速较大、冻结速度快等特点。但是这种方法的缺点是果蔬冻结过程中果蔬失水较多，导致食品干耗和装置耗能较大，因此，生产成本一般较高。该装置适用于含水量较低的果蔬原料，且可连续批量生产。如果不可避免要采用鼓风冷冻法，一般采用包装后的果蔬制品，但包装材料阻碍了水分的蒸发，且妨碍了热的传导，易导致产品内部温度的升高，造成产品质量的败坏。

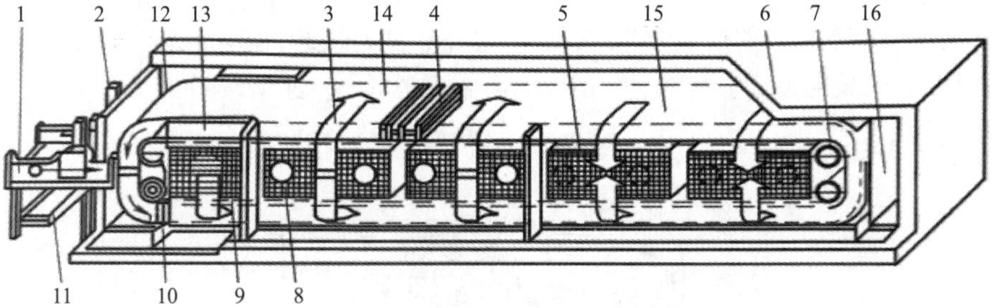

图 6-6　LBH31.5 型带式隧道冷冻装置

1—装卸设备　2—除霜装置　3—空气流动方向　4—冷冻盘　5—板式蒸发器
6—隔热外壳　7—转向装置　8—轴流风机　9—光管蒸发器　10—液压传动机构
11—冷冻快输送带　12—驱动室　13—水分分离室　14、15—冷冻间　16—旁路

图 6-7　隧道式连续速冻装置

（5）螺旋式速冻装置　螺旋式速冻装置是空气强制循环式速冻装置，物料输送带为高达20层螺旋的管状结构，直径大约为2m（图6-8）。螺旋式速冻装置具有装置占地面积小、节省产地空间和生产能力较大的特点。但螺旋输送带在物料输送过程中，因螺旋层数较多，在拐角处易堆积待冷冻果蔬，造成输送管的堵塞，难以保证输送带连续平稳地运行。该装置可有效冻结食品物料，适用于冻结体积不大而数量多的食品，如经过加工切分的果蔬等。

图 6-8　螺旋式速冻装置

（6）流化床式速冻装置　食品物料在冷气流的作用下形成“流体状态”，使物料实现均匀速冻，这不仅加快了冻结速度，也提高了产品品质。此装置主要适用于颗粒状物料的速冻。国内外多采用流化床式速冻装置对水果进行速冻处理（图6-9），适用的水果品种主要有：苹果、

桃、樱桃、草莓、菠萝丁和荔枝等。在冻结时，根据水果在流化床传送带上悬浮状态的不同又分为全流化、半流化和不流化3种形式。通常流化床内空气温度为-35~-30℃，冷气流速度为4~6m/s。对全流化水果，如樱桃的速冻，装料层一般设为高30~40mm，冻结时间3~6min。对半流化水果，如荔枝的速冻，装料层一般设为高80~120mm，冻结时间9~20min。对不流化水果，如桃的速冻，装料层一般设为高200mm，冻结时间25~35min。

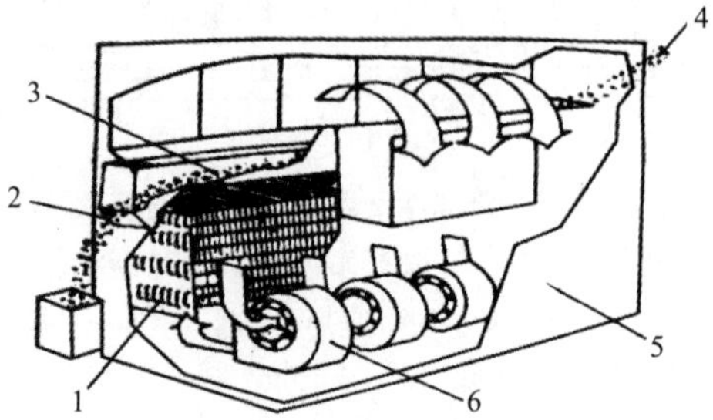

图6-9 流化床式速冻装置

1—制冷蒸发器 2—卸料口 3—物料 4—进料口 5—机罩 6—风机

（7）流态化单体快速冻结装置 近年来研制的新型冻结装置——流态化单体快速冻结装置，是实现物料单体快速冻结的一种较为理想的设备。流态化冷冻就是使置于筛网上的圆柱状、球状、颗粒状、片状或块状果蔬，在一定流速的自下而上的低温空气作用下形成类似“沸腾”的状态，像流体一样运动，并在运动中被快速冷冻的过程（图6-10）。该装置应用了单体冻结的原理，在冻结过程中，气流推动散粒状的待冻材料，紧密的料层逐渐变为悬浮状，冷空气包围物料中的每一个颗粒，迅速地完成传热传质过程，从而实现了物料单体快速冻结。由于高速冷气流的包围，强化了果蔬冷却及冷冻的过程，有效传热面积比正常冷冻状态增大3.5~12倍，因而具有传热效率高、能耗低、冷冻速率快、产品失重少、质量好等优点。但对体积较大或质地不均匀的待冻结物的冷冻具有一定的局限性。

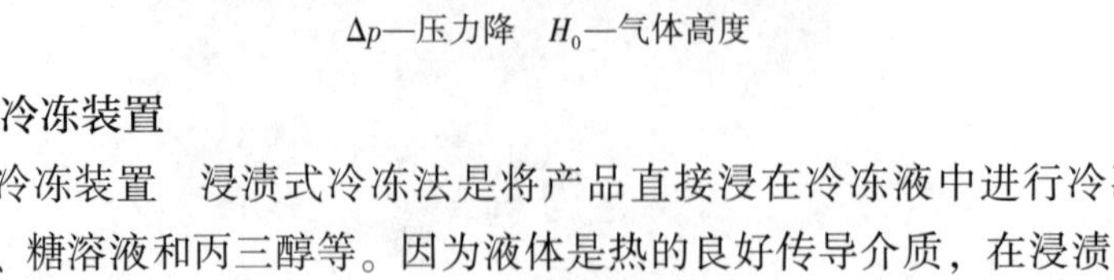

图6-10 流化床结构与气流速度的关系

1—固定床 2—松动层 3—流化态开始 4—流化态展开 5—输送床

Δp—压力降 H_0—气体高度

2. 直接接触冷冻装置

（1）浸渍式冷冻装置 浸渍式冷冻法是将产品直接浸在冷冻液中进行冷冻的方法。常用的载冷剂有盐水、糖溶液和丙三醇等。因为液体是热的良好传导介质，在浸渍式冷冻中，冷冻液与产品直接接触，具有接触面积大、热交换效率高、产品散热快、冷冻迅速等特点。

（2）深低温冷冻装置 深低温冷冻法适用于薄膜包装的产品冻结，这种深低温冻结是通过制冷剂进行相变时，在沸腾变态的过程中吸收产品中大量的热而获得的。低温制冷剂一般都具有很低的沸点，通常采用的制冷剂有液态氮、二氧化碳、一氧化氮和氟利昂等，其中氟利昂虽然算不上是一种低温制冷剂（由于其沸点比其余制冷剂略高），但它的冷冻效果与其他低温制冷剂相近。深低温冷冻法的冷冻速度大大超过了传统的鼓风冷冻法和板式冷冻法，且比浸渍式冷冻和流态化冷冻的速度更快。目前，应用较多的制冷剂是液态氮，其次是二氧化碳。这种冷冻方法具有冻结速度快、产品脱水率低、冻结产品失重少、设备简单、使用范围广、生产效率高、适用于连续生产等特点。同时，对果蔬结构的损害也相对轻微，更好地保持了产品原有的性状。但缺点也相对明显，对于液体制冷剂的消耗较大，引起冻结费用的增加，4150 型液态氮速冻装置如图 6-11 所示。

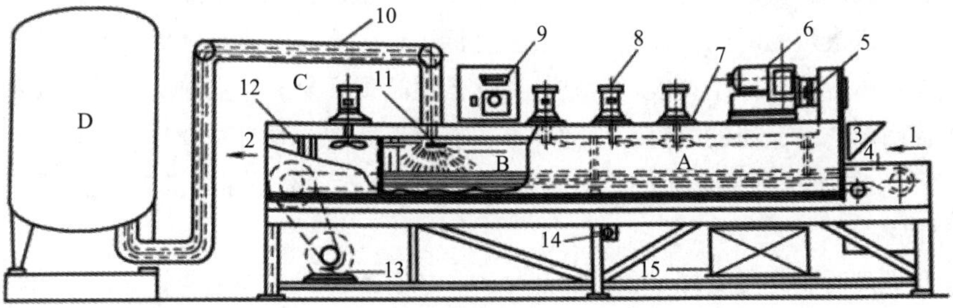

图 6-11　4150 型液态氮速冻装置

1—原料进口　2—原料出口　3、12—硅橡胶幕帘　4—不锈钢丝网传送带　5—蝶形阀　6—排气风机　7—硅橡胶密封垫　8—搅拌风机　9—温度指示剂　10—隔热管道　11—喷嘴　13—无级变速器　14—电流开关　15—控制盘

A—预冷区　B—冻结区　C—均温区　D—液氮贮罐

液氮喷淋冻结装置具有温度低、冻结速度快、冻品质量高、可实现单体快速冻结的特点，该装置适用于冻结番茄、蘑菇等柔软多汁的原料（图 6-12）。有实验结果表明液氮速冻对维持槟榔的硬度有很好的效果。不同的冻结速度对柿子果肉中可溶性单宁含量的影响存在差异，慢速冻结的柿子在解冻后几乎不含有单宁成分，而液氮快速冻结柿子中可溶性单宁含量仍有较高水平。

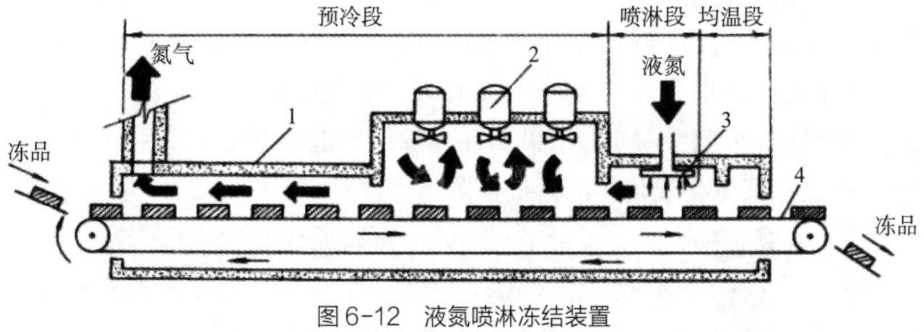

图 6-12　液氮喷淋冻结装置

1—隔热外壳　2—轴流风机　3—液氮喷嘴　4—传送带

而液态二氧化碳速冻装置具有结构简单、占地面积少、生产灵活性高、显著提高产品速冻率等特点，这些特点都是机械冷冻无可比拟的。目前已经可以使用高压液态二氧化碳速冻技术对香菇进行速冻，有效解决了蔬菜速冻加工中速冻产品易发生干耗、冻结速率低、冻结时间长等问题，具有良好的发展前景。但值得注意的是二氧化碳汽化时，由于气流强度较大，易造成待冻结物的翻滚，使脆嫩果蔬受损。另外，速冻时还有一部分二氧化碳易被产品吸收，增大了产品的体积。所以，应适当排除少量二氧化碳，否则会导致因膨胀造成包装破裂。

(三) 影响速冻的重要因素

无论采取哪种速冻方法，冻结速度和冻结品温这两点是获得优良冷冻产品的最重要因素。

1. 冻结速度

一般是冻结的速度越快，冻结的温度越低越好。具体要求是：原料在冻结前必须冷透，尽量降低速冻物体的中心温度，有条件的可以在冻结前加预冷装置，以保证原料的迅速冻结。在冻结过程中，最大冰晶生成带为-5～-1℃。在这个温度带内，原料的组织损伤最为严重。所以在冻结时，要求以最短的时间使原料的中心温度低于最大冰晶生成带，保证产品质量。但冻结速度并不是越快越好，若冻结速度过快则会发生低温断裂现象，导致果蔬制品宏观和微观结构的破坏，进而引起产品品质的下降。为此，首先要求速冻装置要有一个较好的低温环境，通常在-35℃以下。其次要求投料均匀。二者合理配合，是确保产品质量的关键环节。

2. 冻结品温

蔬菜在预处理时要经受烫漂过程的加热处理，如有条件，在冻结前将冷却后的蔬菜预冷使其冷透，品温接近于0℃，冻结效果会更好，这一点很重要。如果冻结前预冻结原料的品温过高，则相当于冻结过程经过最大冰晶生成带的时间受到延长。易造成产品品质的下降，因此。前处理后的原料不能立即进行冻结，应设法将其品温快速降到0℃左右，并放到冷藏室中暂时贮藏，以免变质。

速冻时应采用-35～-30℃的低温进行冻结，直至果蔬的中心温度降到-18℃以下。冻结终温（冻结终了从冻结装置中把冷冻产品取出时的品温）要尽可能地达到冻藏温度或者接近这个温度，这对于冻藏后保持冷冻产品的优良品质很重要。一般来讲，冻藏室温度应保持在-20℃以下，因此，冻结终温可以控制在-18℃以下。

(四) 包装

1. 果蔬速冻产品包装的作用

速冻食品包装不仅能有效控制食品在贮藏中因升华现象而引起的果蔬表面的失水干燥现象，而且有效防止果蔬因长期接触空气而引发的氧化变色现象，还可有效保持产品的卫生安全，并降低食品受污染的可能，对于后续的产品运输销售也提供了一定的便利条件。

2. 果蔬速冻产品包装材料及辅料的标准要求

包装形式有袋、托盘、杯、盒、桶等多种形式。可采用普通包装、充氮包装、抽真空包装等不同方式。工业上，常采用0.06～0.08nm厚的聚乙烯薄膜袋，经充氮或抽真空包装处理。同时，在外包装上多用表面有防潮层的纸箱，标签或纸箱上印有品名、规格、质量、生产日期、贮存条件、贮藏期限、批号和生产厂家等信息。外包装应来自由检验检疫机构注册的加工厂生产，每批外包装还须有中国出入境检验检疫局（CIQ）签发的纸箱性能合格单，且保证所有的包装材料必须清洁。质检员凭纸箱性能合格单，验收包装质量。合格后通知仓库保管员接收，并办理入库手续。内包装需具有耐低温、透气性低、不透水、无异味、无毒性等特点。工业上常采用铝箔、玻璃纸、纸、PVC、PE、PP、PET等塑料材料作为内包装材料。同样，来源上应来自卫生防疫部门认可的加工厂，生产内包装的企业必须提供卫生许可证复印件和产品合格证。质检员凭两证验收质量，化验室同时抽样，进行微生物检测，合格后方可使用，并填写内、外包装进厂验收记录，保管员凭包装物料验收记录等手续，办理入库手续。内、外包装实行专库存放，存放时应离地离墙，上部用防尘布遮盖，以防灰尘污染。生产用的各种辅料，应凭供货商的合格证或官方的合格证书，经质检科验收合格后入库，并填写辅料验收记录，存放于专用库房，并予以标识，以免领用混淆。超过保质期的辅料不得用于生产。

3. 包装注意事项

在包装前，所有包装材料须在-10℃以下低温间预冷。若采用人工封袋方式时，应注意排除袋内空气，若不排除空气，在冻藏中将会加大蔬菜干燥难度和果蔬氧化的程度。同时，包装内的蔬菜要摆放整齐且紧密，尽量减少空隙，以免水蒸气从冻结蔬菜中向此空间移动，并在包装材料的内侧面凝霜，使透明的塑料膜变得白浊，导致冻结蔬菜的表面变得干燥粗糙，甚至完全失去光泽。值得注意的是包装必须保证在-5℃以下的低温环境中进行，温度在-4～-1℃包装时，速冻蔬菜会发生重结晶现象，将大大地降低速冻蔬菜的品质。此外，在包装前1h，包装间应打开紫外灯灭菌，且所有包装用器具，工作人员的工作服、帽、鞋、手均要定时消毒处理。同时，工作场地及工作人员也必须严格执行食品卫生标准，非操作人员不得随便进入，以防止造成冻结产品的污染。

为提高冻结速度和效率，多数果蔬宜采用速冻后包装，只有少数叶菜类或加糖浆和食盐的果蔬选择在速冻前包装。速冻后包装要求迅速及时，从出速冻间到入冷藏库，力求控制在15～20min，包装间温度应控制在-5～0℃，以防止产品回软、结块和品质的劣变。包装后的整箱冻结产品也要用封口条封箱并进行复磅，以减少污染的可能性。

三、冻藏

1. 冻藏定义

冻结果蔬的贮藏也是果蔬速冻产业链中必不可少的步骤，一般速冻后的成品应立即装箱入库贮藏。果蔬冻藏，就是采用缓冻或速冻方法先将食品冻结，而后再在能保持果蔬冻结状态的温度下贮藏的方法。贮藏冷冻食品的冷库常称之为低温冷库或冻库。冻藏适用于长期贮藏，短的可达数日，长的可以年计。

2. 冻藏原理

食品冻藏是将食品冻结并在此状态下贮藏。食品冻结可使食品中大部分甚至全部水分形成冰晶体，从而减少游离水的含量，使微生物的生长受到抑制，适当的低温和冻结速度还会促使微生物的死亡；酶活力在低温和失去反应介质的作用下被大大降低；同时，脂肪酸败、维生素分解等作用在冻藏时也会减缓。冻藏能够延缓果蔬的腐败，但不能完全终止腐败。

3. 冻藏重要影响因素

速冻果蔬在冻藏过程中的败坏主要由物理、生化等方面的变化引起，表现为冰晶的成长和果蔬颜色和气味的改变等，这些变化主要是由冻藏条件和微生物与酶的作用引起的。速冻产品贮藏质量的好坏，主要取决于两个条件：一是低温，二是保持低温的相对稳定。要保证优质的速冻果蔬在贮藏过程中不发生劣变，冻藏库的温度应严格控制在（-20±2）℃，这是国际上公认的较经济的冻藏温度，相对湿度应在95%～98%。冻藏过程中要防止产生较大的温度变动，避免引起冰晶的重排和果蔬表面的风干、结霜、褐变、变味以及组织损伤等，对产品的品质产生不利的影响。

4. 注意事项

（1）包装后立即送入-18℃以下的冻藏库贮藏，库温在短时间内波动在所难免，一般尽量控制波动不超过1℃，大批产品进出库时，一昼夜升温应控制在4℃以内。码垛时一定要注意高度限制，太高会造成塌垛现象，压坏冷冻产品。

（2）冷冻产品在冻藏中易出现冰的升华作用，使产品表面失水。采用在产品表面保持一层冰晶层或采用不透水蒸气的包装材料包装，以及提高相对湿度等措施，则可有效地防止产品的失水，避免由于失水造成果蔬表面的变色。

（3）实践证明，冻藏期间的温度以及时间都对速冻果蔬制品的品质有一定影响，产品质量变化与冻藏时间、冻藏温度呈正相关。因此，虽然冻藏在很大程度上能保证产品的质量品质，但冻藏期最好不要超过1年。

四、解冻

解冻是食品冷加工在消费前不可缺少的环节。由于冻品在自然条件下也会解冻，所以解冻这一环节往往未引起人们重视。然而，大部分食品冻结时，水分或多或少会从细胞内向细胞间隙转移，导致食品风味下降。因此，要使冷冻食品经冻结、冷藏后尽可能地保持其原有的品质，尽可能恢复水分在食品未冻结前的分布状态是解冻过程中值得重视的问题。

（一）解冻定义

解冻就是将冷冻食品的温度回升到所指定的温度，使其内部的冰结晶融化成水，水分逐渐被细胞吸收，并尽量恢复到最接近冻结前的状态，获得最大限度的可逆性。解冻是冻结的逆过程，也需要快速，但两者的速度有差异，对于非流体果蔬的解冻应比冷冻（速冻）缓慢，而且解冻的温度变化也有利于微生物的活动和理化变化的加强，正好与冻结过程相反。

果蔬解冻之后，由于其组织结构已有一定程度的损坏，因而有部分内容物渗出，随着温度的升高，微生物得以复苏，其生理生化变化也逐渐增强。解冻时间应尽可能短、解冻终温尽可能低、解冻食品表面和中心部分的温差尽可能小、卫生条件应尽可能好，这样才有利于冻结果蔬恢复到冻结前的状态。但是也不可能完全恢复到冻结前的状态，这主要因为解冻的方法不同和在解冻过程中要发生物理和化学的变化，食品由于冰结晶对细胞纤维组织构造的损伤，减弱了它们保持水分的能力，必然产生汁液的流失；随着温度的升高和冰结晶融化成水，微生物和酶的活动能力趋于活化。因此，冷冻果蔬解冻后要立即食用或加工，尽量不冷藏或再次冻藏，避免造成产品的氧化褐变、流汁和营养的损失，甚至受微生物影响造成食品的腐败变质。

（二）解冻方法

速冻果蔬的解冻常由专门的设备来完成，按供热方式可分为两种：一种是外面的介质如空气、水等经果蔬表面向内部传递热量；另一种是从内部向外传热，如高频和微波。按热交换形式不同又分为空气解冻法、水（或盐水）解冻法、冰水混合解冻法、加热金属板解冻法、低频电流解冻法、高频和微波解冻法及多种方式的组合解冻等。

1. 外部加热法

即由温度较高的物质向冷冻食品表面传送热量，热量由表面逐渐向中心传送。常用的该类方法有空气解冻法、水（或盐水）解冻法、水蒸气凝结解冻法、热金属面接触解冻法等。

2. 内部加热法

即在高频或微波场中使冰结晶各部位同时受热。常用的内部加热解冻方法如下。

（1）低频电流（50~60Hz/s）加热解冻　该方法比空气和水解冻的速度快2~3倍。具有耗电少、费用低的优点，但其缺点是内部解冻不均，只适合薄片果蔬的表面解冻。

（2）高频电流（1~50MHz/s）加热解冻　具有解冻时间短、食品表面和内部同时加热的特点。

（3）微波加热、超声波、远红外辐射等解冻　具有解冻速度快、能较好地保持食品的色泽和营养的特点，但成本相对较高。

（三）果蔬速冻产品解冻注意事项

（1）速冻果蔬的解冻是食用（使用）前的一个步骤，速冻蔬菜的解冻常与烹调结合在一起，而水果则不然，因为它要求完全解冻后方可食用，而且不能加热，不可放置时间过长。

（2）速冻水果一般希望缓慢解冻，这样，细胞内浓度高而最后结冰的溶液先开始解冻，即在渗透压作用下，果实组织吸收水分恢复为原状，使产品质地和松脆度得以维持。但解冻不能过慢，否则会使微生物滋生，有时还会发生氧化反应，造成水果败坏。

五、影响速冻果蔬质量的因素

（一）原料对产品品质的影响

优质新鲜的原料是生产优质产品的前提和保证。速冻只能尽量保持果蔬产品的原有品质、延缓其劣变而不能改进其原有品质，因此速冻原料的选择十分重要。在对速冻果蔬的原料进行选择时，一般要求选择品种适宜、足够成熟、新鲜脆嫩、无病虫害的原料进行速冻，才能最大程度上保证速冻果蔬的质量。原料越新鲜，速冻成品品质越好。同时原料入厂时应经过仔细的验收，分批放置在阴凉通风之地，防止原料堆压，一般从收获到加工的时间间隔在24h以内为佳。在原料进厂后，应根据产品品质的要求严把原料验收关，剔除腐烂、病虫害、畸形、未熟、过熟、失水过重等不符合质量要求的原料，并在各道工序中层层把关，随时发现随时剔除。

生产速冻果蔬的原料应无工业及农业废料的污染，符合相关国家标准或行业标准。原料在生长期内应严格控制农药及其他化学驱虫剂、除草剂的使用，严禁使用残留期较长的农药。

加工用水应符合GB 5749—2022《生活饮用水卫生标准》，供、排水系统完全分开，防止虹吸回流污染加工用水，确保加工用水、冰的安全卫生。生产中使用的冷却水应经过净化处理，每年生产前由卫生防疫部门对加工用水进行全项目检测，水质须符合GB 5749—2022，以后每半年检测一次。生产企业内部由质检部门负责监控水质的安全，必须专人检测，做好记录，化验室每日对水的余氯进行检测。如发现测定结果与设定值有偏差的现象，要及时汇报，并建议相关部门采取必要的纠偏措施。企业生产所有排放的废水，应经过适当处理，符合国家排放要求。冷却水采用氟利昂机组与清洁区内冷却池相连制造冷却水。

（二）工艺对产品品质的影响

速冻前的加工处理一般包括原料的挑选、清洗、烫漂、冷却等环节，对每一个环节都必须认真操作，任何操作不当都可能影响果蔬的质量。

1. 挑选

去掉品种不纯、有病虫害、组织残缺的原料。对于某些果蔬应根据需要，剔除黄叶、老叶，去皮去核、除根须，保证果蔬新鲜度一致，做好速冻前的准备，保证速冻质量。

2. 清洗

用清水洗净果蔬表面的泥沙、灰尘等污物，叶菜类根部含有较多泥沙，应清洗干净。

3. 烫漂

研究发现，新鲜蔬菜冷冻后品质变劣与酶活力有关。所以，蔬菜速冻前应实施烫漂工艺，主要目的是钝化酶，起到杀菌的作用。而水果因为需要保持其鲜果品质，通常不进行烫漂。并且，并不是所有的蔬菜都需要烫漂，应根据品种而定。研究表示，芹菜、马铃薯、西蓝花等含纤维素较多的蔬菜烫漂后再进行速冻有利于营养成分的保持，而胡萝卜、番茄、洋葱等蔬菜不经过烫漂直接速冻就能较好地保持原有的品质，烫漂工艺反而会造成营养成分和风味物质的流失。烫漂的温度与时间也对原料的质量具有重要的影响。不同的蔬菜烫漂适宜的温度与时间不一，应根据不同果蔬的品种进行调整与设定。如果烫漂的时间不足，容易使果蔬中的酶残留活力，导致品质下降，影响冻品的风味；而如果烫漂时间过长，会使绿色蔬菜褪色变黄，降低果蔬组织的脆性，淡化风味，流失营养成分。不同蔬菜的烫漂时间见表 6-8。常用的烫漂方法有沸水法和蒸汽法两种。沸水法以 90~100℃ 为适，蒸汽法以常压下 100℃ 为适，时间为几秒至几分钟。烫漂过程中要及时更换用水，保持水温稳定。

表 6-8　不同蔬菜的烫漂时间　单位：min

蔬菜种类	烫漂时间	蔬菜种类	烫漂时间
菜豆	2.0	蘑菇	3.5
刀豆	2.5	南瓜片	2.5
黄瓜片	1.5	青菜	2.0
胡萝卜	2.0	荷兰豆	1.5
芋头	10~12	芋头	10~12
甜玉米	2~3	蒜	1.0
菠菜	2.0	蚕豆	2.5

烫漂是速冻果蔬加工工艺中的重要工序，烫漂的成功与否关系到果蔬是否会在冻结、冻藏的过程中变色以及出现异味。同时，它能够减少农药的残留、去除细胞组织内部的空气和水分的同时保持蔬菜的营养成分，同时还能使产品组织变得柔软，并缩小体积，利于产品的包装，提高成品的品质。如果原料未经烫漂直接冷冻，解冻后往往会出现变色、失味等品质劣变现象，甚至丧失食用价值。

4. 冷却、沥干

烫漂后的蔬菜，应立即浸入冷水中冷却，以减少余热对原料品质和营养的破坏，避免酶类再度活化以及微生物的大量增殖。如将较高温度下的蔬菜原料直接进行速冻，会增加制冷负荷，耗费能源，造成冻结温度升高和产品质量下降的现象。冷却温度与冷却速度也对果蔬质量具有重要影响。水温越低，冷却效果越好。冷却速度越快，冷却效果越好，能够避免长时间浸于水中而造成蔬菜中维生素 C 及可溶性营养成分的流失。

果蔬原料经过烫漂和冷却等一系列处理后，常有水分残留，可采用振动筛或离心机脱水将这部分水分除去。若不除去，原料在冻结过程中容易相互粘连形成大的结块或黏附在冻结设备上，难以形成一个个独立的分散体，不利于冻后包装。

5. 浸糖

由于水果不进行烫漂处理，所以水果在整理切分后需要保存在糖液或维生素 C 溶液中。水果的浸糖处理能够减轻结晶对水果内部组织的破坏，防止芳香成分的挥发，保持水果原有的品质和风味。糖的含量一般控制在 30%～50%，因水果的种类而异。一般用量配比为两份水果加一份糖液，加入超量糖会引起果肉的收缩，造成速冻产品品质的下降。

6. 速冻

速冻是速冻加工工序的关键步骤，是保证产品质量的决定因素，而冻结速度又很大程度上影响着速冻工序的成败。一般冻结速度越快、冻结温度越低越好。若冻结温度高，冻结速度缓慢，果蔬组织细胞间隙生成过大的冰晶体，造成细胞内水分的外渗，解冻时汁液流失较多，那么将得不到具有新鲜品质、营养和色泽保存良好的速冻蔬菜；同时蔬菜速冻时，温度若不能迅速降低到抑制微生物生长活动的程度，就不能有效抑制微生物的增殖及其他生化反应。除了冻结速度，冻结方法也是影响速冻工序的重要因素。

7. 解冻

果蔬解冻后，其组织结构已有一定程度的损坏，有部分内容物渗出，随着温度的升高，微生物得以复苏，其生理生化变化也逐渐增强。因此，速冻果蔬应在食用之前解冻，而不宜过早解冻，且解冻之后应立即食用，不宜在室温下长时间放置。否则由于“流汁”等现象的发生而导致微生物生长繁殖，造成果蔬败坏。速冻果蔬解冻越快，对色泽和风味的影响越小。

8. 包装

适合的包装能够保证速冻果蔬长时间贮藏不变质，有效地控制速冻果蔬在贮藏过程中发生的冰晶升华和接触空气而产生的氧化变色。同时，也可以阻止产品被外界微生物污染，保持产品卫生。包装间温度应控制在-5～0℃，以防止包装间温度过高造成产品表面结霜。同时，果蔬速冻后，包装过程应及时迅速。因为包装速度越慢，速冻后的果蔬回温程度越严重。

9. 冻藏

果蔬速冻后，为避免其品质发生劣变，应立即对其进行装箱贮藏。国际上公认的最经济的冻藏温度为（-20±2）℃，冻藏过程中应保持贮藏温度恒定，防止温度大幅度变动，否则容易形成大冰晶，造成品质劣变。另外，应根据不同果蔬的贮藏性确定最长的贮藏时间，同时做好产品的密封，不将其与其他有特殊香气的物品放置在一起，保证速冻果蔬的风味和品质。

第三节　产品实例

一、速冻青椒

（一）工艺流程

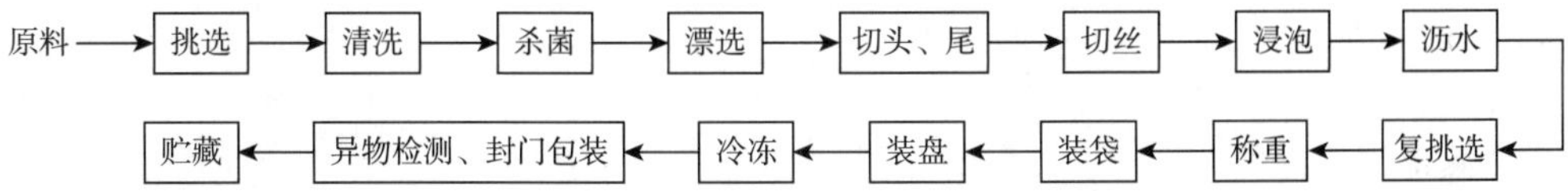

（二）操作要点

1. 原料要求

青椒鲜嫩肥厚、质地脆嫩，皮呈鲜绿色、有光泽，无机械损伤、病虫害、异色斑点等。

2. 清洗

用流动清水将青椒表面清洗干净。

3. 杀菌

将清洗后的青椒投入0.05~0.1g/L次氯酸钠溶液中杀菌，时间为60s，每次投入的青椒与次氯酸钠溶液的质量比为1∶74。

4. 切丝

用切丝机将青椒切成宽5mm的丝。

5. 浸泡

由于青椒速冻后食用时会产生异味，因而在速冻前要进行处理。浸泡液要提前配制，配制方法如下。

（1）将品质改良剂A配成质量浓度为500g/L的水溶液。

（2）在不锈钢水池中加水150L，边搅拌边加入品质改良剂A（50%）溶液600g，再加入试剂B（3kg），待完全溶解后加入余下的150L水。

（3）静置3min后再充分搅拌，待用。300L的浸泡液可处理125kg的青椒丝，浸泡时间为30min，每隔10min搅拌一次，然后取出青椒丝。

品质改良剂A的配方：偏磷酸钠15%，明矾20%，柠檬酸10%，维生素C 3%，富马酸10%；乳酸钙10%；乳糖32%。

试剂B的配方：碳酸钠50%，异抗坏血酸钠50%。

6. 称重、装袋

称取质量为500g的青椒丝，装入塑料袋中，增量为2%，要求内容物距袋3cm以下。然后袋口折叠放入铝盘中轻轻拍平。

7. 冷冻

装盘后放在冻结间进行冻结，冻结间温度在-35℃以下，使冻品中心温度在-18℃以下。

8. 异物检测

青椒丝通过金属探测仪，确保产品中不存在金属异物。

（三）质量标准

1. 色泽

呈青椒本身的鲜绿色，色泽一致。

2. 风味

具有青椒特有的气味，味甜，无异味。

3. 组织形态

新鲜，食之无纤维感，形态完整，果肉肥厚，无腐烂、蒂梗、虫斑、籽等。

4. 规格

长度3.5~7cm、宽度4~6mm的丝状。

5. 卫生要求

符合食品卫生的要求。

6. 袋尺寸

20.5cm×15.5cm×8.0cm。

7. 细菌指标

细菌总数小于 3×10^6 个/g；大肠菌群呈阴性。

二、速冻玉米

玉米是理想的天然食品，速冻甜玉米粒加工可选用超甜玉米和加强甜玉米品种。常用的有：绿色超人、湘玉超甜1号、粤甜3号、京科甜115号、甜单21号、吉甜3号、吉甜6号、超甜2000号、华甜玉1号、沈甜2号、新西兰的5015和5016号等。

（一）工艺流程

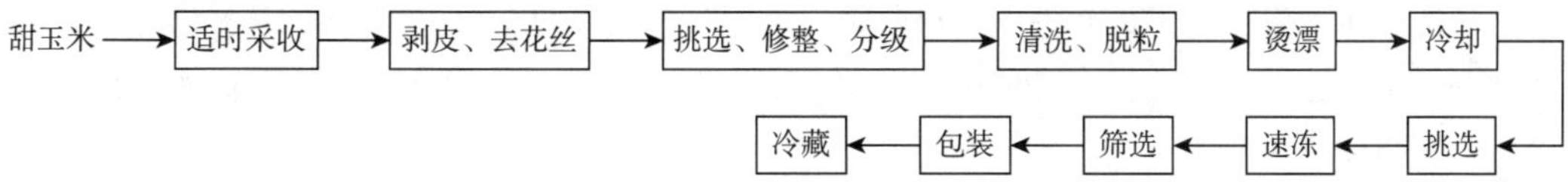

（二）操作要点

1. 适时采收

甜玉米的最佳采收期为乳熟期，即授粉后20d左右。采收标准：玉米叶色浓绿，包叶为青绿色，花丝枯萎成茶褐色；籽粒饱满，颜色为黄色或淡黄色，色泽均匀，大小一致，排列整齐，无杂色粒、秃尖、缺粒和虫蛀现象，胚乳为黏稠乳状。操作要求：带苞叶采收，谨慎操作，轻拿轻放，避免日晒、重压、碰撞等。要求在采收后2h内及时送到工厂加工。

2. 剥皮、去花丝

甜玉米进厂后要在阴凉处散开放置，并立即剥皮加工。从采收到加工的时间不能超过6h，如果在该时间内不能及时加工完毕，则必须放进0℃左右的保鲜冷库内做短期贮存。要人工剥除甜玉米苞叶，然后去除花丝。要尽量保持卫生，所有的操作要轻巧，不能有变形、破损和变色籽粒，剥净后放入专用的食品筐内。

3. 挑选、修整、分级

首先将过老、过嫩、过度虫蛀、籽粒极度不整齐及严重破损变形的甜玉米穗剔除。把有少量虫蛀、杂色粒及破损变形粒的甜玉米穗用刀挖出虫蛀粒、杂色粒和破损粒。然后按玉米穗直径分级，可根据不同的玉米品种分成2~3个等级，等级间的直径差定在5mm。

4. 清洗、脱粒

将经分级的玉米穗用流动清水洗净，用专用的玉米削粒机脱粒。调整削粒机上的刀口，以刀口刚好触及玉米穗轴为准。

5. 烫漂

脱粒后的玉米粒应立即进行烫漂，可用沸水或蒸汽进行。沸水烫漂一般多用夹层锅。加热温度为95~100℃，烫漂时间为5min。

6. 冷却

烫漂后的玉米粒应立即进行冷却，否则会影响产品质量。一般采用分段冷却的方法。首先用凉水喷淋法将90℃左右的玉米粒的温度降到25~30℃，然后在0~5℃的水中浸泡冷却，使玉米粒中心的温度降低到 5℃以下。

7. 挑选

及时人工挑拣出穗轴屑、花丝等其他杂质，以减轻包装前筛选的压力，并保证产品质量。

8. 速冻

玉米粒速冻使用流化床式速冻隧道。玉米粒平铺在传送网带上，传动带下的多台鼓风机以 6~8m/s 的速度向上吹冷风，使玉米粒呈悬浮状态。机器的蒸发温度为-40~-34℃、冷空气温度为-30~-26℃，玉米粒的厚度为 30~38mm，冷冻 3~5min 使玉米粒中心温度达到-18℃即可。速冻完的玉米粒应互不粘连，表面无霜。

9. 筛选

速冻后的玉米粒要进一步除去杂质、缺陷粒和碎粒，必要时可用 0.4cm 的筛子进行筛选。

10. 包装

速冻玉米粒应在-6℃的条件下进行包装。一般用聚乙烯塑料袋包装，据需要包装成 250g/袋或 500g/袋。包装后封口，并同时在封口上打印生产日期，装箱后立即送往冷藏库冷藏。

11. 冷藏

冷藏库温要求在-18℃以下，相对湿度 95%~98%。冷藏库内的温度波动范围不能超过 2℃，码放时垛与垛要留有足够的空隙，以便空气流通和库温均匀稳定。

（三）质量标准

1. 感官指标

色泽：浅黄色或金黄色；形态：籽粒大小均匀、无破碎粒，切口整齐；杂质：无花丝、苞叶及其他杂质；包装内无返霜现象；滋味、口感：用开水急火煮 3~5min 后品尝，应具有该甜玉米品种特有的滋味和甜味，香脆爽口。

2. 卫生指标

铜≤5.0mg/kg，砷≤0.5mg/kg，铅≤1.0mg/kg；微生物符合商业无菌要求。

三、速冻草莓

草莓又称红莓、洋莓、地莓等，是一种红色的水果。草莓对蔷薇科草莓属植物的通称，属多年生草本植物。草莓的外观呈心形，鲜美红嫩，果肉多汁，含有特殊的浓郁水果芳香。草莓营养价值高、含丰富维生素 C，有帮助消化的功效，与此同时，草莓还可以巩固齿龈，清新口气，润泽喉部。

（一）工艺流程

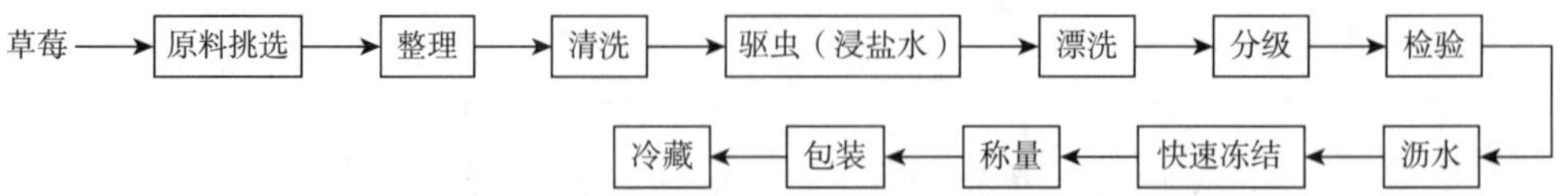

（二）操作要点

1. 原料挑选

选用草莓色泽呈红色、成熟适度、新鲜饱满、单果重和横径符合产品的要求。采摘后及时加工，不能及时加工的需贮藏在1~2℃和相对湿度为85%~90%的库内，最好不超过3d。

2. 整理与清洗

摘除果梗，捡去成熟不足、畸形、腐烂、有病虫及机械损伤的草莓，然后置于流动水槽内，用清水洗去泥沙和杂质。

3. 驱虫与漂洗

将草莓浸没在50g/L食盐水中10~15s，以除去果上小虫，然后再经二道清水漂洗，去除盐水及附在草莓表面的小虫及其他杂质。

4. 分级与检验

经过漂洗后的草莓，按产品要求分级与检验。

5. 快速冻结

冷冻机网带上室温控制在-35~-32℃，冻结时间为10~15min，冻结后草莓中心温度达到-18℃以下。

6. 包装和冷藏

冻结后在低温车间迅速装袋、称量、封口，并立即送入到-20~-18℃的低温库中冷藏。

（三）质量标准

1. 色泽

色泽均匀。

2. 风味

具有正常草莓应有的气味和滋味，味甜，无异味。

3. 组织形态

新鲜，食之无纤维感，形态完整，果肉肥厚，无腐烂、蒂梗、虫斑、籽等。

4. 卫生要求

符合食品卫生的要求。

5. 袋尺寸

20.5cm×15.5cm×8.0cm。

6. 细菌指标

细菌总数小于3×10^6个/g；大肠菌群呈阴性。

思考题

1. 什么是果蔬的速冻、缓冻？
2. 简要说明低温对酶活力有什么影响。
3. 低温影响微生物活动的原理是什么？
4. 果蔬常用冻结装置有哪些类型？
5. 果蔬速冻加工工艺流程是什么？

第七章

07

果蔬糖制

本章学习目标与要求

1. 掌握果蔬糖制的原理。
2. 了解果蔬糖制品的分类。
3. 掌握不同果蔬的糖制工艺。

果蔬糖制是以果蔬为原料，与食糖或其他辅料配合加工成糖制品的加工技术。利用高浓度糖的防腐保藏作用制成的果蔬糖制品，是我国古老的食品加工方法之一。早在西周时期，人们就利用蜂蜜熬煮水果蔬菜制成各种加工品，并冠以“蜜”字，称为蜜饯。到了宋代，糖制品的加工方法更为发展和完善，《武林旧事》曾有“雕花蜜饯”的详细记载。如今苏式蜜饯中的“雕梅”“糖佛手”和湖南蜜饯中的“花卉”“鱼鸟”等，就是雕花蜜饯工艺的继承和发展。

作为果蔬糖制品的主要辅料，食糖起着举足轻重的作用。其中，甘蔗糖（即砂糖）的发明和应用，大大促进了糖制品加工的迅速发展，逐步形成品种繁多、风味独特的我国传统蜜饯，其中以北京、苏州、广州、潮州、福州、四川等地的产品尤为著名，如苹果脯、海棠脯、蜜枣、橘饼、糖梅、糖姜片、冬瓜条以及各种凉果和果酱，在国内外市场上享有很高的声誉。

果蔬糖制品具有高糖、高酸、高抗氧化性等特点，这降低了果蔬 pH 和水分活度，提高渗透压，有效地抑制了微生物的生长繁殖，防止腐败变质，使果蔬糖制品达到长期保藏不坏的目的。因此，果蔬糖制不仅改善了原料的食用品质，赋予产品良好的色泽和风味，而且提高了产品在保藏和贮运期间的品质和期限。

糖制品加工是果蔬原料综合利用的重要途径之一。糖制品对原料的要求不严，除正常的商品果蔬外，各种自然落果，酸、涩、苦味果和野生果等，均可依其加工特性，进行合理利用。通过综合加工，可以充分利用果蔬的皮、肉、汁、渣或残、次、落果，甚至不宜生食的橄榄和梅子，制成果脯、蜜饯、凉果和果酱。尤其是值得重视的野生果实，如猕猴桃、野山楂、刺梨、毛桃等，可制成当今受欢迎的无污染、无农药的糖制品。

在蜜饯加工中，常使用丁香、肉桂、厚朴、檀香、八角、陈皮、山柰等天然香辛料，具有增进食欲、消除异味、赋予香气、着色、抗氧化、抗菌等作用。另外，食用某些果脯是有益处的，如橄榄败火，金橘润喉，野山枣糕可安神，山楂能辅助软化血管、降血脂，秋海棠可开胃，因此开发功能性果脯蜜饯产品大有可为。

第一节 果蔬糖制原理

果蔬糖制是以食糖的保藏作用为基础的加工方法，食糖的种类、性质、浓度及原料中果胶含量和特征，对产品的质量和保藏都有很大的影响。因此，了解食糖的保藏作用和理化性质以及果胶等植物胶的性质，对科学调控生产、获得优质耐藏的产品有重要意义。

一、糖制机制

1. 糖制品糖化原理

果蔬糖制是指将果蔬原料或半成品经预处理后，利用食糖的保藏作用，通过加糖浓缩，将固形物含量提高到65%左右得到的糖制品。因此，通过糖制机制所得到的果蔬糖制品具有高糖（蜜饯类）或高糖高酸（果酱类）的特点，这不仅改善了原料的食用品质，赋予产品良好的色泽和风味，而且提高了产品在保藏和贮运期间的品质和期限，使其有良好的保藏性和贮运性，是保藏果蔬的一种有效方法。由于加工方法不同，产品色香味形及组织均有不同程度的改变，从而丰富了食品的品种，满足社会的需要。

2. 糖制品低糖化原理

糖制品是深受广大消费者尤其是儿童所喜爱的休闲食品，但是传统工艺生产的果脯蜜饯类属高糖食品，果酱类属高糖高酸食品，一般含糖量为65%~70%，过多食用会使人体发胖，诱发糖尿病、高血压等症，儿童还会发生肥胖现象，所以难以适应人们对食品的新要求，故采用新配方、新工艺生产出新型的低糖制品势在必行。

10多年来，有关低糖蜜饯的研究时有报道，一讲到低糖蜜饯，就必然与采用真空渗糖工艺措施，选择蔗糖替代物，添加亲水胶体、电解质等相联系，把低糖蜜饯复杂化。其实低糖蜜饯是处于传统蜜饯与水果干制之间的加工技术，可以在传统蜜饯生产的基础上减少渗糖次数并减少煮制时间，主要的措施如下。

（1）选择蔗糖替代物　生产糖制品时，采用淀粉糖浆取代40%~50%的蔗糖，这样既可以降低产品的甜度，又可以保持一定的形状。选择合适的糖原料对低糖蜜饯的饱满度非常重要。生产低糖果酱类产品时，由于低糖果浆代替了部分蔗糖使得糖浓度降低，为使低糖制品具有一定的凝胶强度，常添加一定量的增稠剂。目前市场上的果冻产品大部分不是用果汁制造，而是用琼脂、卡拉胶或海藻酸钠、酸、糖、色素、香精等配合制成，这样的产品不属于果蔬制品。

（2）添加电解质和亲水胶体　添加0.3%左右的柠檬酸，使产品pH降至3.5左右，这样可降低甜度，改进风味，并加强保藏性。

（3）改进渗糖工艺　采用热煮冷浸工艺，即取出糖液，经加热浓缩或加糖煮沸回加于原料中，可减少原料高温受热时间，较好地保持原料原有的风味。实际生产中很少采用真空渗糖，因为真空渗糖设备投资大，操作麻烦，技术较复杂，实际效果也不像理论上那么好，因此出现了购买真空渗糖设备的厂家大多闲置不用的现象。

（4）降低水分活度　通过烘干脱水，控制水分活度在0.65~0.7，可有效控制微生物的活动，使低糖蜜饯具有高糖蜜饯的保藏性。

（5）采用抽真空包装或充氮包装延长保藏期　采用真空包装或充氮包装，可以有效降低包装容器内氧气含量，减少因氧化引起的变色、变味和营养损失现象，同时，真空包装和充氮包装也能有效抑制腐败菌滋生，有利于糖制品长期保存。

（6）添加防腐剂　低糖产品含糖量在45%左右，个别品种可能还低一些。若将糖度降得太低，就会使蜜饯等制品失去存在的依托，很容易造成制品在质量上存在透明度不好、饱满度不足、易霉变、不利于贮藏等问题。因此，必要时按规定添加防腐剂，或进行杀菌处理、冷藏等辅助措施，均可解决低糖蜜饯的保藏问题。

二、糖制品保藏原理

糖制品要做到较长时间的保藏，必须使制品的含糖量达到一定浓度。食糖本身对微生物无毒害作用，低浓度糖还能促进微生物的生长发育。高浓度糖对制品的保藏原理主要包括以下几个方面。

1. 高渗透压作用

糖溶液都有一定的渗透压，而且浓度越高，渗透压越大。据测定，10g/L 葡萄糖溶液可产生121.59kPa的渗透压，10g/L 蔗糖溶液具有70.93kPa的渗透压。糖制品一般含有60%~70%的糖，按蔗糖计，可产生相当于4.265~4.96MPa的渗透压，而大多数微生物细胞的渗透压只有0.355~1.692MPa。糖液的渗透压远远超过微生物的渗透压，当微生物处于高浓度的糖液中，其细胞里的水分就会通过细胞膜向外流出，微生物则会因缺水而出现生理干燥，失水严重时可出现质壁分离。

2. 降低水分活度

高浓度的糖使糖制品的水分活度下降，同样也抑制微生物的活动。食品的水分活度，表示食品中游离水的数量。大部分微生物要求适宜生长的水分活度在0.9以上。当原料加工成糖制品后，食品中的可溶性固形物含量增加，游离水含量则减少，即水分活度降低，微生物就会因游离水的减少而受到抑制。虽然糖制品的含糖量一般达60%~70%，但由于存在少数在高渗透压和低水分活度条件下尚能生长的霉菌和酵母菌，因此对于长期保藏的糖制品，宜采用杀菌或加酸降低pH以及真空包装等有效措施来防止产品的变坏。

3. 抗氧化作用

由于氧气在糖溶液中的溶解度小于在水中的溶解度，糖浓度越高，氧气的溶解度越小。如600g/L 蔗糖溶液，在20℃时，氧气的溶解度仅为纯水含氧气量的1/6。由于糖液中氧气含量的降低，有利于抑制好氧型微生物的活动，也有利于制品色泽、风味和维生素的保存。

4. 加速原料脱水吸糖

高浓度糖液的强大渗透压，也加速原料的脱水和糖分的渗入，缩短糖渍和糖煮时间，有利于改善制品的质量。然而，糖制初期若糖浓度过高，也会使原料因脱水过多而收缩，降低成品率。蜜制或糖煮初期的糖含量以不超过30%~40%为宜。

第二节　果蔬糖制品分类

我国糖制品加工的历史悠久，原料众多，方法多样，形成制品种类繁多，风味优美，是我国名特食品中的重要组成部分。依据加工方法和成品的形态，一般分为果脯蜜饯和果酱两大类。

一、果脯蜜饯类

果蔬经过整理、硬化等预处理，加糖煮制而成，能保持一定形态的高糖制品，含糖量在60%~70%。

（一）按产品形态及风味分类

1. 湿态蜜饯

果蔬原料糖制后，按罐藏原理保存于高浓度糖液中，果形完整，饱满，质地细软，味美，呈半透明，如蜜饯海棠、蜜饯樱桃、糖青梅、蜜金橘等。

2. 干态蜜饯

糖制后晾干或烘干，不粘手，外干内湿，半透明，有些产品表面裹一层半透明糖衣或结晶糖粉，如橘饼、蜜李子、蜜桃片、冬瓜条、糖藕片等。

3. 凉果

凉果是以咸果坯为主要原料，甘草等为辅料制成的糖制品。果品经盐腌、脱盐、晒干、加配调料蜜制，再干制而成。制品含糖量不超过35%，属低糖制品，外观保持原果形，表面干燥、皱缩，有的品种表面有层盐霜，味甘美、酸甜、略咸，有原果风味，如陈皮梅、话梅、橄榄制品等。

（二）按产品传统加工方法分类

1. 京式蜜饯

主要代表产品是北京果脯，又称“北蜜”“北脯”。状态厚实，口感甜香，色泽艳丽，工艺考究。

2. 苏式蜜饯

主产地苏州，又称“南蜜”。选料讲究，制作精细，形态别致，色泽鲜艳，风味清雅，是我国江南一大名特产。

3. 糖渍蜜饯

表面微有糖液，色艳肉脆，清甜爽口，原果风味浓郁，如糖青梅、雕梅、糖佛手、糖渍无花果、蜜渍金橘等。

（1）返砂蜜饯　制品表面干燥，微有糖霜，色泽清晰，形态别致，酥松味甜，如天香枣、砂糖杨梅、苏式话梅、苏式橘饼等。

（2）凉果　甘草制品，味甜、酸、咸适口，回味悠长，如奶油话梅、陈皮梅、甘草杨梅等。

（3）糖衣蜜饯　产品表面干燥，有糖霜，原果风味浓，如糖莲子、糖明姜、冬瓜条等。

4. 闽式蜜饯

闽式蜜饯主产地江西赣州和福建泉州、福州，以橄榄制品为主产品。已有1000多年的历史，制品远销东南亚和欧美地区，是我国别树一帜的凉果产品。制品最大特点是肉质细腻致密，香味突出，爽口而有回味，如大福果、丁香橄榄、加应子、蜜桃片、盐金橘等。

5. 川式蜜饯

四川内江为主产区，始于明朝，有名扬中外的橘红蜜饯、川瓜糖、蜜辣椒、蜜苦瓜等。

二、果酱类

果酱类为果蔬的汁、肉加糖煮制浓缩而成，形态呈黏糊状、冻体或胶态，属高糖高酸食品。按其制法和成品性质，可分为以下数种。

1. 果酱

分泥状和块状果酱两类，指果蔬原料经处理后，打浆或切成块状，加糖（含酸及果胶量低的原料可适当加酸和果胶）浓缩而成的凝胶制品。制品呈黏糊状，带有细小果块，含糖量55%以上，含酸1%左右。倾倒在平面上要求“站得住、不流汁、展得开”，酸甜适口，口感细腻，如苹果酱、山楂酱、杏酱、草莓酱等。

2. 果菜泥

可以是单种或数种果菜泥的混合，原料经软化、打浆、筛滤后得到细腻的果肉浆液，加入适量蔗糖（或不加糖），经加热浓缩而成。制品呈酱糊状，糖酸含量稍低于果酱，口感细腻，如枣泥、什锦果泥、南瓜糊、胡萝卜泥等。

3. 果冻

用含果胶丰富的果实为原料，将果实软化、榨汁、过滤后，加糖、酸以及适量果胶（酸或果胶含量高时可以不加），经加热浓缩而成的凝胶制品。该制品应具有光滑透明的形状，切割时有弹性，切面光滑而有光泽，如山楂冻、苹果冻、柑橘冻、猕猴桃冻等。

4. 果膏

以果汁加糖浓缩制成。含糖量在60%以上，呈浓稠浆状，如梨膏、桑葚膏、山楂膏、金樱子膏等。

5. 果糕

将果实软化后，取其果肉浆液，加糖、酸、果胶浓缩，倒入盘中摊成薄层，再于55~60℃烘干至不黏手，切块后，用玻璃纸包装，如酸枣糕、胡萝卜糕、山楂糕等。

6. 果丹皮

是将果泥经摊平（刮片）、烘干制成的柔软薄片，如山楂果丹皮、苹果果丹皮、桃果丹皮等。

第三节　果蔬糖制加工原辅料

原料选择与处理对糖制品的品质和风味影响极大，而且关系到加工操作、劳动生产率和原料、辅料、燃料、动力材料的消耗。

一、果蔬原料

（一）水果类

按照果实种类划分，适合糖制的水果类分为以下几类。

1. 仁果类水果

仁果的果实中心有薄壁构成的若干种子室，室内含有种仁。可食部分为果皮、果肉，仁果类包括有苹果、梨、山楂、枇杷等，该类水果适合糖制成果脯类蜜饯、果酱等产品。

2. 核果类水果

核果是由单心皮雌蕊、上位子房形成的果实，也有由合生心皮雌蕊或下位子房形成的果实。其外果皮薄，中果皮肉质，内果皮坚硬、木质，形成坚硬的果核，如桃、杏、李、枣、樱桃、橄榄、梅子等，核果类水果由于其中果皮肉质而适合糖制加工成蜜饯类产品。

3. 浆果类水果

浆果是由子房或子房与其他花器一起发育柔软多汁的真果或假果。果实多柔软多汁并含有多数小型种子，故称浆果。常见的浆果包括草莓、葡萄、猕猴桃等。浆果果实的果皮除了外面的几层细胞外，其余部分肉质化并充满汁液，内含多数种子。外果皮膜质，中、内果皮柔软多汁，为食用部位，由许多单种子的小果聚合而成。果实易受机械损伤，不耐贮藏，适合加工成蜜饯和果酱。

4. 柑果类水果

柑果类的特点是外果皮革质，中果皮海绵状，内果皮形成多汁的瓤瓣，是食用部分。果皮含有芳香物质，如橘、柚、橙、柠檬，适合加工成蜜饯和果酱。

（二）蔬菜类

按照食用器官和生产特点分类，适合糖制的蔬菜可以分为以下几类。

1. 根菜类蔬菜

主根中薄壁组织比较发达，因而膨大，常为贮存营养物质的场所，机械组织较少，从而保证了食用的品质，如胡萝卜等，其适合做膏状类果酱。

2. 茎菜类蔬菜

具有初生结构的嫩茎，或具有贮藏作用的变态的地下茎或膨大的地上茎，具有发达的薄壁组织，如姜、莲藕等，其适合做成片状蜜饯。

3. 瓜类蔬菜

葫芦科中食用部分为瓠果的一类蔬菜，有冬瓜、佛手瓜等，其适合糖制成蜜饯类产品，如冬瓜条等。

4. 茄果类蔬菜

茄果类蔬菜由于产量高、生长及供应的季节长、经济利用范围广泛，所以全国各地都普遍栽培。适合糖制的茄果类蔬菜主要为番茄，其适合做成果酱或蜜饯。

二、果蔬糖制加工用糖种类

用于糖制品的食糖有白砂糖、饴糖、淀粉糖浆、果葡糖浆和蜂蜜等。白砂糖有甘蔗糖、甜菜糖，主要成分是蔗糖。饴糖的主要成分是麦芽糖（占53%～60%），其次是糊精（占13%～23%）。淀粉糖浆以葡萄糖为主（30%～50%），其次是糊精（30%～45%）。蜂蜜主要是转化糖（66%～77%）。目前国外已广泛用果葡糖浆代替蔗糖，因其纯度高、风味好、甜度浓、色泽淡、工业化生产量大、原料广泛、适用于各种食品加工。饴糖主要用于生产低档产品，淀粉糖浆适用于低糖制品。蜂蜜用作保健制品，葡萄糖用于低甜度产品。

1. 白砂糖

白砂糖是加工糖制品的重要用糖，蔗糖含量高于99%。因其有纯度高、风味好、色泽淡、取用方便、溶解性好和保藏作用强等优点，在糖制上被广泛应用。糖制时，要求白砂糖的色值低，不溶于水的杂质少，以选用优质白砂糖和一级白砂糖为宜。

2. 饴糖

饴糖是淀粉水解酶水解淀粉得到的麦芽糖、糊精和少量葡萄糖、果糖的混合物，其中含麦芽糖和单糖53%～60%，糊精13%～23%，其余多为杂质。麦芽糖含量决定饴糖的甜味，糊精决定饴糖的黏稠度。淀粉水解越彻底，麦芽糖生成量越多，则甜味越强；反之，淀粉水解不完全，糊精偏多，黏稠度大而甜味弱。饴糖在糖制时一般不单独使用，常与白砂糖结合使用。使用饴糖可减少白砂糖的用量，降低生产成本，同时，饴糖还有防止糖制品晶析的作用。

3. 淀粉糖浆

淀粉糖浆是将淀粉经糖化、中和、过滤、脱色、浓缩等工艺而得的无色透明、具有黏稠性的糖液，其主要成分是葡萄糖、糊精、果糖、麦芽糖等物。由于加工方法的不同，产品的特性差异很大，工业生产者产品中有葡萄糖值（DE值，即糖浆中还原糖含量占总糖含量的百分数）为42、53和63三种，其中以葡萄糖值为42的为主。淀粉糖浆的甜度，葡萄糖值为42的约等于白砂糖的30%。其甜味是由成分中的葡萄糖、果糖与麦芽糖组合而显示的。由于淀粉糖浆中的糊精含量高，可利用它防止糖制品返砂而配合使用，对其甜度并无要求。

4. 果葡糖浆

果葡糖浆是由植物淀粉水解和异构化制成的淀粉糖晶，是一种重要的甜味剂。生产果葡糖浆不受地区和季节限制，设备较简单，投资费用低。它主要由果糖和葡萄糖组成，故称为果葡糖浆。果葡糖浆为无色黏稠状液体，常温下流动性好。按果糖含量，果葡糖浆分为3类：F42型（含果糖42%）、F55型（含果糖55%）、F90型（含果糖90%）。果葡糖浆的甜度与果糖含量成正相关。果葡糖浆是一种完全可以替代蔗糖的产品，并与蔗糖一样可广泛应用在糖制品中，其风味与口感要优于蔗糖。

5. 蜂蜜

蜂蜜一般称为蜜糖，是动物制品，古代的果蔬糖渍制品就是用蜂蜜制的。蜂蜜具有很高的营养和保健价值，主要成分是果糖和葡萄糖（又称转化糖），占总糖的66%～70%，其次还含有0.03%～4.4%的蔗糖和0.4%～12.9%的糊精。我国蜂蜜品种繁多，习惯上按蜜源花种划分，如刺槐蜜、枣花蜜、油菜蜜等，但以浅白色质量最好。蜂蜜吸湿性很强，易使制品发黏，在糖制加工中常用蜂蜜味辅助糖料，防止制品晶析。

三、果蔬糖制加工用糖基本性质

食糖（以甘蔗糖为主）的理化性质，包括甜度、溶解度、吸湿性、沸点及蔗糖转化等，对糖制工艺及制品的质量有着重要的影响。

1. 甜度和风味

食糖是食品的主要甜味剂，食糖的甜度影响着制品的甜度和风味。食糖的甜度是以口感判断，即以能感觉到甜味的最低含糖量——味感阈值来表示，味感阈值越小，甜度越高。例如，果糖的味感阈值为 0.25%，蔗糖为 0.38%，葡萄糖为 0.55%。若以蔗糖的甜度为基础，21℃相等甜度的糖溶液浓度如表 7-1 所示：果糖最甜，蔗糖甜于葡萄糖、麦芽糖和淀粉糖浆。以蔗糖与转化糖（果糖和葡萄糖 1∶1 混合物）作比较，当糖含量低于 10%时，蔗糖甜于转化糖；高于 10%时，转化糖甜于蔗糖。

表 7-1　　21℃相等甜度的糖溶液浓度　　单位：%

蔗糖	果糖	葡萄糖	麦芽糖	转化糖	淀粉糖浆（42DE）	淀粉糖浆（63DE）
2.0	—	3.2	—	6.0	7.0	5.0
5.0	4.5	7.2	14.0	13.1	15.7	10.4
10.0	8.6	12.7	21.0	20.7	25.1	17.9
15.0	12.8	17.2	27.5	27.8	33.3	23.2
20.0	16.7	21.8	34.2	33.8	42.8	28.2
25.0	—	27.5	—	—	51.0	35.0
30.0	—	31.5	—	—	55.0	41.0
40.0	—	40.5	—	—	—	50.0
50.0	—	50.5	—	—	—	—

温度对甜度有一定影响。以糖含量 10%的糖液为例，低于 50℃时，果糖甜于蔗糖；高于 50℃时，蔗糖甜于果糖。这是因为不同温度下，果糖异构物间的相对比例不同，温度较低时，较甜的 β-异构体比例较大。

葡萄糖有二味，先甜后苦、涩带酸。蔗糖风味纯正，能迅速达到最大甜度。蔗糖与食盐共用时，能降低甜咸味，而产生新的特有风味，这也是南方凉果制品的独特风格。在番茄酱的加工中，也往往加入少量的食盐，能使制品的总体风味得到改善。

2. 溶解度和晶析

食糖的溶解度是指在一定温度下，一定量的饱和糖液内溶解的糖量。不同温度下，不同种类的糖溶解度是不相同的，如表 7-2 所示。一般的规律是随着温度升高而溶解度加大。如蔗糖在 10℃时的溶解度为 65.6%（相当于糖制品所要求的含糖量），糖制液温为 90℃时，溶解度升为 80.6%。糖煮时糖含量过高，糖煮后贮温低于 10℃，就会出现过饱和而晶析，从而降低了制品的含糖量，削弱保藏性。

表 7-2　　不同温度下食糖的溶解度　　单位：%

糖的种类	溶解度									
	0℃	10℃	20℃	30℃	40℃	50℃	60℃	70℃	80℃	90℃
蔗糖	64.2	65.6	67.1	68.7	70.4	72.2	74.2	76.2	78.4	80.6
葡萄糖	35.0	41.6	47.1	54.6	61.8	70.9	74.2	78.0	81.3	84.7
果糖	—	—	78.9	81.5	84.3	86.9	—	—	—	—
转化糖	—	56.6	62.6	67.9	74.8	81.9	—	—	—	—

食糖的溶解度大小受糖的种类和温度的双重影响，如在60℃时，蔗糖与葡萄糖的溶解度几乎相等，高于60℃时葡萄糖的溶解度大于蔗糖，低于60℃时蔗糖的溶解度大于葡萄糖。而果糖在任何温度下，溶解度均高于蔗糖、转化糖和葡萄糖，高浓度果糖一般以浆体形态存在。转化糖的溶解度大于葡萄糖而小于果糖，30℃以下低于蔗糖，30℃以上则高于蔗糖。

3. 吸湿性和潮解

食糖的吸湿性以果糖最大，葡萄糖和麦芽糖次之，蔗糖最小。如果糖制品缺乏包装，那么在贮藏期间就会因吸湿回潮使制品糖浓度降低，削弱糖的保藏性，甚至导致制品的变质和败坏。糖的吸湿性与糖的种类及相对湿度密切相关（表 7-3），各种结晶糖的吸湿率（%）与环境中的相对湿度呈正相关，相对湿度越大，吸湿率就越大。当吸湿率达 15%以上时，各种结晶糖便失去晶体状态而成为液态。纯蔗糖结晶的吸湿性很弱，在相对湿度为81.8%时，吸湿率仅为 0.05%，吸湿后只表现为潮解和结块。果糖在同样条件下，吸湿量率达 18.58%，完全失去晶态而呈液态。含有一定数量转化糖的糖制品，必须用防潮纸或玻璃纸包裹。

表 7-3　　几种糖在 25℃、不同空气相对湿度下 7d 内的吸湿率　　单位：%

糖的种类	吸湿率		
	相对湿度 62.7%	相对湿度 81.8%	相对湿度 98.8%
蔗糖	2.61	18.58	30.74
葡萄糖	0.04	5.19	15.02
果糖	0.05	0.05	13.53
转化糖	9.77	9.80	11.11

4. 沸点

糖液的沸点随糖液浓度的增大而升高。同一气压条件下不同浓度果汁-糖混合液的沸点如表 7-4 所示。在糖制加工的糖煮过程中，常用沸点来估算糖浓度或可溶性固形物含量，以确定熬煮终点。例如，干态蜜饯出锅时的糖液沸点达 104～105℃，其可溶性固形物在 62%～66%，含糖量约 60%。蔗糖液的沸点受压力、浓度等因素影响（表 7-5），其规律是糖液的沸点随海拔高度升高而下降。糖液浓度在 80%时，其沸点在海平面为 104.8℃，海拔 610m 时为102.6℃，海拔 915m 为 101.7℃。因此，同一糖液浓度在不同海拔高度地区熬煮糖制品，沸点应有不同。在同一海拔高度下，糖浓度相同而糖的种类不同，其沸点也有差异。如 60%的蔗糖液沸点为 103.3℃，60%的转化糖液沸点为 105.7℃。

表 7-4 同一气压条件下不同浓度果汁-糖混合液的沸点

可溶性固形物/%	沸点/℃	可溶性固形物/%	沸点/℃
50	102.2	64	104.6
52	102.5	66	105.1
54	102.8	68	105.6
56	103.0	70	106.5
58	103.3	72	107.2
60	103.7	74	108.2
62	104.1	76	109.4

表 7-5 不同海拔高度下蔗糖液的沸点 单位:℃

可溶性固形物/%	沸点温度/℃			
	海平面	305m	610m	915m
50	102.2	101.2	100.1	99.1
60	103.3	102.7	101.6	100.6
70	104.6	103.6	102.5	101.4
80	104.8	103.8	102.6	101.7
90	105.1	104.1	102.7	101.8
100	106.4	105.4	104.3	103.3

5. 蔗糖转化

蔗糖是非还原性双糖，经酸或转化酶的作用，在一定温度下水解成葡萄糖和果糖。蔗糖在酸作用下的水解速度与酸的浓度及处理温度成正相关。在较低 pH 和较高温度下，蔗糖转化速度快（图 7-1）。蔗糖转化的最适 pH 为 2.5。在中性或微碱性糖液中不易被分解，pH 为 9 以上时，加热会产生棕色的焦糖。蔗糖受碱的影响生成棕黑色物质，还可与氨基酸作用引起糖制品褐变。

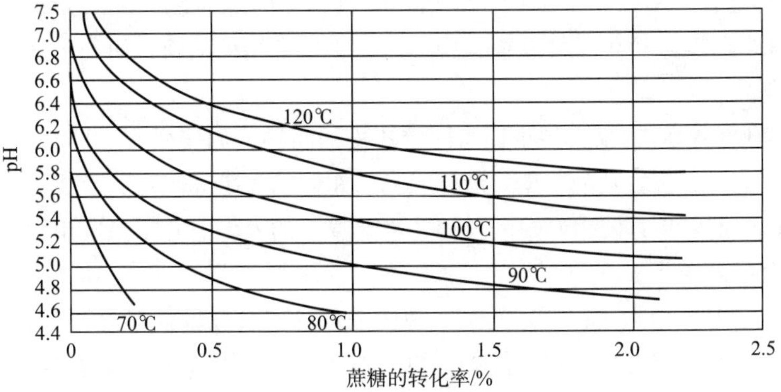

图 7-1 蔗糖的转化曲线

蔗糖的转化反应在糖制中用于提高蔗糖溶液的饱和度，抑制蔗糖的结晶，增大制品的渗透压，提高其保藏性。还能赋予制品较紧密的质地，并提高甜度。但制品中蔗糖转化过度，会增强其吸湿性，使制品吸湿回潮（流糖）而变质。

第四节　果蔬糖制工艺

一、果脯蜜饯类加工工艺

糖制前原料的前处理内容包括：原料选择、分级、清洗、去皮、去核、挖心、切分、盐腌、硬化、熏硫、烫漂、染色等。

果脯蜜饯类加工的工艺流程如下。

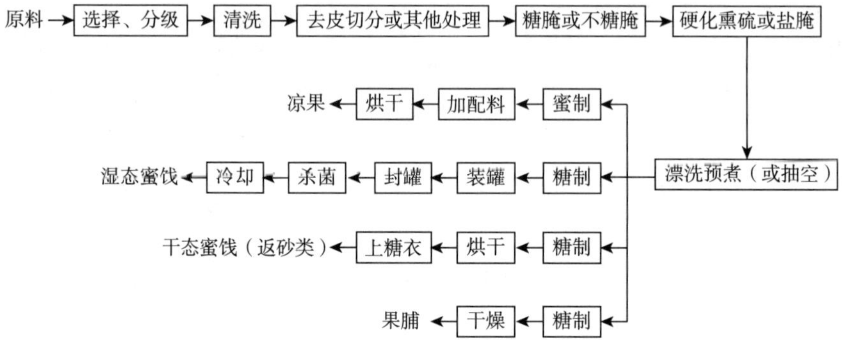

（一）原料前处理

1. 原料选择

糖制品的质量主要取决于外观、风味、质地及营养成分。选择优质的原料是制成优质产品的关键之一。原料质量的优劣主要在于品种和成熟度两个方面。果脯蜜饯类因需保持果实或果块形态，则要求原料肉质紧密，耐煮性强。一般在绿熟至坚熟时采收，但不同产品对原料要求不同。

（1）青梅类制品　制品要求鲜绿、脆嫩。原料宜选鲜绿质脆、果形完整、果大核小的品种，于绿熟时采收。大果适加工雕花梅，中等以上果实宜制糖渍梅，而小果适合制青梅干、话梅和陈皮梅等制品。

（2）蜜枣类制品　宜选果大核小，质地较疏松的品种，如安徽宜城的央枣、圆枣和郎枣，广德的牛奶枣和羊奶枣，歙县的马枣；浙江义乌、东阳的大枣和团枣，兰溪的京枣、扑枣；北京的棣枣；山西的泡红枣；河南新郑的秋枣；河北阜平的大枣。并于果实由绿转白时采收，转红不宜加工，全绿褐变严重。

（3）橘饼类制品　金橘饼以质地柔韧、香味浓郁的罗纹和罗浮最好，其次是金弹和金橘。橘饼以宽皮橘类为主。带皮橘饼宜选苦味淡的中小型品种，如浙江黄岩的朱红。

（4）杨梅类制品　选果大核小、色红、肉饱满的品种。如浙江萧山的早色、新昌的刺梅、余姚的草种。

（5）橄榄制品　选肉质脆硬的惠园和长营两个品种最好，药果、福果、笑口榄也宜作原料。一般在肉质脆硬、果核坚硬时采收，过早过迟采收的果实，都会影响制品质量。

（6）其他果脯蜜饯类制品

① 苹果脯：选用河北怀来的小苹果、花红等最好，国光、青香蕉等常用种也很好。

② 梨脯：选用石细胞少、含水分较少的鸭梨、莱阳梨、雪花梨、秋白梨等最好。

③ 桃蜜：选用陵白桃、快红桃、白凤、黄露、京白、大久保等为好。

④ 杏脯：应选用核小皮薄的贵妃杏品种。

（7）瓜类制品　以冬瓜制品为主，原料宜选果大肉厚的品种，如广东青皮冬瓜。

（8）其他蔬菜制品

① 胡萝卜：宜选橙红色品种，直径 3~3.5cm 为宜，过粗过细均影响外观和品质。

② 生姜：代表产品有糖姜片、冰姜片。应选结实少筋、块形较大的新鲜嫩姜。

2. 原料处理

原料进厂后首先要进行粗选，即要剔除霉烂及病虫害果实，对残、次及机械损伤类原料要分别加工利用。然后再按大小、成熟度及色泽进行分级。原料合理的分级，不仅便于操作，提高生产效率，重要的是可以提高产品质量，得到均匀一致的产品。大小分级是分级的主要内容，几乎所有的加工类型均需大小分级，其方法有手工和机械分级两种。

成熟度与色泽的分级在大部分果蔬中是一致的，常用目视估测法进行。成熟度的分级一般是按照人为制定的等级进行分选，也有的如豆类中的豌豆在国内外常用盐水浮选法进行分级，因成熟度高的淀粉含量较多，相对密度较大，在特定相对密度的盐水中利用其上浮或下沉的原理即可将其分开。但这种分级法也受到豆粒内空气含量的影响，故有时将此步骤可以改在烫漂后装罐前进行。色泽常按深浅进行分级，除目测外，也可用灯光法和电子测定仪进行色泽分辨选择。

3. 去皮、划线、切缝、刺孔

剔除不能食用的皮、种子、核，大型果宜适当切分成块、片、丝、条。枣、李、杏等小果不便去皮和切分，常在果面划线、切缝或刺孔。

（1）手工操作　手工操作是一种古老而传统的操作方法。由于划线、切缝和刺孔的工艺难度较大，在很多中小型的企业中还沿用这种手工操作方法。手工操作多用简单的工具实施，如刺孔工具可用大头针钉在木板上使用；划线和切缝工具可用缝衣针、刮脸刀片扎成月牙形排针使用。

（2）机械操作　随着工作效率的不断提高，手工操作已难以满足需要，因此人们也开始寻求机械化的操作之路，并已取得了一定的成效。

① 划线、切缝机：划线和切缝是在物料表皮上，顺着果实纵向划或切满一周，要求划线致密，并要深达肉质部分。如生产金丝蜜枣其划线深度为 0.3~0.5cm，生产蜜枣时，划线是一道十分重要的工序。

图 7-2 所示为一种结构很简单的脚踏划线机，主要由划线装置、机架、压料头等组成。划线装置是主要的工作部件，它是一个圆柱形套筒，在套筒周围均匀分布安装了数十把薄而快的刀片（图 7-2 中 3），以适应物料周围划线（纹）的需要，划线装置固定在工作台上。压料头（图 7-2 中 2）的作用是将物料从进料口往下压，其运动动力来自踏板（图 7-2 中 6）。

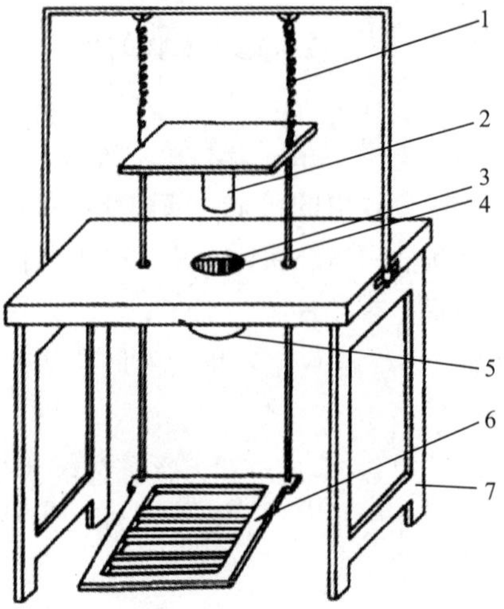

图 7-2 脚踏划线机

1—弹簧 2—压料头 3—刀片 4—进料口 5—出料口 6—踏板 7—机架

工作时，物料需先经分级处理，再将分级好的物料用人工放入进料口，接着用脚踏踏板，使得压料头下移，将位于进料口的物料往下压，迫使它通过刀片，刀片便在它的周围划出深的纹路，再从出料口落下。随后脚放松踏板，压料头在弹簧的作用下复位，从而完成了一个工作循环。

② 刺孔机：对于如金橘、梅、李等体形较小，且以食用果皮为主的蜜饯，需要用刺孔机在表面上刺孔。这样才有利于透糖或透盐，否则糖分或盐分是很难穿过蜡质表皮层而渗入果肉中的。图 7-3 所示为一种结构较简单，但使用较普遍的刺孔机。其主要工作部件是两个针刺棍，它们安装在机架上，针刺辊上布满了 3~5mm 的尖针，两辊转速为 150~200r/min。在针刺辊的下面，安装有两根具有棕刷的毛刷辊。针刺辊之间的间隙可以调节。

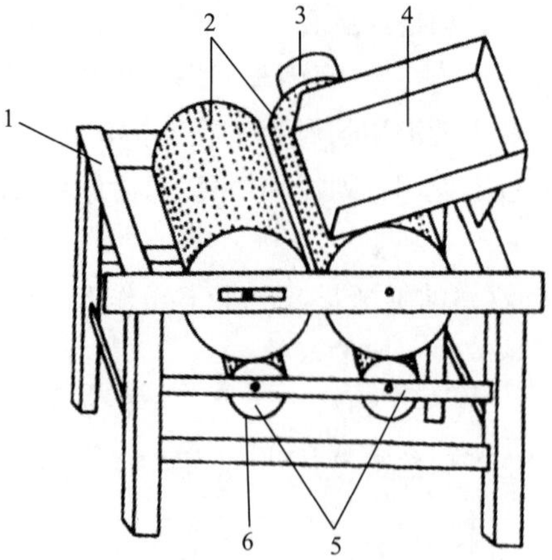

图 7-3 刺孔机

1—机架 2—针刺辊 3—皮带轮 4—料斗 5—毛刷辊 6—接料盘

工作时，需要刺孔的果实置于料斗中，果实因重力成单层排列滚入两针刺辊（图 7-3 中 2）之间，针刺辊之间的间隙随果实直径大小而调节，由于两针刺辊相向转动，使果实通过针刺辊被均匀地扎上针孔，这样果实被固定在针刺辊上，而旋转向下。为了使果实便于从针刺辊上脱下，在针刺辊下安装有毛刷辊，毛刷辊高速转动，将针刺辊上粘的果实通过毛刷刷落，随之跌落到下面的接料盘中，从而完成了针刺操作。

4. 盐腌

用食盐或加入少量明矾或石灰腌制的盐坯（果坯），常作为半成品保存方式来延长加工期限；同时盐腌后可以改变果实原有品质使其组织变得柔软，有利于以后糖制加工并可去除许多不良风味（如苦味、涩味、异味及过酸味等）。然而，该操作只能用于南方凉果制品的原料。盐腌包括腌渍、干燥、回软和再干燥 4 个过程。腌渍法有干盐法和盐水法两种。

干盐法适用于果汁较多或成熟度较高的原料，用盐量依种类和贮存期长短而异，一般为原料重的 14%~18%（表 7-6），其方法是：将预处理好的果蔬物料在池或缸中，放一层物料，撒一层盐，铺平压紧，下层用盐少，上层逐渐加多，表层用盐覆盖以隔绝空气。待盐溶解、卤水渗出后，立即加压，使物料浸没在卤水中即可。

表 7-6　果坯腌渍示例

果坯种类	100kg 果实用料量/kg			腌制时间/d	备注
	食盐	明矾	石灰		
梅	16 ~ 24	少量		7 ~ 15	
桃	18	0.125 ~ 0.25		15 ~ 20	
毛桃	15 ~ 16	0.125 ~ 0.25	0.25	15 ~ 20	
杨梅	8 ~ 14	0.1 ~ 0.3		5 ~ 10	
杏	16 ~ 18			20	
橘、柑、橙	8 ~ 12		1 ~ 1.25	30	水坯
金柑	24			30	分两次腌制
柠檬	22			60	
橄榄	20			1	盐水腌制
仁面	10			15	另加其他种果品的腌制剩余液
李	16			20	

盐水法适于果汁稀少或未熟果或酸涩苦味浓的原料。其方法是：先将食盐化成 200g/L 的盐水，再将物料浸没在盐液中，上加竹帘压上石块等重物，防止物料浮出液面。一般经过 15~20d，即可完成腌渍。

腌渍结束后，即可捞出干燥，可用烘房烘烤或在阳光下进行暴晒干燥。干燥后，物料体积显著缩小，待表面有结晶盐霜时，干燥即告结束。

干燥后的盐还表里含水量不一，而回软可使其均匀。回软是在室内进行，即将盐坯移到室内，任其盐坯内部的水分向外扩散，俗称“发汗”。当盐坯表面有水滴出现时，回软即告结束。

回软后的盐坯尚需经过再次干燥，排除部分水分，即成为果坯。

5. 保脆和硬化

为提高原物料耐煮性和酥脆性，在糖制前需对原料进行硬化处理。即将物料浸泡于石灰（CaO）或氯化钙（$CaCl_2$）、明矾［$Al_2(SO_4)_3 \cdot K_2SO_4$］、亚硫酸氢钙［$Ca(HSO_3)_2$］等稀溶液中，令钙离子、镁离子与物料中的果胶物质生成不溶性盐类，使细胞间相互黏结在一起，提高硬度和耐煮性。一般用1g/L氯化钙与2~3g/L亚硫酸氢钙混合液浸泡30~60min，起护色兼保脆的双重作用。对不耐贮运、易腐的草莓、樱桃用含有0.75%~1.0%二氧化硫的亚硫酸与4~6g/L消石灰［$Ca(OH)_2$］混合液浸泡，可达到护色、防止腐烂兼硬化的目的。明矾具有媒染作用，能提高樱桃、草莓、青梅等制品的染色效果。浸泡后要捞出投入清水中反复漂洗，以除去多余的硬化剂。

硬化剂的选用、用量及处理时间必须适当。对于水分多的物料，硬化剂要浓度大些，反之水分少质地致密的，则可浓度小些。对硬化剂的选用，应根据物料的品种的不同而异，以明矾溶液浸泡则脆化程度比石灰溶液柔和，久煮仍会软烂；对含单宁成分较多的物料，如苹果和桃等，则用亚硫酸氢钙溶液浸泡时既可硬化，又可护色。硬化所需的时间，与物料的品种、成熟度、组织状态及形状等均有关系。但不管怎样，均应以硬化剂浸渍到物料中心为度。可用pH试纸贴到组织中心的断面上，若试纸全部变蓝，则表明硬化已到中心，否则仍需继续硬化，但要防止过量会生成过多钙盐或导致部分纤维素钙化，使产品质地粗糙，品质变劣。

6. 硫处理

为获得色泽清淡而半透明的制品，在糖制前进行硫处理，抑制氧化变色。在原料整理后，浸入含0.1%~0.2%二氧化硫的亚硫酸液中数小时，再经脱硫除去残留的硫。

7. 染色

在加工过程为防止樱桃、草莓失去红色，青梅失去绿色，常用染色剂进行染色处理。染色应选无毒的染色剂。天然色素和人工合成色素是当前主要的两类染色剂。天然色素如姜黄、胡萝卜素、叶绿素等，因着色效果差、使用不便、成本较高，生产上应用较少。人工合成色素多达3000种以上。我国规定只允许用苋菜红、胭脂红、柠檬黄、靛蓝等。绿色可用柠檬黄与锭蓝按6:4（或7:3）比例调配。人工合成色素用量不超过万分之一，过多会因色泽太深而失真。樱桃可结合糖制进行染色，先将樱桃浸于5g/L柠檬酸和0.2g/L胭脂红的300g/L糖液中，煮沸2~3min，静置24h后捞出糖制。南方凉果类制品，多数用柠檬黄染色，红色水果用胭脂红或苋菜红染色。

8. 漂洗和预煮

凡经亚硫酸盐保藏、盐腌、染色及硬化处理的原料，在糖制前均需漂洗或预煮，除去残留的二氧化硫、食盐、染色剂、石灰或明矾，避免对制品外观和风味产生不良影响。预煮还具有排氧和钝酶作用，防止氧化变色，利于糖分渗入和脱苦、脱涩等作用。

9. 抽空处理

对于含气较多的水果如苹果、番茄等（表7-7），对加工特别是罐藏或制作果脯不利，需进行抽空处理，即将在一定的介质里的原料置于真空状态下，使内部空气释放出来，代之以糖水或无机盐水等介质的渗入。为了有利于糖分更好地渗入，防止煮烂及保存营养和风味，一般在糖煮之前还需进行抽空处理。

表 7-7　几种果蔬组织中的空气含量

种类	含量/%（以体积计）	种类	含量/%（以体积计）
桃	3 ~ 4	梨	5 ~ 7
番茄	1.3 ~ 4.1	苹果	12 ~ 29
杏	6 ~ 8	樱桃	0.5 ~ 1.9
葡萄	0.1 ~ 0.6	草莓	10 ~ 15

果蔬的抽空装置主要由真空泵、气液分离器、抽空锅组成（图 7-4）。真空泵采用食品工业中常用的水环式，除能产生真空外，还可带走水蒸气。抽空锅为带有密封盖的圆形筒，内壁用不锈钢制造，锅上有真空表、进气阀和紧固螺丝。果蔬抽空的具体方法有干抽法和湿抽法两种，分述如下。

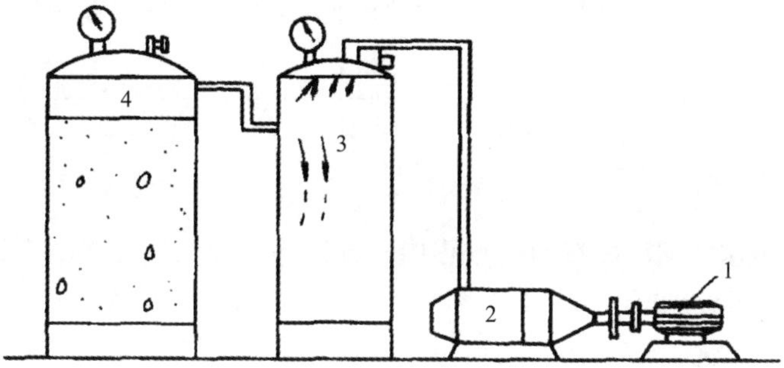

图 7-4　抽空系统示意图

1—电机　2—水环式真空泵　3—气液分离器　4—抽空锅

（1）干抽法　将处理好的果蔬装于容器中，置于 90kPa 以上的真空室或锅内抽去组织内的空气，然后吸入规定浓度的糖水或盐水等抽空液，使之淹没果面 5cm 以上，当抽空液吸入时，应防止真空室或锅内的真空度下降。

（2）湿抽法　将处理好的果蔬，浸没于抽空液中，放在抽空室内，在一定的真空度下抽去果蔬的空气，抽至果蔬表面透明。果蔬所用的抽空液常用糖水、盐水或护色液 3 种，因种类、品种和成熟度不同而选用。原则上抽空液的浓度越低，渗透越快。影响抽空效果的因素如下。

① 真空度：真空度越高，空气逸出越快，一般以 87~93kPa 为宜。成熟度高，细胞壁较薄的果蔬真空度可低些，反之则要求高些。

② 温度：理论上温度越高，渗透效果越好，但一般不宜超过 50℃。

③ 抽空时间：果蔬的抽空时间依品种或成熟度等情况而定，一般抽至抽空液渗入果块，果块呈透明状即可，生产时应先做小型试验。

④ 果蔬受抽面积：理论上受抽面积越大，抽气效果越好。小块比大块好，切开好于整果，皮核去掉的好于带皮核的。但这应根据生产标准和果蔬的具体情况而定。

（二）糖制

糖制（又称糖渍）是果脯蜜饯类加工的主要工艺。糖制过程是果蔬原料排水吸糖过程，糖液中糖分依赖扩散作用进入组织细胞间隙，再通过渗透作用进入细胞内。最终达到所要求的含糖量。

糖制方法有蜜制（冷制）和煮制（热制）两种。蜜制适用于皮薄多汁、质地柔软的原料；煮制适用于质地紧密、耐煮性强的原料。

1. 蜜制

蜜制是指用糖液进行糖渍，使制品达到要求的糖度。糖青梅、糖杨梅、樱桃蜜饯、无花果蜜饯以及多数凉果，都采用蜜制法制成。此法的基本特点在于分次加糖，不对果实加热，能很好保存产品的色泽、风味、营养价值和应有的形态。

在未加热的蜜制过程中，原料组织保持一定的膨压，当与糖液接触时，由于细胞内外渗透压存在差异而发生内外渗透现象，使组织中的水分向外扩散排出，糖分向内扩散渗入。但糖浓度过高时，会出现失水过快、过多使组织膨压下降而收缩的现象，影响制品的饱满度和产量。为了加速扩散并保持一定的饱满形态，可采用下列蜜制方法。

（1）分次加糖法　在蜜制过程中，分3~4次加入食糖，逐次提高蜜制的糖浓度。具体方法如下所示：

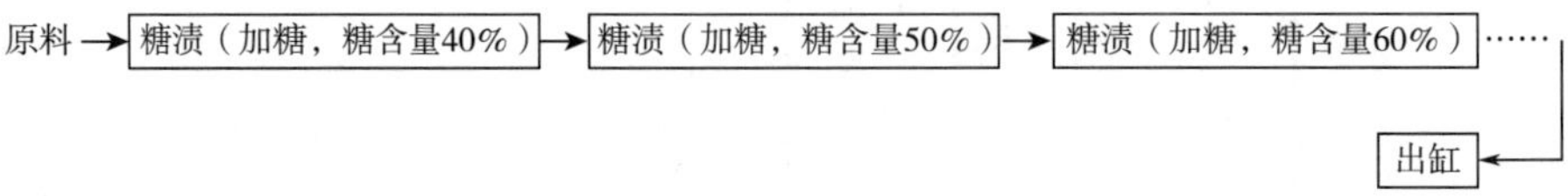

（2）一次加糖多次浓缩法　在蜜制过程中，分期将糖液倒出加热浓缩提高糖浓度，再将热糖液回加到原料中继续糖渍，冷果与热糖液接触，利用温差和糖浓度差的双重作用，加速糖分的扩散渗入。其效果优于分次加糖法。

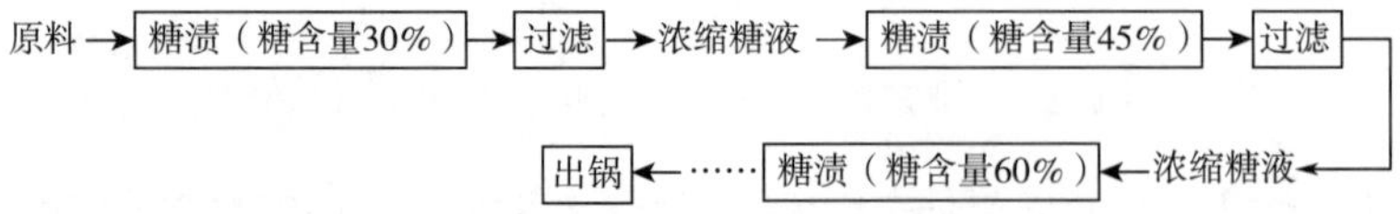

（3）减压蜜制法　果蔬在减压锅内抽空，使果蔬内部蒸气压降低，然后借助放入空气时，因外压大促进糖分渗入果内。具体方法如下：

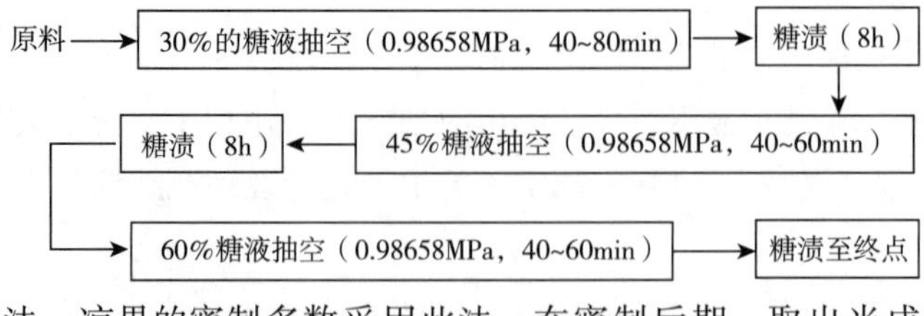

（4）蜜制干燥法　凉果的蜜制多数采用此法。在蜜制后期，取出半成品曝晒，使之失去20%~30%的水分后，再行蜜制至终点。此法可减少糖用量，降低成本，缩短蜜制时间。

2. 煮制

加糖煮制有利糖分迅速渗入，缩短加工期，但色香味较差，维生素损失多。目前，国内多数果脯品种都是糖煮制品，尤其是北方果脯基本上都是采用这种传统工艺。煮制分常压煮制和减压煮制两种。常压煮制又分一次煮制法、多次煮制法和快速煮制法3种。减压煮制分真空煮制法和扩散煮制法。

（1）常压煮制

① 一次煮制法：将预处理好的物料，只经过一次加糖煮制而成的方法，如苹果脯、蜜枣等。其方法是先配好糖含量30%～40%的糖液入锅，倒入处理好的果实，加大火使糖液沸腾，果实内水分外渗，糖液浓度渐稀，然后分2～3次加糖，使糖含量缓慢增高至60%～65%，果实呈肥厚发亮即可停火。在煮制过程中注意糖液要保持微沸状态，以防果实煮烂。此法快速省工，但持续加热时间长，原料易烂，色香味差，维生素破坏严重，有时会出现原料因失水过多而干缩的现象。

② 多次煮制法：将预处理好的物料，经3～5次完成煮制的方法。其方法是先用糖含量33%～40%的糖溶液煮到原料稍软时，放冷糖渍24h。其后，每次煮制均增加糖含量10%煮沸2～3min，直到糖含量达60%以上。多次煮制法，每次加热时间短，辅以放冷糖渍，逐步提高糖含量，因而可获得较满意的产品质量。适用于细胞壁较厚难于渗糖（易发生干缩）和易煮烂的柔软原料或含水量高的原料；但多次煮制法加工时间过长，煮制过程不能连续化，费工、费时、占容器。

③ 快速煮制法：是一种让果实在糖液中交替进行加热糖煮和放冷糖渍的方法，该法可使果蔬内部蒸气压迅速消除，糖分快速渗入而达平衡。处理方法是将原料装入网袋中，先在30%热糖液中煮4～8min，取出立即浸入等浓度的15℃冷糖液中冷却。如此交替进行4～5次，每次提高糖含量10%，最后完成煮制过程，即：

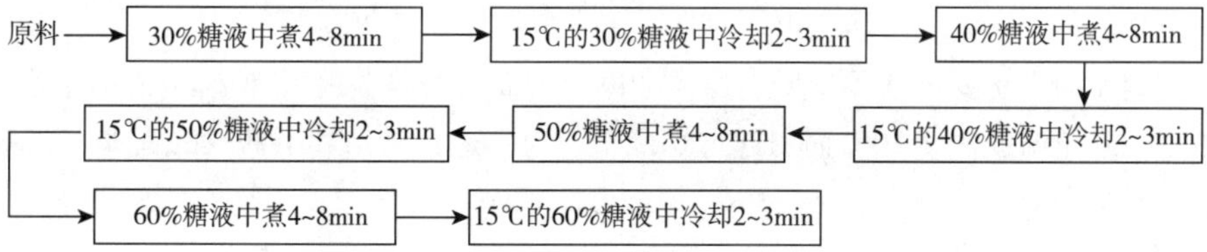

此法可连续进行，时间短、产品质量高，但需备有足够的冷糖液和容器。

（2）减压煮制

① 真空煮制法：原料在真空（一般所用的真空度是80～87kPa）和较低温度（约为60℃）下煮沸，因组织中不存在大量空气，糖分能迅速渗入达到平衡。温度低，时间短，制品色香味形都比常压煮制优。具体方法如下。

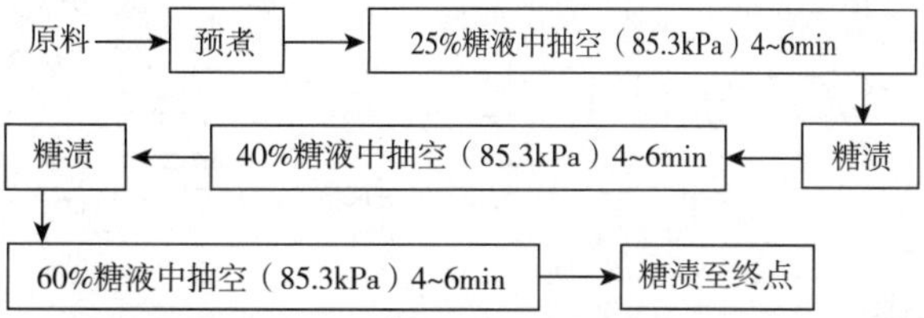

② 扩散煮制法：这是将物料装在一组真空扩散器内，用由淡到浓的几组糖液，先对果蔬组织内的空气排除，而后加入95℃的热糖液，待糖分扩散渗透后，将糖液顺序转入另一扩散器内，再在原来的扩散器内加入较高浓度的热糖液，如此连续进行几次，制品即达要求的糖浓度。由于这种方法是真空处理，渗糖效果好，操作可连续化。

（三）烘晒与上糖衣

除糖渍蜜饯外，多数制品在糖制后需行烘晒，除去部分水分，使表面不黏手，利于保藏。烘烤温度不宜超过65℃，烘烤后的果脯蜜饯，要求保持完整、饱满、不皱缩、不结晶，质地柔软，含水量在 18%～22%，含糖量达 60%～65%。制糖衣果脯蜜饯，可在其干燥后用蔗糖、淀粉和水的混合液（其比例是 3 ∶ 1 ∶ 2，按比例混合于锅中加热搅拌，煮沸至 113～115℃，停止加热，冷却至 93℃左右使用）或过饱和糖液中浸泡一下取出冷却晾干或烘干，使糖液在制品表面上凝结成一层晶亮的糖衣薄膜，使制品不黏结、不返砂，增强保藏性；或在干燥快结束的果脯蜜饯表面，撒上结晶糖粉或白砂糖，拌匀，筛去多余糖粉，即得糖衣果脯蜜饯。

（四）包装和贮藏

干燥后蜜饯应及时整理或整形，然后按商品包装要求进行包装。包装既要防潮、防霉，便于转运和保藏，又要在市场竞争中具备美观、大方、新颖和反映制品面貌的特点。干态蜜饯或半干态蜜饯的包装形式，一般先用塑料食品袋包装，再行装箱（纸箱或木箱），箱内衬牛皮纸或玻璃纸，每箱装量 25kg。新的颗粒包装、小包装和大包装，已成为新的发展趋势。每块蜜饯先用透明玻璃纸包好，再装入塑料食品袋或硬纸包装盒内，然后装箱，纸箱外用胶带纸粘好，木箱扎铁箍两道。带汁的糖渍蜜饯则采用罐头包装形式。在装罐、密封后，在 90℃下进行巴氏杀菌 20～30min，取出冷却。

不论何种包装，所用材料必须无毒、清洁，符合食品卫生要求。包装的人员应该是身体健康，注意个人卫生。包装的环境是清洁、无尘。包装的称量要准、足。包装上要有标志、图案，注明产品名称、净重、厂名、出厂日期、保存期限和注意事项等。

贮藏糖制品的库房要清洁、干燥、通风。库房地面要有隔湿材料铺垫。库房温度最好保持在 12～15℃，避免温度低于 10℃而引起蔗糖晶析。对不进行杀菌和不密封的蜜饯，宜将相对湿度控制在 70%以下。

贮藏期发现制品轻度吸湿变质现象，可放入烘房复烤，冷却后重新包装；受潮严重的制品要重新煮烘后制为成品。

二、果酱类加工工艺

果酱类制品是以水果为原料，经过清洗、去皮、去核、软化、榨汁打浆或磨细，或压榨取汁，加糖及其他配料，根据不同产品不同要求，经过浓缩、装罐而成的一类半流体或固体食品。

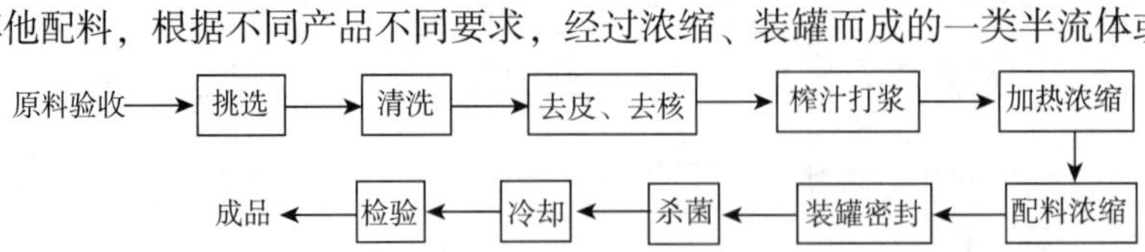

（一）原料的选择

果酱类、果泥类制品要选柔软多汁、易于破碎的品种，一般在充分成熟时采收；果冻制品的原料要求果胶质丰富，并于较生时采收。但不同产品对原料的要求不同。

1. 果酱类

宜选用香气浓郁、色泽美观、易于破碎的柑橘、凤梨、苹果、杏、无花果、草莓等果实为原料。凤梨、柑橘类果酱原料选无虫害、无霉烂、单宁含量低、粗纤维少、维生素 C 含量高、芳香味浓的成熟果实制成。杏子以大红杏、鸡蛋杏、巴豆杏、串枝红等品种为佳。无花果中以浙江、安徽的红皮无花果，选择成熟、无腐烂、无病虫害的果实为佳。草莓酱应选用含果胶及果酸量高、香味浓的品种。成熟度八至九成为好，新鲜，风味正常，果面呈红色或浅红色。剔除果面呈深褐色、有酒味或其他异味、腐烂的果实。也可用制作清水草莓罐头的余料做酱。

2. 果泥类

苹果泥用含糖量和含酸量高的原料最好；枣泥用深红色的、皮厚肉细、味道甘甜的红枣制成；南瓜泥宜选用肉质肥厚、纤维素少、色泽金黄的品种。

3. 果冻类和果糕类

应选果胶和果酸丰富的果实，如以南酸枣、山楂、花红、柑橘、酸樱桃、番石榴以及酸味浓的苹果为原料。

（二）原料处理

供制果酱的原料，先经剔除霉烂、成熟度低等不合格果实，必要时按成熟度分级，再按不同种类的产品要求，分别经过清洗、去皮（或不去皮）、去核（芯或不去核）、切块（草莓、樱桃、金橘等小型果可不切分）、修整（彻底修除斑点、虫害等部分）等处理。果皮粗硬的原料，如菠萝、梨、苹果、桃、柑橘（金橘可带皮）等，必须除去外皮。去皮、切块时易变色的果实，必须及时浸入食盐水或酸溶液中护色，并尽快加热软化，最后再进行糖制。果泥要求质地细腻，在预煮后打浆、筛滤，或预煮前适当切分，预煮后捣成泥状再打浆，有些原料还需二次打浆和筛滤。以果汁加配糖、酸制取果冻产品为例，其取汁方法与果汁制造相同，但多数水果宜先行预煮软化，使果酸和果胶充分溶出。果汁丰富的原料，预煮时不必加水，肉质紧密的原料需加果重的1~3倍水预煮。对山楂等果酸和果胶丰富的原料，为充分抽提，最好采用2~3次预煮，每次加入适量水，最后将前后所得汁液混合使用。

（三）加热软化

主要目的是破坏酶活力，防止变色和果胶水解；软化果肉组织，便于打浆和糖液渗透；促使果肉组织中果胶的溶出，有利于凝胶的形成；蒸发一部分水分，缩短浓缩时间；排除原料组织中的气体，以得到无气泡的酱体。软化前先将夹层锅洗净，放入清水（或稀糖液）和一定量的果肉。一般软化用水为果肉质量的20%~50%，若用糖水软化，糖水含量为10%~30%。开始软化时，升温要快，蒸汽压力为0.2~0.3MPa，沸腾后可降至0.1~0.2MPa，不断搅拌，使上下层果块软化均匀，果胶充分溶出。软化时间以品种不同而异，一般为10~20min。

（四）打浆、磨细、取汁、浓缩

制作泥状果酱，果块软化后要及时打浆。生产果冻、马苿兰等糖制品时，果蔬原料加热软化后，再用压榨机压榨取汁。对于汁液丰富的浆果类果实压榨前不用加水，直接取汁，而对肉质较坚硬致密的果蔬如山楂、胡萝卜等软化时，加适量水，以便压榨取汁。压榨后的果蔬渣为了使可溶性固形物和果胶更多地溶出，应加一定量的水软化，再进行一次压榨取汁。

（五）配料

1. 配方

按原料的种类及制品质量要求而定，果肉（果浆）占总配料量的40%~55%；白砂糖占

45%~60%（其中允许使用淀粉糖浆，用量占总糖量的20%以下）；成品总酸量：0.596%~1.09696%（不足可加柠檬酸）；成品果胶量：0.496%~0.896%（不足可加果胶或琼脂等）。一般果肉与加糖量的比例为1∶(1~1.2)。为使果胶、糖、酸形成恰当的比例，有利于胶凝的形成，可根据原料所含果胶及酸的多少，必要时添加适量柠檬酸、果胶或琼脂。柠檬酸补加量一般以控制成品含酸量0.5%~1%较好；果胶补加量以控制成品果胶量0.4%~0.9%较好。

2. 配料准备

所用配料如白砂糖、柠檬酸、果胶粉或琼脂等，均应事先配成浓溶液过滤备用。

（1）白砂糖　配成70%~75%的浓糖浆。

（2）柠檬酸　配成500g/L溶液。

（3）果胶粉　按粉量加2~4倍白砂糖，充分拌匀，再按粉量加水10~15倍，在搅拌下加热溶化为溶液。

（4）琼脂　先用温水浸泡软化，洗净杂质，加热溶解后过滤，加水量为琼脂质量20倍。

3. 投料顺序

果肉应先入锅加热软化，时间10~20min。然后加入浓糖液（以分批加入为宜），继续浓缩到接近终点时，按次序加入果胶液或琼脂液，最后加柠檬酸液，在搅拌下浓缩至终点出锅。

（六）加热浓缩

加热浓缩是果蔬原料及糖液中水分的蒸发过程，同时可使白砂糖、酸、果胶等配料与果肉组织渗透均匀，提高浓度，改善酱体的组织形态及风味。加热浓缩的方法，目前主要采用常压浓缩和减压浓缩两种方法。

1. 常压浓缩

即将原料倒入夹层锅内，在常压下加热浓缩。主要设备是盛物料的带搅拌器的双层锅。物料入锅后在常压下用蒸汽加热浓缩，开始时蒸气压较大，为0.29419~0.39226MPa，后期因物料可溶性固形物含量提高，极易因高温褐变焦化，蒸气压应降至0.9613MPa左右。为缩短浓缩时间，保持制品良好的色、香、味和胶凝力，每锅下料量以控制出成品50~60kg为宜，浓缩时间以30~60min为好。时间太短会因转化糖不足而在贮藏期发生蔗糖结晶现象。浓缩过程要注意不断搅拌，防止锅底焦化，出现大量气泡时，可洒入少量冷水，防止汁液外溢损失。常压浓缩主要缺点是温度高，芳香物质和维生素C损失严重，制品的色泽差。

2. 减压浓缩

减压浓缩又称真空浓缩。将原料置于带搅拌器的真空锅内，在减压条件下进行蒸发浓缩。在浓缩过程中，由于是低温蒸发水分，既能提高其浓度，又能保持产品原有的色、香、味等成分。真空浓缩时，先通入蒸汽于锅内赶走空气，再开离心泵，使锅内形成一定的真空，当真空度达到53.3kPa以上时，才能开启进料阀，待浓缩的物料靠锅内的真空吸力进入锅内，达到容量要求后，开启真空蒸汽阀门和搅拌器进行浓缩。浓缩过程中，锅内真空度保持在86.66~96.00kPa，温度50~60℃。浓缩过程若泡沫上升激烈，可开启锅内的空气阀，使空气进入锅内抑制泡沫上升，待正常后再关闭。浓缩过程应保持物料超过加热面，以防焦煳。当浓缩接近终点时，关闭真空泵开关，解除锅内真空，在搅拌下将果酱加热升温到90~95℃，然后迅速关闭进气阀，出锅。

果酱类熬制终点的测定可采用下述方法。

① 折光仪测定：当可溶性固形物达66%~69%时即可出锅。

② 温度计测定：当溶液温度达103~105℃时熬煮结束。

③ 挂片法：是生产上常用的一种简便方法。用搅拌的木片从锅中挑起浆液少许，横置，若浆液呈现片状脱落，即为终点。

（七）包装

果酱类大多使用玻璃瓶或抗酸涂料马口铁罐为包装容器，容器使用前必须彻底洗刷干净。铁罐以95~100℃的热水或蒸汽消毒3~5min，玻璃罐用95~100℃的蒸汽消毒5~10min，而后倒罐沥水。胶圈经水浸泡脱酸后使用。罐盖以沸水消毒3~5min。果酱出锅后趁热装进烘干的铁罐或玻璃瓶中，酱的温度保持在85℃以上，密封。

果酱、果膏、果冻出锅后，应及时快速装罐密封，一般要求每锅酱体分装完毕不超过30min，密封时的酱体温度不低于80~90℃，封罐后应立即杀菌冷却。

（八）杀菌冷却

果酱在加热浓缩过程中，微生物绝大多数被杀死，而且由于果酱是高糖高酸制品，一般装罐密封后残留的微生物是不易繁殖的。在生产卫生条件好的情况下，果酱密封后，只要倒置数分钟，利用酱体的余热进行罐盖消毒，然后直接入库，不用杀菌，即可保存1~2年。但为了安全，果酱罐头密封后，进行杀菌是必要的。

杀菌方法，可采用沸水或蒸汽杀菌。杀菌温度及时间以品种及罐型等不同，一般100℃温度下杀菌5~10min。杀菌后冷却至39~40℃，擦干罐身的水分，贴标装箱。

三、果丹皮加工工艺

传统的果丹皮常以山楂、苹果等为原料加工而成，以蔬菜为原料加工的果丹皮并不多见。

（一）工艺流程

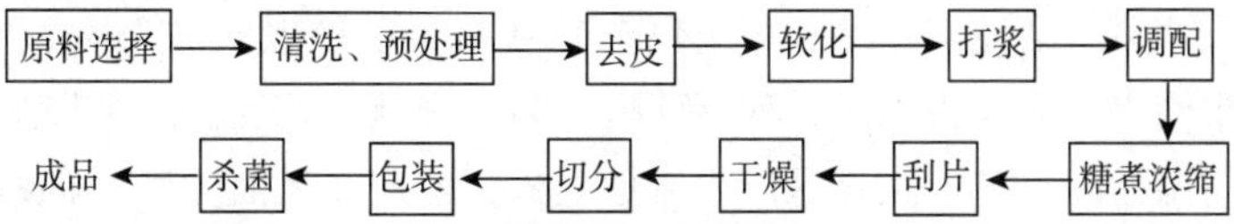

（二）操作要点

1. 原料选择

苹果、山楂、桃、杏、胡萝卜等果蔬均可用于加工果丹皮，要求充分成熟、色泽鲜艳、风味良好、无病虫害。

2. 清洗、预处理

用清水将果实漂洗数次，洗净表面上的泥沙污物及残留的农药。对有皮的果实进行去皮处理。对带硬核的果实还需切半去核，对大型果需要切分或破碎。

3. 软化

加入约80%的水果质量或等量的水与果实一同置于锅中加热软化，软化时间20~30min，以果实煮烂为准。

取出并倒入筛网直径为0.5~1.0mm的打浆机用于制浆，并去除皮上的残留物。然后将果肉加到双锅中，注意搅拌，防止焦灼，浓缩成浓稠糊状，可溶性固形物约占锅容量的20%。

4. 打浆

将果实连同软化水一起倒入打浆机（筛孔直径0.6~1.0mm）中进行打浆，即得浆泥。

5. 糖煮浓缩

将过滤后的浆泥倒入锅内熬煮。加入浆果质量的10%~30%的白砂糖和少量柠檬酸（根据水果酸的含量高低而定，通常为0.3%~0.5%），煮制过程中要不断搅拌，以免焦煳。当煮至稠糊状，可溶性固形物约占锅容量的20%即可出锅。

6. 刮片、干燥

将木框模子（长45cm、宽40cm、底边厚0.4cm）放在钢化玻璃板上，倒入适量调配好的果泥，用刮片刮平，摊成0.3~0.5cm厚的薄层，然后送入烘房干燥，在50~60℃下干燥8h左右，干燥至有一定韧性时揭起，再放于烘盘上继续烘干其表面水分即可。

7. 切分、包装

将干燥后果泥薄片按要求切成长方块（如15cm×15cm），用玻璃纸包装后即成果丹皮。又或者将果泥薄片卷成小卷，再切成小段，用玻璃纸包装。

（三）产品质量要求

产品呈卷状或片状，质地细腻，有韧性，无杂质，具有特有的风味，酸甜适口，无异味。总糖含量50%左右，总酸含量0.6%~0.8%，水分含量18%以下。

四、果蔬糖制品质量控制

（一）蜜饯类的质量控制

1. 返砂与流糖

质量正常的果脯，应为质地柔软、鲜亮而呈透明感。如果在糖煮过程中掌握不当，转化糖含量不足、比例失调，就会造成产品表面出现结晶糖霜。这种现象称为返砂。果脯如果返砂，则质地变硬而且粗糙，表面失去光泽，容易破损，品质降低。相反，如果果脯中的转化糖含量过高，特别是在高温高湿季节，又容易产生流糖现象，使产品表面发黏，容易变质。造成返砂或流糖，主要原因是转化糖占总糖的比例问题。实践证明，果脯中的总糖含量为68%~70%，含水量为17%~19%，转化糖占总糖的30%以下时，容易出现不同程度的返砂；转化糖占总糖的50%时，在良好的条件下产品不易返砂；当转化糖达到占总糖的70%以上时，产品易发生流糖。

最有效的办法就是控制原料在糖制时蔗糖与转化糖之间的比例。影响转化的因素是糖液的pH及温度。pH 2.0~2.5，加热时就可以促使蔗糖转化提高转化糖含量。杏脯很少出现返砂，原因是杏原料中含有较多的有机酸，煮制时溶解在糖液中，降低了pH，有利于蔗糖转化。对含酸量较少的苹果、梨等，为了防止制品返砂，煮制时常加入一些煮过杏脯的糖液（杏汤），可以避免返砂。目前生产上多采用加柠檬酸或盐酸来调节糖液的pH。调整好的糖液的pH（2.0~2.5），对于初次煮制是适合的，但工厂连续生产，糖液是循环使用的，糖液的 pH 以及蔗糖与转化糖的比例时有改变，因此，应在煮制过程中绝大部分白砂糖加完并溶解后，检验糖液中总糖和转化糖含量。按正规操作方法，这时糖液中总糖量为 54%~60%，若转化糖已达 25%以上（占总糖量的 43%~45%），即可以认为符合要求，烘干后成品不致返砂和流糖。

2. 返砂蜜饯不返砂

返砂蜜饯其质量应是产品表面干爽、有结晶糖霜析出、不黏不燥。但是，由于原料处理不当，或糖煮时没有掌握好正确的时间，因而使转化糖急剧增高，致使产品发黏，糖霜析不出。造成不返砂的主要原因：①原料处理时，没有添加硬化剂；②原料本身的果酸或果胶较多；③糖渍时，半成品有发酵现象，糖液发黏；④糖煮时间太短，糖液的浓度不足。解决的办法：①在处理原料时，应适当添加一定数量的硬化剂；②延长烫漂时间，尽量除去果胶、果酸；③在糖煮时掌握好时间，防止蔗糖过度转化，尽量采用新糖液，或者添加适量的白砂糖；④调整糖液的 pH，返砂蜜饯都是中性，pH 应在 7~7.5，因此，含果酸较丰富的果实，在原料前道工序处理时，就要注意添加适量的碱性物质进行中和；⑤密切注意糖渍的半成品，防止发酵。增加用糖量或添加防腐剂，不使半成品发酵。

3. 煮烂、皱缩和变硬

采用成熟度适当的果实为原料，是保证果脯质量的前提。此外，采用经过前处理的果实，不立即用浓糖液煮制，先放入煮沸的清水或 1%的食盐溶液中热烫几分钟，再按工艺煮制。也可在煮制时用氯化钙溶液浸泡果实，也有一定作用。糖制时应延长浸糖的时间，缩短煮制时间和降低煮制温度，对于一些易煮烂的产品，最好采用真空渗糖或多次煮制等方法。在糖制过程中掌握分次加糖，使糖液浓度逐渐提高，延长浸渍时间。

软烂的果脯外观差，块形不匀，整形难，易黏手，包装难，还易污染内包装影响美观，软烂果脯还易破碎掉皮。引起的原因主要是原料成熟过度；糖煮时沸腾剧烈；或糖煮次数过多，时间过长；倒缸或倒料时用力过重、工具不当，碰撞挤压而发生机械性破碎的多。防止办法：应选耐煮的品种，加工原料的成熟度要适宜；对不耐煮制的原料要进行硬化处理；糖煮、糖腌或倒缸等操作时，要用力适度，次数不宜过频；糖煮时要保持糖液微沸状态，以防煮烂。

皱缩过分的果脯会失去柔软性、丰满度，而无韧性和弹性，影响外观、手感和可食性，还会失去光泽，出现“花脸斑”。皱缩的原因主要是糖制时渗糖时间短，果块内部渗糖不匀、不满；果坯该去皮的没去皮或刺孔；或原料成熟度太差等造成。果脯变硬主要是糖制初始浓度过高或烘烤初温过高引起果脯表面结膜或结壳，引起渗糖不足或干燥不匀而存有干硬部位；干燥时没有倒盘或翻料，引起干燥不匀又没有很好进行回软，有的干燥过度，会造成失水变硬或干缩；也可能因包装不好，包装材质气密性差，内装果脯水分蒸发而变为干硬。

防止办法即首先要选择成熟度适宜的原料；糖制时应逐步提高糖度，勤倒缸、勤搅拌，要让糖液渗透均匀，且要“吃饱”；烘烤温度不宜过高，时间不宜过长，要勤倒盘，干燥后要回软；皮厚且有蜡质的小型果，要去皮或刺孔，以利于更好地渗糖；包装材料要选用不透气的复合膜材料，封口要严密不漏气。

4. 褐变

蜜饯的各个品种，都有各自的应有色泽，如多为金黄、橙黄、淡黄，色泽明亮。而在加工中，由于操作不当，就可能产生褐变现象或色泽发暗的情况。其原因主要是原料发生酶促褐变和非酶褐变或原料本身色素物质受破坏褪色。糖煮时间越长、温度越高、转化糖越多、干燥时的条件及操作方法不当等都会加速非酶褐变或色素物质破坏。在糖制和干燥过程中，适当降低温度，缩短时间，可有效阻止非酶褐变，采用低温真空糖制就是一种最有效的技术措施。使用热烫和护色等处理方法，抑制引起褐变的酶活力，可有效抑制由酶引起的褐变反应。

5. 微生物败坏

糖制品在贮藏期间最易出现的微生物败坏是长霉和发酵产生酒精味。这主要是由于制品含糖量没有达到要求的含量即65%~70%，致使耐高渗透压的霉菌和酵母菌繁殖。控制办法即加糖时一定要按要求添加糖度，必须使糖度达到60%以上和适当的酸度；含水量要达到20%以下；但对于低糖制品一定要采取防腐措施如添加防腐剂，采用真空包装，必要时加入一定的抗氧化剂；要保证较低的贮藏温度和适宜的空气湿度；尽量避免手工包装，防止包装时微生物污染，并要注意包装材料选气密性好的，包装容器及袋要做好消毒处理。

（二）果酱类的质量控制

1. 变色

糖制品在加工及贮藏期间都可能发生变色，在加工期间的前处理中，变色的主要原因是氧化引起酶促褐变，其控制办法是做好护色处理，即去皮后要及时浸泡在盐水或亚硫酸盐溶液中；有的含空气高的还需进行抽空处理，在整个加工工艺中尽可能地缩短与空气接触时间，防止氧化；还可以尽可能将pH调到3~4，以抑制氧化酶的活力。而非酶褐变则伴随在整个加工和贮藏期间，其主要影响因素是温度，即温度越高变色越深。因此控制办法在加工中要尽可能缩短受热处理的过程，而果脯类加工要配合使用好足量的亚硫酸盐或可进行必要的热烫处理，在贮藏期间要控制温度在较低的条件下，如12~15℃。对于易变色品种最好采用真空包装，在销售时要注意避免阳光暴晒，减少与空气接触的机会。另外微量的铜、铁等金属的存在（0.001%~0.0035%）也能使产品变色，因此，加工用具一定要用不锈钢制品。

2. 结晶返砂

由于果酱中转化糖含量过低造成结晶返砂。防止办法：严格控制配方，使果酱中蔗糖转化糖有一定比例。浓缩中对酸含量低的果品适当加入柠檬酸。也可用淀粉糖浆（一般为总糖量的20%）代替部分白砂糖，或加入0.35%果胶提高果酱黏度，防止结晶返砂。

3. 汁液浸出

由于果块软化不充分或浓缩时间短或果胶含量低未形成良好的凝胶。防止办法为充分软化果块，使其所含的原果胶充分溶解出来。对果胶含量低原料，加工果酱类产品时可适当增加糖量。添加果胶或琼脂增加凝胶作用。为增加果胶含量，可在浓缩时加入1/5~1/4成熟度较低（七至八成熟）的果块。

4. 发霉变质

发霉变质是原料霉烂严重，加工、贮藏中卫生条件差，装罐时瓶口污染，封口温度低、不严密，杀菌不足等原因造成发霉变质。防止办法为严格分选原料，剔除霉烂原料，原料库房要严格消毒，通风良好防止长霉；原料要彻底清洗；车间、工器具、人员要加强卫生管理；装罐中严防瓶口污染，如有沾污立即用消毒纱布擦干净，瓶子、盖子要严格消毒，果酱装罐后密封温度要大于80℃并封口严密，杀菌必须彻底。

第五节 产品实例

一、果脯蜜饯类

（一）蜜枣

我国南北方所产蜜枣，因加工方法不同，其制品外观也略有差异而各具特点。南方蜜枣以小锅煮制，煮制时间短，制品色泽较深，不透明，较干燥，质松脆，外有部分糖晶，但内部柔软，保藏性较强。而北方蜜枣，以大锅糖煮，煮前原料经过硫处理，煮制时间较长，蔗糖转化较多，因而色泽淡，不结霜，半透明。

1. 工艺流程

原料选择→切缝→熏硫→糖煮→糖渍→烘烤→整形→包装→成品

2. 操作要点

（1）原料选择　选用果形大、果肉肥厚、疏松、果核小、皮薄而质韧的品种，如北京的糖枣，山西的泡枣，浙江的大枣、马枣，河南的灰枣，陕西的团枣等。果实由青转白时采收，过熟则制品色泽较差。

（2）切缝　用排针或切缝机将每个枣果划缝80~100条，深度以果肉厚度的一半为宜。划缝太深，糖煮时易烂；太浅，糖液不易渗入。划缝要求纹路均匀，两端不切断。

（3）熏硫　北方蜜枣在切缝后一般要进行硫处理，将枣果装筐，入熏硫室处理30~40min，硫黄用量为果重的0.3%，有时也可用5g/L的亚硫酸氢钠溶液浸泡原料1~2h，至果实汁液呈乳白色即可。南方蜜枣不进行硫处理，在切缝后进行糖制。

（4）糖渍　南方蜜枣用小锅煮，每锅鲜枣9~10kg，白砂糖6kg，水1kg，采用分次加糖一次煮成法，煮制时间1~1.5h。先用3kg白砂糖，1kg水，于锅内溶化煮沸，加入枣果，大火煮沸10~15min，再加白砂糖2kg，迅速煮沸后，加枣汤（上次煮枣后的糖水）4~5kg，煮沸至105℃，含糖65%时停火。带汁倒入另一枣锅，糖渍40~50min，使糖液徐徐渗入，每隔10~15min翻拌一次，最后滤去糖液，进行烘烤。

北方蜜枣以大锅糖煮，先配制40%~50%的糖液35~45kg，与枣50~60kg同时下锅，大火煮沸，加枣汤2.5~3kg，煮沸，如此反复3次后，开始分次加糖煮制。第1~3次，每次加糖5kg和枣汤2kg，第4~5次，每次加糖7kg，第6次加糖10kg左右。每次加糖（枣汤）应在沸腾时进行，最后一次加糖后，续煮约20min后，连同糖液倒入缸中浸渍48h，全部糖煮时间需1.5~2.0h。

（5）烘烤　分初烘和复烘两阶段，初烘温度55℃，中期最高不超过65℃，烘至果面有薄糖霜析出，时间约24h。趁热将枣加压成型（扁腰形或元宝形或长圆形）。复烘温度为50~60℃，烘至果面析出一层白色糖霜，需30~36h。

3. 产品质量要求

色泽呈棕黄色或琥珀色，均匀一致，有光泽；形状为椭圆形，丝纹细密整齐，含糖饱满，质地柔韧；不返砂，不流糖，不黏手，不得有皱纹、露核及虫蛀；总糖含量为68%~72%，水分含量为17%~19%。

（二）苹果脯

1. 工艺流程

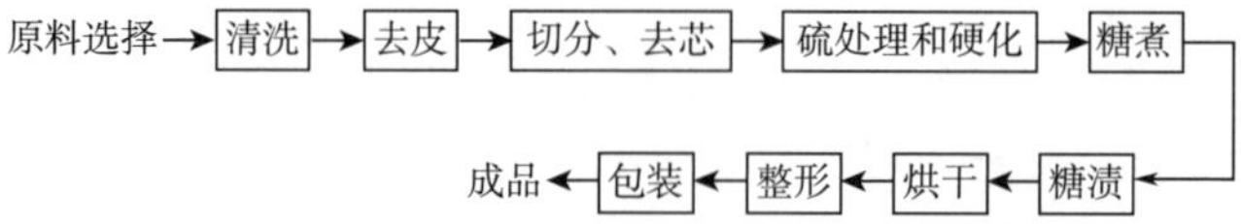

2. 操作要点

（1）原料选择　选用果形圆整、果心小、肉质疏松和成熟度适宜的原料。

（2）去皮、切分、去芯　用手工或机械去皮后，挖去损伤部分，将苹果对半纵切，再利用挖核器挖掉果芯。

（3）硫处理和硬化　将果块放入1g/L氯化钙和2~3g/L亚硫酸氢钠混合液中浸泡4~8h，进行硬化和硫处理，肉质较硬的品种只需进行硫处理，不作硬化处理。每100kg混合液可浸泡120~130kg原料。浸泡时上压重物，防止上浮。浸后取出，用清水漂洗2~3次备用。

（4）糖煮　在夹层锅内配制成40%的糖液25kg，加热煮沸，倒入果块30kg，以旺火煮沸后，再添加上次浸渍后剩余的糖液5kg，重新煮沸。反复进行3次，需要30~40min。此时果肉软而不烂，并随糖液的沸腾而膨胀，表面出现细小裂纹。此后再分6次加糖煮制。第一、二次各加糖5kg，第三、第四次各加糖5.5kg，并加入少量冷糖液，使锅中糖液暂时停止沸腾，温度稍降，果块内部的水蒸气压力减小，有利于渗糖脱水，加速糖制过程。第五次加糖6kg，每次间隔5min，第六次加糖7kg，煮制20min。全部糖煮时间需1~1.5h，待果块呈现透明时，即可出锅。

（5）糖渍　趁热起锅，将果块连同糖液缸中浸渍24~48h。

（6）烘干　将果块捞出，沥干糖液，摆放在烘盘上，送入烘房，在60~65℃的温度下烘至不黏手为度，大约需要24h。

（7）整形和包装　烘干后用手捏成扁形或圆形，剔除黑点、斑疤等，用防潮纸或塑料纸盒包装入箱。

3. 产品质量要求

色泽为浅黄色至金黄色，具有透明感。形状为碗状或块状，有弹性，不返砂，不流糖。甜酸适度，具有原果风味。总糖含量65%~70%，水分含量18%~20%。

（三）冬瓜条

1. 工艺流程

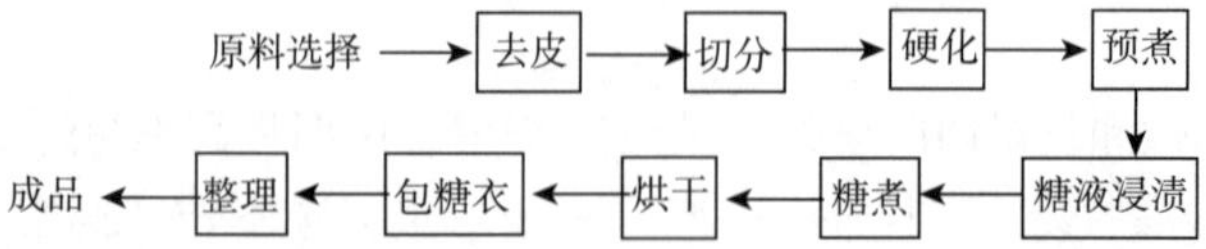

2. 操作要点

（1）原料选择　一般选用新鲜、完整、肉质致密的冬瓜为原料，成熟度以坚熟为宜。

（2）去皮、切分　将冬瓜表面泥沙洗净后，用旋皮机或刨刀削去瓜皮，然后切成宽5cm的瓜圈，除去瓜蒂和种子，再将瓜圈切成1.5cm见方的小条。

（3）硬化　将瓜条倒入 5~15g/L 石灰水中，浸泡 8~12h，使瓜条质地硬化，能折断为度，取出，用清水将石灰水洗净。

（4）预煮　将漂洗干净的瓜条倒入预先煮沸的清水中热烫 5~10min 至瓜条透明为止，取出用清水漂洗 3~4 次。

（5）糖液浸渍　将瓜条从清水中捞出，沥干水分，在 20%~25%的糖液中浸渍 8~12h，然后将糖液浓度提高到 40%再浸渍 8~12h。为防止浸渍时糖液发酵，可在第一次浸渍时加 1g/L 左右的亚硫酸钠。

（6）糖煮　将处理好的瓜条称重，按 15kg 瓜条称取 12~13kg 白砂糖，先将白砂糖的一半配成 50%的糖液，放入夹层锅内煮沸，倒入瓜条继续煮，剩余的糖分 3 次加入，至糖液糖含量达到 75%~80%时即可出锅。

（7）烘干及包糖衣　冬瓜条经糖煮捞出后即可烘干。若糖煮终点的糖液浓度较高，即锅内糖液渐干且有糖的结晶析出时，将瓜条迅速出锅，使其自然冷却，返砂后即为成品，这样可以省去烘干工序。干后的冬瓜条需要包一层糖衣，方法是先把白砂糖少许放入锅中，加几滴水，微火溶化，不断搅拌，使糖中水分不断蒸发。当白砂糖呈粉末状时，将干燥的瓜条倒入拌匀即可。

3. 产品质量要求

质地清脆，外表洁白，饱满致密，味甘甜，表面有一层白色糖霜。

（四）糖姜片

糖姜片又称明姜片、冰姜片。外形呈片状，姜黄色，表面附着白色糖霜。质地柔软，食之甘甜微辛，有兴奋发汗、止呕暖胃、解毒驱寒的作用。

1. 工艺流程

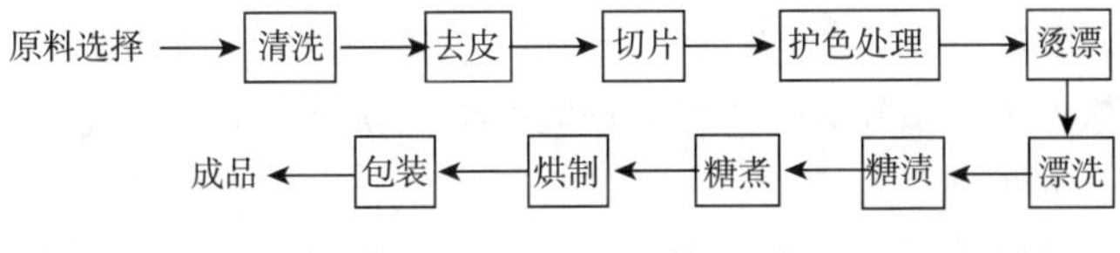

2. 操作要点

（1）原料选择　选用肉质肥厚，结实少筋，块形较大的新鲜嫩姜作为原料。

（2）清洗、去皮、切片　新鲜生姜先用水洗，去掉污泥。再用机械去皮并人工刮去厚皮和修掉枝芽。然后在切片机中切成不规则的姜片，片厚 0. 3~0. 5cm。

（3）护色处理　将姜片在 5g/L 亚硫酸氢钠溶液中浸泡 10min 后，取出姜片在清水中漂洗冷却。

（4）糖渍　取姜片置入容器中，加入姜片质量 30%的白砂糖，充分拌和，糖渍 24h 后，再加 10%白砂糖，拌和糖渍。如此连续 2~3 次，待姜片呈透明时，即可糖煮。

（5）糖煮　将姜片连同糖液一起倒入锅中，加热煮沸，再加 15%白砂糖，煮至姜片透明时，取出冷却，即成糖姜片。

（6）包装　PE 袋或 PA/PE 复合袋定量密封包装。

3. 产品质量要求

色黄，外为白色糖霜，不发黑；薄片形状厚薄一致，无粘连；有甜辣味，无异味。含糖量 65%~70%，含水量 17%~20%。

二、果酱类

（一）草莓酱

1. 工艺流程

原料选择 → 洗涤 → 去梗去萼片 → 配料 → 加热浓缩 → 装罐与密封 → 杀菌及冷却 → 成品

2. 操作要点

（1）原料选择　应选含果胶及果酸多、芳香味浓的品种。果实八九成熟，果面呈红色或淡红色。

（2）洗涤　将草莓倒入清水中浸泡3~5min，分装于竹筐中，再放入流动的水中或通入压缩空气的水槽中淘洗，洗净泥沙，除去污物等杂质。

（3）去梗去萼片　逐个拧去果梗、果蒂，去净萼片，挑出杂物及霉烂果。

（4）配料　草莓300kg，75%的糖液412kg，柠檬酸714g，山梨酸240g，或采用草莓40kg，白砂糖46kg，柠檬酸120g，山梨酸30g。

（5）加热浓缩　可采用两种方法。

① 常压浓缩：将草莓倒入夹层锅内，并加入一半的糖液，加热使其充分软化，搅拌后，再加余下的糖液和柠檬酸、山梨酸，继续加热浓缩至可溶性固形物达66.5%~67.0%时出锅。

② 真空浓缩：将草莓与糖液置入真空浓缩锅内，控制真空度达46.66~53.33kPa，加热软化5~10min，然后将真空度提高到79.89kPa，浓缩至可溶性固形物达60%~63%，加入已溶化好的山梨酸和柠檬酸，继续浓缩至浆液糖含量达67%~68%，关闭真空泵，破除真空，并把蒸气压提高到250kPa，继续加热，至酱温达98~102℃，停止加热，而后出锅。

（6）装罐与密封　果酱趁热装入经过消毒的罐中，每锅酱须在20min内装完。密封时，酱体温度不低于85℃，放正罐盖旋紧。

（7）杀菌及冷却　封盖后立即投入沸水中杀菌5~10min，然后逐渐用水冷却至罐温达35~40℃为止。

3. 产品质量要求

要求色泽呈紫红色或红褐色，有光泽，均匀一致；味甜酸，无焦煳味及其他异味；酱体胶黏状，可保留部分果块；总糖量不低于57%（以转化糖计）；可溶性固形物达65%（按折光度计）。

（二）胡萝卜泥

1. 工艺流程

原料选择 → 清洗 → 碱液去皮 → 切分 → 预煮 → 打浆 → 配料 → 浓缩 → 装罐、封口 → 杀菌 → 冷却 → 成品

2. 操作要点

（1）原料选择、清洗　选用红色或橙红色、皮薄肉厚、粗纤维少、无糠心的胡萝卜为原

料，在成熟度适宜、未木质化时采收。用流动水漂除泥沙。

（2）碱液去皮 用质量浓度为30~80g/L的碱液，液温为95℃，处理胡萝卜1~2min，然后捞出投入流动水中漂洗冷却，除尽残碱。

（3）切分、预煮、打浆 用手工或机械将胡萝卜切成薄片。再将夹层锅内的水煮沸，放入胡萝卜薄片煮沸6~8min，使原料煮透。然后用双道打浆机将胡萝卜片打成浆状，打浆机的筛板孔径为0.4~1.5mm。

（4）配料 按胡萝卜泥100kg，加白砂糖50kg、柠檬酸0.3~0.5kg、果胶粉0.6~0.9kg的比例进行调配。先将果胶粉与部分糖混匀，加10~20倍水溶化，再将柠檬酸加水配成50%的酸液，然后将两者混合并搅拌均匀备用。

（5）浓缩 将胡萝卜泥与75%的糖液倒入夹层锅内，搅拌加热至可溶性固形物达40%~42%时出锅。

（6）装罐、封口 装罐时酱体的温度不低于85℃，装罐后立即封罐。

（7）杀菌、冷却 封罐后立即按杀菌式5~10min/112℃分段冷却至38℃。

3. 产品质量要求

黄褐色；质地细腻，均匀一致；酸甜适口，无异味；可溶性固形物达40%~42%。

（三）胡萝卜糕

1. 工艺流程

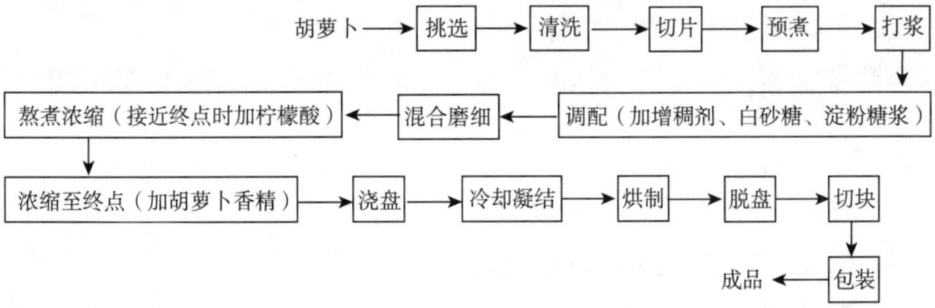

2. 操作要点

（1）挑选、清洗、切片 挑选橙红色的原料，去掉须、颈端黑色及表皮青色部分，于清洗机中清洗干净，然后用多切机切成0.5mm左右薄片。

（2）预煮、打浆 将薄片放入沸水中热烫6~8min，时间过长易出现水焖味，影响风味；过短则软化不够，不利于打浆。预煮后趁热将胡萝卜打成泥状。

（3）调配、混合磨细 按胡萝卜100kg、白砂糖35kg、淀粉糖浆35kg、柠檬酸0.7%、混合增稠剂（琼脂、海藻酸钠、高酯果胶质量比为2∶2∶1）2%、胡萝卜香精适量的配方比例称取砂糖、淀粉糖浆和混合增稠剂。使用琼脂时先加其重15~20倍的水浸泡约2h，再加热溶解。果胶、海藻酸钠等则先与白砂糖拌匀，再加入淀粉糖浆及水，溶解配成70%的糖液，然后与琼脂液一起倒入胡萝卜浆中，搅拌加热至100℃后用胶体磨进一步磨细。

（4）熬煮浓缩 将磨细的浆料倒入夹层锅，待浓缩至可溶性固形物含量为40%时加入柠檬酸（按配方称取并加适量水溶解），再浓缩至可溶性固性物含量为45%时，离火加入适量胡萝卜香精。

（5）浇盘、冷却凝结 将熬煮好的浆料趁热浇盘，并立刻摊平至厚度约0.5cm，室温下放

1~2h，使其冷却凝结。

（6）烘制、脱盘、切块、包装　将装料的烤盘放入 50~60℃烘箱中烘 12~16h，取出烤盘，冷却、切块、包装、封口后即得成品。

3. 产品质量要求

黄褐色；质地细腻，均匀一致；酸甜适口，无异味；可溶性固形物达 18%~22%。

（四）柑橘果酱

1. 工艺流程

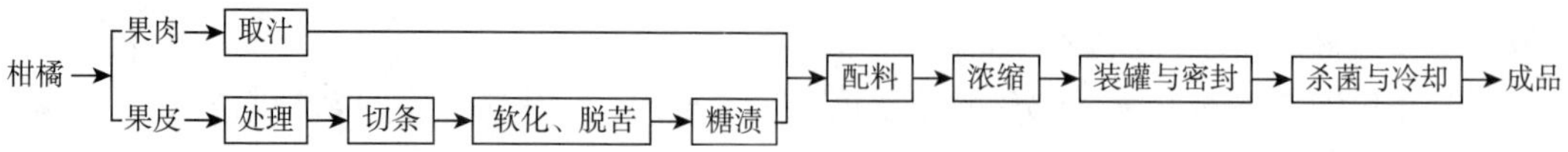

2. 操作要点

（1）原料　采用成熟的甜橙、蕉柑或柠檬等为原料，经清洗后纵切半或四开，剥取外皮。

（2）取汁　由果肉挤出果汁，经过滤澄清，果肉渣加入适量水搅拌加热 30~60min，抽提果胶液，经过滤，澄清液与上述果汁合并。

（3）果皮处理、切条　选用色艳、橙红或橙黄无斑点的外果皮，并用刀切去内面白皮层，再切成长 25~30mm、厚约 3mm 的条片。

（4）果皮的软化和脱苦　柑橘皮条片用 50~70g/L 食盐水煮沸 20~30min，或用 1g/L 碳酸钠溶液煮沸 5~8min，流动水漂洗 4~5h，（以具适宜苦味及芳香味为准），离心去水。此项操作对产品风味具有决定性影响，应控制好。

（5）果皮糖渍　条片以 50%糖液加热煮沸，浸渍 8~12h，再加热至可溶性固形物含量为 65%出锅备用。

（6）配料　果汁 50kg，果胶粉（或液）约 1%（成品计），果皮（糖渍好的）16~20kg，淀粉糖浆 33kg，白砂糖 34kg，柠檬酸 0.4%~0.6%（成品计）。

（7）装罐与密封　保持酱温 85~90℃，趁热装罐，严防污染罐口，迅速加盖密封。

（8）杀菌与冷却　净重 454g 的玻璃瓶，杀菌式为 5~10min/85~90℃，然后分段冷却。柑橘皮条在装罐时易上浮，应搅拌均匀装罐，杀菌冷却后宜正、反倒放，使果皮均匀分布于酱体中。

3. 产品质量要求

酱体浅色，均匀一致，呈透明的冻胶状，不流汁，有浓厚的芳香味，里面的橘皮分布均匀，形态美观。可溶性固形物达 60%以上（按折光度计）。

思考题

1. 什么是果蔬糖制？果蔬糖制品可以分为哪几类？
2. 根据学到的知识，设计梨肉果脯的加工工艺。

第八章

08

蔬菜腌制

本章学习目标与要求

1. 掌握蔬菜腌制的原理。
2. 了解蔬菜腌制品的相关分类。
3. 了解蔬菜腌制的工艺流程。

第一节　蔬菜腌制原理

蔬菜腌制的基本原理主要是利用食盐的防腐保藏作用、微生物的发酵作用、蛋白质的分解作用以及其他生物化学作用，抑制有害微生物活动，增加产品的色香味，增强制品的耐藏性。

一、食盐贮藏作用

食盐在腌制加工中的作用主要包括高渗透压作用、降氧作用、降低水分活度、降低酶活力和食盐本身对微生物的毒害作用。

1. 高浓度食盐溶液的高渗透压作用

食盐分子较小，由食盐形成的溶液具有很高的渗透压。一般而言，10g/L 食盐溶液可以产生相当于 6.18×10^{-2}kPa 的渗透压，而一般微生物细胞能耐受的渗透压力在 354.6～1692.1kPa，所以蔬菜腌制时，常用 100g/L 以上的食盐溶液，以相当于产生 6180.8kPa 以上的渗透压，来抑制微生物活动，达到保存的目的。

2. 食盐溶液的降氧作用

氧气在食盐溶液中溶解度小于在水中的溶解度，食盐浓度越高，氧气的溶解度越低。蔬菜腌制使用的盐水或由食盐渗入蔬菜组织中形成的盐液，浓度较大，使得氧气的溶解度大大下降，因而形成一种缺氧环境，这种缺氧环境对好气性微生物会产生一定的抑制作用，使得好气性细菌、霉菌等微生物很难在其中生长。因此，只要食盐浓度适当，又不影响乳酸菌的活动，能使制品得以更好地保存。

3. 食盐降低微生物环境的水分活度

食盐在溶于水后形成的离子都带有一定的电荷，而电荷的存在又使它们能够与溶液中水分子发生水合作用，水合作用使溶液或产品中水分活度降低，使得微生物可利用的有效水分相对减少，从而使微生物的生命活动受到抑制。食盐的浓度越高，所吸引的水分子也越多，这些水分子也就由自由水状态转变为结合水状态，导致水分活度下降。食盐含量越高，水分活度越低。

4. 食盐对酶活力的影响

微生物在各种生命活动中分泌的酶的活力会因食盐成分的存在而使其活力降低。因为食盐溶液中的 Na^+和 Cl^-可以与酶蛋白中的肽键结合，从而破坏酶分子特定的空间构型，使其催化活力降低，导致微生物的生命活动受到抑制。

5. 离子的毒害作用

食盐分子溶于水后发生电离，并以离子状态存在。当这些离子达到一定高的浓度时，它们就会对微生物产生生理毒害作用，使微生物的生命活动受到抑制。

食盐还是腌制品咸味的来源，食盐浓度越高，虽然抑制有害微生物活动的效果越好，但制品咸味也越高。过咸的腌制品，鲜味淡、风味差、品质降低，因此，必须严格掌握用盐量，使其既能达到抑制有害微生物活动的目的，又能增进腌制品的风味。食盐质量浓度一般以 100g/L 左右比较安全。利用高浓度食盐腌制蔬菜时，常采用分批加盐的措施，这样，一方面避免骤然失水收缩，影响食盐继续向蔬菜组织内继续渗透，同时前期食盐浓度低，还可以进行乳酸发酵，增进腌菜的风味。因此，食盐在非发酵性蔬菜腌制过程中起着重要作用，但也有轻微的发酵作用，而在发酵性蔬菜腌制过程中，也有抑制有害微生物的作用。

二、微生物发酵作用

蔬菜在腌制过程中进行乳酸发酵，并伴随酒精发酵和醋酸发酵。各种腌制品在腌制过程中的发酵作用都是借助于天然附着在蔬菜表面上的各种微生物的作用进行的。

1. 乳酸发酵

乳酸细菌利用单糖或双糖作为基质积累乳酸的过程，它是发酵性腌制品腌制过程中最主要的发酵作用。乳酸发酵的适宜温度在 30~35℃。

将单糖和双糖分解生成乳酸而不产生气体和其他产物的乳酸发酵称为同型乳酸发酵。

$$C_6H_{12}O_6 \longrightarrow 2CH_3CH(OH)COOH+83.68kJ(20cal)$$

在蔬菜腌制过程中，乳酸发酵除了产生乳酸外，还产生醋酸、琥珀酸、乙醇、二氧化碳、氢气等，这类乳酸发酵称为异型乳酸发酵。腌制过程前期以异型乳酸发酵为主，后期以同型乳酸发酵为主。

2. 酒精发酵

酵母菌将蔬菜中的糖分分解成乙醇和二氧化碳。

$$C_6H_{12}O_6 \longrightarrow 2CH_3CH_2OH+2CO_2\uparrow$$

葡萄糖发酵生成的乙醇，对于腌制品后熟期中发生酯化反应生成芳香物质很重要。

3. 醋酸发酵

在蔬菜腌制过程中还有微量醋酸形成。醋酸是由醋酸细菌氧化乙醇而生成的。

$$CH_3CH_2OH+O_2 \xrightarrow{\text{醋酸细菌}} CH_3COOH+H_2O$$

制作泡菜、酸菜需要利用乳酸发酵，而制造咸酱菜则必须将乳酸发酵控制在一定的限度，否则咸酱菜制品变酸，成为产品败坏的象征。

以制作泡菜为例，乳酸发酵蔬菜是利用自然发酵生产，其工艺过程并不复杂，但由于蔬菜上的微生物种类繁多，除乳酸菌外，还有其他一些微生物，如酵母菌、霉菌、大肠杆菌（*E. coli*）、丁酸细菌等，大部分微生物对发酵不是必需的，甚至是有害的。因此需要控制发酵温度，加盐、糖和香辛料，创造厌氧环境等对乳酸菌生长有利的环境条件，促进乳酸菌迅速生长占据优势，使其他微生物生长受到抑制。发酵过程中，开始是一些好氧微生物生长，消耗掉氧气，好氧菌死亡，乳酸菌和其他兼性厌氧菌利用糖和蔬菜中溶出的汁液开始生长，产酸，使pH逐渐下降，使环境变为酸性，抑制腐败菌生长，随着pH下降，一些不耐酸的乳酸菌受到抑制，而耐酸的乳酸菌如植物乳植杆菌（*Lactiplantibacillus plantarum*）继续生长和产酸，使pH继续下降，最终所有乳酸菌均受到抑制，乳酸发酵停止。根据酸度的变化，泡菜发酵经历了微酸、酸化和过酸3个阶段，以酸化阶段产品的风味最佳，因此，要适时结束发酵。

三、蛋白质分解及其他生化作用

在蔬菜腌制及制品后熟过程中，所含的蛋白质受微生物和蔬菜本身所含的蛋白水解酶的作用逐渐被分解为氨基酸。这一变化是腌制品具有一定光泽、香气和风味的主要原因。

（一）鲜味产生

蛋白质水解所生成的各种氨基酸都具有一定的风味。蔬菜腌制品鲜味的主要来源是谷氨酸与食盐作用生成的谷氨酸钠。

（二）香气产生

1. 发酵作用产生香气

蛋白质水解生成氨基丙酸与酒精发酵产生的乙醇作用，失去1分子水，生成的酯类物质芳香更浓。氨基酸种类不同，所生成的香气物质也不同，其香气也各不相同。

$$CH_3CH(NH_2)COOH+CH_3CH_2OH \longrightarrow CH_3CH(NH_2)COOCH_2CH_3+H_2O$$

2. 原料成分及加工过程中产生香气

腌制品产生的香气有些来源于原料及辅料中的呈香物质，有些则是由呈香物质的前体在风味酶或热的作用下经水解或裂解而产生。

$$CH_3CH(OH)COOH+CH_3CH_2OH \xrightarrow{\text{酯化酶}} CH_3CH(OH)COOCH_2CH_3+H_2O$$

（三）色泽产生

蔬菜腌制品在发酵后熟期，蛋白质水解产生酪氨酸，在酪氨酸酶的作用下，经过一系列反应，生成一种深黄褐色或黑褐色的物质，称为黑色素，使腌制品具有光泽。腌制品的后熟时间越长，黑色素形成越多。

1. 酶促褐变与非酶褐变

对于深色酱菜、酱油渍和醋渍产品，褐变形成色泽对品质是有利的；对于有些腌制品，褐变往往是降低品质的主要原因。

抑制褐变发生的措施：①抑制酚酶活力；②隔绝氧气；③添加维生素C；④采用二氧化硫或亚硫酸盐可以抑制非酶褐变和酶促褐变；⑤降低反应物浓度、降低介质pH、避光和低温保藏抑制非酶褐变；⑥保证乳酸发酵的正常进行，是抑制腌制品褐变的有效途径。

2. 吸附

蔬菜经腌制后，细胞膜变为透性膜，失去对渗透物质的选择性；加工处理后，细胞内溶液浓度降低，外界溶液浓度大于细胞内溶液浓度，在扩散作用下，辅料的色素微粒就向细胞内扩散，扩散的结果使得蔬菜细胞吸附了辅料中的色素，使产品具有类似辅料的色泽。为防止产品吸附色素不均匀出现“花色”，就需要特别注意生产过程中的“打扒”（搅拌）或翻动。

四、影响腌制的因素

1. 食盐

一定浓度的食盐对微生物的生长活动有抑制作用。不同的微生物对于食盐浓度的耐受力不同。

一般来讲，对腌制有害的微生物对食盐的抵抗力较弱，因此可以利用适当浓度的食盐溶液来抑制腌制过程中的有害微生物活动；在决定腌制蔬菜的食盐溶液浓度时，应考虑其他成分的作用；食盐在腌制品中还有调味和控制生化变化的作用。

2. pH

除霉菌外，其他有害微生物抗酸能力都不如乳酸菌和酵母菌。pH 在 4.5 以下时，能抑制有害微生物活动。pH 对原料的蛋白质酶类及果胶酶的活力也有影响，一般腌制品 pH 在 4~5 时，对保脆性和蛋白质水解作用有利，但此时人们的味觉会感觉到过酸，以食盐调味可降低对酸的感觉。

3. 温度

适宜的温度可以大大缩短发酵的时间。乳酸发酵适宜温度在 30~35℃ 范围内，一般不宜过高。因为有害的丁酸发酵适宜温度也在 35℃，生长上常采用的温度为 12~22℃。温度对食盐的渗透和蛋白质的分解有较大的影响。温度升高，可以加速渗透和生化过程。

4. 原料的组织及化学成分

原料体积过大，致密坚韧，有碍渗透和脱水作用，可通过切分、搓揉、重压、加温来改变表皮细胞的渗透性；原料的水分含量，对制品品质有密切关系。

5. 气体成分

乳酸菌在厌气状况下能够正常地进行发酵作用。而酵母菌及霉菌均为好气性，通过绝氧措施可抑制有害微生物的活动。厌气条件对于防止原料中的维生素 C 的氧化是有利的。

6. 卫生条件

原料要洗涤，腌制容器要消毒，盐液要杀菌，腌制场所要保持清洁卫生。

7. 原料品质

建设好腌制原料基地，生产符合腌制要求的原料品种是提高腌制品质量的重要保证。

8. 腌制用水

腌制用食盐应该纯净；非发酵性腌制品所用水应呈微碱性；水的硬度一般在 8~16 度。

五、蔬菜腌制的保脆、保绿与亚硝基化合物

蔬菜在腌制过程中极易失绿、脆性降低，如果不采取有效的措施，腌制效果将大打折扣。而蔬菜绿色和脆性是衡量腌制品的重要质量指标。因此，在蔬菜腌制过程中有效利用保绿和保

脆技术具有重要意义。

（一）蔬菜腌制中的保绿技术与保脆技术

1. 蔬菜中的绿色物质

蔬菜中的绿色物质是叶绿素，它是光合作用的产物，属于四吡咯衍生物，其中的卟啉环是处于二氢形式，中心的金属原子为镁。蔬菜中的叶绿素有叶绿素 a 和叶绿素 b 两类。叶绿素在植物细胞中与蛋白质结合成叶绿素蛋白质，由多种叶绿素蛋白复合物构成叶绿体，当细胞死亡之后，叶绿素就游离出来。叶绿素是种不稳定的物质，不耐光、热、酸，不溶于水，易溶于碱、乙醇与乙醚。在酸性环境中很不稳定，会迅速分解变成脱镁叶绿素，使原来的绿色变成褐色或绿褐色；但它在碱性溶液中，转化为叶绿素盐，相当稳定。

2. 腌制中影响叶绿素失绿的因素

蔬菜在腌制过程中，引起颜色变化的主要因素是 pH、盐浓度和酶。

（1）pH　腌制液的 pH 大小直接影响叶绿素失绿速度，随着 pH 下降叶绿素形成脱镁叶绿素的速度加快，新鲜蔬菜腌制初期，因叠放在一起，易产生大量呼吸热，加快乳酸发酵，pH 下降，导致叶绿素失绿。

（2）盐浓度　食盐是腌制蔬菜的主要辅料，用盐量过大，不但浪费食盐，而且会影响腌制品的质量和出品率。盐浓度过低，既不能有效抑制有害微生物的生长繁殖，同时也不能抑制蔬菜呼吸作用，反而会使腌制液温度升高，有害微生物繁殖快，不利保绿。

（3）酶促褐变　由于蔬菜中含有一定的酚类和单宁物质，在氧化酶的作用下被空气中的氧气所氧化，生成醌类物质，导致蔬菜变黑失绿。

（4）非酶褐变　由于蔬菜产品中含有的还原糖与氨基酸、蛋白质发生美拉德反应生成葡萄糖胺，进而也生成黑色素，导致蔬菜失绿。

3. 蔬菜腌制中的保绿技术

根据以上原理，采用以下几种方法。

（1）有效控制腌制液 pH　许多研究报道，用井水（pH>7）浸泡腌制前的蔬菜可有效的保持绿色，但在碱性环境下，会导致维生素 C 的大量损失，酸性条件下，又会加快失绿，所以蔬菜腌制液的 pH 应控制在中性或微碱性。

（2）及时排出呼吸热　新鲜蔬菜在腌制时，应及时进行翻倒，排除因叠放起而产生的大量呼吸热。防止发酵产酸，蔬菜中叶绿素脱铁而失色。

（3）合理控制食盐浓度　在绿色蔬菜腌制时，要合理控制食盐浓度。有报道称食盐质量浓度一般控制在 100~200g/L 为宜。食盐浓度过低，既不能有效抑制有害微生物的生长繁殖，又不能抑制蔬菜呼吸作用；食盐浓度过高，虽能有效抑制有害微生物的生长繁殖，又能抑制蔬菜呼吸作用，但是会影响腌制品的质量和出品率，还会浪费大量的食盐。

4. 腌制中影响原果胶分解的因素

蔬菜在腌制过程中，影响原果胶水解成果胶酸的主要因素是蔬菜的成熟度、腌制前的损伤、腌制过程中分泌果胶酶的有害微生物。

（1）蔬菜的成熟度　未成熟的蔬菜组织中含有原果胶，随着成熟度的增加，原果胶物质分解减少，从而降低腌制蔬菜的脆度。

（2）机械损伤　蔬菜采收时或腌制前如受机械损伤，受伤部位就会大大增强果胶酶的活力，加速原果胶物质的分解，从而降低腌制蔬菜的脆度。

（3）果胶酶　腌制液中常常存在少量微生物，如果存在的微生物分泌果胶酶，则加速腌制蔬菜中原果胶的分解，脆度下降。

5. 蔬菜腌制中的保脆技术

蔬菜腌制中脆性的变化，是在各种因素的综合影响下，蔬菜组织细胞膨压的变化和细胞胞间层中原果胶水解引起的。蔬菜腌制品失去脆性的原因主要与蔬菜组织中果胶物质的变化有关。具体表现有2点：其一，蔬菜腌制前由于成熟过度，果胶物质在自身果胶酶的作用下，分解为果胶酸而使蔬菜组织变软失脆，如果用这种原料进行腌制，其制成品就不会有脆性；其二，由于蔬菜在腌制过程中，一些有害微生物的活动，分泌果胶酶类，继而分解蔬菜内的果胶物质，使腌制品失去脆性。无论是哪一种原因，都会使腌制品质地变软而降低品质。因此，根据上述原理采用以下方法进行保脆。

（1）控制采收成熟度　应选择果胶含量高、质地紧密的蔬菜进行腌制。同时，对于大量腌制蔬菜应在微熟期采收，以最大限度地保存蔬菜中原果胶物质的含量。对于用作腌制的蔬菜原料，应该适时采收，防止因过度成熟造成组织变软而失去脆性。

（2）减少机械损伤与及时加工　应用合理的采收方法，减少机械损伤，减少呼吸伤从而降低果胶酶活力，避免果胶酶水解原果胶。原料菜采收以后应及时运输和处理。原料菜入厂后要尽快加工，使其保持原有的脆性。如果在蔬菜加工旺季，原料菜进厂的量很大又不能及时腌制时，应将原料菜在阴凉的地方摊开位置，防止由点到面堆积时产生的呼吸热不能及时排除，导致微生物的侵染，使蔬菜质地变软、败坏。

（3）利用食盐抑制有害微生物的生长繁殖　食盐浓度直接影响有害微生物的繁殖情况，但食盐浓度过大，会影响盐渍制品的质量和出品率；浓度过小，会引起微生物发酵而产生异味。据相关报道用盐量为蔬菜质量的10%~20%较为适宜。同时，蔬菜腌制时应严格控制腌制的环境，如盐水的浓度、菜卤的pH、环境的温度等，抑制微生物的活动使之不产生或少产生果胶酶类，保持制品较好的脆性。

（4）调整腌制液的pH　相关报道称，果胶在pH为4.3~4.9时水解度最小，但是如果pH低于4.3或大于4.9时水解度就增大，菜质易变软；果胶在浓度大的腌制液中溶解度小，菜质不易变软。一般pH控制在4.5~4.7即可。

（5）合理使用保脆剂　具体做法是：将原料菜放在溶有保脆剂的水中适当浸泡；或者在腌制液中直接添加保脆剂；也可以在呈微碱性硬度较大的深井水（其中含有较多的钙离子或铝离子）里进行浸泡，都能起到使腌制品保持脆性的作用。一般常用的保脆剂是含有钙离子或铝离子的化学物质，有氯化钙、硫酸钙、碳酸钙等，多数保脆剂渗入到蔬菜组织通过与果胶酸形成果胶酸钙等盐类，加强细胞的纤维结构而达到保脆的目的。氯化钙是一种较为理想的保脆剂，易溶于水，用量约为蔬菜质量的0.05%，用量过多反会使制品带有苦味，且组织过度硬化，粗糙而无脆性。明矾属于酸性，对于绿色蔬菜腌制品保绿有利，不宜使用。保脆剂量的保脆作用是由于其中的钙离子或铝离子能与蔬菜组织中的果胶酸相互作用，形成果胶酸的钙盐或铝盐，具有凝胶性质，在细胞间隙里起到相互黏结的作用，使蔬菜组织不致变软而保持脆性。此外有研究表明，添加磷酸二氢钾对榨菜等盐渍菜的脆度增加效果非常好，还可以起到保水、品质改良作用。

综上所述，生产过程中都是将护绿和保脆措施同时考虑的。主要是把握蔬菜采收时机、尽量减少蔬菜的机械伤，在低温通风环境中进行，还要控制前期pH在7.0左右，中期调低pH在4.6左右，控制食盐含量在16.0%左右，同时辅以0.07%~0.08%的叶绿素铜钠作护色剂，辅以0.10%的乳酸钙作保脆剂就能收到较好的效果。

（二）蔬菜腌制与亚硝基化合物

1. 亚硝基化合物

N-亚硝基化合物是指含有—NO的化合物，是一类致癌性很强的化合物。按其结构可分为*N*-亚硝胺、*N*-亚硝酰胺等。*N*-亚硝基化合物在动物体内、人体内、食品中以及环境中均可由其前体物质胺类、亚硝酸盐及硝酸盐合成。

2. 蔬菜中的亚硝基化合物及其危害

作用于胚胎，发生致畸性；作用于基因，发生突变，可遗传下一代作用于体细胞，发生癌变。

新鲜蔬菜腌制成咸菜后，其硝酸盐含量下降，而亚硝酸盐含量上升。新鲜蔬菜亚硝酸盐含量一般在0.7mg/kg以下，而咸菜、酸菜亚硝酸盐含量可上升至13~75mg/kg。在5%~10%的食盐中腌制，会形成较多的亚硝酸盐。在较低温度下，亚硝峰形成慢，但峰值高，持续时间长，全程含量高。亚硝酸盐主要聚集在高峰持续期，如腌白菜，高峰持续19d，亚硝酸盐含量占全程总量的98%。亚硝酸盐含量与蔬菜腌制时含糖量呈负相关。

3. 亚硝基化合物形成机制

胺类、亚硝酸盐及硝酸盐是合成亚硝基化合物的前体物质，存在于各种食品中，尤其是质量不新鲜的或是加过硝酸、亚硝酸盐保存的食品中。新鲜蔬菜原料中的硝酸盐在腌制过程中，在硝酸盐还原菌的作用下转化为亚硝酸盐；没有杂菌污染的泡菜和酸菜中亚硝酸盐含量很低。蔬菜在盐腌后5~15d出现亚硝酸盐，以后会逐渐减少，因而在腌制20d后再食用，比较安全。

4. 蔬菜腌制中亚硝基化合物的控制

（1）腌制的原料必须选用新鲜成熟的蔬菜，不宜使用已发黄的叶菜；硝酸盐在各类蔬菜中的含量：叶菜类>根菜类>果菜类。

（2）腌制用水和原料、用具、容器的洗涤用水，必须符合饮用水的卫生要求，不能含有亚硝酸盐。

（3）严格控制腌制蔬菜表面生霉点。

（4）使腌制品度过亚硝酸盐含量高峰期再食用。

第二节　蔬菜腌制品分类

蔬菜腌制品加工方法各异，种类品种繁多。根据所用原料、腌制过程、发酵程度和成品状态的不同，可以分为两大类。按腌制菜生产中是否发酵，将腌制菜分为发酵性腌制品和非发酵性腌制品两大类。一般来讲，发酵性腌制品中食盐用量较少，有明显的乳酸发酵作用，伴随着微弱的酒精发酵和醋酸发酵作用。而非发酵性腌制品在腌制时，食盐用量较多，主要是利用食盐及其他调味品保藏制品，增进风味。任何一种腌制菜在生产过程中都会进行一定程度的发酵，不存在绝对不发酵的腌制品，微生物利用蔬菜和辅料中的营养物质进行发酵，在各种酶的作用下生成有机酸、游离氨基酸等代谢产物，并合成多种香气成分物质，形成腌制菜的独特风味。

一、非发酵性蔬菜腌制品

腌制过程不产生发酵或只轻微发酵。利用高浓度的食盐、糖及其他调味品防腐保藏和增进风味。按照所含配料、水分多少和风味不同，非发酵性腌制品可分为咸菜、酱菜、糖醋菜和糟菜咸菜。是蔬菜用高浓度食盐腌制，创造高盐、高渗、低 pH 的环境。根据成品形态不同，咸菜可分为湿态、半干态和干态 3 种。湿态盐渍是指新鲜蔬菜和水一同添加进行腌制，该产品制成后，菜与腌制液不分开，如腌雪里蕻；半干态盐渍是指加工前不添加水直接进行腌制；干态盐渍是指加工前或加工后进行干燥，该产品制成后，菜与腌制液分开，如咸萝卜、咸雪里蕻、咸大头菜等。酱菜是蔬菜经盐腌后，再用酱料进行酱渍，使制品具有酱料的色香味，如酱黄瓜、酱萝卜、酱木瓜等。糖醋菜是蔬菜经盐腌、脱盐后，再用糖醋液浸渍，制品甜酸可口，如糖醋藠头、糖醋蒜头等。酒糟渍品是将蔬菜浸渍在黄酒酒糟内制成，如糟菜。部分腌制蔬菜如图 8-1 所示。

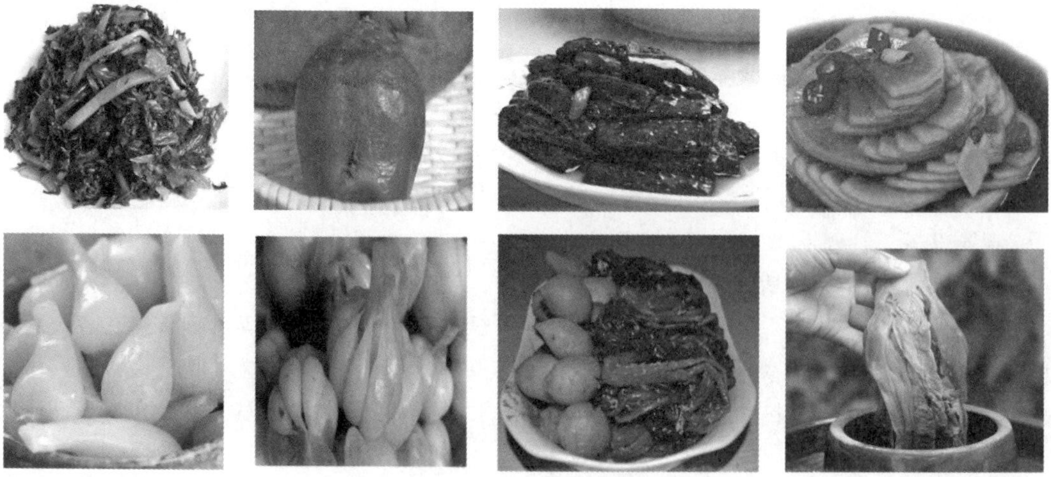

图 8-1 部分腌制蔬菜

二、发酵性蔬菜腌制品

发酵蔬菜是新鲜蔬菜在微生物的作用下，经过一段时间的发酵后，形成风味独特、保质期长、营养价值丰富的发酵制品。蔬菜腌制具有悠久的历史，最早可追溯到 3000 年前。东北和西南地区是我国发酵蔬菜的主要产地，其中，四川泡菜、涪陵榨菜、东北酸菜等是我国著名的发酵蔬菜制品。

发酵蔬菜是多菌共酵体系，乳酸菌和酵母菌可能发生协同、竞争等作用，影响风味形成。发酵性腌制品主要以新鲜蔬菜为原料，添加辅料，在中、低含量（2%~10%）的盐水中经乳酸菌和酵母菌等微生物发酵而成，腌制过程进行强烈的乳酸发酵作用，同时还伴随有轻微的酒精发酵和醋酸发酵，利用发酵所产生的乳酸与加入的食盐及香料等防腐保藏和增进风味。发酵性腌制品包括泡菜和酸菜。泡菜使用专用的泡菜坛，原料浸没于稀盐水中进行泡制，如泡萝卜、泡子姜等。酸菜是原料一般经晾晒或热烫后，压入缸内并灌入清水或稀盐水腌制，如酸芥菜、酸豆角、北方酸白菜等。

发酵可利用蔬菜自身附着的微生物或添加人工培养的乳酸菌发酵剂，在厌氧环境下进行乳酸发酵。乳酸发酵是利用乳酸菌在缺氧条件下将蔬菜中的糖转变成乳酸的过程。

第三节　腌制蔬菜原辅材料

一、蔬菜腌制原料

蔬菜腌制，要选择那些耐贮藏，不怕压、挤，肉质坚实的品种。按蔬菜原料分类可将腌制菜分为根菜类、茎菜类、叶菜类、瓜果菜类和其他类（图 8-2）。

图 8-2　腌制蔬菜原材料

1. 根菜类

（1）萝卜要求质地紧密、嫩脆味甜，干物质含量高，无粗纤维，幼嫩时采收。

（2）根用芥菜（又称大头菜）要求肉质紧密结实，水分少，肉白色，不糠心。

（3）胡萝卜要求直径在 3cm 以上，长 15cm 左右，不分叉，条形挺直，表面光滑，肉质紧密脆嫩，髓部细小。

2. 茎菜类

（1）茎用芥菜（又称青菜头）要求菜体粗短，瘤状突起明显，不开裂，不空心，纤维少。

（2）莴笋皮薄，肉脆嫩，肉质浅绿色，无空心，含水量少，干物质多。

（3）大蒜鳞茎肥大，蒜皮洁白，质地脆嫩新鲜。

（4）生姜姜体肥大，新鲜饱满，肉质脆嫩，粗纤维少，辣味淡，不皱缩，不腐烂。

3. 叶菜类

（1）白菜供腌制的主要是结球大白菜。

（2）雪里蕻菜质新鲜，分枝多，色泽深绿，组织脆嫩，无病虫害。

4. 瓜果菜类

（1）黄瓜要求籽少肉厚，粗细均匀，新鲜而脆嫩，乳熟期采收。

（2）青椒在绿熟期采收，红辣椒在完全成熟时采收。要求肉质厚，辣味重，新鲜而饱满，采摘时带有果柄。

（3）豇豆选择新鲜脆嫩，无病虫害及腐烂的豇豆。

二、蔬菜腌制辅料

1. 食盐

腌制用食盐要求氯化钠含量在97%以上，无可见外来杂质，颜色洁白，无苦涩味。

2. 调味品

（1）豆酱是酱菜腌制的主要辅料（图8-3）。红褐色或棕褐色，鲜艳有光泽，有酱香和酯香味，无其他不良风味，咸淡适口，黏稠适度，无霉变及杂质。

图8-3　豆酱

（2）面酱以小麦粉为主要原料，经制曲、发酵酿制而成。腌制用稀甜面酱。

（3）酱油要求红褐色或棕褐色，酱香浓郁，滋味鲜美，咸甜适口，无苦、涩、酸、霉等异味。

（4）味精主要用于酱菜中。

（5）食醋主要用于糖醋菜生产。

（6）甜味料生产的主要是甜面酱、蔗糖及糖精，其中糖精的最大使用量为0.15g/kg。

3. 着色料

酱油、食醋、姜黄、红糖等都可以作为着色料使用。

4. 防腐剂

蔬菜腌制品常用的防腐剂是苯甲酸钠和山梨酸钾，在酱腌菜中最大使用量为0.5g/kg。

5. 香辛料

用于腌制的香辛料种类很多，常用的主要有花椒、桂皮、八角、小茴香、胡椒、五香粉等。香辛料主要是为了增进腌制品的风味，同时也有一定的防腐作用。

第四节　产品实例

一、酱黄瓜

黄瓜是常见的一种蔬菜，价格较便宜，适合做成开胃小菜。酱黄瓜是特色传统酱菜类食品之一，具有独特的风味，以脆嫩爽口、香甜鲜美著称，被誉为“酱菜之宝”。

腌制黄瓜是最常见的黄瓜加工产品之一。腌制黄瓜也是泡菜中常见的一种，采用新鲜黄瓜，添加辅助调料，经过不同浓度的食盐水泡渍发酵等过程制作而成。腌制黄瓜需选用中等成熟、鲜嫩的黄瓜，将黄瓜用水洗净，然后用刀将黄瓜切成长条方便入味，黄瓜的长度和粗度要适宜，方便装罐。加入配制好的食盐水、蔗糖、调味料腌制适当的天数后，即可食用。腌制的黄瓜口感适宜，脆爽怡人，既可增添食欲、有助消化，而且易贮存。

（一）工艺流程

黄瓜洗净→切条→烫漂（低温）→晾干→腌制→漂洗脱盐→酱制→成品

（二）操作要点

制作酱渍黄瓜要先将新鲜黄瓜用盐腌渍成“黄瓜坯”，然后经脱盐浸渍于豆酱、面酱或酱油中。注意只有用优质酱才能做出优质酱渍黄瓜。

1. 原料选择

选择瓜条顺直，均匀，色泽翠绿，无种子的黄瓜为原料。

2. 原料预处理

黄瓜用清水洗净，用刀切成条状或段状。将切好的黄瓜放入温开水中漂洗后，捞出，最后置于通风处晾干，用少量的食盐腌制减少水分。

3. 食盐水与香辛料液的配制

配制 60~80g/L 的食盐水。将香辛料按比例称量好，制成 50g/L 香辛料液，熬煮后密封，备用。每 100kg 原料用碱 0. 1kg、咸汤 3kg。

4. 初腌

1 层黄瓜 1 层盐，逐层装缸，直到把缸腌满为止；腌时先洒少许咸汤，使盐能黏在瓜条上，条条腌透。为了加速盐的溶化，加盐时下层可少些，上层多些，并一同把碱放入，腌后每天倒缸 2 次，2~3d 后即可出缸。

5. 复腌

将初腌的黄瓜倒入另一缸内进行腌制。按每 100kg 黄瓜用盐 20kg，1 层黄瓜 1 层盐，逐层下缸，每天倒 1 次，10~15d 即为咸黄瓜，加封盐贮存备用。

6. 脱盐

将腌好的咸黄瓜放入缸内，用清水浸泡漂洗，脱去盐分。浸泡时经常换水。一般每 24h 换水 3 次，夏季为 2 次，而后将浸泡后的黄瓜捞出，沥出水分。

7. 初酱

用次酱（即已酱过菜的酱进行酱制），每100kg腌黄瓜用次酱100kg，每天早晚各挤压黄瓜1次，挤压黄瓜时由上到下，用力要均匀，不能用力过猛。初酱时间一般为2~3d，时间不宜过长，否则黄瓜易发酸。

8. 复酱

复酱即为把初酱过的黄瓜换成新酱进行酱制。先用清水把黏在黄瓜表面上的次酱冲洗干净，然后加入新酱，以100kg腌黄瓜用酱料75kg为宜，入缸酱制时每天挤压黄瓜3~4次。冬季为15d，夏季为10d即可成品，每100kg腌黄瓜可制成70kg酱黄瓜，颜色墨绿，味香甜，酱味浓厚，嫩脆。

（三）生产过程中的注意事项

（1）黄瓜用盐控出水后晾晒至很蔫，腌出来不但脆而且很有韧性，口感格外好。

（2）保证所有的工具、机械都必须是无水无油，腌制过程中黄瓜不要沾上生水，姜、蒜等辅料、香料也需晾干后再切。

（3）调制的料汁一定要烧开，晾凉后再加入缸内。

（4）腌制的时候加入一点白酒，不仅增加风味，而且有利于保存。

（四）各类酱黄瓜的工艺

1. 酱辣黄瓜的腌制

将咸黄瓜切成0.2~0.3cm的方形片，用水泡1h，换2次水，捞出沥干水分，装在布袋内，放入面酱缸中浸泡。每天翻动2~3次，6~7d后打开袋口倒出黄瓜片，去除咸汁后，拌入辣椒丝和白砂糖，3d后，黄瓜片外层光亮。成品色泽浅红，甜辣可口。

2. 香辣黄瓜丁的腌制

将咸黄瓜切成$1cm^3$的方块，用清水浸泡2h，换2~3次水，沥干水分，拌入姜丝和酱油后，装入腌器内。2d后翻动1次，4d后拌入红辣椒和炒熟的芝麻。成品嫩脆，清香辣味。

3. 卷腌黄瓜的腌制

原料配比：鲜嫩黄瓜5kg、食盐0.75kg、食糖0.5kg、辣椒面50g。

腌制方法：将选好的鲜嫩黄瓜洗净，切去两端，然后一层黄瓜一层盐放入腌器内，再洒上少许辣椒面，压上石块。第二天取出黄瓜，沿纵轴切开，较老的瓜应取出瓜籽，然后放在席上曝晒1d，再把切开的口卷合。将糖与盐拌匀，一层黄瓜一层糖和盐装入腌器内，10d后即成。成品咸甜脆嫩。

4. 糟盐黄瓜的腌制

原料配比：选每根重约150~200g的黄瓜5kg、食盐2kg、新酒糟4.5kg、清水10kg。

腌制方法：①煮沸盐水腌黄瓜。先将黄瓜洗净，切去瓜蒂，一层一层放入缸内。1kg食盐用10kg水煮沸，泼洒在黄瓜上。待盐水凉时倒出再次煮沸，泼洒在黄瓜上，这样反复进行3~4次。②酒糟盐腌黄瓜。取新鲜的酒糟4.5kg和1kg食盐混合。先在腌器底部铺一层黄瓜，再撒一层酒糟盐，然后一层黄瓜一层酒糟盐，最后以酒糟盐封盖（这层酒糟盐要厚一些），半月后即成糟盐黄瓜成品。成品味道可口有酒香。

（五）工厂生产设备及产品

工厂生产酱黄瓜的主要设备是不锈钢罐（图8-4），并带有搅拌装置及水力输送装置，自动清洗池（图 8-5），大小可根据生产量而定。脱水设备宜选用离心机或压榨机，此外还包括酱汁过滤机与汁菜分离器。

图 8-4　不锈钢罐

图 8-5　自动清洗池

大致操作如下：按不同的蔬菜品种及酱菜要求将腌制好的蔬菜切制成形，按一定比例加入清水，浸泡脱盐，定时搅拌，达到一定要求即可送入脱水设备脱水。脱水后，将菜坯和酱汁送入酱制罐内酱制。入罐后每隔 4h 搅拌 1 次。待菜坯与酱汁达到平衡，蔬菜细胞完全恢复正常，此时酱制完成。最终成品会呈厚块状或条状（图 8-6）。

图 8-6　酱黄瓜

二、腌制芥菜

腌制芥菜由新鲜蔬菜泡发而成，有助于维持人体消化道健康、增进食欲、促进消化等。芥菜腌制发酵后会产生一种特殊的辛辣味，因而深受大众喜爱。特点是色泽宜人，清脆可口，具有脆、香、鲜的独特风味。

（一）工艺流程

芥菜晾晒→整理→入缸→加水、加盐→盐渍→倒缸→腌制成熟→成品

（二）操作要点

1. 原料晾晒

将 100kg 菜洗净晾晒至 60~70kg（一般 1~2d），使其软化后腌制。若遇天气不好，则可将新采收的菜洗净投入 100g/L 盐水中预浸泡 2~3d，使其软化成出坯料。

2. 原料整理

切头，拔除老黄叶、病叶。剔除不易加工的部分，切分成 10cm 的菜段。

3. 入缸

根据腌制量选择合适的容器，一般腌制缸的腌制量为 50~150kg，腌制木桶的腌制量为 5000~10000kg，腌制池的腌制量为 10000~15000kg。

将菜缸洗净、擦干，先在陶缸底部撒 1 层盐，装入芥菜，菜叶部朝缸壁，头部朝中间呈放射状摆放，再撒 1 层盐并挤紧压实。每装一层菜，撒一层盐，以此类推装至容器的 4/5。

4. 加水、加盐

按 100kg 芥菜、60kg 水、4kg 食盐的比例，加入水和食盐。撒盖面盐并用处理后的老叶覆盖，竹片拱压或鹅卵石压实，注入水至缸口 5~10cm，密封缸。

5. 盐渍

压菜时勿损伤原料，踏菜时先踏缸边，后踏缸中心。要求每层都踏到软熟、出卤。腌制 1~2d，温度控制在 20~25℃。

6. 倒缸

即翻缸，把经盐渍半熟的菜转入另一个腌制容器中，上下层对翻。摆放方法同盐渍，按照一层食盐一层菜的方式挤紧压实，注入老盐水（盐渍余下的盐水），压实封缸。

7. 腌制成熟

加入八角、大蒜、生姜等香料约 0.5kg，将菜挤紧压实，排出空气，注满老盐水、压实封缸。温度控制在 12~20℃，腌制成熟时间一般暖天 6~10d，冷天 10~15d。

（三）生产过程中的注意事项

（1）将芥菜削头去黄叶，整理干净后泡在水中 10~15min 后淘洗，淘洗时要注意根部用手掰开在水中多涮一涮。

（2）将洗干净的芥菜去水、晾晒，腌制芥菜的容器洗干净后最好用开水烫一烫。

（3）每一次撒盐量要均匀，并且底层相对较少，向上逐层增加。

（4）按时倒缸，以利散热和保持蔬菜原有颜色，同时注意密封和温度的控制。

（四）各类腌制芥菜的工艺

芥菜腌制发酵后会产生一种特殊的辛辣味，因而深受大众喜爱。由于芥菜腌制后有一种特殊鲜味和香味，能促进胃、肠消化功能，增进食欲，帮助消化，芥菜自身含有芥子苷属硫代葡萄糖苷，经过酸或酶的水解作用能生成挥发性芥子油、葡萄糖和硫酸氢钾，具有浓郁的辛辣味并伴随微苦，以其独特的鲜香脆爽风味促进食欲。

1. 宜宾芽菜

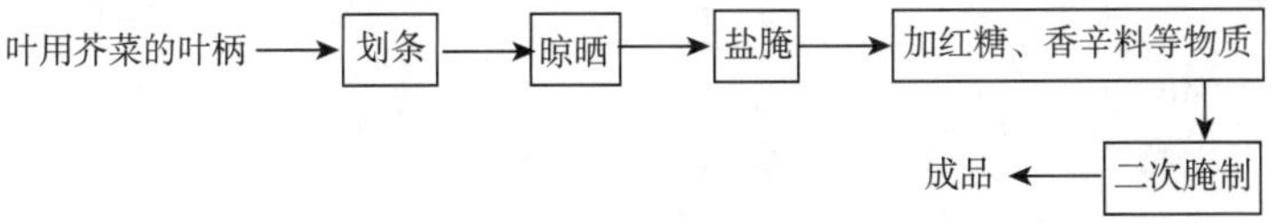

2. 襄阳大头菜

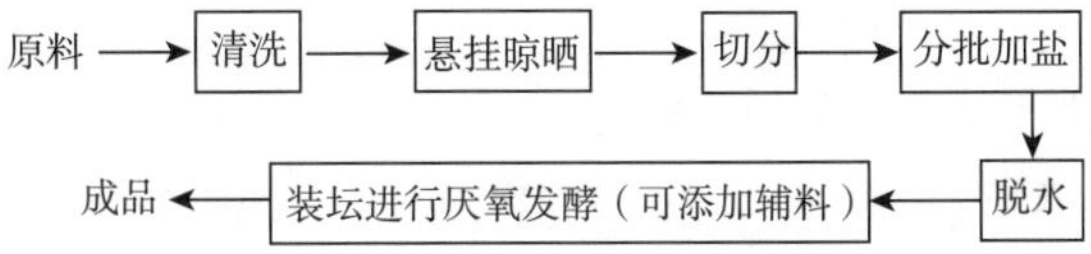

3. 四川冬菜

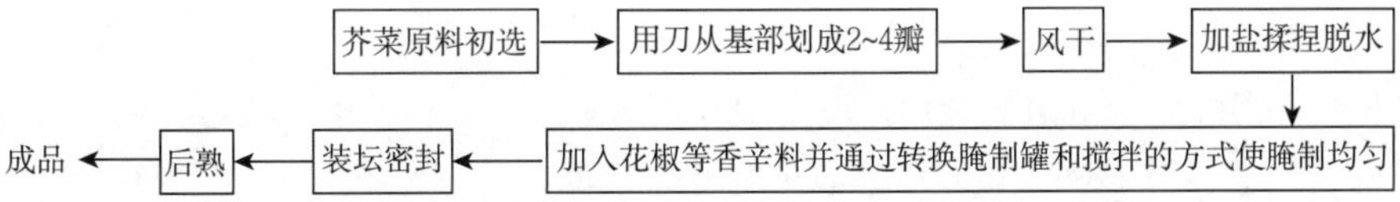

4. 涪陵榨菜

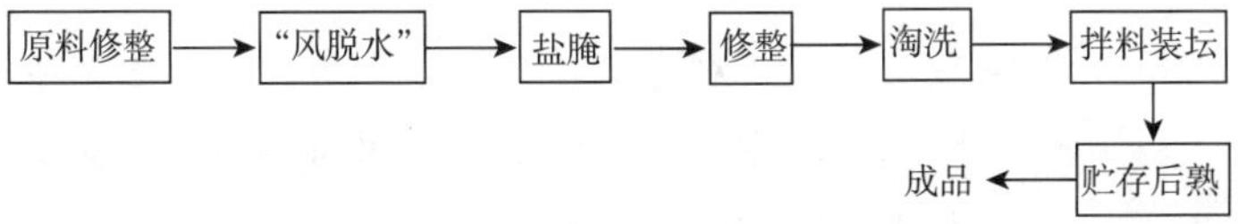

5. 绍兴梅干菜

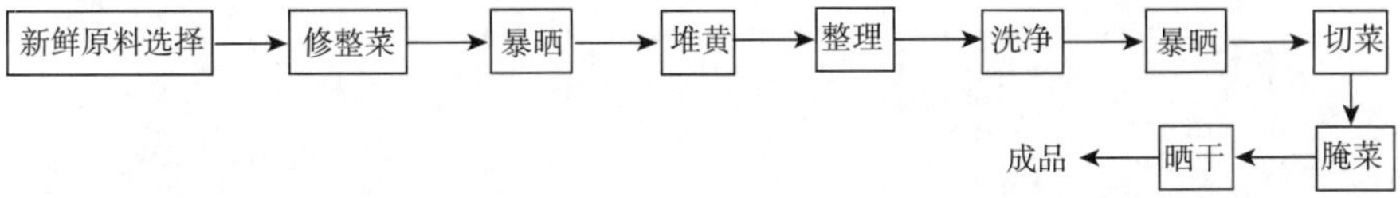

6. 湖南传统发酵芥菜

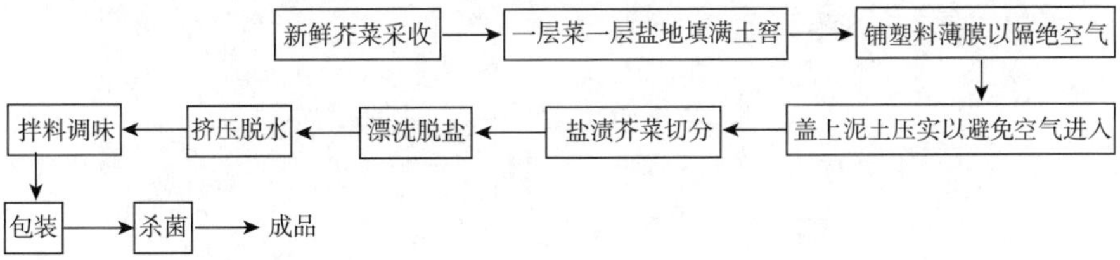

（五）腌制芥菜的传统发酵方式

腌制芥菜的传统发酵方式是主要依靠芥菜自身所带的微生物进行发酵，这些微生物在发酵过程中繁殖代谢，形成了以乳酸发酵为主，酒精发酵为辅和少许醋酸发酵并存的综合模式。

1. 乳酸发酵

在腌制发酵过程中微生物协同作用，使蔬菜中的糖类物质被分解生成乳酸等其他产物，此时，芥菜中的硫代葡萄糖苷在食盐的作用下开始发生降解，产生异硫氰酸酯等风味物质，辛辣味也随之产生。

2. 酒精发酵

在芥菜自然发酵体系中，酵母菌在整个发酵过程中发挥了重要作用，一方面，酵母菌将芥菜中的部分糖分解成乙醇和二氧化碳，为醋酸发酵提供物质基础；另一方面，酒精发酵可以产生更多具有香气的挥发性醇类物质，其中一部分醇会与后续醋酸发酵产生的酸类物质结合生成具有芳香味的酯类化合物，提升芥菜产品的风味。

3. 醋酸发酵

这是醋酸菌将好气性的乙醇氧化成醋酸的过程，芥菜自身所带的一些微生物在代谢过程中产生少量醋酸、酒石酸等味道醇和刺激性小的酸类物质，增加芥菜的香气。

传统芥菜腌制发酵以小作坊加工为主要形式，有自然发酵法和卤水发酵法 2 种方式。大多数地区采用自然发酵法：将芥菜清洗干净后，悬挂晾晒至菜叶皱缩而不枯，而后进行切分处理、分批加盐，从底层开始，按照一层菜一层盐、下少上多的方式加，使食盐最大程度地被芥菜吸收。此后将芥菜封坛进行厌氧发酵，利用其自身所携益生菌经一定周期自然发酵而成。还有少数地区使用老卤水泡制法，卤水是指发酵后留于泡菜坛中用于下一次发酵使用的盐溶液，一般循环使用一月以上就称之为老卤水。此法利用卤水中的各种益生菌能够长期保持活跃发酵状态的条件，周期性添加蔬菜和各种香辛料腌制成成品。

（六）工厂生产设备及产品

工厂加工腌制芥菜一般需要的设备有蔬菜清洗机、发酵池、切丝机、脱盐机、真空包装机、巴氏消毒一体机（图 8-7），不同设备的型号可根据产量来确定。腌制芥菜整个生产过程采用流水线的方式，节省时间提高效率，通过机器的传动，减少了人员的数量，减少整体的成本等。采用自动化生产，减少了操作人员对食品的污染，做出的产品鲜味爽脆（图 8-8）。

图 8-7 多功能巴氏消毒一体机

图8-8　腌芥菜

三、泡菜

（一）工艺流程

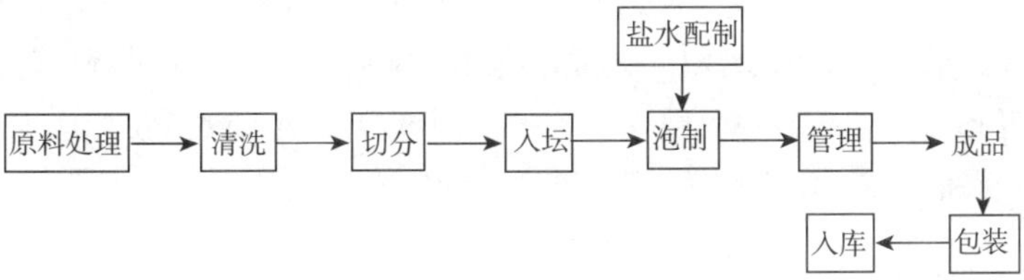

（二）原料选择

根据其原料的耐贮性，可将制作泡菜的原料分为3类。①可泡1年以上的原料：子姜、藠头、大蒜、苦瓜、洋姜等。②可泡3~6个月的原料：萝卜、胡萝卜、青菜头、草石蚕、菜豆、辣椒等。③随泡随吃的原料：黄瓜、莴笋、甘蓝等。绿叶菜类中的菠菜、苋菜、小白菜等，由于叶片薄，质地柔嫩，易软化，一般不适宜用作泡菜的原料。

（三）泡菜容器

泡菜坛用陶土烧制而成，抗酸碱、耐盐。口小肚大，距坛口6~15cm处有一水槽，槽缘略低于坛口，坛口上放一小碟作为假盖，坛盖扣在水槽上。除陶瓷的坛子外，也可用玻璃缸，涂料铁等制成泡菜坛子，但要求使用材料符合食品的卫生安全要求，材料自身不与泡菜盐水和蔬菜起化学反应。

泡菜坛子可以实现水密封，坛内发酵时产生的气体可以透过槽内的水层排出，而坛外的空气和微生物却无法穿过水层而进入坛内。泡菜容器能有效地将容器内外隔离，又能自动排气，而且在发酵过程中可形成厌氧环境，不仅有利于乳酸发酵，而且可以防止外界杂菌侵染。

泡菜坛子在使用前要进行清洗和检查。一是检查坛子是否漏气，是否有裂纹、砂眼；二是检查坛沿的水封性能是否良好，坛盖下沿是否可以淹没在密封水层以下，水槽中的水是否会进入坛内等。

（四）原料预处理

原料充分洗涤后，将不宜食用的部分（老皮、粗筋、须根、老叶以及霉烂斑点）剔除，用自来水清洗干净，沥干菜叶表面水分，根据需要切成块、片、条、颗粒等形状。在工业化生产中，为了便于管理，一般在原料清洗后要进行腌坯，又称为出坯，其目的是避免泡菜坛内食盐浓度的降低，防止腐败菌的滋生。腌坯是用10%左右的食盐将原料腌制几小时或几天，去掉原料中过多的水分，也去掉原料中的异味，但出坯时间长，会使原料中的可溶性固形物流失，原料中养分损失大。

（五）盐水配制

腌制泡菜的盐水要求使用硬度在5.7mol/L以上的硬水，一般使用井水或自来水，而塘水、湖水，由于硬度低且水质较差，一般不宜作泡菜用水。腌制泡菜的盐水含盐量一般为6%~8%，使用的食盐一般为精盐，在确定食盐的使用浓度时还应考虑原料是否出过坯，出过坯的原料用盐量要相对减少，其用盐量以最后产品与泡菜液中食盐的平衡含量4%为准。为了加速乳酸发酵，可在泡制时加入3%~5%优质陈泡菜水以增加乳酸菌数量。此外，为了促进发酵或调色调味，一般可向泡菜水中加入3%左右的食糖或其他调味料。添加方法是：先煮调味料，然后将煎煮液加入盐水中，或是将调料做成料包放入泡菜坛中部。常加的调料及用量为：黄酒2.5%，白酒0.5%，糖3%，甜醪糟1%，鲜红辣椒3%~5%，这些调料可直接与盐水混合均匀；其他香料如花椒、八角、甘草、草果、橙皮、胡椒等的加入量一般为盐水用量的0.05%~0.10%，也可加入其他香料，以使制品具备更诱人的风味。

（六）泡制与管理

1. 原料入坛

将准备好的蔬菜原料装入洁净的泡菜坛内，装至半坛时，放入香料包，再继续装料至距坛口6.6cm时为止。随即注入所配制的盐水，盐水要淹没蔬菜。而后将坛口用小碟盖上，在水槽中加入15%~20%食盐水，形成严密的水封口。如果是用老盐水泡制时，可直接加入原料，并适当补加食盐、调味料或香料。

2. 乳酸发酵及成熟期的判断

（1）乳酸发酵　泡菜在发酵期间，由于乳酸的发酵作用，不断累积乳酸，而逐渐达到成熟。根据微生物活动情况和乳酸积累量的不同，此过程可分为3个阶段。

① 发酵初期（异型乳酸发酵）：在原料装坛以后，原料表面带入的微生物会迅速繁殖，发酵开始。由于溶液的pH较高（≥5.5），原料中还有一定量的空气，故发酵初期主要是一些不耐酸的肠膜明串珠菌、小片球菌及酵母菌甚为活跃，并迅速进行异型乳酸发酵及微弱的酒精发酵，发酵产物为乳酸、乙醇、醋酸和二氧化碳等，此时的菜质咸而不酸、有生味。随后乳酸发酵的进行，溶液的pH下降至4.0~4.5，CO_2大量排出，水封槽的槽水中有间隙性气泡放出，并使坛内逐渐形成厌气状态，以利于植物乳植杆菌的同型发酵，此阶段一般为2~5d，泡菜的含酸量可达到0.3%~0.4%，此为泡菜的初熟阶段。

② 发酵中期（同型乳酸发酵）：由于乳酸发酵的进行，使乳酸不断积累，pH下降以及厌

气状态形成，属同型乳酸发酵的植物乳植杆菌开始活跃，细菌数可达到（5~10）×10^7 个/mL，此时乳酸的积累量可达0.6%~0.8%，pH 3.5~3.8，大肠杆菌、腐败菌、酵母菌和霉菌的活动受到抑制。这一期间为泡菜完熟阶段，时间为5~9d，此时的菜体酸味清香。

③ 发酵后期：在此期间，继续进行同型乳酸发酵，乳酸积累量继续增加，可达1.0%以上。当乳酸含量达到1.2%以上时，植物乳植杆菌也受到抑制，菌数下降，发酵速度减慢乃至停止。此阶段菜质酸度过高，风味不协调。

经过以上3个阶段的发酵作用，从积累的乳酸含量、泡菜的风味品质来看，在初期发酵的末尾和中期发酵阶段，泡菜的乳酸含量为0.4%~0.8%，风味品质最佳，即为泡菜的成熟期。

（2）泡菜成熟时的判断　乳酸发酵和泡菜的成熟期与原料种类、盐水种类及气温有关。如在夏季气温较高时，用新盐水泡制叶菜类，其成熟期一般为3~5d，根菜类要5~7d，而大蒜、藠头则需要半个月以上。到冬天气温降低，泡菜达到成熟期所需时间需延长。另外，用陈泡菜水泡制时泡菜成熟期可大大缩短，而且用优质的陈泡菜水泡制的产品比新盐水泡制的产品的品质更好。

3. 泡制过程管理

泡制期间要加强坛沿水的管理。坛沿水一般用清洁的饮用水或100g/L盐水。在发酵后期，易造成坛内真空状态，使坛沿水被倒吸入坛内。虽然坛沿水为清洁的水，但因暴露于空气中，易感染杂菌，如果被带入坛内，一方面会带入杂菌，同时也会降低坛内盐水浓度，所以坛沿水以盐水为好。在发酵期间每天要轻轻揭盖1~2次，以防坛沿水被吸入坛内。使用盐水时，随着发酵时间的延长，坛沿水易挥发，此时应适当补加坛沿水，以保证坛盖下部能浸没在坛沿水中，保持坛内良好的密封状态。

通常，由于生产中某些环节的管理失误，泡菜会产生劣变，如盐水变质、杂菌大量繁殖、起花长膜等。发生上述情况可采取以下的补救措施：①盐水质量良好，只是轻微起花长膜时，可将膜去除，并缓慢加入白酒、生姜片等，以抑制杂菌的生长繁殖；②若盐水已发生变质但尚不严重时，可将盐水倒出进行澄清过滤，去除杂菌后补充新盐水，并洗净坛内壁，同时加入白酒、调料及香料，继续进行泡制；③若盐水或泡菜已出现严重变质时，弃去不用。

4. 成品管理

泡菜成熟后要及时取食，不宜长期贮存，因长期贮存会使其酸度增加，组织变软，品质下降（图8-9）。泡菜成熟取出后，适当加盐或补充盐水，使含盐量达6%~8%，可继续加新菜坯进行泡制，泡制的次数越多，泡菜的风味越好，另外，多种蔬菜混泡或交叉泡制，其风味更佳。若不及时加新菜泡制，则应加盐提高其含盐量至10%以上，并适量加入大蒜、紫苏藤等富含抗菌物质的原料，盖上坛盖，保持坛沿水不干，以防止泡菜盐水变坏，此操作称“养坛”，以后可随时加新菜泡制。

泡菜泡制好后，取食时开盖要轻，以防止将坛沿水带入坛内，取食用的夹子、筷子应清洁卫生，严防将油脂带入坛内。

（七）工厂生产设备及管理

随着食品工业的发展，机器取代了传统手工制作，推动泡菜产业提档升级，不仅大大提高了生产效率，也减少传统手工制作泡菜带来的污染问题，保证泡菜品质安全。智能化泡菜生产

图 8-9 泡菜

线（图 8-10），自动化程度非常高，从清洗、切分、计量装瓶、杀菌、检测、装箱等，整条生产线仅需几个人，大大提高了泡菜生产效率，减轻劳动强度，具有超过 7000 瓶/h 的产能，同时还避免过多人工操作带来毛发、灰尘等污染问题，保证泡菜加工安全。原料经过检验、清洗、分拣、切分来到计量罐装工序（图 8-11），利用先进的全自动泡菜罐装机，不仅提高了罐装效率，还能够减少工作人员与半成品泡菜的直接接触，很好地避开人为因素带来的安全隐患，确保泡菜安全、卫生。为了确保泡菜出厂安全，除了要进行巴氏杀菌和亚硝酸盐含量抽检之外，还有检测工序，即利用 X 射线异物检测机对罐装泡菜探测，X 射线异物检测机可以直接穿透罐装泡菜内部所有物料，及时发现并剔除混杂在里面肉眼难辨的毛发、碎石、细碎玻璃、金属物、塑料等杂异物，提升产品合格率。相比传统生产线，智能化泡菜生产线增添了一倍的探头和传感器，尤其是在杀菌环节上作用凸显。能否准确把控泡菜杀菌温度和时间，对于泡菜的风味口感、品质以及货架期影响较大。而增添的探头和传感器，使得在杀菌时间和温度控制上更加精准，既保障了泡菜的风味口感，又提升了产品的品质，延长货架期。在生活中，随着人们对健康、营养要求不断提高，传统手工加工已难以满足消费升级，而机器代替手工，可以更好地保障泡菜生产安全，推动产业持续健康地发展。

图 8-10 智能化泡菜生产线

图 8-11　泡菜的计量灌装工序

四、腌制洋姜

（一）工艺流程

原料处理 → 晾晒 → 初腌 → 去卤水 → 腹腌 → 切片 → 漂洗 → 调味 → 杀菌

（二）操作要点

1. 原料处理

原料先用清水洗净，弃除杂质及腐、伤、烂、霉变块茎，用清水冲洗后置于竹筐中沥干。

2. 晾晒

将漂洗干净的原料摊于竹架或干净的水泥板上，摊匀摊薄，让阳光直晒。上、下午各翻动一次，直至手捏柔软，一般晒 2~3d。

3. 初腌

按每 100kg 鲜洋姜加盐 8kg 分层腌制，20~30cm 厚为一层，每层撒盐，层层压实，约留总加盐量的 20%撒顶层，而后用石块压紧腌 7~10d。

4. 去卤水

初腌后待洋姜变软，产生香气时即可捞出，除去卤水。

5. 复腌

再按初腌方法腌制，但要求缸口密闭，以免漏气。腌 30d，即为半成品。

6. 切片

复腌后的洋姜横切成片状，厚 0.3cm 左右。

7. 漂洗

切后置于流水中漂洗 6~8h，再捞出沥干水分。

8. 调味

将 5kg 甘草加水煮沸 40min，加入酱油 30%，粗盐 8%，味精 0.8%，山梨酸钾 0.05%，趁热装入已装有洋姜的四旋瓶中。

9. 杀菌

在 85℃水浴中杀菌 40min，即为成品。

（三）腌制洋姜发黑的原因

① 洋姜表面不平整，清洗过程中应把洋姜清洗干净，否则影响口感与外观；

② 腌制前未去皮；

③ 腌制的时间过长导致黑色素沉淀的堆积，一般最佳腌制时间为 1 周左右；

④ 洋姜洗净后未晒干或封坛时未完全密封，空气与水分导致洋姜颜色变黑。

（四）腌洋姜的家庭制作方法

购入洋姜，把洋姜清洗干净，因洋姜表面附着很多泥土，且表面不平整，建议多次清洗，否则影响口感，将洗净的洋姜置于案板将水分控干备用。

锅里加清水，放入花椒、八角、姜片、食盐、白砂糖，大火煮开后关火晾凉。准备一个干净的罐子，里面不能有水与油，将晾干水分的洋姜放在里面，再把晾凉的调料水倒进去，没过食材即可，最后加一小勺高度白酒，这使得洋姜的贮存时间更长，盖上盖子密封起来，放在阴凉通风的地方腌制 1 周左右即可食用。

（五）注意事项

一是新鲜洋姜在采收和处理时，应当轻拿轻放，尽量减少机械损伤，防止产品颜色变深；二是采收后的洋姜应尽量迅速加工，否则易于变色，使产品颜色变黑；三是因为洋姜的质地比较硬，所以腌制洋姜的时候，需要腌制的时间比较长一些，但是长时间的腌制洋姜会使其颜色发黑，所以建议一般是腌制 7~10d 的时间打开食用即可。腌洋姜如图 8-12 所示。

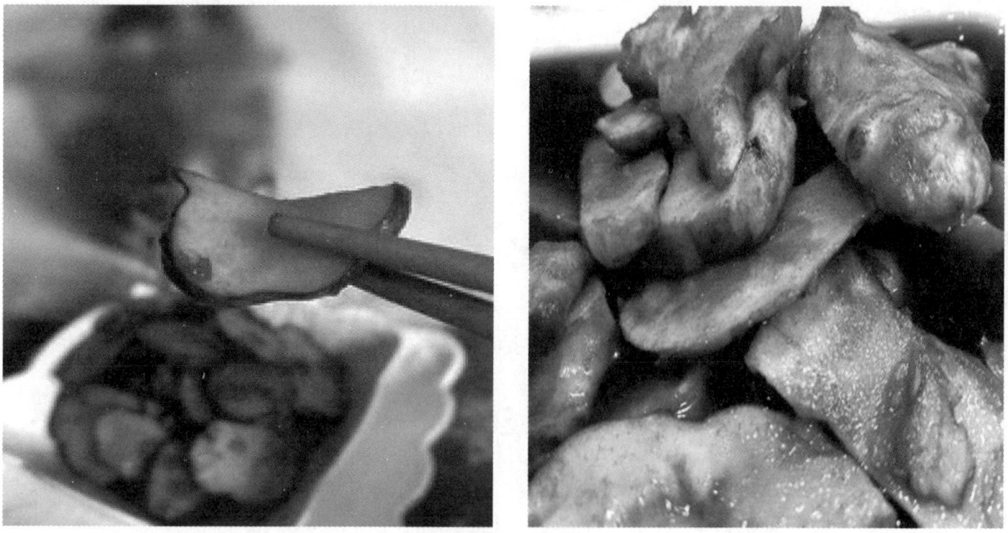

图 8-12 腌洋姜

五、酸菜

（一）工艺流程

原料选择→预处理→装坛→发酵→杀菌→包装→质量检验→成品→冷冻贮存

（二）操作要点

1. 原料选择

在原材料丰收的季节购入足量的新鲜白菜、芥菜、甘蓝等，将新鲜的原材料快速送到加工地点。

2. 预处理

将送到的原材料进行人工的修整与清洗，清除原材料表面的劣质部分并对原材料进行切割。

3. 发酵

按发酵法腌制及杀菌消毒，将在高浓度盐水中灭菌后的原材料放入腌制池，加入纯乳酸菌，控制好温度、水分等条件进行发酵。对腌制好的酸菜，在直接食用或包装之前，应该进行杀菌消毒。目的是杀死食品中的致病菌、腐败菌，并破坏食品中的酶使食品贮藏较长时间不变质。

4. 包装

对已经杀菌消毒的酸菜，市场上销售的大部分为真空袋装，这样可以有较长的保质期，并能保证酸菜的风味。

5. 质量检验

对每个产品进行细菌、理化性质、感官 3 方面的检验。

6. 冷冻贮存

对已腌制好的酸菜，需要进行冷冻贮存，以保证酸菜的连续供应与品质。

（三）各类酸菜的工艺

1. 北方酸菜

原料一般为大白菜、甘蓝等。原料收获后晾晒 1~2d，去掉老叶、菜根，株形大的将其划 1~2 刀，洗净后放在沸水中烫 1~2min，热烫时先烫叶帮，然后将整株菜放入，烫完后捞出放入发酵容器中，一层层压紧，放满后加压重石，并灌入凉水或 20~30g/L 盐水，使菜完全浸在水中，自然发酵 1~2 个月后成熟。成品菜帮呈乳白色，叶肉黄色，存放在冷凉处，其保存期可达半年左右。

2. 湖北酸菜

原料采收后，去掉菜根和老叶，并进行充分晾晒，当 100kg 菜晾晒至 60~70kg 时进行腌制。腌制时按晾晒后的菜重，加入 6%~7%食盐，腌制时放一层菜撒一层盐，直至装满腌制容器，加上重物压紧，然后加入凉水，使菜完全淹没在水中，自然发酵 50~60d 即成熟，成品为黄褐色（图 8-13）。

3. 闽东酸菜

华南一带制作酸菜时多以芥菜为原料，其加工方法与湖北酸菜相似。原料采收后经过整理、充分晾晒，100kg 鲜菜晾晒至 60～70kg 时进行腌制，用盐量为晾晒菜重的 6%左右，腌制时一层菜一层盐，装满容器后用重物压紧，不加水，到第二天，腌制时渗出的菜汁即可将菜完全淹没，形成水封闭层，自然发酵 3 周左右即为成品。制品色泽微黄，美味爽口。

4. 欧美酸菜

在欧美国家也有制作酸菜的传统，其原料多为甘蓝丝或黄瓜丝，腌制容器多为橡木桶，产品除有酸菜的鲜香味外，还有橡木的特殊香味。欧美酸菜的加盐量一般在 2.5%左右，产品酸度较高，以乳酸计，其产酸量一般在 1.2%以上。

图 8-13　酸菜成品

（四）工厂生产设备

酸菜制作的生产设备有发酵罐、蔬菜烫漂设备、蔬菜清洗机、切割机、制冷设备、恒温设备及自动化控制设备、蔬菜加工台案及产品检测检验设备、金属探测仪、水电配套设备等辅助设备。酸菜发酵罐如图 8-14 所示。

图 8-14　酸菜发酵罐

思考题

1. 腌制品为什么能够长期保存？
2. 简述蔬菜腌制品的主要种类和特点。
3. 以当地有特色的蔬菜腌制品为例，用箭头简示工艺流程，说明操作要点，并提出综合利用方案。

第九章

09

果酒酿造

本章学习目标与要求

1. 掌握果酒酒精发酵原理和影响因素。
2. 了解果酒的制作过程。

酿酒技术是人类已知的最古老的技术之一。果酒是由天然微生物群在果汁中自发发酵产生的一种产品，人类食用后从此沉醉在其中。1810 年，约瑟夫·路易·吕萨克用化学方程式总结了 $C_6H_{12}O_6$ 生成 $C_2H_5OH+2CO_2$ 的过程。1837—1838 年，出现了酵母具有活体性质的证据。后来的研究表明酵母（*Saccharomyces cerevisiae var. ellipsoideus*）参与了葡萄酒或任何其他饮料酒的生产。在 1800 年，葡萄酒和啤酒的酿造已经较为成熟。后来，1857 年，巴斯德发现在发酵后加热葡萄酒可以防止变质，巴氏杀菌为当今酿酒业使用的无菌条件开辟了道路。因此，葡萄酒的历史就是微生物学和生物化学的历史。酿酒过程是独一无二的，因为它采用多学科方法，涵盖物理、化学和生物学科。葡萄酒是人类饮食的重要辅助食品，含有多酚和其他具有抗氧化功能的生物活性化合物。此外，与不溶性植物化合物结合的化合物在酿酒过程中会释放到乙醇水溶液中，这使得它们在食用过程中更容易被生物吸收。由于葡萄酒未经蒸馏，因此比白兰地和威士忌等蒸馏饮料含有更多的维生素、矿物质和糖分等营养物质，尤其是作为抗氧化剂和抗菌剂的多酚化合物。葡萄是全世界发酵生产葡萄酒的主要原料来源，葡萄约占水果总产量的 15%。而其他水果也逐渐被利用于果酒的生产，尤其是水果产量满足正常供给后，水果被用在果酒酿造便逐渐增加。前六大水果生产国按重要性从高到低依次为中国、印度、巴西、美国、意大利和墨西哥。中国、印度和巴西水果供应量占世界水果供应量的近 30%。在南半球，智利、南非和新西兰已成为国际新鲜水果商品贸易的主要供应国。水果生产的扩大使水果衍生产品的种类和可用性增加，可以满足全球市场和消费者的各种需求。

目前，人们对功能性食品的兴趣正在迅速上升，而果酒正受到酿酒师和消费者的关注。各种水果都可以用于酿酒，但热带水果或有“异国情调”的水果尤其受欢迎，它们具有独特的风味、诱人的香气和迷人的色彩。这些水果含有丰富多样的维生素和矿物质，可以构成营养均衡饮食的重要组成部分。由于水果往往含有大量的钾、磷、钙，通常还含有铁和镁，联合国粮食及农业组织（FAO）指出，水果在为促进儿童健康的肌肉、骨骼、牙齿和大脑发育方面尤为重要，并且在帮助补充蛋白质、促进消化、细胞代谢和维持功能齐全的神经系统方面也发挥着关键作用。据 FAO 估计，2021 年世界热带水果产量达到 2. 864 亿 t，具有巨大的潜力。

第一节　果酒分类

一般来讲，国际上公认的果酒分类系统，可以根据地理来源、使用的葡萄品种、发酵或成熟过程进行广泛分类，也可以使用通用名称分类。根据酒精含量，葡萄酒可以分为佐餐酒和加强酒。已用于葡萄酒分类的系统同样适用于非葡萄果酒的分类，如下所述。

果酒的分类方式很多，如按原料种类分类、按色泽分类、按含糖量分类、按饮用习惯分类、按 CO_2 含量分类、按酿造方法分类、按包装容器分类等。按照酿造方法分类可分为发酵酒、蒸馏酒、露酒和汽酒。发酵酒主要是用果酱或果汁经酒精发酵而酿制成的果酒；蒸馏酒是水果发酵后，再经过蒸馏所得的酒如白兰地、水果白酒等；露酒是用果实、果汁或果皮加入乙醇浸泡取其清液，再加入糖或其他配料调配而成的果酒，也称配制酒；汽酒则是含有 CO_2 的果酒。按含糖量分类可分为干酒（含糖 0.4g/100mL 以下）、半干酒（含糖 0.4～1.2g/100mL）、半甜酒（含糖 1.2～5g/100mL）和甜酒（含糖 5g/100mL 以上）。按乙醇含量可分为低度果酒（酒精含量为17%以下）和高度果酒（酒精含量为 18%以上）。按发酵类型可分为半发酵果酒和全发酵果酒。半发酵果酒是利用果汁或果浆中的糖分部分发酵，而全发酵果酒是利用果汁或果浆中的糖分全部发酵，残糖 1%以下。按酿造工艺分类（葡萄酒）可分为天然葡萄酒、加强葡萄酒和加香葡萄酒。天然葡萄酒是完全用葡萄为原料发酵而成，不添加糖和酒精。加强葡萄酒是在葡萄酒发酵过程中或发酵成原酒后，添加白兰地或脱臭酒精制作而成的一类酒。加香葡萄酒是以葡萄原酒浸泡芳香植物，再经调配而成的酒，如味美思、丁香葡萄酒。

目前，最常见的果酒仍然是葡萄酒，也有部分是利用苹果或者其他水果发酵而成的苹果酒（酒精含量为5%～14%）或发酵苹果汁（酒精含量为1.5%），但在美国它可能表示发酵或未发酵的苹果汁；从广义上讲，它可以归类为软苹果酒，酒精含量为 1.5%，或烈性苹果酒，酒精含量为 5%～8%。苹果酒酒精含量在 8%以上，可能会达到 14%。无花果酒是用无花果酿造的酒，梨酒是一种用梨汁制成的果酒，它可以是甜的或干的。药酒是含多种具有药用价值的草药提取物的调味酒，甚至可能包括苦味化合物，如奎宁。这些酒通常是甜的，有的酒精含量高达18%～20%。天然酒是以天然酒基为原料，采用经认可的配方得到的产品，药草、香料、果汁、芳香剂、香精和其他调味材料，旨在吸引不饮酒的公众。其中许多葡萄酒的酒精度都低于14%。苦艾酒是一种酒精含量为 15%～21%的葡萄酒，以特有的香草和香料混合物调味，其中一些酒具有芳香的味道和气味，而另一些酒则具有苦味。

第二节　果酒酿造原理

酿酒是已知人类文明最古老的技术之一，并延续至今。从历史上看，红酒的消费可以追溯到几千年前的古埃及人，古埃及人使用草药和树脂搭配葡萄制成药用葡萄酒。然而，葡萄并不是唯一可以酿造果酒的水果。几乎任何水果都可酿造果酒，如蓝莓、黑莓、草莓、樱桃、苹果、桃子和李子。

虽然非葡萄果酒的历史可能不如葡萄酒那么悠久或享有盛誉，但随着人们越来越关注果酒所具有的新的商业机会和健康益处，它们正在获得更多的现代关注。探索食物促进健康和预防疾病潜力的研究表明，与葡萄相比，蓝莓、黑莓、樱桃、蔓越莓、红莓、覆盆子和沙棘等其他水果具有类似的功效甚至更高的类黄酮和酚类物质含量。浆果含有多种具有强大抗氧化能力的膳食植物化学物质。最常见的植物化学成分是酚酸、类黄酮和类胡萝卜素。

近年来，人们对人类健康、营养和疾病预防的关注度提高，扩大了消费者对基于水果来源的功能性饮料的需求，从而扩大了非葡萄果酒的市场。

一、果酒酿造基本概况

发酵食品的生产涉及各种类型的发酵，即酒精发酵、乳酸发酵、醋酸发酵和碱性发酵，其中酒精发酵是其中最重要和最古老的过程之一，主要涉及乙醇和 CO_2 的产生，生产葡萄酒、啤酒和各种蒸馏酒等。在酒精发酵中，任何种类的葡萄酒的生产都遵循一系列生化过程，从果实的成熟和收获开始，通过榨汁进行，最重要的是，最终在酒精发酵过程中酵母促进果汁转化为乙醇。

酿酒葡萄，当完全成熟时，在酿酒过程中已经接近完美，尤其是糖/酸比、低含量的蛋白质和果胶（使葡萄酒易于澄清），以及产量等。对于含糖量低的水果，可以用糖或用于调整平衡的糖浆来改善。可用水将酸度稀释到适当的水平，辅助剂（糖、果胶酶、酵母和 SO_2 或其他处理剂）虽然是可选的，但可由酿酒师酌情使用以达到所需的结果。如前所述，作为代谢过程的发酵在葡萄发酵和其他水果发酵之间基本保持不变。同样，适用于果酒酿造的酵母菌株也有很多种，尽管它们通常都是酿酒酵母。可用于发酵果酒的酵母菌株的选择范围很广，使用多种菌株可提供一系列可能的风味特征，产生挥发物和多酚的独特化学指纹，所有这些都取决于所选菌株。

二、酿酒化学变化

葡萄酒生产过程中最重要的转化发生在葡萄酿造过程中的葡萄汁中，该转化是糖类的酒精发酵，尤其是已糖（葡萄糖和果糖），产生乙醇、CO_2 以及大量次要副产品。已知发酵温度、pH 和果汁的糖浓度等酿酒因素会影响酵母的生长和代谢能力，乙醇对酿酒酵母的特定生长速率和生存能力具有影响。在一些葡萄酒发酵过程中也会出现其他已知的压力因素，包括高水平的 SO_2 和 CO_2 和竞争微生物的存在，以及由杀伤性酵母产生的一些杀伤性毒素。酵母在酒精发酵过程中对各种化合物的利用和形成如图 9-1 所示。酒精发酵中发生的生物化学作用可大致分为碳、氮和硫化合物的代谢，其中碳代谢是酿酒的主要途径。但葡萄酒中乙醇的最终浓度取决

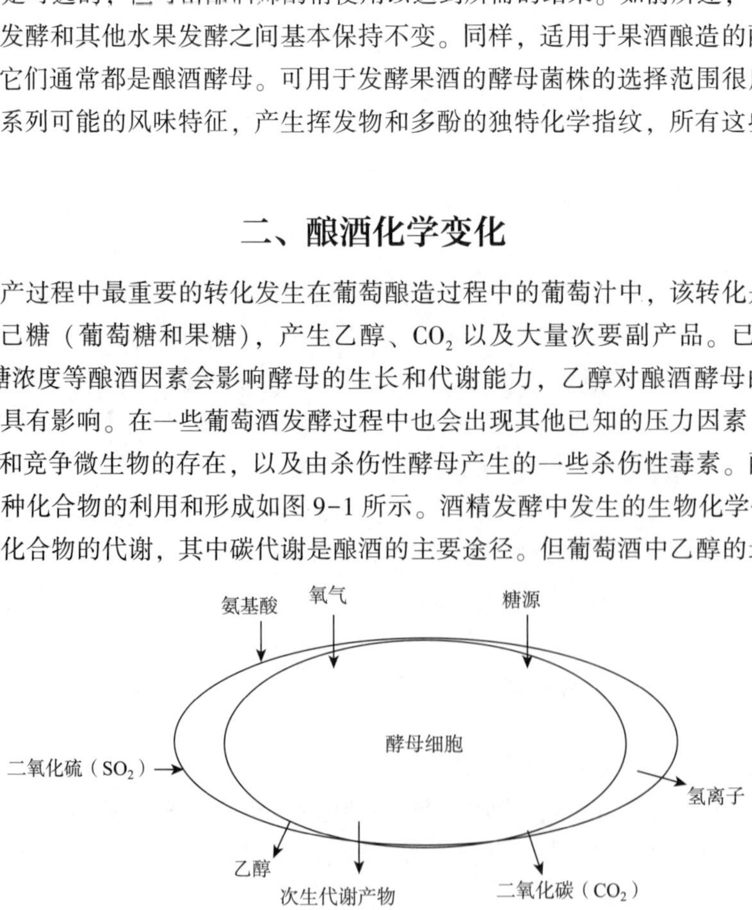

图 9-1 酵母在酒精发酵过程中对各种化合物的利用和形成

于葡萄汁/果汁中糖分的初始浓度以及发酵过程中的主要条件。氮是酵母生长所需的第二个重要元素，因此，氮代谢对葡萄酒的质量有间接且相当大的影响。葡萄汁中氮含量和含氮化合物的类型有时也会导致葡萄酒风味以外的问题，例如，发酵缓慢和停滞、还原硫化合物的形成以及其他最终产物（如乙基氨基甲酸酯）的产生。

在葡萄酒发酵过程中，许多有机酸被酵母或乳酸菌合成或降解，这对葡萄酒的质量有很大影响。各种酸的产生，包括需要的和不需要的，只能通过了解它们的合成和降解途径来控制。酵母还利用硫来生物合成多种硫化合物，包括 H_2S，这会在发酵过程中产生难闻的气味。

第三节 发酵过程化学变化

一、碳循环

当糖分浓度很高时，例如，在葡萄汁中，酿酒酵母只能通过发酵途径代谢糖分。葡萄酒酵母（酵母菌株）利用的碳水化合物数量有限，如单糖（葡萄糖和果糖）和二糖（蔗糖、麦芽糖和蜜二糖），可以被大多数葡萄酒酵母菌株发酵；三糖，即棉籽糖，它也可以作为一些酵母菌株的底物（但葡萄酒酵母不利用戊糖）。它们的利用涉及各种途径，但这些途径的运作取决于底物可用性和发酵过程中普遍存在的其他条件，如氧气，它在新陈代谢中起着非常重要的作用。葡萄糖和果糖分解代谢的主要途径是糖酵解，在酵母菌和乳酸菌中很常见，会产生丙酮酸，丙酮酸会在不同的微生物中进一步代谢。

（一）糖酵解

从广义上讲，糖酵解途径通过一系列涉及多种酶的反应将葡萄糖转化为丙酮酸（图 9-2）。它实际上是葡萄糖分解代谢的通用途径，并且在发酵和呼吸代谢模式下均有效。

酿酒主要涉及将葡萄或任何其他汁液中的可溶性糖（即葡萄糖和果糖）发酵成 CO_2 和乙醇。糖酵解途径包括使葡萄糖转化为丙酮酸的多个步骤。葡萄酒生产中的葡萄糖代谢过程包括 3 个步骤，即糖分进入细胞，葡萄糖磷酸化并转化为 6-磷酸葡萄糖，最后转化为丙酮酸。糖酵解的第一步是将糖转运到细胞中，为此有两种机制起作用，即被动转运和主动转运。前者不需要代谢能量的输入，而后者则需要能量。然而，在厌氧条件下，糖的运输是控制糖酵解通量的关键步骤。在含糖培养基中生长的微生物通常不会在细胞内积累参与糖代谢的中间体，酵母菌中的糖转运非常复杂，已知涉及多种载体。在大多数发酵中，葡萄糖的利用速度比果糖快。在葡萄汁发酵过程中，还对酿酒酵母工业菌株中的葡萄糖转运进行了检测。在高浓度的葡萄糖下，不止一个分子倾向于同时结合到载体上，这会抑制转运蛋白的活性。

下一步葡萄糖利用是将 6-磷酸葡萄糖转化为丙酮酸。从图 9-2 可以看出，在糖酵解反应中，一分子 ATP 用于将磷酰基转移到葡萄糖的 6 碳位上。然后，6-磷酸葡萄糖通过磷酸葡萄糖异构酶转化为其异构形式，即 6-磷酸果糖。这时第二个 ATP 分子被消耗并在 1 碳位发生磷酸化以产生 1,6-二磷酸果糖。该酶还需要 Mg^{2+} 才能进行反应。1,6-二磷酸果糖被醛缩酶分解

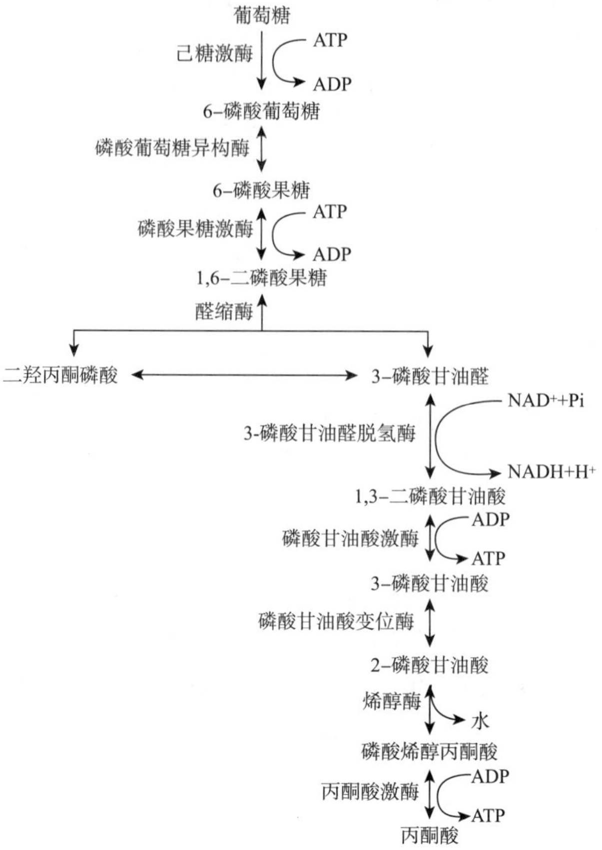

图 9-2　糖酵解途径

成两个磷酸丙糖，即 3-磷酸甘油醛和二羟丙酮磷酸（图 9-3）。从能量产生的角度来看，磷酸丙糖的相互转化是下一个非常重要的步骤。

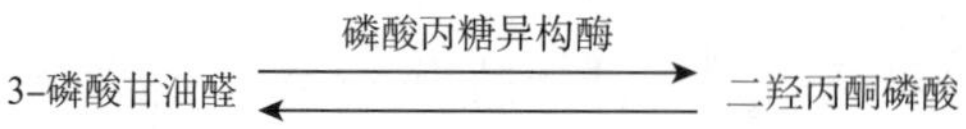

图 9-3　丙糖的相互转化

在两种丙糖中，只有在先前反应中形成的 3-磷酸甘油醛需要进一步代谢，因此为了利用整个葡萄糖分子来生产乙醇，二羟丙酮磷酸被异构化为 3-磷酸甘油醛。3-磷酸甘油醛在 3-磷酸甘油醛脱氢酶存在下转化为 1,3-二磷酸甘油酸。在此氧化过程中释放的能量通过羧酸基团与无机磷酸盐的磷酸化和 NADH 的形成而得以保存。前一反应形成的高能底物经过磷酸基团转移到 ADP 形成 ATP，低能底物 3-磷酸甘油酸由磷酸甘油酸激酶产生。这种由高能底物产生 ATP 的现象称为底物水平磷酸化。

磷酸甘油酸变位酶将 3-磷酸甘油酸转化为 2-磷酸甘油酸，该酶催化磷酸基团从 3-羟基位置转移到 2-羟基位以形成 2-磷酸甘油酸。磷酰基的这种重新定位使分子进入高能状态，并允许底物水平磷酸化产生另一个 ATP 分子。该步骤中的烯醇酶催化 2-磷酸甘油酸脱水，通过可逆反应生成磷酸烯醇丙酮酸，需要 Mg^{2+}。这是糖酵解途径的最后一步，由丙酮酸激酶催化，也是通过在底物水平磷酸化中磷酸化 ADP 生成 ATP 的第二个反应。Mg^{2+} 和 K^{+} 对酶活力至关重要。此外，该酶还受变构效应子的控制，其活力受 ATP、柠檬酸盐、乙酰辅酶 A 和长链脂肪酸的抑制，并受 ADP 和 Pi 的调节。因此，在糖酵解中，净产生两个 ATP 分子和一个 NADH 分子。

（二）丙酮酸代谢

大多数工业上重要的微生物，如酿酒酵母，分别通过糖酵解途径还原 NAD^+和 ADP 来代谢碳水化合物。NAD^+和 ADP 都少量存在于细胞中，如果要继续新陈代谢，细胞的基本需要是产生 NAD^+和 ADP。因此，每个生物体都具有氧化 NADH 以持续底物氧化的机制。在此过程中，代谢丙酮酸和再生 NAD^+的机制主要有 3 种类型：发酵、厌氧呼吸和有氧呼吸。本节描述了发酵，尤其是与葡萄酒相关的发酵，仅简要介绍其他过程。图 9-4 所示为酿酒酵母中丙酮酸代谢的概况。

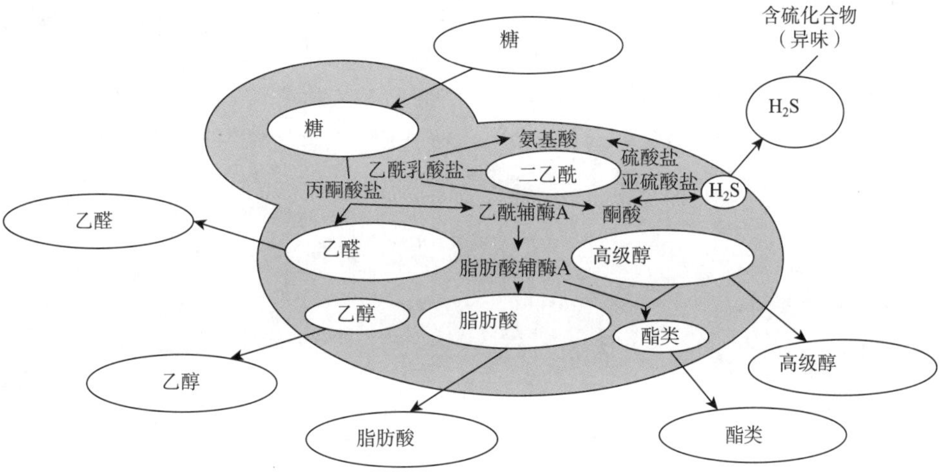

图 9-4 酿酒酵母中丙酮酸代谢的概况

（三）柠檬酸循环

糖酵解释放葡萄糖分子中相对较少的能量；在柠檬酸循环［或三羧酸（TCA）循环］和氧化磷酸化的后续运行过程中会释放更多的能量。在有氧条件下，沿着这条路线，丙酮酸被丙酮酸脱氢酶转化为乙酰辅酶 A，然后乙酰辅酶 A 进入 TCA 循环（图 9-5）。当细胞能量水平高时，即 ATP 过量时，TCA 循环速率降低，乙酰辅酶 A 开始积累。在这些条件下，乙酰辅酶 A 可用于脂肪酸合成或酮体合成。但是，如果要继续进行糖酵解，则必须再生糖酵解过程中使用的 NAD^+。在有氧条件下，NAD^+通过电子传输链通过 NADH 的再氧化而再生。然而，当氧气受限时，如在肌肉收缩中，电子传递链将 NADH 再氧化为 NAD^+变得不足以维持糖酵解。在这些条件下，NAD^+通过乳酸脱氢酶将丙酮酸转化为乳酸而再生。乳酸菌从丙酮酸中形成乳酸可以显著增加葡萄酒的酸度。

糖酵解后，丙酮酸是一种主要代谢物，由不同微生物中发现的各种酶形成许多产物（图 9-4）。TCA 循环中涉及的各种反应如图 9-5 所示。在酿酒酵母中，丙酮酸被转化为乙醇和 CO_2。

除了乙醇，丙酮酸的各种代谢途径的各种发酵产物在不同的微生物中形成。在典型的异型乳酸发酵中，产物在乳酸发酵过程中由丙酮酸形成，因此在风味形成中起着重要作用，例如，发酵乳制品中的双乙酰和乙偶姻。醋杆菌属或葡糖杆菌属可以利用丙酮酸形成单独的产物。

发酵是丙酮酸的厌氧分解。根据最终产品的不同，发酵的各种类型如下。

（1）第一种发酵形式　丙酮酸转化为乙醇也称为酒精发酵（图 9-5）。酵母菌株是在厌氧条件下通过将丙酮酸转化为乙醇和 CO_2 而产生酒精的主要菌株。当丙酮酸代谢为乙醇和 CO_2 时，在葡萄糖转化为丙酮酸期间减少的 NAD^+分子会再生。该过程分两步进行。

在第一步中，丙酮酸脱羧酶催化丙酮酸不可逆脱羧产生乙醛，为此该酶需要焦磷酸硫胺素作为辅酶和 Mg^{2+}作为催化剂。在第二步中，醇脱氢酶在可逆反应中以 NADH 为代价催化乙醛还原为乙醇。pH 7.0 有利于反应。然而，在较高的 pH（即 9.5）和存在过量 NAD^+的情况下，反应倾向于逆向进行。

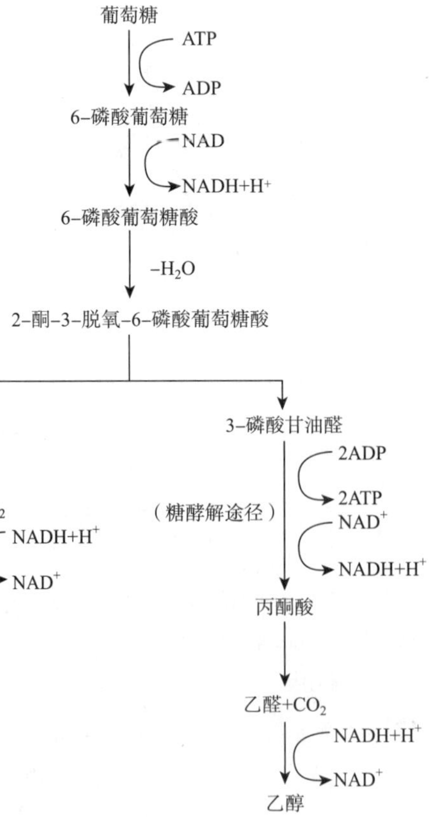

图 9-5　TCA 循环中涉及的各种反应

（2）第二种发酵形式　在 pH 6 或更低时，酿酒酵母发酵葡萄糖仅形成少量的甘油和其他产物。向酿酒酵母培养物中添加亚硫酸盐可提高甘油产量。乙醇生产过程中羧化酶作用产生的乙醛与亚硫酸盐结合形成另一种化合物。结果，乙醛不再能够充当还原 NAD^+的氢受体，除非提供其他氢受体，否则 NAD^+会积累。

(3) 第三种发酵形式 在碱性条件下，糖酵解途径中的中间体二羟基丙酮取代乙醛作为氢受体并还原为3-磷酸甘油，随着 NAD^+ 的再生脱磷酸化为甘油，如图9-6所示。

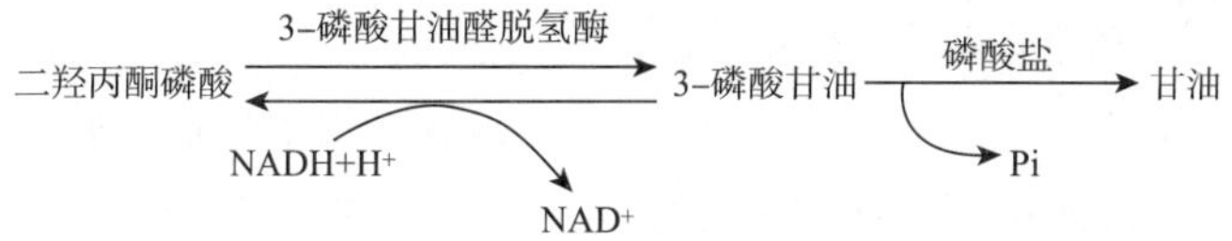

图9-6 第三种发酵形式

(四) 糖代谢产物

酒精发酵与多种化合物的合成有关，这些化合物也称为次级代谢物，例如，各种醇、酯、有机酸、脂肪酸、醛、酮、内酯和萜烯。这些化合物决定了任何酒精饮料的特征香气和接受度。

高级（杂醇）醇统称为燃料醇或杂醇油，构成酵母代谢次级产物的主要部分。含有两个以上碳原子的醇称为高级醇，如正丙醇、异丁醇（2-甲基-1-丙醇）、2-甲基丁醇（旋光戊醇）、异戊醇、2-苯基乙醇等。在各种高级醇中，异戊醇（3-甲基丁醇）占总量的50%以上。这些高级醇比乙醇具有更高的沸点和更高的分子质量。含氮化合物在这些醇的形成中起主要作用。它们主要在氨基酸代谢过程中以及碳水化合物代谢的中间产物中产生。

在酿酒酵母等酵母的酒精发酵中，一种非常重要的副产品——甘油会通过发酵产生（图9-7）。低温、高酒石酸和 SO_2 有利于酒精发酵中甘油的产生，而糖含量的增加会降低甘油相对于乙醇的含量。大多数甘油是在发酵的早期阶段产生的。甘油由于其甜味和油性而具有相当重要的感官意义，因此改善了酒精发酵产品的味道，尽管它仅以微量产生。甘油产量的增加将改善葡萄酒质量，从而带来更好的口感和更高的黏度。

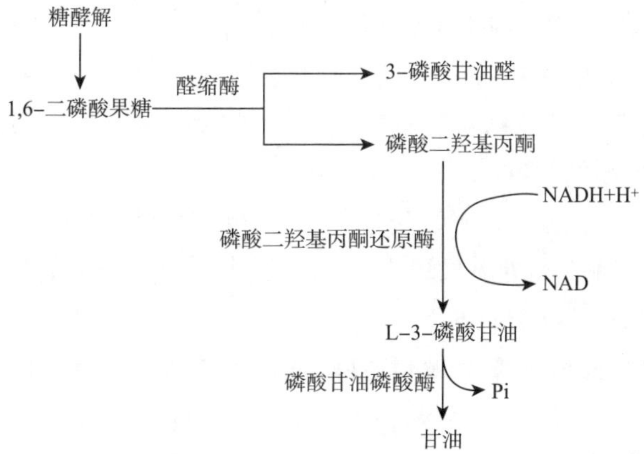

图9-7 甘油产生的通路

甲醇（CH_3OH）是酒精饮料中的剧毒成分，会导致中毒、失明或死亡。眼睛对甲醛非常敏感，甲醛是甲醇的直接产物，甲醇是在某些条件下作为酒精发酵的副产品形成的，例如，葡萄汁中存在高水平的果胶，果胶和酶作用后释放出甲醇。用于澄清和提高果汁产量的果胶酶会导致甲醇的形成，有时会超出可接受的范围。

（五）挥发性和非挥发性有机酸

在酒精发酵期间，酵母合成挥发性和非挥发性化合物，或降解现有化合物。酵母能够通过降解谷氨酸来合成有机酸。有机酸的浓度变化很大，取决于果实的状况和成熟度。在酒精发酵期间，丙酮酸脱羧酶和乙醇脱氢酶的限制性活性加上高糖浓度导致许多有机酸的形成。琥珀酸、苹果酸和乙酸是酵母形成的主要有机酸。琥珀酸是酵母在葡萄酒发酵过程中产生的主要羧酸。然而，酸的比例因不同的酵母菌株而异。

一些酵母有能力在发酵过程中合成苹果酸，从而增加发酵产品的酸度。因此，pH 降低，为葡萄酒等发酵食品的保存提供了额外的优势。苹果酸的形成取决于酵母菌株和培养条件，并受糖浓度、pH、氮化合物以及 CO_2 影响。醋酸由许多酵母菌株产生，也是醋酸菌氧化乙醇的主要产物。它是发酵饮料中的主要挥发性酸，占葡萄酒挥发性酸度的 90%以上。然而，它的存在超过一定限度会破坏酒精饮料。乳酸是酒精发酵的常见副产品，但它是一种具有轻微气味的弱酸。通常，酵母在发酵过程中仅产生少量游离羧酸，而乳酸构成这些羧酸的一小部分。除此之外，酵母能够产生多种含氧酸，如 2-氧代戊二酸、2-氧代丁酸、2-氧代异戊酸、2-氧代-3-甲基戊酸和 2-氧代异己酸，它们是氨基酸代谢的产物。此外，葡萄汁或任何水果汁也含有低浓度的丙酮酸、α-酮戊二酸和微量柠檬酸。

（六）有机酸的分解

葡萄酒酵母能够在发酵过程中代谢苹果酸，但通常量很小，即 3%～45%，具体取决于菌株。因此，这些物种以及酿酒酵母只会对葡萄酒的总酸度造成微小的变化。然而，粟酒裂殖酵母和苹果酸裂殖酵母的菌株可以完全降解苹果酸。一些水果，如李子、苹果和葡萄，以苹果酸为主要酸，在酒精发酵饮料中，高酸度使此类饮料难以下咽。可以使用酵母发酵这些水果的汁液，它具有将苹果酸降解为乙醇的能力，从而降低最终产品的酸度，因此这种酵母的生理学功效可以用于李子汁的脱酸。已经确定了 pH、乙醇、SO_2 和氮水平对李子发酵过程中粟酒裂殖酵母脱酸活性的影响。酵母的脱酸活性在 pH 3.0～4.5 时迅速下降，但在发酵初期 pH 2.5 时受到不利影响，150mg/g SO_2 可有效增强活性，但酵母的脱酸活性很容易受到更高乙醇浓度（5%～15%）的影响。酿酒酵母对苹果酸的亲和力低，但使用酵母和乳酸乳球菌制成的基因工程菌株在 20℃的赤霞珠和设拉子葡萄汁中 3d 内将苹果酸代谢为乳酸。

苹果酸分解很重要，因为这种发酵可以降低葡萄酒的酸度。苹果酸可以在酒精发酵期间合成，也可以存在于葡萄、李子或苹果汁中，通常会引起一种称为苹果酸乳酸发酵的联合发酵。顾名思义，在苹果酸乳酸发酵中，苹果酸被代谢为乳酸和 CO_2。葡萄酒的生物脱酸导致苹果酸（二羧酸）直接转化为乳酸（单羧酸）或由苹果酸乳酸酶催化的 CO_2，从而降解葡萄酒中的苹果酸。苹果酸乳酸发酵是由葡萄酒中的乳酸菌进行的。某些乳酸菌，如干酪乳杆菌和粪乳球菌，也能利用苹果酸酶进行苹果酸的代谢。在某些葡萄酒中，苹果酸乳酸发酵通过将苹果酸转化为丙酮酸来改善风味，丙酮酸随后在乳酸脱氢酶的帮助下代谢为乳酸。

二、氮代谢

酵母需要外源氮源，主要用于蛋白质和核酸的合成以及酵母的生长和代谢。氮是仅次于碳的第二重要营养素，在任何水果发酵过程中都会被酵母利用。氮在葡萄酒生产中既有积极影响，也有消极影响。它负责生产还原硫化合物和氨基甲酸乙酯的形成。因此，要增强葡萄酒的香气和消除发酵迟滞，氮代谢非常重要。众所周知，酿酒酵母可以在多种氮化合物上生长，包括铵、尿素、氨基酸、小肽、嘌呤和基于嘧啶的化合物。通常，葡萄汁含有所有上述化合物，比例各不相同，这些化合物可能被细胞利用。然而，在它们被利用之前，氮化合物必须被转运到细胞中，其效率取决于转运系统的表达、调节和效率以及随后的分解代谢和合成代谢过程的调节和能量学。因此，生长、发酵率和生物量产量取决于可用氮源的数量和性质。

大多数水果汁含有碳和氮形式的完整营养素。氮存在于一系列复杂的化合物中，即以氨基酸、铵、肽、核苷酸、蛋白质和维生素的形式存在，但这些化合物的浓度因水果类型而异。

三、硫代谢

在硫代谢过程中，会形成挥发性硫化合物，从而导致异味的产生。硫代谢是生产优质葡萄酒的主要阻碍，造成异味的主要成分是乙酸、含硫挥发物、游离氨基氮等。这些是导致变质的化合物，非常易挥发并且有难闻的气味，通常描述为臭鸡蛋、臭鼬气味、大蒜或洋葱等。尽管它们的浓度非常小，但它们在发酵过程中对酒感官的影响很大。由于酿酒过程中所涉及因素的复杂性，人们对葡萄酒发酵过程中挥发性硫化合物形成的机制只有部分了解。在挥发性硫化合物中，H_2S 带来的问题最大，具有类似臭鸡蛋的味道。除此以外还有二甲硫醚等。

四、醋酸发酵

酒精发酵过程中可能会形成少量醋酸，乙醇转化为醋酸的过程如图 9-8 所示。然而，在醋杆菌和葡糖杆菌中，醋酸是主要产物，发酵称为醋酸发酵。乙醇转化为醋酸的第一步是根据以下方程式形成乙醛：

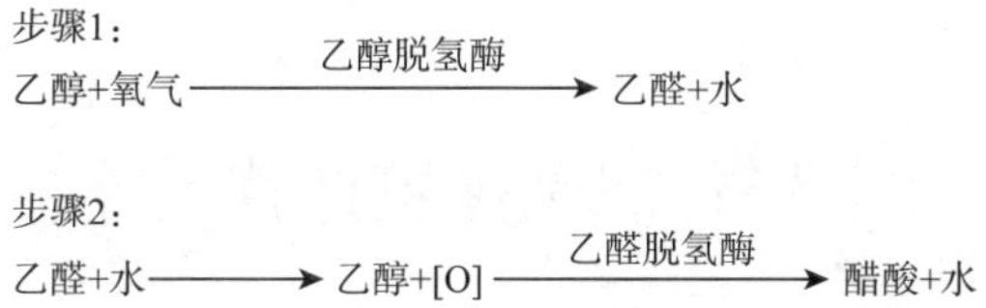

图 9-8　乙醇转化为醋酸的过程

第二步是由乙醛形成醋酸（图 9-8）。前者首先与水反应生成水合乙醛，水合乙醛又被氧化或脱氢生成醋酸（图 9-9）。

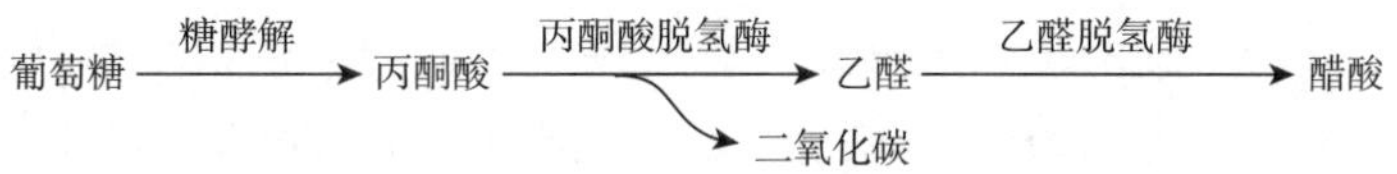

图 9-9　醋酸合成机制

五、酶在酿酒中的作用

酶在酿酒过程中的重要性是显而易见的，因为葡萄和微生物含有并产生与葡萄酒特性相关的不同种类的酶。商业酶制剂在酿酒中的使用是为了达到特定的目的，例如，更好榨汁、葡萄酒澄清和风味生产。这些商业酶制剂通过增强水果和酵母自身的酶活力来增强酿酒过程，使酿酒师能够更好地控制过程。添加这些商业酶来解决澄清和过滤问题（果胶酶、木聚糖酶、葡聚糖酶、蛋白酶），或释放品种香气（糖苷酶），是葡萄酒酿造中的常见做法。

六、抗菌药物的使用

几个世纪以来，SO_2一直被用作葡萄酒行业的抗氧化剂和抗菌剂。众所周知，SO_2的抗菌活性在高pH的葡萄酒中会降低。然而，随着对食品安全问题的重视和消费者对更多天然食品的偏好，世界范围内出现了减少SO_2的趋势并寻找替代品。多项研究描述了溶菌酶在控制或抑制苹果酸乳酸发酵方面的功效。SO_2与O_2发生反应，可保护易受伤害的葡萄酒成分免于氧化。SO_2与O_2反应来保护脆弱的多酚免受氧化，它与O_2的相互作用取决于儿茶酚的浓度。

七、果酒中的苹果酸发酵

果酒中的苹果酸发酵在酿酒中被称为二次发酵。它可以减少酸度、改变风味，还有助于微生物稳定性。苹果酸发酵可以在酒精发酵期间或之后自发发生。酿酒是多种微生物的多种酶的作用下的一系列生物化学转化的结果，尤其是酿酒酵母等酵母，它们在酒精发酵过程中发挥着重要作用。乳酸菌有助于苹果酸发酵。许多源自水果、酵母和乳酸菌或来自污染微生物的酶参与酿酒的不同步骤。商业酶制剂，如果胶酯酶或淀粉分解酶，被广泛用作补充剂。

自2005年以来，在了解酿酒过程中酵母、乳酸菌和其他微生物的化学和相互作用方面取得了长足进步，这有利于酿酒师生产优质葡萄酒。有必要指出，非葡萄果酒的制备与葡萄果酒的制备基本相似，因此酒精发酵的化学性质，苹果酸发酵和相关特征自然会保持基本相同。当然，由于所使用的特定水果的成分不同，因此会存在几种成分的差异。

第四节 果酒酿造微生物

果酒是用不同的水果发酵而成的饮料酒，其基本过程与葡萄汁的生产和发酵相似。因此，非葡萄果酒的微生物代谢与葡萄果酒或多或少相同，而微生物群落会因水果的类型而异。同样，在非自然发酵的情况下，微生物群落类型的变化可能会有所不同。内源和外源微生物均参与果酒发酵过程。内源性培养物由水果和酒厂表面提供，而外源性培养物是选定的发酵剂培养物。最终葡萄酒产品的质量取决于整个系统中存在的所有微生物的贡献，包括细菌和酵母。传统的葡萄酒发酵使用存在于果皮表面的野生微生物群落和酿酒厂提供的其他酵母，这些都是本土的。作为地标产品，水果进入加工过程时携带不同类型的微生物，如细菌、酵母和叶状真菌（主要是腐败霉菌）。这些微生物在从水果到葡萄汁以及酿酒过程中的水平各不相同，但它们的多样性与葡萄非常相似。果酒最终的感官品质取决于发酵过程中甚至发酵后步骤中微生物的生长和代谢活动。从技术的角度来看，果酒有一些特殊性：可以在压榨前开始发酵并进行一段时间；与葡萄汁相比，许多水果缺乏维持酵母生长所必需的营养。因此，可能需要补充酵母营养素。压碎的水果比榨汁含有更多的酵母营养素，因此后者可能不需要添加。

在过去的20年里，研究人员从葡萄酿酒领域“借鉴”了用于研究水果酿酒中微生物多样性的技术。传统上，酵母菌种的鉴定和表征是基于形态特征及其生理能力。菌株的富集、分离和表征的必要性，除了耗时之外，还充满了潜在的偏见。虽然这种方法已被证明是有用的，但它通常无法表征那些培养有问题或不可能的微生物。分子微生物生态学领域的进步带来了各种新工具来直接评估自然栖息地中存在的微生物多样性。一种常见的策略是对混合微生物群落的DNA（或RNA）进行采样，并将其用作评估群落结构和揭示个体成分的模板。最近，变性梯度凝胶电泳（denaturing gradient gel electrophoresis，DGGE）已被用于区分直接从复杂微生物群落中纯化的rRNA。聚合酶链式反应（PCR）-DGGE主要用于检测各种自然栖息地的细菌多样性(或较少见的真菌多样性)。

天然葡萄和水果发酵涉及一系列酵母，其中酿酒酵母为主要种类。人们普遍认为，在果酒发酵的第一阶段，非酿酒酵母占主导地位。后来，当乙醇含量增加时，占优势的物种是酿酒酵母。这种微生物演替过程反映了微生物相互作用、对营养等内在生长因子的竞争以及对高酸度等抑制性环境条件的抵抗力。因此，显示出选择性优势的微生物在特定时期作为发酵过程中的优势种群出现。

（一）酵母

在果酒加工过程中分离出不同的非酿酒酵母，主要来自水果、果汁和果酒酿造过程。据报道，棕榈酒中存在几种非酿酒酵母菌属的酵母，如念珠菌属、汉逊酵母属、克勒克酵母属、毕赤酵母属和裂殖酵母属。就苹果酒而言，在发酵的后期阶段存在有孢汉逊酵母，这可以用苹果中的少量糖分与未添加SO_2的葡萄汁进行比较来解释。从泰国和澳大利亚收集的新鲜压碎的菠萝汁显示在发酵过程中存在汉逊酵母和吉列蒙毕赤酵母。在马苏葡萄酒中，筛选出了酿酒酵母、东方伊萨氏酵母、法比亚毕赤酵母等。酿酒酵母在发酵果肉中占优势，但在未成熟果实中未检测到。酿酒酵母在果酒发酵过程中存在，可能会导致变质。有孢汉逊酵母可能由于较高浓度的乙酸乙酯和乙酸甲丁酯而导致果酒污染；念珠菌、梅奇酵母、毕赤酵母可能会在葡萄酒表面形成薄膜并产生严重的味道污染；接合酵母会在贮存过程中引起葡萄酒变质。

（二）杀手酵母

一些酵母菌株将杀伤毒素（又称杀伤因子，如蛋白质）分泌到它们的环境中，杀死该环境中存在的其他敏感酵母。此类菌株被称为杀伤酵母。杀伤毒素是在酿酒酵母中发现的，但也在其他酵母属中发现了杀伤毒素，例如，汉逊酵母、克勒克酵母、念珠菌、汉逊酵母、毕赤酵母、拟酵母、克鲁维酵母和德巴利酵母。通常，所描述的杀伤毒素在pH 3~5.5具有活性。

（三）乳酸菌

乳酸菌具有一组独特的特性，它们能够产生大量乳酸。根据属或种的不同，乳酸菌在同型发酵反应过程中将单糖发酵成乳酸，在异型发酵反应过程中，产物可能包含乙醇、二氧化碳和乳酸。同型发酵每个葡萄糖产生两个 ATP，这类似于酵母发酵，而在异型发酵中仅产生一个 ATP。同型发酵乳酸菌通过糖酵解（embden-meyerhof-pamas，EMP）途径将己糖还原为乳酸。制作饮料的发酵过程取决于酵母将糖类转化为酒精和酯类的性能。发酵过程中不同种类的酵母决定了最终产品的风味和香气特征。由于水果成分的差异，用于发酵的酵母必须适应不同的环境（例如，糖成分和浓度、有机酸的存在等）。此外，应用的酵母必须与糖浆中存在的其他微生物竞争糖利用，例如，其他酵母物种或细菌，这取决于选择的水果和不同的气候条件。

（四）影响果酒发酵过程中酵母菌生长的因素

一系列环境因素会影响发酵过程中代谢物的产生和酵母的存活，主要因素是温度、pH、糖浓度、果汁（底物）酸度和二氧化硫含量等。温度和乙醇耐受性对酵母性能有重要影响。葡萄汁或苹果汁中最初的低氮含量与酵母发育的减少有关，结果导致发酵缓慢和停滞。

1. 温度

发酵过程中的温度对酵母活性有直接影响。普通酵母的最适生长繁殖温度为 30℃，高于 32℃通常会受到抑制。温度会促进酵母的生长和增加酶作用的速度；此外，由于膜流动性增加，酵母细胞对酒精毒性作用的敏感性会随着温度的升高而增加。

2. pH、果汁（底物）酸度和二氧化硫含量

最佳 pH 对于酵母生长也非常重要。许多水果含有高浓度的酸，因此在配方阶段校正酸含量很重要。这通常是通过稀释果汁或添加碳酸钙使发酵混合物的 pH 为 3.5~4.5 来完成的。在这些类型的底物中，必须使用耐酸菌株作为发酵酵母。大多数酵母在 pH 4.5~6.5 生长良好，几乎所有的酵母菌株都不能在酸性或碱性更高的介质中生长。

目前，不添加二氧化硫很难酿造出优质葡萄酒，因为硫是酵母生长的必需成分。二氧化硫被用作葡萄酒中的防腐剂，因为它具有多种功能，例如，防止葡萄汁被酶促氧化。它还能抑制不良微生物的生长，用于葡萄酒的保鲜。

3. 糖浓度

原则上，当糖浓度升高时，发酵速率和产生的最大乙醇量会降低。然而，可以选择和调整特殊类型的酵母菌株，使其适应在更高的糖浓度（>30%糖）下生长。

4. 曝气

在乙醇生产阶段不需要通气，但在必需甾醇（麦角甾醇和羊毛甾醇）和不饱和脂肪酸（如亚油酸和亚麻酸）的生产过程中，曝气在破碎和酵母增殖过程中具有许多优势。

5. 乙醇浓度

乙醇浓度是另一个重要因素。乙醇的产量因所用酵母菌株、其对乙醇的适应性以及将其添加到发酵混合物中时的生长阶段而异。酵母可以产生的最大乙醇体积分数为 0~19%，与耐受性较低的菌株相比，那些耐受高浓度乙醇的菌株储存的脂质和碳水化合物较少。

第五节 果酒酿造常规工艺

1. 酵母发酵剂培养物的制备

良好的酿酒酵母菌株是酿造优质葡萄酒的先决条件。斜面、片剂或压缩酵母形式的酵母可用于培养物制备。在将其添加到发酵必需品之前，酵母培养物在用于酿酒的果汁/果肉中被激活。将装有果汁的容器塞好并放在温暖的地方（25~30℃），24h后即可培养。在葡萄汁中添加2%~5%的活性培养物。当以片剂形式使用时，酵母在酵母生长最适温度的灭菌水中被激活。压缩酵母可以直接添加到葡萄汁中。

2. 必备物质

用于酿酒的水果的汁液或果肉被制成果汁。必须根据所用的水果和要酿造的酒的类型来准备果汁。苹果等水果的汁液首先通过磨碎提取，然后在液压机中压榨（图9-10）。通常，向葡萄汁中添加果胶以澄清葡萄酒，以提高葡萄酒的质量。二氧化硫以100~150mg/L焦亚硫酸钾的形式添加到葡萄汁中。添加硫胺素和生物素的硫酸铵可以更大程度地提高发酵速率。而在苹果汁中，含有4mg/L硫胺素的硫酸铵对发酵速率的影响更大。已发现用明胶澄清是处理梨等单宁含量高的果汁的良方。此外，在50℃下将果汁加热35min也可以提高发酵速率。如果是李子或桃子等水果，则进行适当稀释，然后进行改良。

图9-10 果酒的压榨工具

3. 发酵

接种酵母培养物后，让葡萄汁在合适的温度（20~25℃）下发酵。应避免高于25℃的温度，因为它会导致挥发性化合物的损失。进行发酵的容器必须配备气闸。定期测量糖含量或白利度以监测发酵进程。通常情况下，允许发酵继续进行，直到所有糖完全消耗（通常白利度约为8°Bx）。当发酵完成时，由于产生二氧化碳而停止冒泡。在工业规模上，发酵是在各种形状和大小的发酵罐中进行的（图9-11）。

4. 虹吸/上架

发酵完成后，沉淀在容器底部的酵母和其他物质随着清澈的液体分离出来，被虹吸/榨干，或者如果是浆状的葡萄汁，则通过棉布过滤，其次是虹吸。在工业规模上，使用压滤机。通常

图9-11 用于发酵葡萄酒的发酵罐

在15~20d后进行2~3次搁架。在搁架期间，瓶内不保留顶空或容器，密封严密以防止任何醋化。在真空泵的帮助下，在工业发酵中也可以进行上架，比不上架更有优势。

5. 成熟

新鲜的葡萄酒口感粗糙，有酵母味。除了澄清之外，熟化过程还使葡萄酒口感醇厚、果味浓郁。期限可从6个月延长至2~3年。成熟过程很复杂，因此会形成酯类，从而改善葡萄酒的风味。

6. 澄清

如果葡萄酒在搁架和熟化后不澄清，则使用膨润土或硅藻土等助滤剂或单宁/明胶处理，然后在压滤机中过滤，使酒变得清澈透明。

7. 巴氏杀菌

葡萄酒酒精度低，在瓶中保留一定的顶部空间后，在62℃下进行巴氏杀菌15~20min，并用相同的塞子塞住瓶盖。除了保存之外，加热葡萄酒有助于单宁或其他对热敏感的物质的沉淀。然而，巴氏杀菌的葡萄酒一旦打开就必须保持在低温下以防止变质，或者可以通过添加二氧化硫、苯甲酸钠、山梨酸等防腐剂来保存。

第六节 果酒常见质量问题与控制

一、变质

1. 果酒变质

在果酒生产过程中，腐败可能发生在不同的步骤中，从葡萄汁到酒精发酵和苹果酸发酵，尤其是在后发酵步骤中。野生酵母、乳酸菌和醋酸菌等微生物可能导致水果腐败。为防止葡萄汁氧化和腐败变质，发酵前应加入焦亚硫酸钾或焦亚硫酸钠。

2. 苹果酸发酵过程中的变质

自发的苹果酸发酵可以导致更高浓度生物胺的产生。组胺等生物胺对健康有影响，受到越来越严格的监管。由于酵母产生乙醇、中链脂肪酸等抑制产物，酵母与细菌之间发生拮抗相互作用的风险随之增加。反应过程时间难以控制，苹果酸发酵的持续时间也更长，使得果酒处于无二氧化硫状态的时长被延长，从而无法防范霉菌导致的变质问题。裂殖酵母属的酵母传统上被描述为葡萄酒腐败生物，因为它们会产生具有负面感官影响的化合物，如乙醛、硫化氢和挥发性酸。

在苹果酸含量很高的果汁中，使用非酿酒酵母（如裂殖酵母）通过麦醇发酵降低苹果酸浓度引起了人们的极大兴趣。裂殖酵母已在朗姆酒制造中的蔗糖发酵、棕榈酒的生产和可可发酵中应用。在现代酿酒过程中，苹果酸的裂解以及酒分解产生丙酮酸与氨基甲酸乙酯前体这一分解过程，意义十分重大。然而，它的主要缺点是会产生大量的乙酸，至少对于葡萄酒研究中常用的未经选择的菌株来说是这样。选择低产乙酸的裂殖酵母菌株可以为调节失衡的葡萄汁带来新的工具。可以使用其他发酵方式，如酿酒酵母和裂殖酵母之间的混合和顺序发酵，以最大限度地减少乙酸水平。

二、发酵后腐败

在发酵后阶段，由于酵母和细菌的存在，果酒可能会变质。在酵母存在的情况下，只有当偶尔出现在带有残留糖分的葡萄酒（半甜葡萄酒）中导致发酵时，酵母才被视为腐败微生物。百里接合酵母是可能导致发酵的酵母，它通常出现在起泡酒中（二氧化碳含量高），会形成混浊和沉淀物，以及高含量的乙酸和酯类。来自念珠菌属、梅奇酵母属和毕赤酵母属的薄膜酵母可以在贮存的葡萄酒顶部形成薄膜层（薄膜），主要是在氧气存在的情况下（在部分填充的容器中）；除了“美观”问题之外，这些酵母还可能对葡萄酒的质量产生不利影响，导致乙醛的产生而产生氧化味。

由于苹果酸发酵后没有对乳酸菌进行控制，因此发现大量的乳酸菌，这些乳酸菌是不同果酒变质的潜在来源。通常，乳酸菌是通过其形态学和生化特征来识别的。然而，获得的结果往往是模棱两可的，所涉及的方法也很耗时。其他方法已成功应用于鉴定与葡萄酒相关的乳酸菌，包括蛋白质指纹图谱、细胞壁的肽聚糖和乳酸脱氢酶模式。分子技术也被用于通过 DNA 水平鉴定葡萄酒乳酸菌，所获得的结果与其他方法相比争议较小。乳酸菌可以通过产生乳酸和乙酸来增加葡萄酒的酸含量。D-乳酸与腐败有关，L-乳酸是在苹果酸发酵过程中产生的。最普遍的方法之一是通过使用残糖和其他化合物（如甘油或乳酸）来生产过量的乙酸。乙酸总是存在于果酒中，但过量会导致产品变质。经常报告的其他变化是黏稠度，这会影响大多数苹果酒。乳酸菌导致葡萄酒变质的性质和程度取决于多种因素，例如，细菌的类型、葡萄酒的成分和酿造方法。根据乳酸菌使用的基质，已报告了不同类型的腐败。乳酸菌代谢残糖如葡萄糖和果糖，产生乳酸和乙酸。由于高挥发性酸度，由此产生的葡萄酒具有类似乙酸的气味。主要发生在发酵停滞的葡萄汁或残糖较高的葡萄酒（甜酒）中，不能饮用。醋酸菌存在的积极方面是可以生产水果醋，这在市场上很受欢迎。

在干葡萄酒的发酵下，可能会发生不太严重的乳酸腐败。在这些葡萄酒中，乳酸菌利用戊糖、微量葡萄糖和果糖，产生乳酸和乙酸作为副产物。这些酸的形成增加了可滴定酸度并降低了 pH。pH 的降低限制了这些微生物的生长。乳酸菌分解甘油会形成乳酸、乙酸和丙烯醛。这种酒闻起来有乙酸、丁酸的味道，并且由于丙烯醛而变得苦涩。

在这种腐败中，乳酸菌发酵酒石酸并形成乳酸、乙酸和二氧化碳。酒石酸的降解尤其发生在低酸度和高 pH（pH 高于 3.5）的葡萄酒中。可滴定酸度进一步降低，并且葡萄酒具有乙酸气味和令人不快的味道。柠檬酸降解与双乙酰、丙酮和乙酸的形成呈正相关。已发现某些明串珠菌属和片球菌属会在葡萄酒中产生葡聚糖黏液或黏液物质。这种酒看起来油腻，不一定具有高挥发性酸度。

三、果酒变质预防

在其他果酒中去除或抑制不需要的细菌比在葡萄酒中更具挑战性，尤其是在酒精含量低的产品中。作为初始屏障，高酒精含量（16%）和高葡萄酒酸度（pH 2.9）可以抑制细菌种群的发展；然而，在酒精含量较低和酸度较低（pH 3.7 以上）的葡萄酒中，阻止细菌生长可能具有挑战性。在低于 15℃ 的温度下贮存葡萄酒可能有助于最大限度地减少细菌在葡萄酒中增殖的能力。大多数腐败的情况并不常见，可以通过在酿造和成熟过程中进行正确的卫生管理来避免。在完成酒精发酵和苹果酸发酵后对果酒进行亚硫酸化是一种解决方案，有时用于消除引起不良变化的细菌。然而，在天然果酒的酿造中，很少使用这种做法。最好将化学品的添加保持在最低限度，以保持最终产品的感官品质。

亚硫酸酐或二氧化硫作为酿酒防腐剂具有多种特性；这些包括其抗氧化和选择性抗菌作用，尤其是对乳酸菌。然而，由于越来越多的健康问题、消费者偏好、最终产品可能发生的感官变化以及关于防腐剂的更严格立法，世界范围内出现了降低葡萄酒中二氧化硫含量的趋势，虽然最常用的预防果酒变质的解决方案是使用亚硫酸盐。研究报告了通过使用不同的酚类提取物（2g/L）如桉树提取物来抑制乳酸菌和醋酸菌的可能性，其显著延迟了接种和自发苹果酸发酵的进展。

第七节 产品实例

一、荔枝酒

1. 工艺流程

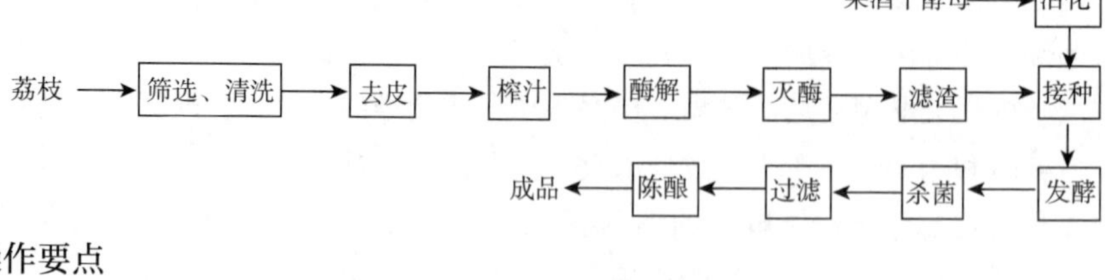

2. 操作要点

（1）原料选择　选择品质良好的成熟适当的荔枝。

（2）去皮　用荔枝果肉分离机将果肉和果皮、果核分离。

（3）酶解、灭酶　果汁中加入 0.25g/L 的果胶酶在 45℃ 的温度下保持 2h，酶解完成后，进行灭酶操作，在 70℃ 水浴中保持 30min。

（4）发酵　将活化后的酵母置于果酒中进行发酵，酵母接种量为 0.5%，发酵过程定期测量糖度和酒精度，在 20℃ 条件下发酵 4d，得到荔枝原酒。

二、枇杷酒

1. 工艺流程

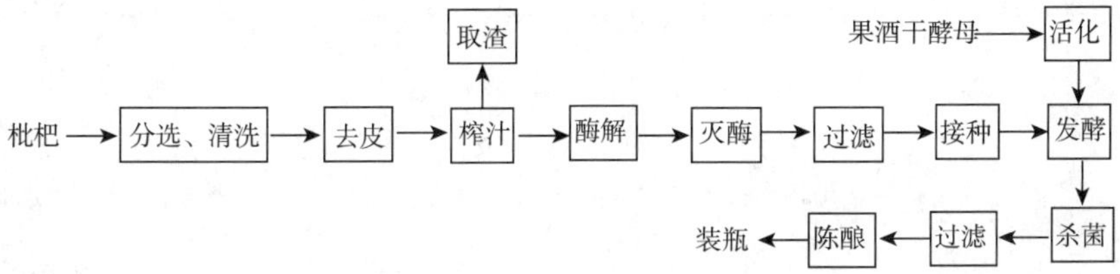

2. 操作要点

（1）原料选择　选择品质良好的成熟适当的枇杷。

（2）清洗　原料采用冲浪式洗果机清洗，将黏附在果皮上的砂粒及其他杂物冲洗掉。

（3）去皮　用枇杷去皮去核机削去外皮，并把枇杷核去除。

（4）榨汁　将去皮去核后的枇杷置于榨汁机中榨汁，滤出果渣得到原果汁。

（5）酶解、灭酶　原果汁中加入 0.25g/L 果胶酶在 45℃ 的温度下保持 2h，酶解完成后，进行灭酶操作，在 70℃ 水浴中保持 30min。

（6）酵母活化　干酵母置于 37℃ 水浴中 60min，使果酒干酵母复水活化。

（7）发酵　将活化后的酵母置于果酒中进行发酵，酵母接种量为 0.4%，发酵过程定期测量糖度和酒精度，在 25℃ 条件下发酵 8d，得到枇杷原酒。

（8）杀菌　采用瞬时杀菌处理，杀菌温度 125～150℃；高温受热时间为 6s。

（9）陈酿　将果酒静置自然澄清，取上层原酒进行贮存，通过静置 20d 左右即可成为成熟老酒。

三、柚子酒

1. 工艺流程

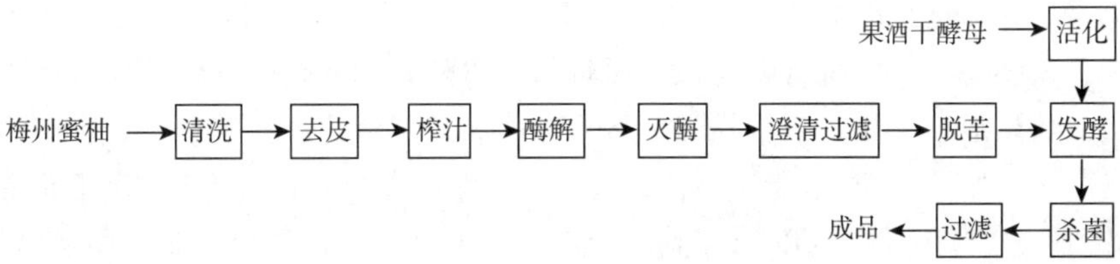

2. 操作要点

（1）原料选择　选择品质良好的成熟适当的梅州蜜柚。

（2）榨汁用柚子剥皮榨汁机将果皮果肉分离并榨汁。

（3）酶解、灭酶　果汁中加入 0.25g/L 果胶酶在 45℃ 的温度下保持 2h，酶解完成后，进行灭酶操作，在 70℃ 水浴中保持 30min。

（4）脱苦　选择 0.6% β-环状糊精对榨汁澄清过滤后的柚子果汁进行脱苦。

（5）发酵　将活化后的酵母置于果酒中进行发酵，酵母接种量为 0.3%，发酵过程定期测量糖度和酒精度，在 22℃ 条件下发酵 8d，得到柚子原酒。

思考题

1. 总结一下在果酒酿造过程中发生的反应。
2. 如何预防果酒变质？

第十章

果醋酿造

10

本章学习目标与要求

1. 掌握果醋酿造的原理。
2. 了解果醋酿造的工艺。

根据 FAO 的数据，世界上约 21.6%的水果被浪费，包括大量外观不佳或大小不等的残次品，每年大量水果的浪费引发了环境污染和食品安全问题。醋自古以来就是人类饮食的一部分，被广泛用作防腐剂、调味品、芳香剂，甚至是健康饮料。人类利用微生物进行食品发酵与酿造已有数千年的历史，每个地区几乎都有特色的发酵食品。随着科学技术的不断发展，以基因工程为核心的生物技术推动了细胞工程、蛋白质工程、酶工程、发酵工程等快速发展。

作为水果高效利用的一种方式，食品工业中广泛生产果醋，几乎所有类型的水果都可用于果醋的酿造。果醋是以水果或水果加工下脚料为主要原料，经酒精发酵、醋酸发酵酿制而成的营养丰富、风味优良的酸性调味品。果醋具有传统醋的酸味和水果的果香味，不仅在营养、风味、口感上都比传统食醋更佳，而且与粮食醋相比，果醋的营养成分更为丰富，其中富含醋酸、琥珀酸、苹果酸、柠檬酸、维生素等，口感醇厚、风味浓郁、新鲜爽口，有助于软化血管、调节血压、养颜、促进体内糖代谢、分解肌肉中的乳酸和丙酮酸而消除疲劳。果醋兼有水果和食醋的营养保健功能，市场需求广阔。2020 年我国果醋行业市场规模达到 76.16 亿元，2021 年中国果醋市场规模约为 81.62 亿元。在 2020 年的果醋行业市场中，果醋饮料产值约占 65.6%，果醋调味品行业产值约占 34.4%。NY/T 2987—2016《绿色食品　果醋饮料》规定了绿色食品果醋饮料的术语和定义、要求、检验规则、标签、包装、运输和贮存。GB/T 30884—2014《苹果醋饮料》、T/QGCML 285—2022《苹果醋》等标准规定了苹果醋饮料的术语和定义、技术要求、试验方法、检验规则和标签、包装、运输、贮存。

第一节　果醋酿造理论

利用微生物发酵生产食品在我国乃至世界都具有悠久的历史，并已成为现代食品工业的重要组成部分。食品发酵不仅可作为一种特殊的食品保藏技术，更可作为一种特殊的食品生产技术。果醋作为一种水果发酵产品，其酿造理论与食品发酵技术密不可分。发酵工程作为一种新型现代生物工程技术，能借助微生物的特定功能在有氧或无氧条件下生产直接代谢产物或次级代谢产物。

一、醋酸菌种类

若以果酒为原料则只需进行醋酸发酵；以水果、果汁或果渣为原料，则先经过酒精发酵后再醋酸发酵。酵母菌可将发酵性糖转化为乙醇和 CO_2，完成酒精发酵。在酒精发酵过程中，酵母菌可同时生成少量的酯类、多种醇类物质和有机酸，对醋风味的形成有一定的促进作用。在果醋酿造中，酒精发酵时间较短，产酯较少。为了增加醋的香气，利用产酯酵母（生香酵母）与酒精酵母混合发酵，可提高成品醋中酯类物质的含量，极大改善果醋的风味。

果醋的生产离不开醋酸菌的参与，也极易受到醋酸菌种类的影响。醋酸菌又称醋酸杆菌，属于革兰氏阴性菌，多为杆状，有的呈丝状、棒状、弯曲，有的呈椭圆形。在高温或高盐浓度及营养不足的培养条件下，菌体外形会变长，呈线形、棒形或管状膨大形。醋酸菌多为专性好氧菌，必须供给充足的氧气才能进行正常发酵。液体静置培养时，会在液面形成菌膜。在乙醇或醋酸含量较高的条件下，醋酸菌处于缺氧状态，容易造成菌体死亡。醋酸菌的最适生长温度为 28~33℃，不耐热，在 60℃ 温度下处理 10min 可发生死亡。醋酸菌的最适 pH 为 3.5~6.5，一般醋酸菌可耐受 1.5%~2.5%的醋酸含量，少数醋酸菌可耐受 7%~9%的高醋酸含量，大部分醋酸菌可耐受 5%~12%的酒精含量。醋酸菌培养所需最适宜的碳源是葡萄糖、果糖等，其次是蔗糖和麦芽糖等，而不能直接利用淀粉等多糖物质。醋酸菌本身具有醇脱氢酶、醛脱氢酶等氧化酶系活力。在果醋酿造过程中，醋酸菌能够将酒精氧化成醋酸，还可产生酸类、酯类、醛类、醇类、酮类等风味物质。

醋酸菌大量存在于空气中，种类多，对酒精的氧化速度和醋化能力差异较大。按照醋酸菌的生理生化特性，可将醋酸菌分为醋酸杆菌属和葡萄糖氧化杆菌属两大类。醋酸杆菌的主要作用是将酒精氧化为醋酸，在缺少酒精的醋醅中能继续把醋酸氧化为 CO_2 和 H_2O，也能微弱氧化葡萄糖为葡萄糖酸。葡萄糖氧化杆菌能在低温下生长，生长的最适温度在 30℃ 以下，主要作用是将葡萄糖氧化为葡萄糖酸，也能微弱氧化酒精为醋酸，但不能继续将醋酸氧化为 CO_2 和 H_2O。酿醋用的醋酸菌菌株，大多数属于醋酸杆菌属。

1. 沪酿 1.01 醋酸菌

沪酿 1.01 醋酸菌细胞呈椭圆或短杆状，无芽孢无鞭毛。单菌落呈圆形，隆起，边缘波状，表面平滑，葡萄糖、酵母膏培养基上呈油脂状，不透明，培养基内不产生色素，扩散生长。液体培养基摇瓶产酸较快，静置培养时在液面形成极薄易散的菌膜，呈青灰色，沿器壁上升，产酸较慢。沪酿 1.01 醋酸菌为好氧菌，发酵温度为 32~35℃，最适 pH 为 5.4~6.3，能耐受 12%酒精。沪酿 1.01 醋酸菌能氧化葡萄糖为葡萄糖酸，能氧化醋酸为 CO_2 和 H_2O。

2. AS1.41 醋酸菌

AS1.41 醋酸菌属于恶臭醋酸杆菌，细胞多为短杆状，无芽孢。在葡萄糖、酵母膏、乙醇平板培养基上生长旺盛，短期培养就能产酸。平板培养菌落隆起，表面光滑，菌落呈灰白色，液体培养时形成菌膜。AS1.41 醋酸菌为好氧菌，发酵温度为 36~37℃，最适 pH 为 3.5~6.0，能耐受 8%酒精。AS1.41 醋酸菌产葡萄糖酸能力较弱，最高产酸 7%~9%，能氧化醋酸为 CO_2 和 H_2O。

3. 许氏醋酸杆菌

许氏醋酸杆菌是酿醋工业重要的菌种之一，产酸能力强，最高产醋酸量达 11.5%。液体培养最适温度为 25~27.5℃，固体培养最适温度为 28~30℃，最高生长耐受温度为 37℃。许氏醋酸杆菌对醋酸没有进一步的氧化作用，耐酸能力较弱。

4. 纹膜醋酸菌

纹膜醋酸菌是椭圆形的短杆菌，无芽孢。最适生长温度为 38℃，最高生长耐受温度为 42℃，最低生长温度为 4~5℃。液体培养时液面呈乳白色，形成皱褶状的黏性菌膜，菌体呈长链状，在液面上生长形成较厚的菌膜。在 14%~15%酒精中发酵缓慢，能够耐受 40%~50%的葡萄糖，能氧化醋酸为 CO_2 和 H_2O。

二、果醋酿造原理

以水果为原料酿造果醋，常常先将水果发酵成果酒，再加入醋酸菌发酵制成果醋，酿造过程包含酒精发酵和醋酸发酵两个阶段。若以果酒为原料，则只需进行醋酸发酵。

在果醋酿造前，一般需将水果等原料进行粉碎处理，再经蒸煮糊化，加入一定量的淀粉酶，使糊化后的淀粉变成酵母能够发酵的糖类，由淀粉转化为可发酵性糖类物质的过程称为糖化。在糖化发酵时所用的酶类包括 α-淀粉酶、糖化酶、果胶酶、纤维素酶等，由于这些酶的协同作用，使得淀粉分解为葡萄糖、麦芽糖等发酵性的糖，再由酵母发酵生成酒精，还有少部分非发酵性糖变成残糖而存在于醋中，使果醋带有甜味。

1. 在无氧条件下

酵母菌参与果酒的酒精发酵阶段，将葡萄糖分解成乙醇及甘油、琥珀酸、乙醛、乳酸、酯类、高级醇等副产物。

① 葡萄糖生成丙酮酸：$C_6H_{12}O_6 \longrightarrow 2CH_3COCOOH+4[H]$

② 丙酮酸脱羧生成乙醛：$CH_3COCOOH \longrightarrow CH_3CHO+CO_2$

③ 乙醛被还原成乙醇：$CH_3CHO+2[H] \longrightarrow C_2H_5OH$

果酒的酒精发酵总反应式为：$C_6H_{12}O_6 \longrightarrow 2C_2H_5OH+2CO_2+$能量

2. 在有氧条件下

醋酸菌参与果醋的醋酸发酵阶段，将乙醇进一步氧化生成醋酸。

① 乙醇氧化生成乙醛：$C_2H_5OH+[O] \longrightarrow CH_3CHO+H_2O$

② 乙醛与水结合形成乙醛水合物，乙醛水合物进一步被氧化为乙酸：

$$CH_3CHO+H_2O \longrightarrow CH_3CH(OH)_2,\ CH_3CH(OH)_2+[O] \longrightarrow CH_3COOH+H_2O$$

果醋的醋酸发酵总反应式为：$C_2H_5OH+O_2 \longrightarrow CH_3COOH+H_2O+$能量

醋酸发酵分为 3 个阶段，前期为菌种适应期，生长较慢，对氧气的需要量少，故通风量要小；中期醋酸菌活力上升，菌体生长较快，由于呼吸作用加强，需要大量的氧气，需要加大通风量；后期随着醋酸菌大量增殖，氧化酶大量分泌，催化乙醇与空气中的氧气结合形成醋酸。当发酵液的酸度不再上升时，醋酸的发酵阶段就此结束。

除了酒精发酵和醋酸发酵，果醋生产原料中含有一些蛋白质，经过水解形成氨基酸。氨基酸除提供酵母和醋酸菌生长的氮源外，部分留存在果醋中作为鲜味来源的重要组成部分。在酒精发酵阶段，乙醇又可以与羟基乙酸、酒石酸、草酸、琥珀酸、葡萄糖酸等副产物发生酯化反应，生成多种酯类化合物。在醋酸发酵阶段，甘油等中间产物也可发生氧化反应产生丙酮酸等风味物质。果醋酿造本质上是酵母菌的酒精发酵和醋酸菌的醋酸发酵两个阶段。发酵菌株可以利用食品原料中的糖类物质或其衍生物，生成有机酸、酯类、醇类、醛类等代谢物，这也是果醋酿造过程中风味形成的重要因素。

三、果醋色、香、味的形成

果醋中色素的来源主要包括以下几个方面：①水果原料本身的色素；②原料预处理时发生化学反应而产生的有色物质；③果醋酿造过程中由化学反应、酶促反应而生成的有色物质；④微生物的有色代谢产物；⑤熏醅过程产生的色素及人工添加的色素物质，包括美拉德反应形成的果醋色素和添加的焦糖色素等。

果醋中的香气成分主要来源于酿造过程中产生的酯类、醇类、醛类、酚类等物质，酯类主要以乙酸乙酯为主，还包括乙酸异戊酯、乳酸乙酯、琥珀酸乙酯、乙酸异丁酯、乙酸甲酯、异戊酸乙酯等。酯类物质一部分由微生物代谢产生，另一部分由有机酸和醇类物质经酯化反应生成，但酯化反应速度较慢，需要陈酿工艺来提高酯类物质的含量。醇类物质包括乙醇、甲醇、丙醇、异丙醇、戊醇等，醛类物质包括乙醛、糠醛、乙缩醛、香草醛、甘油醛、异丁醛、异戊醛等，酚类物质有4-乙基愈创木酚等，而双乙酰、3-羟基丁酮的过量存在使得果醋香气发生劣变。果醋中的酸、酯和芳香醇是果醋的主要嗅感物质，而其种类和阈值共同决定了果醋的风味（表10-1）。果醋的挥发性成分少部分来源于水果本身，大部分是在酒精发酵和醋酸发酵过程中形成的，每个阶段主要风味物质都不相同。

表10-1 果醋中部分挥发性成分的阈值及香气描述

挥发性成分	阈值/（μg/L）	香气描述
乙酸异戊酯	2	新鲜的较强的似苹果的甜香
丁酸丁酯	100	甜水果香，似菠萝、香蕉
苯乙醇	86	樟脑、木香、风信子、栀子香气
橙花醇	300	甜花香、木香、柑橘香、柠檬香
α-紫罗兰酮	0.4	甜香、果香、木香、紫罗兰酮香
右旋萜二烯	10	柠檬香
柠檬烯	10	柠檬香、橘香
苯乙醛	4	蜜香味
壬醛	1	青草味、油脂味
萘	6	樟脑丸味
丁香酚	6	丁香、辛香

醋品滋味中的酸、甜、鲜、咸较为复杂，但必须协调柔和而浓郁。果醋的酸味主要包括占总酸70%~80%的挥发性醋酸，还包括一定量的琥珀酸、苹果酸、柠檬酸、葡萄糖酸、乳酸等其他酸味物质，多种酸味物质使得果醋呈现柔和的酸味。酸味物质的酸味强度顺序为醋酸>乳

酸>柠檬酸>苹果酸>琥珀酸。果醋的甜味来自原料中未被分解的糖类物质，还包括部分甘油、丙酮酸等物质。部分氨基酸、核苷酸等物质及其钠盐呈现出鲜味，氨基酸主要来自蛋白质的水解反应，而酵母菌等菌体自溶后产生的多种核苷酸也会有鲜味。酿造过程中添加适量的食盐，呈现一定的咸味，也缓解了较强的酸味，使得果醋呈现较好的风味和口感。

第二节　果醋种类

1. 按果醋原料类别分类

目前，国内果醋生产企业有1000多家，果醋饮料品牌超过50多种。按果醋原料可分为单一型果醋和复合型果醋。单一型果醋有苹果醋、柠檬醋、葡萄醋、柚子醋等，市场上以苹果醋居多。复合型果醋有石榴苹果醋、蓝莓刺梨醋和山楂葡萄醋等，其营养成分更加丰富、风味更加独特。

2. 按果醋酿造工艺分类

按果醋酿造工艺可将果醋分为鲜果酿醋、果汁酿醋和果酒酿醋。

（1）鲜果酿醋　利用新鲜水果酿造果醋，成本较低，具有显著的季节性。

（2）果汁酿醋　利用果汁酿造果醋，成本较低，不受季节性的限制。

（3）果酒酿醋　直接利用果酒酿造果醋，只需进行醋酸发酵阶段。

3. 按果醋酸度分类

中国酿造醋有悠久的历史，随着人们对于果醋的认识，果醋已从单纯的调味品发展成多种系列产品。根据果醋中酸度的不同，可将果醋分为4种类型。

（1）烹调型果醋　酸度约为5%，味浓香醇，在餐饮烹饪中具有去腥提鲜的作用。对烹调肉类及海鲜类非常合适，酸味物质可以中和腥味，同时使得肉质鲜味软化，便于咀嚼。

（2）佐餐型果醋　酸度约为4%，具有甜口风味，适于凉菜等菜品，具有提鲜的作用。

（3）保健型果醋　酸度约为3%，果醋香味独特，具有人体生理调节功能。

（4）果醋型饮料　酸度约为1%，风味柔和。作为新一代的饮料，具有生津止渴、增进食欲等作用。

第三节　果醋营养成分

1. 有机酸

水果中含有的部分有机酸属于不挥发性有机酸，香气爽快自然，可直接进入果醋成品，改变果醋成品中不挥发酸和挥发酸的比例，使果醋刺激性酸味减弱变得柔和，从而提高果醋的口感质量。除小部分有机酸来自水果原料，大部分有机酸是果醋酿造过程中产生的风味物质，其主要成分是醋酸，还包括苹果酸、酒石酸、柠檬酸、乳酸、琥珀酸、葡萄糖酸等。有机酸可以显著增加果醋的风味，也是果醋品质评价的重要指标之一。不同果醋中有机酸组成差异较大，不同的有机酸呈现不同的风味特征。醋酸刺激性很大、回味短、调味作用差；乳酸有醇厚感；柠檬酸酸味圆润平和持久；琥珀酸有鲜甜味；富马酸和苹果酸味道爽快但有涩味；而葡萄糖酸爽快却柔和；特别是苹果酸、柠檬酸和琥珀酸可以调和醋酸的刺激性，使其酸味变得柔和、醇厚。

不同果醋中有机酸种类及其含量差异较大（表 10-2）。葡萄醋中含有酒石酸、苹果酸、莽草酸、乳酸、醋酸、柠檬酸、葡萄糖酸和琥珀酸等有机酸；苹果醋中有机酸主要有草酸、酒石酸、苹果酸、乳酸、醋酸、柠檬酸和琥珀酸；柿果醋中有草酸、酒石酸、苹果酸、乳酸、醋酸、柠檬酸和丁二酸等有机酸。桑葚果醋中有醋酸、酒石酸、乳酸、丁二酸、柠檬酸、草酸、苹果酸等有机酸。一步发酵法能够显著提高果醋中酒石酸、苹果酸、醋酸和柠檬酸的含量，而陈酿工艺能够显著提高果醋中酒石酸、苹果酸和乳酸的含量。

表 10-2 不同果醋中有机酸的种类及其含量 单位：mg/L

有机酸	苹果醋	山楂醋	蓝莓醋	5 年柿子醋	10 年柿子醋
醋酸	0.0269	0.0214	0.0328	0.440	0.103
琥珀酸	—	0.0397	0.0550	—	—
草酸	0.0103	0.0288	0.0200	0.516	0.880
苹果酸	0.0231	0.0653	0.053	—	—
酒石酸	—	—	—	0.0181	—

2. 糖类物质

糖类物质是果醋风味的重要组成部分，果醋中的糖类大多来自原料，主要有果糖、葡萄糖、阿拉伯糖等，不同醋品的糖含量及糖分组成变化较大。另有少量糖来自发酵过程，菌体代谢了绝大多数糖类，剩余糖分进入成品醋，使醋品风味变柔和，也会影响到醋品的色泽、黏稠度等。糖度的选择可以改变果醋的酸甜平衡度，当甜味和酸味处于同一样品中，二者拥有不同的感官强度，酸味会被稳定的甜味所抑制，使果醋的风味变得柔和，且果醋的含糖量也会影响样品的甜度、焦糖味和视觉黏度等感官特性。

3. 氨基酸

果醋中的氨基酸主要来源于水果原料中蛋白质的微生物转化，氨基酸也可与其他风味物质发生相互作用，这形成了果醋独特的口感和风味。水果原料和加工工艺对果醋中氨基酸的种类和含量有很大的影响。苹果醋、枸杞果醋、猕猴桃果醋和苹果玫瑰醋中氨基酸含量分别达到 296.75μg/mL、600μg/mL、383μg/mL 和 441.47μg/mL。

经不同醋酸菌及发酵方式酿造的柑橘果醋中呈味氨基酸含量具有显著差异。柑橘果醋中甜味氨基酸、鲜味氨基酸、苦味氨基酸、芳香族氨基酸的含量具有从高到低的趋势。鲜味氨基酸主要有天冬氨酸、谷氨酸和赖氨酸；甜味氨基酸主要有甘氨酸、丝氨酸、苏氨酸、丙氨酸、组氨酸和脯氨酸；苦味氨基酸主要有缬氨酸、甲硫氨酸、异亮氨酸、亮氨酸和精氨酸；芳香族氨基酸主要有酪氨酸和苯丙氨酸。谷氨酸和丙氨酸具有较高的味觉活性值，分别为 2.07 和 1.68，对果醋的甜味和鲜味起着重要的作用。

4. 酚类物质

膳食多酚是食物中最广泛的植物化学物质，酚类化合物广泛存在于水果原料中，具有较强的抗氧化性。果醋中酚类物质主要有非色素类化合物、花色素类化合物、酚酸类化合物和黄酮类化合物等。苹果醋中酚类物质以绿原酸为主，还包括没食子酸、儿茶素、表儿茶素、咖啡酸和对香豆酸。柑橘果醋中酚类物质主要有酚酸类化合物和类黄酮物质，包括没食子酸、绿原酸、咖啡酸、对香豆酸、儿茶素、芦丁、槲皮素等。葡萄醋中的酚类物质主要有没食子酸、儿茶素、表儿茶素、咖啡酸、绿原酸、丁香酸等。木瓜醋中的酚类物质主要有没食子酸、原儿茶酸、儿茶素、绿原酸、表儿茶素、咖啡酸、香豆酸、芦丁、槲皮苷、山柰素等。柚子醋中酚类物质有香草酸、阿魏酸、芸香柚皮苷、柚皮苷、野漆树苷和甲基橙皮苷等。

5. 挥发性香气成分

挥发性香气成分赋予了果醋特殊的风味，主要有酸类、酯类、醛类、醇类、酮类、酚类等，酸类物质是果醋风味的主要贡献者。经 6 种不同杀菌工艺的苹果醋中挥发性香气成分总种类达 50 种，共有成分有 35 种。苹果醋中主要的挥发性香气成分有酯类、醇类、酸类物质，乙酸乙酯、乙酸异戊酯、辛酸乙酯、乙酸苯乙酯、正戊醇、苯乙醇、乙酸、仲丁基醚对苹果醋的风味贡献较大。香蕉果醋中挥发性香气成分有 79 种，主要香气成分为乙酸乙酯、辛酸乙酯、己酸乙酯、癸酸乙酯、苯乙酸乙酯、乙醇、异丁醇、苯乙醇、α-松油醇、乙酸、己酸、辛酸、3-羟基-2-丁酮、壬醛、2-庚酮、癸醛丁香酚和 2-甲氧基-4-甲基苯酚。从梨醋中共鉴定得到挥发性成分有 35 种，包括 4 种烷烃类、3 种醛类、2 种酮类、8 种醇类、7 种酸类、9 种酯类以及 2 种其他物质，酯类、醇类和酸类占总量的 68.6%。总之，多种挥发性香气成分与其他风味物质共同构成了果醋的醋香风味。

6. 其他成分

果醋中含有丰富的维生素 B_1、维生素 B_2 和维生素 C 等，它们主要来源于水果及原料发酵过程中微生物代谢的产物，这些营养素是人体新陈代谢过程中某些功能性酶类物质的辅助组成成分，在生命活动中起重要作用。包括钾、钙、铁、锌、铜、磷等在内的无机盐主要来自果醋的原料，这些微量元素也是人体生长发育、生殖和抗衰老的生理过程或代谢中必不可少的成分，铁还是人体造血和运输氧气的血红蛋白的重要组成成分之一。

第四节 果醋的生理功效

古书中米醋有“消痈肿，散水气，杀邪毒，理诸药”的记载。果醋作为一种水果原料酿造的产品，同样具有多种生理功效。

1. 促进胃液分泌和消化吸收

果醋中的酸性物质可溶解食物中的营养物质，促进人体对食物中钙、磷等营养物质的吸收。现代医学研究证明，醋含有的挥发性物质和氨基酸等能刺激大脑中枢神经，使消化器官分泌大量消化液，消化功能显著提高，从而增进食欲，促进食物消化吸收。

2. 辅助降血糖、降血脂和降血压作用

经常摄取果醋可使葡萄糖在胃内滞留时间延长，推迟餐后血糖峰值出现的时间，血中胰岛素分泌量减少约 20%，缓和了进食后血糖的急剧变化。食醋还可以通过提高胰岛素的活性、延缓胃排空机制、抑制脂肪合成酶的表达等方式有效调节血糖。研究表明，食用枳椇醋有助于预防动脉粥样硬化，降低血清中的血脂含量，而山楂枸杞苹果醋复合饮料对高血脂小鼠模型有显著的改善作用。果醋能促进体内钠的排泄，改善钠的代谢异常，从而抑制体内盐分过剩所引起的血压升高。醋酸还能显著降低血压和血管紧张肽原酶的活力，减少血管紧缩素，从而降低机体血压水平。果醋中三萜类物质等降血压成分可增加冠状动脉血流量、扩张心血管，预防并治疗动脉粥样硬化等疾病。

3. 促进新陈代谢，调节酸碱平衡

醋酸有助于生物体内三羧酸循环的正常进行。醋酸进入机体后，先转变为乙酰辅酶 A，再进入三羧酸循环，从而使得有氧代谢顺畅，有利于清除沉积的乳酸，促进有氧代谢，起到消除疲劳的作用。研究表明，利用小鼠游泳实验验证了桑葚果醋的抗疲劳性能，喂食桑葚果醋小鼠的游泳时间明显高于空白组小鼠，在一定程度上能说明桑葚果醋具有缓解小鼠疲劳，增强小鼠运动能力的作用。果醋中含有多种矿质元素，矿质元素在体内代谢后生成碱性物质，调节体内酸碱平衡。刺梨果醋能够有效调节小鼠肠道菌群结构和多样性，使高脂饮食小鼠肠道菌群恢复正常。

4. 辅助缓解疲劳，提高免疫力

近代医学研究表明，食醋有助于改善新陈代谢，防止和减轻疲劳。摄取醋酸等有机酸可经过焦性葡萄糖而生成柠檬酸进入三羧酸循环途径生成二氧化碳，分解肌肉中的乳酸和丙酮酸，消除疲劳。担负着血液正常化和消除疲劳效应的副肾皮质激素，与醋酸有着密切的关系。副肾皮质激素是由胆固醇所构成，在血液中也起调控激素的作用，是生成性激素、肾上腺皮质激素的母体。胆固醇可以在动物体内生成，利用同位素的实验证明其原料就是醋酸。由醋酸参与合成的组织成分还有类固醇内分泌素、血红素、柠檬酸、氨基酸等。果醋中的醋酸能与人体内的钙结合，生成醋酸钙而促进钙的吸收；果醋中丰富的维生素 C 是活性较强的抗氧化剂，可以防止细胞损伤和癌症物质的合成而起到保护机体、提高免疫力的作用；果醋还通过提高免疫力而起到保护肝脏、调节机体代谢、促进血液循环的效果。

5. 辅助抗菌和防治感冒

醋酸有极强的抗菌作用，对芽孢杆菌属、微球菌属、荧光假单胞菌、亨氏片球菌、金黄色葡萄球菌、鼠伤寒沙门菌、大肠杆菌等多种细菌有较好的杀菌作用。在较低浓度下，醋酸对多种腐败菌和肠道致病菌有较强的抑制作用。醋酸还对部分病毒引起的流行性感冒有防治作用。在 0.1%的未解离的醋酸环境下，大多数细菌无法生长，当质量分数达到 0.3%时，醋酸对霉菌也有较强的抑制作用。此外，果醋还含有其他特殊活性成分，具有协同抑菌效果，可进一步增强果醋产品的抑菌作用。苹果渣醋对大肠杆菌、金黄色葡萄球菌有较强的抑制作用。橄榄醋对铜绿假单胞菌、大肠杆菌和金黄色葡萄球菌有显著的抑菌作用。紫薯醋对酵母菌的抑制能力高于市售食醋。沙棘米醋对大肠杆菌的抑制效果较好，其抑菌作用与 30μg/mL 四环素对大肠杆菌的抑制效果相似。

6. 辅助降低胆固醇和防治肝病

胆固醇是组成人体细胞的营养物质，而现代人群的亚健康状态常使得人体的内分泌和血脂代谢失调，增加胆固醇的沉积。果醋中含有丰富的氨基酸、醋酸、乳酸、苹果酸、琥珀酸、维生素等多种肝脏所需的营养物质。食用果醋后，其营养物质被充分消化吸收，转化合成的蛋白质对于肝组织损伤有修复作用，并可提高肝脏解毒功能及促进新陈代谢。长期食用果醋可以促进胆固醇代谢，减少血浆和组织中胆固醇含量，对于肝病的预防和治疗有一定的功效。

7. 辅助美容护肤，延缓衰老

过氧化脂质增多是导致皮肤细胞衰老的主要因素，长期食用果醋能降低和抑制人体衰老过程中过氧化脂的形成，使体内过氧化脂质水平下降。果醋中的有机酸类物质对人体皮肤有柔和的刺激作用，使得血管扩张，加快皮肤血液循环，有利于清除沉积物，促进皮肤变得光润。

第五节 果醋酿造工艺

以水果为原料，经榨汁、酒精发酵、醋酸发酵等酿造果醋。果醋酿造工艺流程为：

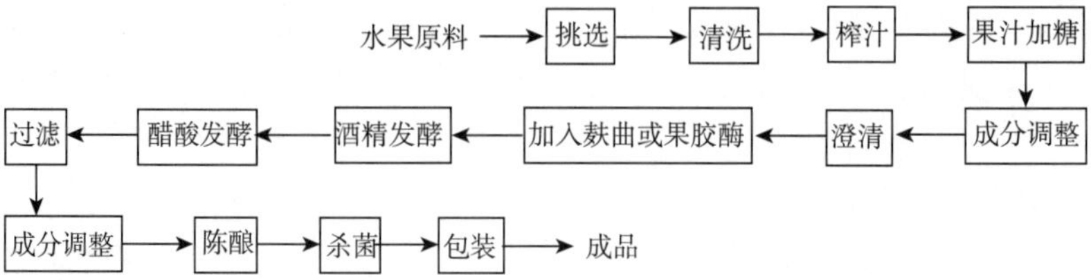

1. 水果原料

我国是水果的种植生产大国且水果种类繁多，但是大多数水果以鲜食为主，适合加工的水果品种仅占10%，适合制汁的品种不仅较为单一、出汁率低，而且营养品质不佳。因此，要选用适合制汁的水果用于果醋酿造。根据果醋的类型，挑选无腐烂、无霉变、无病虫害的成熟水果，将水果置于清洗池或果蔬清洗流水线进行气泡翻滚、刷洗、喷淋等清洗步骤，沥干水分后用于果醋发酵。

2. 榨汁

根据水果的种类选择合适的破碎方法和破碎果块的大小，水果榨汁一般采用压榨机进行处理，根据不同水果的特点可采用剥皮、去核、切块等前处理步骤。不同类型的水果的出汁率具有较大的差异，苹果的出汁率为70%~75%，柑橘的出汁率约为60%，梨的出汁率为75%~85%，葡萄的出汁率为65%~70%，草莓的出汁率为70%~80%。同种水果的不同品种也有很大的差异，小冬果苹果、红勋1号苹果、冰心1号苹果和秋力蒙苹果的出汁率分别为63.03%、78.35%、75.50%和62.65%，霞多丽葡萄、雷司令葡萄、贵人香葡萄、小芒森葡萄和威代尔葡萄的出汁率分别为60.85%、55.87%、60.91%、52.09%和63.28%。为了提高榨汁率，破碎后的果浆可用果胶酶处理。果胶酶可以将果胶和纤维素等固形物分解为半乳糖醛酸和果胶酸，使其对果醋品质的影响降低。在榨汁过程中，尽量减少果汁与空气接触，避免果汁褐变。

3. 成分调整

由于生产果醋的水果原料品种和质量存在较大差异，含糖量不同，因此在生产过程中，对含糖量较低的原料需进行加糖以调整其糖度。可采用添加淀粉糖化醪或蔗糖的方式来提高发酵原料的含糖量，淀粉糖化醪或蔗糖被酿酒酵母利用进行酒精发酵。在适宜温度和糖化时间下，使用耐高温淀粉酶将淀粉糖化制备淀粉糖化醪。将淀粉糖化醪、蔗糖与果汁按一定的比例进行配料，调整发酵液总糖糖度至16%以上，满足发酵微生物的生长繁殖和发酵代谢环境。

4. 澄清

不同水果中果胶含量具有很大的差异，例如，葡萄果胶含量为5.37g/100g干果，山楂果胶含量为18.24g/100g干果，树莓果胶含量为15.51g/100g干果。葡萄果胶为低酯果胶，山楂果胶和树莓果胶均为高酯果胶，果胶含量能够显著影响果酒和果醋的酿造品质。澄清是果醋酿造中的关键技术环节之一，果汁中加入果胶酶处理，黏度迅速下降，并且使造成果汁混浊的粒子迅速凝聚，使果汁易于过滤澄清。调配好的果汁输送至澄清设备，并加入2%黑曲霉麸曲或0.01%~0.05%果胶酶，在40~50℃下保温2~3h。利用黑曲霉麸曲或果胶酶可以有效分解果汁中的单宁和果胶，进一步提高澄清效率，具有高效、快速和简便等特点。

5. 酒精发酵

酵母菌是酒精发酵阶段的主要微生物，果酒的发酵工艺对果醋的品质有很大的影响，也与发酵微生物种类有很大的关系。将澄清的果汁冷却至30℃，接种1%酵母进行酒精发酵，发酵温度为30~34℃，发酵时间为4~5d。待果汁的酒精发酵结束，发酵酒精含量为5%~8%，酸度为1%~1.5%。

6. 醋酸发酵

醋酸发酵是果醋酿造的主要工艺之一，然而现有醋酸菌菌种较为单一，存在菌种稳定性和产酸不高等特点，筛选水果专用的高耐受性醋酸菌，可以有效保证果醋的风味品质。不同的发酵工艺对于果醋品质有很大的影响，醋酸发酵工艺包括固态发酵法工艺、液态发酵法工艺和固-液态发酵法工艺。传统的食用醋发酵多采用固态发酵法工艺，而现代食醋工业化生产多采用液态发酵法工艺。

7. 陈酿

果醋的色、香、味除了在发酵过程中形成以外，很大一部分和陈酿后熟有关。果醋陈酿是指果醋在酿造完成后在一定条件下进行的陈化工艺，营养成分进一步发生酯化反应、醇类醛类缩合、不饱和脂肪酸氧化、醋酸挥发等化学反应和物理变化，减少果醋的刺激性，使之具有陈香细腻、甘甜柔和的风味。在贮藏期间，醋中的糖分和氨基酸结合产生类黑色素物质，使果醋色泽加深。醋醅陈酿是将混有果醋的醋醅压实，盖一层薄膜，然后加上盖面盐防止杂菌侵入，再加盖一层薄膜，用泥土封死缸口，静置半个月后倒醅一次，静置半个月后再倒醅一次，再静置半个月即可淋醋，此时的醋称为陈醋。醋液陈酿将淋出的头醋（醋酸含量应在5%以上）放入缸内，加盖静置1~2个月。除了传统的醋醅陈酿和醋液陈酿技术外，还可采用高压脉冲电场、激光、微波、超声波等催陈技术提高陈酿效率和风味品质。陈酿3个月的刺梨果酒与醋酸发酵结束时相比，酯类物质的种类发生明显变化，生成了乙酸异丁酯、乙酸苄酯、壬酸乙酯、苯丙氨酯、乙酸糠酯、3-羟基辛酸乙酯、月桂酸乙酯、肉豆蔻酸乙酯、油酸乙酯等酯类物质。醇类与酸类香气成分种类与相对含量有所降低，酚类种类增加。

8. 杀菌与包装

果醋经过滤并调节酸度至合适浓度，进一步调香调味和自动化灌装包装，采用传统热杀菌、超高温杀菌或新型冷杀菌等技术进行杀菌处理，使得产品达到质量安全标准。传统的杀菌方式对果醋的营养成分和风味品质有很大的影响，而基于光、电、压力、磁场和声波的新型杀菌方式可以显著提高杀菌效率，有效保持果醋风味和营养物质。

第六节　果醋品质的影响因素

果醋酿造是一个复杂的发酵工程，水果原料、发酵菌种、发酵温度、发酵工艺、澄清工艺和杀菌工艺等是影响果醋发酵品质的主要因素，也是提升果醋品质的重要途径。因此，在果醋发酵过程中，要根据发酵的要求严格控制发酵条件，以期达到最佳的酿造效果。

（一）水果原料

水果品种繁多，富含多种营养成分。以水果为原料酿造果醋，不同水果酿造的果醋营养组分具有很大的差异。苹果、鸭梨、鲜桃、草莓、鲜枣、西瓜、菠萝、橙子、柑橘、柠檬均可用于果醋酿造，不同水果中主要成分和有机酸具有很大的区别（表10-3）。果醋是以果蔬或果蔬产品下脚料作为原材料，通过酒精发酵、醋酸发酵酿制而成的具有多种生物活性成分、风味独特的酸性调味品。可溶性固形物含量较高、营养丰富、风味好的水果和一些蔬菜是酿制果醋的理想材料。有机酸组成和含量是检验果醋品质的重要标志之一。有机酸的种类含量主要受水果原料和发酵菌种的影响，其含量高低与水果及其制品的品质有密切关系。水果收获后在后期贮存和酿造过程，有机酸的种类和含量是一个动态变化的过程，制作过程中微生物代谢消耗酒精会产生新的有机酸。果醋中的有机酸与果醋的营养功效有着紧密的联系，直接参与人体多种有机酸的生化反应。

表10-3 部分水果中有机酸成分

水果	有机酸成分
葡萄	草酸、酒石酸、苹果酸、莽草酸、乳酸、柠檬酸、香豆酸、琥珀酸
蔓越莓	没食子酸、尿黑酸、原儿茶酸、龙胆酸、水杨酸、绿原酸、香草酸、咖啡酸、丁香酸、香豆酸、阿魏酸、芥子酸
番茄	苹果酸、柠檬酸、丙二酸、马来酸、草酸、乙酸
荔枝	丙酮酸、莽草酸、富马酸、草酸、酒石酸、苹果酸、乙酸、乳酸、柠檬酸、琥珀酸
杨桃	草酸、酒石酸、丙酮酸、苹果酸、柠檬酸
枇杷	草酸、酒石酸、苹果酸、柠檬酸、琥珀酸、富马酸
山楂	草酸、酒石酸、丙酮酸、苹果酸、乙酸、柠檬酸、琥珀酸
苹果	草酸、酒石酸、丙酮酸、苹果酸、乳酸、乙酸、柠檬酸、琥珀酸

（二）发酵菌种

果醋酿造中使用的发酵菌种主要有酵母菌和醋酸菌，酵母菌和醋酸菌分别用于酒精发酵和醋酸发酵。目前，酒精发酵和醋酸发酵多选用葡萄酒酵母和食醋菌种，食醋菌种主要有沪酿1.01醋酸菌、AS1.41醋酸菌、许氏醋酸杆菌和巴氏醋杆菌等，但单一菌种发酵会影响果醋的产量和风味，多菌种共发酵可以有效改善果醋产量、风味和稳定性。此外，在酒精发酵中使用生香酵母不仅可以增加风味物质种类和含量，还可以提高产品风味的复杂性与稳定性。

以柑橘为原料，采用沪酿1.01醋酸菌、AS1.41醋酸菌和许氏醋酸杆菌3种醋酸菌，通过一次发酵法和二次发酵法酿造6种柑橘果醋。采用AS1.41醋酸菌，一次发酵法加工的果醋总多酚、总黄酮、蛋白质、单体酚、总氨基酸、必需氨基酸、非必需氨基酸、呈味氨基酸含量分别为0.49mg/mL、0.36mg/mL、4.51mg/mL、23.49mg/L、1830.10mg/kg、420.80mg/kg、1409.30mg/kg和1822.10mg/kg，均高于其他5种果醋，沪酿1.01醋酸菌和AS1.41醋酸菌一次发酵法有机酸总含量较高，分别为11786.03mg/L和10505.51mg/L。在6种柑橘果醋中，利用AS1.41醋酸菌和一次发酵法加工的柑橘果醋品质最好。

（三）发酵温度

发酵温度是醋酸发酵的重要因素。发酵温度能够影响发酵菌种的生长速率，改变菌体代谢产物的合成方向和产物的生物合成速率。醋酸菌的繁殖及代谢活动与其所处的环境温度密切相关。在一定范围内，醋酸菌的发酵速率与环境温度呈现正相关，即环境温度越高，醋酸菌发酵产生醋酸的速率越快，但超过一定温度后，醋酸菌的活性会受到抑制，基本酶类变性失活，细胞膜损伤，导致细胞分散，且造成部分乙酸被氧化，导致发酵液总酸含量下降。一般来讲，酵母菌的酒精发酵最适温度为28℃，醋酸菌的醋酸发酵最适温度为30℃。

（四）发酵工艺

根据果醋发酵工艺中发酵状态，果醋发酵可分为全固态发酵法、全液态发酵法和液态-固态混合发酵法。

1. 全固态发酵法

全固态发酵法是以果蔬为主要原料，加入麸皮、谷糠、高粱壳等为填充料，利用酵母菌和醋酸菌发酵酿造得到果醋。全固态发酵法是我国食醋的传统生产方法，其特点是采用低温糖化和酒精发酵，应用多种有益微生物协调发酵，配合大量辅料和填充料，以浸提法提取食醋。采用全固态发酵法，果醋酿造风味独特，发酵操作简便，成品香气浓郁、口味醇厚、色深质浓，但生产周期长、劳动强度大、产出率低，酿造需要加入辅料与填充料，并不适合工业化生产。

全固态发酵法的工艺流程为：

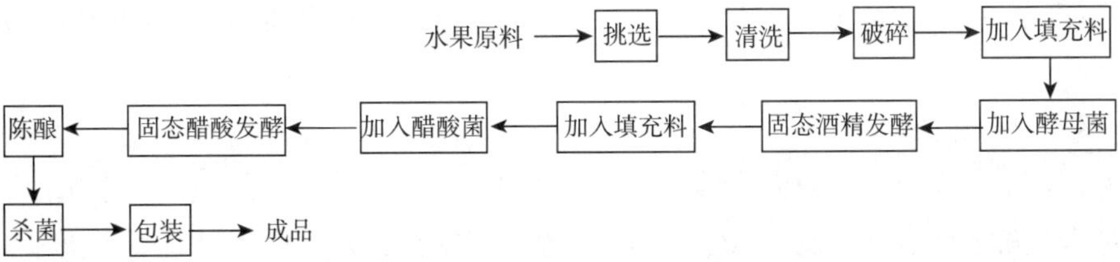

果品洗净、破碎后，加入3%~5%的酵母液，进行酒精发酵。在发酵过程中每日搅拌3~4次，经5~7d酒精发酵完成。将酒精发酵完成的果品加入麸皮或谷壳、米糠等（原料量的50%~60%），再加入10%~20%的活化酵母液，充分搅拌均匀，装入醋化缸中，稍加覆盖，使其进行醋酸发酵。醋化期间，控制室温在30~35℃，每日定时搅拌1~2次，充分供给空气促进醋化。经10~15d的醋化旺盛期，随即加入2%~3%食盐，搅拌均匀即成醋坯。将醋坯压紧，加盖封严，待其陈酿后熟，经5~6d即可淋醋。将后熟的醋坯放在淋醋器中，从上面缓慢淋入约与醋坯等量的冷却沸水，浸泡4h，醋液从缸底小孔流出，这次淋出的醋称为头醋。头醋淋完之后，再加入凉开水进行二次淋洗，得到二醋。二醋含醋酸很少，供淋头醋用，然后将醋制品杀菌、陈酿即可得到固态发酵醋。

2. 全液态发酵法

全液态发酵法是以水果为主要原料，直接利用酵母菌和醋酸菌发酵酿造得到果醋，无需填充料，发酵条件易于控制，自动化程度高，适合工业化生产。全液态发酵法可分为液态表面静置发酵法、液态深层发酵法和液态回流浇淋发酵法等。

全液态发酵法的工艺流程为：

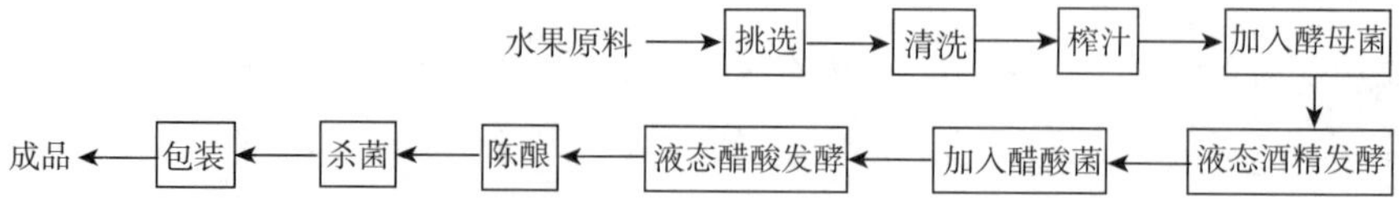

液态发酵时以酒精度7%～8%的果酒为原料酿造，装入醋化器，接种5%的酵母液进行醋酸发酵。在醋化期间，控制室温在30～35℃，24h后发酵液面上有醋酸菌的菌膜形成，每日定时搅拌1～2次，约经10d即可醋化完成。取出大部分果醋，留下菌膜及少量醋液在盆内，再补加果酒继续醋化。将所得产品进行过滤后杀菌、陈酿即可得到液态发酵醋。

液态表面静置发酵法是在醋酸发酵的过程中静置发酵，借助空气溶解氧实现发酵全过程，发酵时间较长（1～3月），可生成多种酯类风味物质，醋酸味柔和，风味优于液态深层发酵法。

液态深层发酵法是目前果醋酿造最广泛采用的方法，具有机械化程度高、操作卫生条件好、原料利用率高、生产周期短（7～10d）、发酵条件易于控制等优点。在发酵过程中可采用添加产酯产香酵母或后期增熟、调配等方法来改善风味。采用液态深层发酵法时，取醋及补液的同时，必须不间断地搅拌通气，提升醋酸发酵效果。可利用液态深层发酵法发酵含水量较高的水果，如柑橘、木瓜、水柿、猕猴桃等。为了克服液态深层发酵醋风味较差的缺点，在主料中可适当添加小麦粉、玉米饼等含蛋白质丰富的原料或在进行醋酸发酵前添加蛋白质水解醪，以增加风味成分的前体物质，提高醋酸发酵后所得果醋的风味和口感。

液态回流浇淋发酵法是通过回旋喷洒器反复淋洗醋化池内的填充物，缩短发酵周期，发酵条件易于控制、时间短，但果醋香气和醋味不足，后续需采用后熟方法来改善果醋风味。

3. 液态-固态混合发酵法

液态-固态混合发酵法分为前液后固混合发酵法和前固后液混合发酵法。采用液态酒精发酵-固态醋酸发酵或固态酒精发酵-液态醋酸发酵两种发酵工艺，有效提高了水果原料的利用率，极大提高了果醋的酿造效率，但需采用后熟方法提高果醋的风味。

液态酒精发酵-固态醋酸发酵混合发酵法的工艺流程为：

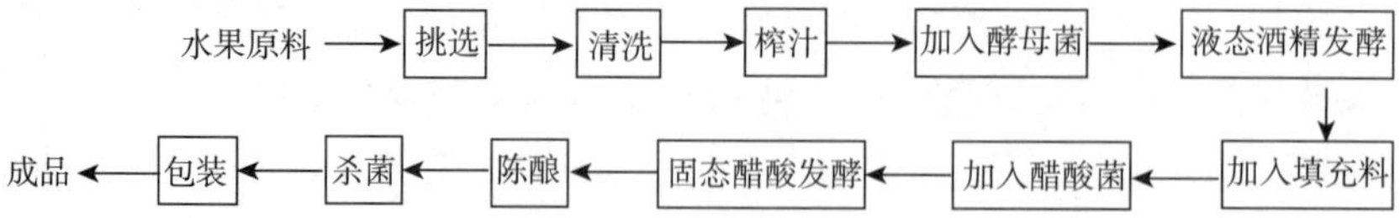

固态酒精发酵-液态醋酸发酵混合发酵法的工艺流程为：

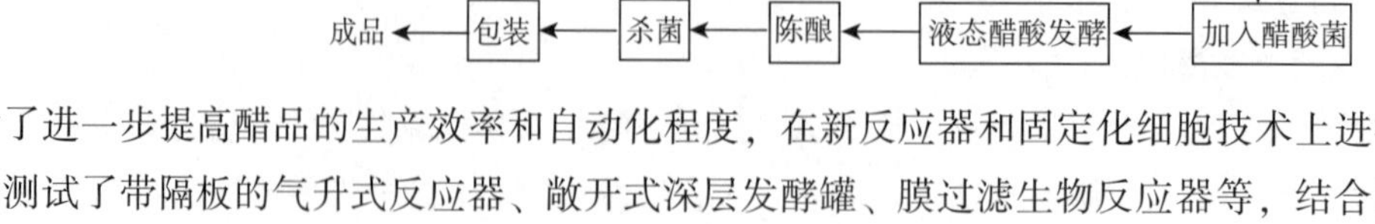

为了进一步提高醋品的生产效率和自动化程度，在新反应器和固定化细胞技术上进行开发研究，测试了带隔板的气升式反应器、敞开式深层发酵罐、膜过滤生物反应器等，结合固定化醋酸菌技术，使醋酸发酵实现连续发酵，提高了工业化生产水平。

（五）醋液成分调整

醋酸菌对食盐的耐受力极弱，10g/L 食盐就可终止醋酸菌的醋酸发酵。醋酸发酵成熟后，常需及时加入食盐以抑制醋酸菌，防止醋酸菌将醋酸分解，食盐还可调节果醋的风味。此外，还会添加部分食品添加剂来调和果醋的风味和口感。果醋的体态是由固形物含量决定的，添加剂一般都会不同程度促进果醋成品形成固形物，能够改善醋品的色泽和香气，还能改变醋品的形态。

（六）澄清工艺

在果醋酿造过程中会产生残留的酵母菌、醋酸菌、蛋白质、果胶、单宁及其他絮状物或沉淀物，常常使得果醋颜色加深、液体混浊。为达到果醋澄清透明的品质要求，必须进行澄清处理。目前，可采用添加澄清剂或膜过滤的方法进行果醋的澄清。常用的澄清剂有壳聚糖、果胶酶、明胶、硅藻土等。过滤膜包括陶瓷膜、有机膜、反渗透膜、微滤膜、纳滤膜、超滤膜和中空纤维膜等。壳聚糖的分子中含有氨基和羟基活性基团，与果醋中的果胶、蛋白质、单宁等阴离子物质结合形成沉淀。明胶是一种带正电荷的蛋白质，能与果醋中带负电荷的单宁等物质发生絮凝作用，从而使果醋达到澄清效果。琼脂作为一种悬浮剂，可以改变醋液的液体特性，破坏原有体系中胶体颗粒的悬浮与稳定性，让果醋中的固形物均匀悬浮，不形成沉淀从而降低果醋浊度。在果醋酿造过程中，根据果醋的原料性质选择合适的澄清剂。通过澄清能够大大改善果醋产品的质量。

（七）杀菌工艺

杀菌工艺作为果醋产品商业化生产的必要环节，热杀菌是果醋生产过程中常用的杀菌方式，例如，低温长时杀菌、高温短时杀菌及超高温瞬时杀菌等。不同的杀菌工艺对果醋品质产生很大的影响。研究人员采用 5 种高温短时杀菌工艺对苹果醋进行杀菌处理，研究了苹果醋中营养成分的变化规律。高温短时杀菌对苹果醋中总酸和苹果酸含量影响不大，总酚、总黄酮、抗坏血酸和酯类物质的含量呈现下降趋势，酸类、醇类和醛类物质的含量呈上升趋势。

第七节　果醋产品相关标准

（一）NY/T 2987—2016《绿色食品　果醋饮料》

果醋饮料是以水果、水果汁（浆）或浓缩水果汁（浆）为原料，经酒精发酵、醋酸发酵后制成果醋，再添加或不添加其他食品原辅料和（或）食品添加剂，经加工制成的液体饮料。

1. 原料和辅料

（1）水果符合相关绿色食品标准要求。

（2）水果汁（浆）、浓缩水果汁（浆）应符合 GB/T 31121—2014《果蔬汁类及其饮料》的要求，且其原料水果应符合相关绿色食品标准要求。

（3）其他辅料应符合相关国家标准要求。

（4）加工用水应符合 NY/T 391—2021《绿色食品　产地环境质量》的要求。

（5）食品添加剂应符合 NY/T 392—2023《绿色食品　食品添加剂使用准则》的要求。

2. 生产过程

（1）加工过程应符合 GB 12695—2016《食品安全国家标准　饮料生产卫生规范》的规定。

（2）生产过程中不应使用粮食等非水果发酵产生或人工合成的食醋、乙酸、苹果酸、柠檬酸等有机酸调制果醋饮料。

3. 感官

（1）色泽　具有该产品固有的色泽。

（2）滋味和气味　具有该产品固有的滋味和气味，无异味。

（3）组织状态　均匀液体，允许有少量沉淀。

（4）杂质　正常视力下，无可见外来杂质。

4. 理化指标

（1）总酸（以醋酸计）　添加 CO_2 的产品，≥2.5g/kg；其他产品，≥3g/kg。

（2）游离矿酸　不得检出，<5mg/L。

（3）铜　≤5mg/kg。

（4）铁　≤15mg/kg。注：仅限于金属灌装的果醋饮料产品。

（5）锌　≤5mg/kg。注：仅限于金属灌装的果醋饮料产品。

（6）铜、铁、锌总和　≤20mg/kg。

5. 污染物限量和食品添加剂限量

污染物限量和食品添加剂限量应分别符合食品安全国家标准及相关规定，同时，应符合以下规定：

（1）总砷（以 As 计）　≤0.1mg/kg。

（2）新红及其铝色淀（以新红计）　不得检出，<0.5mg/kg。注：仅限于红色的果醋饮料产品。

（3）赤藓红及其铝色淀（以赤藓红计）　不得检出，<0.2mg/kg。注：仅限于红色的果醋饮料产品。

（4）环己基氨基磺酸钠及环己基氨基磺酸钙（以环己基氨基磺酸钠计）　不得检出，<0.2mg/kg。

（5）阿力甜　不得检出，<1mg/kg。

（6）苯甲酸及其钠盐（以苯甲酸计）　不得检出，<5mg/kg。

6. 微生物限量

非罐头加工工艺生产的灌装产品霉菌和酵母菌应≤20CFU/mL。

7. 净含量

应符合国家质量监督检验检疫总局令 2005 年第 75 号的规定，检验方法应符合 JJF1070—2023《定量包装商品净含量计量检验规则》的规定。

8. 标签

应符合 GB 7718—2025《食品安全国家标准　预包装食品标签通则》的规定；若产品声称“无糖”或“低糖”，还应符合 GB 13432—2013《食品安全国家标准　预包装特殊膳食用食品》

的规定。

9. 包装

应符合 GB/T 191—2008《包装储运图示标志》和 NY/T 658—2015《绿色食品　包装通用准则》的规定。

10. 运输和储存

应符合 NY/T 1056—2021《绿色食品　储藏运输准则》的规定。

（二）GB/T 30884—2014《苹果醋饮料》

饮料用苹果醋是以苹果、苹果边角料或浓缩苹果汁（浆）为原料，经酒精发酵、醋酸发酵制成的液体产品。

苹果醋饮料是以饮料用苹果醋为基础原料，可加入食糖和（或）甜味剂、苹果汁等，经调制而成的饮料。

1. 原辅料要求

（1）饮料用苹果醋

① 苹果应符合相关的标准和法规；浓缩苹果汁（浆）应符合 GB 17325—2015《食品安全国家标准　食品工业用浓缩液（汁、浆）》等相关标准和法规。

② 生产过程中不得使用粮食及其副产品、糖类、酒精、有机酸及其他碳水化合物类辅料。

③ 除醋酸外，同时含有苹果酸、柠檬酸、酒石酸、琥珀酸等不挥发有机酸。其中，苹果酸含量不低于 0.08%（总酸按 4%计时），柠檬酸、酒石酸、琥珀酸应全部检出；乳酸含量不高于 0.05%。

④ 不得检出游离矿酸。

（2）不得使用粮食等非苹果发酵产生或人工合成的食醋、乙酸、苹果酸、柠檬酸等调制苹果醋饮料。

（3）其他原辅料应符合相关标准和法规。

2. 感官要求

具有该产品应有的色泽、香气和滋味，无异味，允许有少量沉淀，无正常视力可见的外来杂质。

3. 配料要求

在苹果醋饮料加工中，苹果醋用量≥5%（按总量 4%计时），苹果汁用量≤30%。

4. 理化要求

（1）总酸（以乙酸计）　≥3g/kg。添加 CO_2 的产品总酸≥2.5g/kg。

（2）苹果酸　50~1000mg/kg。

（3）柠檬酸　≤300mg/kg。

（4）乳酸　<250mg/kg。

（5）游离矿酸　不得检出。

5. 食品安全要求

应符合 GB 7101—2015《食品安全国家标准　饮料》、GB 2760—2024《食品安全国家标准　食品添加剂使用标准》、GB 14880—2012《食品安全国家标准　食品营养强化剂使用标准》的规定。

（三）T/QGCML 285—2022《苹果醋》

苹果醋是以苹果、苹果边角料或浓缩苹果汁（浆）为原料，经酒精发酵、醋酸发酵酿制而成的酸性液体调味品。

苹果甜醋是经添加食糖等辅料制成的液体产品。

1. 原辅料要求

（1）苹果应符合相关的标准和法规；浓缩苹果汁（浆）应符合 GB 17325—2015《食品安全国家标准　食品工业用浓缩液（汁、浆）》等相关标准和法规。

（2）食糖　应符合 GB 13104—2014《食品安全国家标准　食糖》的要求。

（3）食品添加剂　应选用 GB 2760—2024《食品安全国家标准　食品添加剂使用标准》中允许使用的食品添加剂，还应符合相应的食品添加剂的产品标准。

（4）生产用水　应符合 GB 5749—2022《生活饮用水卫生标准》的要求。

（5）其他原辅料应符合相关标准和法规。

2. 卫生要求

应符合 GB 8954—2016《食品安全国家标准　食醋生产卫生规范》的规定。

3. 感官要求

具有产品应有的色泽、醋香和果香气，酸味适口，无异味，允许有少量沉淀。

4. 理化要求

总酸（以乙酸计）：苹果醋≥3. 5g/100mL，苹果甜醋≥2. 5g/100mL。

5. 污染物限量和真菌毒素限量

（1）总砷（以 As 计）　≤0. 5mg/kg。

（2）铅　≤0. 9mg/kg。

（3）真菌毒素限量应符合 GB 2761—2017《食品安全国家标准　食品中真菌毒素限量》的规定。

6. 微生物限量

样品中菌落总数和大肠菌群的分析和处理按 GB 4789. 1—2016《食品安全国家标准　食品微生物学检验　总则》执行。

7. 食品添加剂

（1）食品添加剂的使用应符合 GB 2760—2024《食品安全国家标准　食品添加剂使用标准》的规定。冰乙酸（又称冰醋酸）（低压羟基化法）不可用于苹果醋。

（2）食品中营养强化剂的使用应符合 GB 14880—2012《食品安全国家标准　食品营养强化剂使用标准》的规定。

第八节　果醋酿造中常见的质量问题及控制

果醋类产品相关标准主要有 NY/T 2987—2016《绿色食品　果醋饮料》、GB/T 30884—2014《苹果醋饮料》和 T/QGCML 285—2022《苹果醋》及相关的食品安全国家标准等，这些标准中规定了果醋饮料的术语和定义、检验规则、标签、包装、运输和贮存及质量安全标准要求。果醋酿造中常见的质量问题主要体现在感官指标、理化指标和微生物指标等方面，这些质量问题都能够影响果醋的品质，产生食品安全问题，甚至危害人体健康安全。

1. 感官指标

果醋产品应具有固有的色泽、香气和滋味，无异味，允许有少量沉淀，无可见外来杂质。然而，在果醋酿造和贮存过程中，常出现有悬浮膜、结块与沉淀物等混浊现象。果醋的混浊主要可分为生物性混浊和非生物性混浊，这都会影响果醋的风味甚至质量安全。

果醋的生物性混浊主要是由于微生物侵染果醋造成的，外源酵母菌、霉菌、细菌等很容易污染果醋。例如，皮膜酵母和汉逊酵母可以在高糖高酸条件下生长繁殖，消耗果醋中大量营养物质，大量酵母菌体可形成黏性浮膜，最终造成果醋混浊。梭状芽孢杆菌具有较强的耐酸、耐高温和厌氧特性，能够消耗大量营养，产生丁酸、丙酮等异味代谢物，大量菌体聚集也使得果醋出现混浊现象。

果醋的非生物性混浊主要是由于果胶、单宁、色素、多酚、蛋白质、纤维素及金属离子等发生化学反应造成的。这些物质在光照和氧气作用下可发生凝聚沉淀，也可与 Ca^{2+}、Fe^{3+}、Mg^{2+} 等金属离子发生络合反应产生沉淀物，果胶、单宁等成分与蛋白质等发生络合反应产生沉淀物。

为了防止果醋混浊的现象发生，在加工过程中加强卫生管理和杀菌处理，剔除腐败的水果原料，可在发酵罐中添加适量 SO_2 抑菌护色，利用果胶酶、纤维素酶、蛋白酶等酶制剂处理果胶、纤维素等物质，加入壳聚糖、明胶、硅藻土等沉淀蛋白质成分，改善果醋的澄清工艺处理。

2. 理化指标

果醋的理化指标要求主要体现在总酸含量，NY/T 2987—2016《绿色食品 果醋饮料》对总酸、游离矿酸、铜、铁、锌的含量进行了特别规定；GB/T 30884—2014《苹果醋饮料》对总酸、苹果酸、柠檬酸、乳酸和游离矿酸进行了特别规定；T/QGCML 285—2022《苹果醋》对总酸进行了特别规定。

3. 微生物指标

微生物是影响果醋品质的重要因素之一。国家标准也对果醋中菌落总数、大肠杆菌、霉菌和酵母菌等进行了规定。在果醋酿造过程中，利用酵母菌和醋酸菌进行发酵。此外，环境中的酵母菌、霉菌等微生物也可侵染果醋，造成其品质发生变化甚至产生食品安全问题。

第九节　产品实例

一、苹果醋

（一）工艺流程

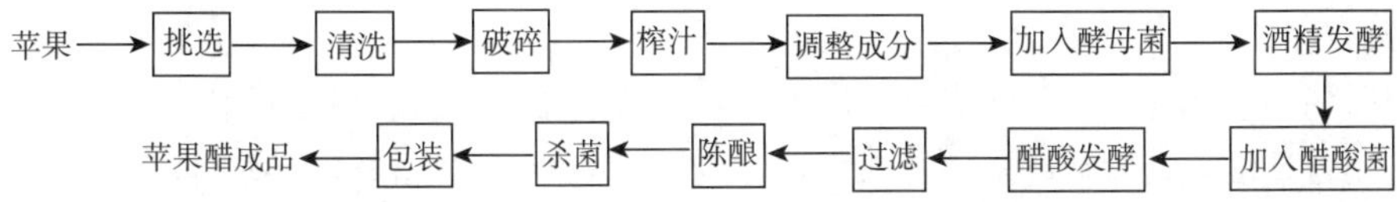

（二）操作要点

1. 挑选、清洗

选用无腐烂、无霉变、无病虫害、出汁率高的成熟苹果，根据生产需求可选用自动化清洗机进行苹果的清洗工艺。

2. 破碎

选用水果破碎机对苹果进行破碎处理，破碎度以 2~6mm 为宜，避免苹果种子的破坏。

3. 榨汁

选用水果榨汁机对苹果进行榨汁处理，实现苹果的渣液自动分离。

4. 调整成分

根据苹果汁的含糖量和酸度，用白砂糖将含糖量调至 12%~14%，用柠檬酸将酸度调整至 pH 4.0。

5. 酒精发酵

将活化的酵母菌按 5%~10%的接种量接入苹果汁中，在 20~26℃ 发酵温度下进行酒精发酵，一般发酵过程需要 5~7d。

6. 醋酸发酵

将活化的醋酸菌按 10%的接种量接入苹果发酵汁中，在 30~32℃ 发酵温度下进行醋酸发酵，发酵至酒精浓度低于 0.2%，醋酸含量为 4~6g/mL。

7. 过滤

醋酸发酵结束后，将醋液进行粗滤、调配和精滤，得到苹果醋液。

8. 陈酿

采用传统的醋醅陈酿或醋液陈酿技术进行苹果醋陈酿，也可采用高压脉冲电场、微波、超声波等提高陈酿效率。

9. 杀菌、包装

采用热杀菌和自动化灌装设备生产苹果醋成品。

二、柑橘果醋

（一）工艺流程

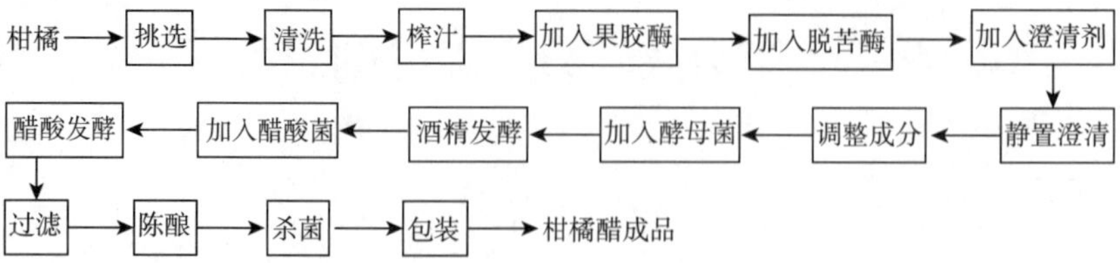

（二）操作要点

1. 挑选、清洗、榨汁

选用无腐烂、无霉变、无病虫害、出汁率高的成熟柑橘原料，将原料置于清洗池或清洗流水线，选用合适的自动化清洗机，再选用榨汁机进行榨汁，实现柑橘渣液自动分离。

2. 加入果胶酶、脱苦酶

将适量的果胶酶、脱苦酶与柑橘原汁进行混合处理，去除果汁中的果胶和苦味物质。

3. 加入澄清剂、静置澄清

将复合澄清剂加入酶解后的柑橘汁中混合处理，室温下静置24~48h。

4. 调整成分

根据柑橘汁的成分和含量指标，补充适量的糖、酸、SO_2等。

5. 酒精发酵

将活化的酵母菌按1%~5%的接种量接入柑橘汁中，在20~26℃发酵温度下进行酒精发酵4d，待含糖量降至低于0.4%时结束酒精发酵工艺。

6. 醋酸发酵

将活化的醋酸菌按10%的接种量接入柑橘发酵汁中，在30~32℃发酵温度下进行醋酸发酵2d，待醋酸含量稳定时结束醋酸发酵工艺。

7. 过滤

醋酸发酵结束后，将醋液进行粗滤、调配和精滤，得到苹果醋液。

8. 陈酿

采用传统的醋醅陈酿或醋液陈酿技术进行柑橘醋陈酿，也可采用高压脉冲电场、微波、超声波等提高陈酿效率。

9. 杀菌、包装

采用热杀菌和自动化灌装设备生产柑橘醋成品。

思考题

1. 在果醋酿造中，酒精发酵和醋酸发酵的区别与联系是什么？
2. 果醋中的营养成分主要有什么？
3. 果醋的酿造工艺主要有什么？
4. 全固态发酵法、全液态发酵法和液态-固态混合发酵法的区别是什么？
5. 简述果醋酿造中可能出现的质量安全问题及解决措施。

第十一章

11

未来果蔬食品加工

本章学习目标与要求

1. 掌握未来果蔬食品加工的内涵。
2. 了解国内外未来果蔬食品加工的发展现状。
3. 深入思考未来果蔬加工的发展趋势。

第一节　超微果蔬粉加工

超微粉加工是将传统果蔬加工过程中的粗加工工艺改为超微分级粉碎技术，是食品工业中一种新的生产方式。将大颗粒果蔬经超微粉碎机粉碎后得到超微果蔬粉。超微果蔬粉具有营养物质多、易消化吸收、便于贮藏和运输等特点。超微果蔬粉市场目前处于快速增长的阶段。随着人们对健康饮食的重视和营养均衡的需求不断增加，以及素食主义的兴起，超微果蔬粉的市场需求不断增长。此外，随着超微果蔬粉生产技术的不断发展和改进，产品质量和口感也得到了显著提升，加上广告宣传和推广力度的不断加强，超微果蔬粉的市场前景非常乐观。

一、超微果蔬粉概述

（一）超微果蔬粉定义

超微果蔬粉是一种通过特殊制备工艺将新鲜果蔬加工成细小的颗粒或粉末的产品。制备过程通常包括去皮、去籽、去蒂、去核、切碎、烘干、粉碎等步骤。超微果蔬粉的颗粒大小一般在 10~200μm，可以在水、果汁、酸乳、冰激凌、沙拉等食品中添加，用于增加营养和口感。超微果蔬粉通常不含任何添加剂、防腐剂和人工色素，是一种天然、健康的食品原料。

（二）超微果蔬粉特点

1. 营养物质多，易消化吸收

经超微粉碎的果蔬粉和超微果蔬粉中的矿物质、维生素、有机酸、氨基酸以及蛋白质等营养物质均高于传统农产品或传统食品，尤其是维生素 C 含量比后者高出 10 倍以上。

2. 加工工艺简单，成本低，产品质量好

在超微粉碎后对物料进行破碎，不需要经过复杂的过滤、分级等过程，从而减少了生产环节与步骤，缩短了加工时间与过程。

3. 具有较高的感官质量和良好的营养品质

由于超微粉碎后使细胞壁破裂，细胞膜破碎成小分子颗粒，从而使其具有较高的营养成分和活性物质。

4. 与传统农产品相比，有更高的稳定性与货架期

采用超微粉碎技术制得的超微果蔬粉在真空状态下贮藏 4 个月没有质量变化；在 100℃烘烤下贮藏 30d 后仍然没有明显变硬，说明超微果蔬粉具有良好的稳定性。

5. 易贮存、运输

由于采用超微粉碎技术和超微机械分级加工技术等高新技术，使得超微果蔬粉不需要防腐剂就可以贮藏；可以通过运输设备直接运输到超市进行销售；不需冷藏设备可直接食用。

6. 有利于人体吸收与利用营养物质

由于采取超微果蔬粉加工工艺技术等措施，使超微果蔬粉在人体吸收与利用营养物质方面优于传统农产品或食品。

7. 口感细腻、香醇、营养丰富

因为超微粉碎后的果蔬粉颗粒细小均匀，在口腔中易于吞咽和消化。

8. 口味好

果蔬中的营养物质经过超微粉碎后与人体充分接触，消化与吸收较快，易入口，且口感细腻柔和无粗糙感。

9. 具有生物活性

超微果蔬粉含有多种对人体有益的活性物质，如抗氧化剂、维生素及微量元素等，其中一些活性物质在高温下可以发挥其生物活性而产生一些新成分，使细胞膜通透性增强，与细胞膜接触时间延长后有利于细胞新陈代谢而提高机体活力和免疫功能；这些活性成分具有抑制细菌生长的作用；具有抗氧化作用从而起到延缓衰老作用等。另外，超微果蔬粉还可作为其他行业的原材料应用，比如饮料、肉制品等行业。

（三）超微果蔬粉生产

超微果蔬粉制法简单。用超微粉碎机对食品进行粉碎处理可以将食品中大量成分分散到食品颗粒内部或使食品颗粒变细，增加其表面积，从而达到降低成本或便于生产目的；在一定程度上可以代替部分原物料进行直接生产，降低成本提高经济效益；同时也利于控制产品质量及产品的安全性问题而被广泛应用于食品加工行业中。

工业上采用变温压差（非油炸）膨化干燥或冷冻干燥技术对果蔬原料进行脱水干燥处理，干燥后的果蔬原料含水量小于 7%，并且具有疏松整齐的微孔结构。干燥后原料经物理方法如低温粉碎法、气流粉碎法、球磨粉碎法、超临界 CO_2 介质法；化学方法如化学溶剂萃取法、超声波微粉碎和机械研磨后，形成超微果蔬营养全粉产品。该技术生产的超微果蔬营养全粉具有良好的流动性、抗结性和分散性，并且极大限度地保持了果蔬原料的营养品质。同时，对原料外观品质的要求不高，也解决了高糖含量的水果原料在传统干燥、制粉过程中品质过硬、易黏

连、分散性差等问题。果蔬因原料含水量不同，变温压差膨化干燥或冷冻干燥后产品得率为（10：1）~（20：1），且超微粉碎产品损失率较低。工艺流程如下：

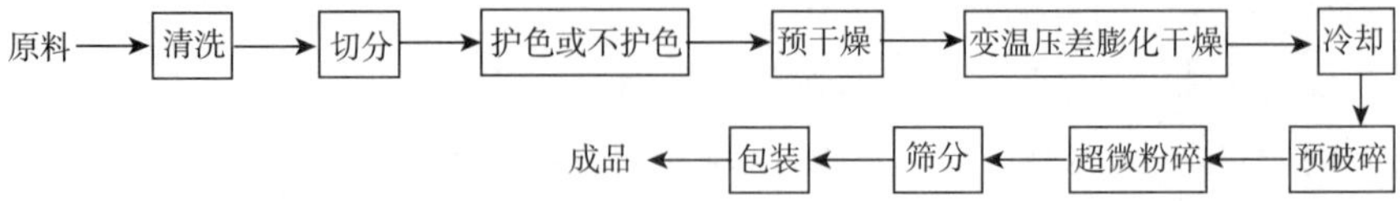

（四）超微果蔬粉前景

超微果蔬粉是近年来崛起的一种新型健康食品，由于其富含各种维生素、矿物质和膳食纤维等营养物质，而且使用方便，易于保存，因此备受青睐。随着人们对健康饮食的重视和素食主义的流行，超微果蔬粉市场前景广阔。

超微果蔬粉的前景及发展趋势如下。

（1）营养需求的不断增加　人们越来越重视营养均衡饮食，超微果蔬粉由于含有大量营养成分，还满足人们对于营养均衡的需求，超微果蔬粉成为一种重要的营养补充品。

（2）素食主义的兴起　随着素食主义的流行，越来越多的人开始从动物性食品转向素食，超微果蔬粉成为一种重要的替代品。

（3）便捷化的需求　随着生活节奏的加快和城市化进程的不断加快，人们对于便捷化食品的需求也越来越大，超微果蔬粉正好满足了这一需求。

（4）可持续性的发展　超微果蔬粉使用了新型生产技术，比传统的果蔬加工方式更加环保，也更加节约能源，符合现代社会的可持续性发展理念。

总的来讲，超微果蔬粉市场前景广阔，预计未来会有更多的品牌加入这个市场中来，同时，随着科技的不断进步和消费者健康意识的不断提高，超微果蔬粉的营养和品质也会不断提高，市场空间将会越来越大。

二、超微粉碎方法

超微粉碎技术作为一种新型的食品加工方法，已受到普遍关注。超微粉碎加工技术适用范围广、操作工艺简单、产品附加值高、经济效益显著，是食品加工业的一种新手段、新思路，对于传统工艺、配方的改进，新产品的开发，尤其是保健食品（功能食品）的开发将得到广泛的应用。超微粉碎在果蔬粉碎产业上具有以下优势。

（1）营养成分保留更完整　超微粉碎技术能够将果蔬粉碎到微米甚至纳米级别的粒度。由于粉碎过程中物料的温度升高幅度较小，且不需要经过长时间的高温处理，所以能够有效减少热敏性营养成分如维生素 C、B 族维生素、类黄酮、花青素等的损失。例如，在蓝莓超微粉碎过程中，相比传统粉碎方法，超微粉碎可以使蓝莓中的花青素保存率提高 20%~30%。这是因为超微粉碎的机械力作用相对温和，避免了高温对这些营养成分的破坏。

同时，超微粉碎后的粉末粒度小，营养成分的溶出速率加快。例如，超微粉碎后的枸杞粉，其中的枸杞多糖等营养成分在水中的溶出率大大提高，有利于人体更好地吸收这些营养物质。

（2）产品口感细腻　超微粉碎后的果蔬粉末粒度很细，一般可以达到 1~10μm。这种细粒度的粉末在食用时不会有粗糙的颗粒感。例如，在将苹果进行超微粉碎后制成的苹果粉添加到食品中（如制作苹果味的糕点、饮料等）时，能够使产品口感更加细腻、顺滑。

对于一些口感不佳但营养丰富的果蔬，超微粉碎可以改善其口感。比如苦瓜粉，经过超微粉碎后，其苦味可以在一定程度上被掩盖，并且在食用时不会因为颗粒感而让人难以接受，从而提高了产品的适口性。

（3）提高产品的分散性和溶解性　超微粉碎后的果蔬粉末具有良好的分散性。在制作饮料、酱料等产品时，超微粉碎的果蔬粉末能够均匀地分散在溶液或基质中。例如，在制作蔬菜汁饮料时，超微粉碎的菠菜粉可以很好地分散在水中，不会出现沉淀或团聚现象，保证了产品的外观和质量。其溶解性也得到显著提高。当超微粉碎的果蔬粉末与水或其他溶剂接触时，由于粉末粒度小，比表面积大，能够快速地与溶剂相互作用，使溶质分子更快地溶解。这对于制作速溶果蔬粉等产品非常有利，消费者在使用时可以更方便地将粉末溶解，获取果蔬的营养成分。

（4）增加产品的稳定性　超微粉碎后的果蔬粉末粒度小，在贮存过程中，由于其颗粒之间的团聚趋势减小，能够更好地保持其物理稳定性。例如，在制作含有草莓粉的固体饮料时，超微粉碎的草莓粉在包装后的贮存过程中，不会因为颗粒较大而出现结块现象，延长了产品的保质期。

从化学稳定性角度来看，超微粉碎后的粉末由于营养成分被更好地包裹在细小的颗粒内部，减少了与外界环境因素（如氧气、光线等）的接触面积，从而降低了营养成分被氧化或分解的风险，提高了产品的化学稳定性。

（一）超微粉碎的原理

超微粉碎的原理与普通粉碎相同，只是粒度要求更高，它利用外加机械力，使机械力转变成自由能，部分地破坏物质分子间的内聚力，来达到粉碎的目的。超微粉碎技术是利用各种特殊的粉碎设备，通过一定的加工工艺流程，对物料进行碾磨、冲击、剪切等，将粒径在 3mm 以上的物料粉碎至粒径为 10μm 以下的微细颗粒，从而使产品具有界面活性，呈现出特殊功能的过程，根据原料和成品颗粒的大小或粒度，粉碎可分为粗粉碎、细粉碎、微粉碎和超微粉碎 4 种类型。与传统的粉碎、破碎、碾碎等加工技术相比，超微粉碎产品的粒度更加微小。超微粉碎是基于微米技术原理的。随着物质的超微化，其表面分子排列、电子分布结构及晶体结构均发生变化，产生块（粒）状材料所不具备的表面效应、小尺寸效应、量子效应和宏观量子隧道效应，从而使得超微产品与宏观颗粒相比具有一系列优异的物理、化学及表界面性质。

（二）超微粉碎的分类

目前，对超微粉体粒径的限定尚无统一标准，各国不同行业之间由于超微粉体的用途、制备方法和技术水平的差别，对超微粉体的粒度有不同的划分。一般而言，超微粉体按粒径可分为纳米粉体、亚微米粉体、微米粉体等，如表 11-1 所示。目前，随着我国科学与工业技术的进步，超微粉碎技术作为一门工程学科也越来越引起人们的关注，并且呈现出良好的发展态势。

表 11-1 超微粉体粒径

粉体类型	粒径	粉体类型	粒径
纳米粉体	1～100nm	亚微米粉体	0.1～1μm
微米粉体	1～100μm		

超微粉碎技术有化学粉碎法和物理粉碎法两种：化学粉碎法产量低，加工成本高，造成环境污染问题，应用范围较窄；物理粉碎法成本低、产量大，是制备超微粉体的主要手段，现已大规模应用于工业生产。物理法超微粉碎可分为干法粉碎和湿法粉碎。根据粉碎过程中产生粉碎力的原理不同，干法粉碎有气流式、高频振动式、旋转球（棒）磨式、锤击式和自磨式、超临界流体法等粉碎形式；湿法粉碎主要是胶体磨和均质机。

1. 旋转球（棒）磨式粉碎法

旋转球（棒）磨式超微粉碎主要是通过球磨机或棒磨机来实现。球（棒）磨机内装有一定数量的研磨球（如不锈钢球、陶瓷球等）或研磨棒，当球（棒）磨机筒体旋转时，研磨球（棒）在筒体内受到离心力、摩擦力和重力的作用而运动。研磨球（棒）会与物料颗粒以及筒体壁之间产生碰撞、摩擦和研磨作用，从而使物料逐渐被粉碎。随着粉碎过程的持续，物料颗粒不断变小，直到达到超微粉碎的效果。

球（棒）磨机主要由磨机筒体、研磨介质（球或棒）、电机、传动装置和进出料装置等部分组成。筒体一般是圆筒形，采用耐磨材料制成，以承受研磨球（棒）的冲击和摩擦。研磨介质的大小、材质和数量会根据物料的性质和粉碎要求来选择。电机通过传动装置带动筒体旋转，转速通常可以调节，以适应不同的粉碎需求。进料装置用于将待粉碎的物料输送到筒体内，出料装置则用于收集粉碎后的产品。

该项技术适用范围广，可以处理各种硬度的物料，无论是硬度较高的矿石、陶瓷材料，还是相对较软的中药材、食品原料等都能进行粉碎。粉碎粒度细，通过合理选择研磨球（棒）的大小、材质、数量以及调整磨机的转速和粉碎时间等参数，能够将物料粉碎到超微级别的粒度。一般可以达到微米甚至纳米级别的颗粒尺寸。产品质量均匀，可实现连续生产。

但该项技术粉碎效率相对较低，尤其是对于一些黏性较大或膳食纤维含量较高的物料，旋转球（棒）磨式粉碎可能会出现研磨球（棒）与物料黏结、缠绕的情况，导致粉碎速度变慢。由于研磨球（棒）与物料、筒体壁之间的摩擦和碰撞，会产生大量的热量。对于热敏性物料，如某些维生素、生物活性成分等，可能会因高温而导致成分被破坏。研磨球（棒）在长时间的研磨过程中会发生磨损，其磨损产生的碎屑可能会混入被粉碎的物料中，造成产品污染。而且，随着研磨球（棒）的磨损，其质量和尺寸发生变化，会影响粉碎效果和精度。

2. 超临界流体技术

超临界流体是指处于临界温度和临界压力以上的流体，它兼具气体和液体的特性。在这种状态下，流体的密度接近液体，具有较强的溶解能力；而其黏度和扩散系数接近气体，具有良好的流动性和传质性能。

这项技术可以有效防止粉碎中物料的变质，通常在较低温度下进行，对于热敏性物料，如含有生物活性成分的中药材、天然香料等，能够有效避免高温引起的成分破坏和变质。例如，在粉碎含有人参皂苷的人参时，超临界流体粉碎技术可以在接近室温的条件下操作，避免人参皂苷因高温而分解，从而最大程度地保留其药效成分。

超临界流体环境相对温和，可以防止物料氧化。例如，在粉碎含有不饱和脂肪酸的油脂类物料（如鱼油）时，超临界流体技术能够减少氧气的接触，防止不饱和脂肪酸氧化，保证产品的质量。

超临界流体技术能够实现均匀粉碎。因为流体在物料内部均匀分布，在膨胀过程中对物料各个部分产生相对均匀的作用力，使得粉碎后的颗粒粒度分布更加均匀，有利于后续产品的加工和应用。

超临界二氧化碳是最常用的超临界流体，二氧化碳是一种环境友好型的介质。在粉碎过程中，二氧化碳可以循环使用，不会像传统粉碎方法中使用的有机溶剂那样造成环境污染。并且，在整个粉碎过程结束后，不会有有机溶剂残留问题，保证了产品的纯度和安全性。

但是，这项技术设备成本高，需要配备高压设备，如高压泵、高压釜等，这些设备的投资成本较高。而且，设备的操作需要在高压环境下进行，对设备的密封性、耐压性等要求严格，设备的维护和保养也需要专业的技术人员和较高的费用。该技术的操作参数较多，包括温度、压力、流体流量等，需要精确控制这些参数才能保证粉碎效果和产品质量。而且，不同的物料可能需要不同的操作参数，这就需要进行大量的实验和优化，增加了操作的复杂性和难度。由于超临界流体技术涉及高压环境，在操作过程中存在一定的安全风险，如高压泄漏、爆炸等，需要采取严格的安全措施来确保操作人员和设备的安全。

（三）超微粉碎技术的特点

1. 粉碎速度快，温度可控性好

超微粉碎技术可采用超声速气流粉碎、冷浆粉碎等方法，在粉碎过程中可避免产生局部过热等现象，甚至可在低温状态下进行，并且粉碎速度较快，因而能最大限度地保留粉体的生物活性及各种营养成分，减少有效成分的损失，有利于高品质产品的开发和制备。因此，超微粉碎技术不仅适用于含纤维状物料的粉碎（尤其适用于含芳香性、挥发性成分物料的粉碎），而且还可根据不同物料的需要，采用中、低和超低温粉碎，以便根据物料性质及加工要求达到更好的产品效果。

2. 粉体粒径小且分布均匀

在原料上，超微粉碎外力的分布相对较均匀。分级系统既严格限制了大颗粒，又避免了物料过碎，可以得到粒径分布均匀的超微粉，同时增加了超微粉的比表面积，进而使产品的吸附性、溶解性等增大。

3. 节省原料，提高原料利用率

采用常规的机械粉碎方法，纤维性较强的物料在粉碎过程中产生大量残渣，造成原料的大量浪费，且用常规粉碎方法得到的产物，仍需要进行一些中间环节的操作才能达到直接用于生产的要求，这样可能会造成原料的浪费，而物体经超微粉碎后，超微粉一般可直接用于生产。研究人员将白芨超微粉与普通粉的抗溃疡效果进行比较研究，结果显示，白芨超微粉的抗溃疡效果显著高于普通粉，超微粉碎后更有助于提高白芨的药效。

4. 减少环境污染，提高物料质量

传统粉碎方法密封较差，易产生污染，而超微粉碎是在封闭系统内进行的，既避免了微粉污染周围环境，又可防止空气中的灰尘污染产品。在食品及医疗保健品中运用该技术，可控制微生物和灰尘的污染。同时，由于超微粉碎加工是纯物理过程，不会混入其他杂质，这也使得加工后的中草药具有纯天然性，保证了原料成分的完整性与安全性。

5. 提高发酵、酶解过程的化学反应速度

由于经过超微粉碎后的原料具有极大的比表面积，在生物、化学等反应过程中，增加了反应接触面积，从而提高反应速度，在生产中不仅节约了时间，而且提高了效率。研究发现，玉米秸秆经超微粉碎后，其理化性质得到明显改善，同时在饲料加工过程中显著提高了其发酵效率。

6. 提高机体对营养成分的消化吸收

一般微粒进入消化道后，有效成分不断地通过细胞壁及细胞膜释放出来，然后被消化吸收。若颗粒的粒径较大，位于粒子内部的有效成分将穿过数个细胞壁及细胞膜方可释放出来，释放速率很慢，并且颗粒在体内停留时间有限，在低速释放的情况下总释放率也相对较小。其中一部分粒子的有效成分在未完全释放出来之前就已经被排出了体外，使物料的生物利用率降低。而物料在经过超微粉碎后，物料细胞破壁，大量的营养物质不必经过较长的路径就能释放出来，并且微粉体由于粒径小而更容易吸附在小肠内壁上，这样也加速了营养物质的释放速率，使物料在小肠内有足够的时间被吸收。所以提高物料细度，增大其比表面积，有利于提高体内的吸收量和吸收速度。研究表明，葛根芩连汤超微粉中的葛根素、黄芩苷含量比细粉分别提高 56.10%、41.73%，这表明超微粉碎技术能显著提高葛根芩连汤中主要有效成分葛根素和黄芩苷的溶出度。

(四) 超微粉碎的应用

1. 超微粉碎技术对食品加工业发展的作用

超微粉碎技术有利于食物资源的充分利用，小麦麸皮、燕麦皮、玉米皮、米糠等，含有丰富的维生素、微量元素和优质的膳食纤维等，具有很好的营养价值，但由于常规粉碎法得到的膳食纤维粒度大，影响食品的口感，而使消费者难于接受。通过对膳食纤维的微粒化，能显著地改善膳食纤维食品的口感和吸收性，保存食品的营养成分，从而使食物资源得到充分的利用。推动新型功能食品及添加剂的开发，一些动植物体的不可食部分如骨、壳（如蛋壳）、虾皮等具有很高的营养价值，可通过超微化而成为易被人体吸收利用的钙源和甲壳素。可以在以下几类食品中运用。

（1）膳食纤维食品　膳食纤维被现代营养学界称为“第七营养素”，增加膳食纤维的摄入是提高人体健康水平的一项重要措施。借助于现代超微粉碎技术，使食物膳食纤维微粒化，能显著地改善膳食纤维食品的口感和吸收性；

（2）补钙食品　动物骨、壳、皮等通过超微粉碎后得到的微粉属有机钙，比无机钙更容易被人体吸收、利用。这些有机钙粉可以作为添加剂，制成高钙高铁的骨粉（泥）系列食品，具有独特的营养保健功能。当这些有机钙粉（包括珍珠粉）的粒径$<5\mu m$时，可补充钙含量低的食品如豆奶等的钙。

超微粉碎能够改变传统工艺、改善食品品质、降低生产成本。超微粉碎可以使一些食品加工过程或工艺产生革命性的变化，如速溶茶生产，传统的方法是通过萃取，将茶叶中的有效成分提取出来，然后浓缩、干燥制得粉状速溶茶。现在采用超微粉碎仅需一道工序便得到粉茶产品，既简化了生产工艺，又降低了生产成本。

2. 超微粉碎技术在食品加工中的应用

软饮料加工利用气流微粉碎技术已经开发出的软饮料有粉茶、豆类固体饮料、超细骨粉配制富钙饮料和速溶绿豆精等。中国有着悠久的饮茶文化，传统的饮茶方法是用开水冲泡茶叶，但是人体并没有完全吸收茶叶中的全部营养成分，一些不溶性或难溶的成分，如维生素 A、维生素 K、维生素 E 及绝大部分蛋白质、碳水化合物以及部分矿物质等都大量留存于茶渣中，大大地削弱了茶叶的营养及保健功能。如果将茶叶在常温、干燥状态下制成茶粉，使粉体的粒径<5μm，则茶叶的全部营养成分易被人体肠胃直接吸收，可以即冲即饮。超微粉碎的乌龙茶、红茶、绿茶的茶粉还可加入各种食品中，从而加工出不同的茶类制品。

功能性食品基料是生产功能性食品的关键。超微粉碎技术在部分功能性食品基料（膳食纤维、脂肪替代品等）的制备上起重要作用。利用气流式超微粉碎技术将鲜骨多级粉碎加工成超细骨泥或经脱水制成骨粉，既能保持 95%以上的营养素，营养成分又易被人体吸收。骨髓粉（泥）可以作为添加剂，制成高钙高铁的骨粉（泥）系列食品，具有营养保健功能。在研制开发固体蜂蜜的工艺中，用胶体磨将配料进行超微粉碎可增加产品的细腻度。另外，用超微细骨粉、海虾粉补钙，超微细海带粉补碘，也显示出易行性。果蔬果皮、果核经超微粉碎加工可转变为食品。蔬菜在低温下磨成微膏粉，既保存全部的营养素，膳食纤维也因微细化而增加了水溶性，口感更佳。

超微粉碎还可用于南瓜粉、大蒜粉、芹菜粉等的加工。粮油加工中经超微粉碎加工过的面粉、豆粉、米粉等，其口感以及人体吸收利用率得到显著提高。将超微粉碎的麦麸粉、大豆微粉等加到面粉中，可用来改造劣质面粉、制成高膳食纤维或高蛋白面粉。稻米、小麦等粮食类加工成超微粉由于粒度细小，表面态淀粉受到活化，将其填充或混配制成的食品具有优良的加工性能，且易于熟化，风味、口感好；大豆经超微粉碎后加工成豆奶粉，可以脱去腥味；绿豆、红豆等其他豆类也可经超微粉碎后制成高质量的豆沙、豆奶等产品。

调味品加工作为一种新型的食品加工技术，超微粉碎可使传统调味料细碎成粒度均一、分散性好的优良超微颗粒。随着粒径的减小，其流动性、溶解度和吸收率均有所增加，巨大孔隙率使得孔腔容纳的香气经久不散，因而超微粉调味品的香味和滋味非常浓郁、纯正，入味效果也更佳，适于生产速溶、方便食品。

三、超微粉碎设备

（一）超微粉碎设备分类

1. 气流式磨机

气流式磨机又称流能磨机、气流粉碎机，是利用高速气流喷出时形成的强烈多相紊流场，使其中的颗粒自撞、摩擦或与设备内壁碰撞、摩擦而引起颗粒粉碎的一种超细粉碎设备。主要靠粉体间自磨粉碎，设备对产品的污染少，纯度高，适用于药品等不允许掺杂金属和其他杂质的高纯度物料的粉碎。由粉碎室、喷嘴口、出料口、气流出口、压缩空气入口、分级区等组成。通过喷嘴将压缩空气或过热蒸汽变为高速气流，速度可达 300~1200m/s。当物料通过加料器送入粉碎室，在高速气流的作用下，物料颗粒被加速并相互碰撞、摩擦，同时也与设备内壁发生碰撞、摩擦，从而使物料粉碎。粉碎后的物料随气流运动至分级区，在离心力等作用下，粗细颗粒分离。符合粒度要求的细颗粒通过分级轮进入旋风分离器和除尘器收集，粗颗粒则返回粉碎区继续粉碎。根据结构不同又可以分为扁平式气流磨、流化床式气流磨、循环管式气流磨、对喷式气流磨、冲击式（靶式）气流磨等。

2. 液体高压粉碎机

液体高压粉碎机工作原理为使高压液体（通常>200MPa）通过喷射器加速，形成高速射流，带动其中的固体颗粒作高速运动，然后与靶板（超硬材料，如金刚石）相反方向的另一股射流形成高速碰撞，由于强烈撞击以及金刚石产生的超声振动，使其中的固体物料被超细化。该设备特别适用于制备各种超细有机物的浆液及乳化液，如有机颜料、涂料、油漆、油墨和染料。当经过多次循环粉碎后，其中固体颗粒可粉碎至 1.5μm 以下，可制得悬浮性、分散性及均匀性极好的乳液。其缺点是设备生产能力一般较小。此外，高压对设备的结构及强度与安全生产有很大影响，而且含固体颗粒的浆液在加压的过程中对加压筒壁及喷射器出口都有很大的磨蚀，这些部件极易磨损，须采用价格昂贵的超硬耐磨材料制造。

3. 重压研磨式超微粉碎机

重压研磨式超微粉碎机的粉碎腔室由 2 个以上压轮与研磨槽组成，机构采用特殊计算与设计，使得压力可随时传递到物料上，而压轮的压力采用螺旋压力机构，可保证压轮旋转均匀和压力一致。当物料由风机风力吸入粉碎腔室时，在压轮旋转压力作用下，物料在压轮与研磨槽之间发生碰撞、冲击与研磨，又在物料离心力及压轮旋转力带动下，物料反复进入压轮与研磨槽之间而被反复挤压与研磨细化。可以说，物料是受到反复挤压与研磨作用而被超微化的。重压研磨式超微粉碎机与其他形式超微粉碎机的根本区别在于：

（1）重压研磨式压轮旋转速度较慢（285r/min），而其他机械式超微粉碎机的粉碎运动均高速，重压研磨式的零件磨损极微，不会产生大量热量。

（2）其他形式超微粉碎机的超微粉碎机制虽为冲击、剪切、碰撞、破裂等，但超微主要靠干式分级轮的反复循环达到。而重压研磨式既具备了其他形式超微粉碎机的碰撞、冲击等机制，还具备了反复挤压研磨的机制，特别适用于膳食纤维含量高的物料，它的风选只是最终筛选，而不是为了循环粉碎。

（3）重压研磨式与其他形式超微粉碎机相比，设备运行费用低、设备投资低、整套装置占地面积小。

重压研磨式超微粉碎机的工作流程为：

物料 → 投料口 → 研磨槽 → 风选机构 → 集料筒

4. 冷冻粉碎机

冷冻粉碎机又称低温粉碎机，其原理是预先用液氮将物料冷却冻结至脆化点以下，利用其低温脆性使物料粉碎。按操作过程的处理方式可分为以下 3 种。

（1）物料经冷媒处理，使其温度降低到脆化温度以下，随即送入常温粉碎机中粉碎。虽然粉碎过程中存在升温问题，但因物料温度很低，以此为基础粉碎后不会降低食品品质。主要用于膳食纤维含量高的食品物料的低温粉碎。

（2）将常温物料投入内部保持低温的粉碎机内粉碎。虽然物料温度远高于脆化温度，但物料处于低温环境中，因而在粉碎过程中产生的热量被环境迅速吸收，不会因热量积累而导致热敏性反应。主要适用于膳食纤维含量较低的热敏性物料粉碎。

（3）物料经冷媒深冷后，送入机内保持适当低温的粉碎机中进行粉碎。此方式为以上两种方式的综合，主要用于热塑性物料的粉碎。低温粉碎机在启动、停机时温度变化幅度大，机器本身会产生热胀冷缩、凝结水腐蚀以及绝热保冷等问题，加上粉碎机材料的低温脆化因素。因此，粉碎机各部件材料的选择很重要，应选用在操作条件下不会发生低温脆化以及化学稳定性较高的材料。

5. 均质机

均质机是一种能在高真空条件下，在密闭的容器中将分散的样品混合、均质或悬浮于液体中的机械装置。均质机应用广泛，可对样品进行快速制备、分离及提纯，也可用于药物中间体、生物大分子的纯化处理，并能进行细胞及组织的超微粉碎制备。均质机一般由均质转子、输送管路和容器组成。转子高速旋转时，物料经叶轮和筛板间的高速间隙进入料槽或料斗中。由于转子转速很高，产生强烈的离心力，物料被带到叶片表面上并被高速离心力甩向分离腔内。转子在容器内做往复运动时，物料由进料口落入分离器底部进行分离，经过过滤或离心分离等过程后，再由排料装置排出。均质机在医药工业上用于制备各种液体和固体粉末混合物中的微粒（如悬浮液、乳浊液、分散剂等）和大分子物质（如蛋白质、氨基酸等）。

（二）超微粉碎技术展望

超微粉碎技术及其设备仍然存在以下一系列难题。

（1）冲击式粉碎机尽管能耗较低，但粉碎效率低，且研磨过程伴生热量，不利于热敏性材料的粉碎，对机体零件磨损严重；而气流式粉碎机虽能保持常温，但能耗过大，因此，如何改进现有机型成为一大问题。

（2）冷冻粉碎主要以液氮作为冷媒介，但液氮能耗大，需要额外的保温装置。

（3）超微粉体因粒子直径已接近于分子直径，分子间作用力不能忽略，表面能增大。如速溶茶采用何种包装方式以及如何保证消费者使用时能迅速把速溶茶分散在水中，即如何解决粉体粉碎后重新聚合及分散的问题。

可以从下面几个方面解决问题。

（1）机器设备和制备工艺的发展方向　将超微粉碎机和超微磨粒制备工艺有机地结合起来，使超微粉碎设备、磨粒制备工艺与其他制备设备结合，将超微粉碎机的优势发挥到最大，达到产品细度与粒度分布的最佳匹配，同时提高生产效率。

（2）新技术发展　随着机械工业、材料工业的发展和新材料研究的深入，对超微粉碎机性能要求也越来越高。为适应未来产品细度和粒度要求进一步提高，对粉碎机设计方面应从两方面进行改进：①提高粉碎产品粒度、细度和分布范围一致性。②研究更先进的检测技术，如采用电子探针、显微分析等来分析粉体粒度和分布等。

（3）制定相关标准　目前超微粉碎机品种繁多，但缺乏统一标准，导致不同类型设备质量参差不齐。因此制定严格的行业标准、国家标准很有必要。

所以当前急需解决的问题有以下几方面。

（1）提高超微粉碎机的自动化程度，如采用自动控制，使设备处于良好的工作状态是非常重要的课题。

（2）采用高速电机，提高超微粉碎机的性能，使粉碎效率提高。

（3）提高超微粉碎产品的纯度。

（4）研究适用于多种物料品种和粒度规格的超微粉碎机。

（5）加大对超微粉碎机关键零部件——精密轴承的研究力度。

（6）进一步开发研制高效稳定可靠的新型粉体分散装置。

超微粉碎机作为一种高效的粉碎设备，其发展应注意以下几点。

（1）进一步提高加工产品的纯度，在保证工艺要求下可以采用多品种粉碎、多批次加工的方法，尽量提高成品率，以获得较高的经济效益。

（2）进一步改进粉碎机的加工能力，减小粒径以提高产量。

（3）要充分发挥各种粉碎方式的优点，在确保产品质量的前提下尽可能地减小粒径，提高产品质量。

（4）继续开发高效节能型超微粉体设备，在保证加工产量的同时尽量降低能耗。

（5）进一步优化操作方法并改善操作环境。

（6）完善超微粉碎机的自动化控制系统，使之具有一定的可靠性和准确性；在保证低耗能前提下尽量提高生产效率；不断开发新型超微粉碎机械。

（7）随着超微粉碎技术应用领域不断扩大及相关理论研究深入开展，可以采用超微粉碎机与其他粉碎方式相结合进行各种物料的联合处理。

（8）建立超微粉碎机质量控制体系和标准，制定相应的质量标准体系和标准。

第二节　3D打印技术在果蔬中的应用

当今，全球环境资源日趋紧张和短缺，同时人类对食物的需求量却呈现持续增加的趋势。越来越多的定制化、“精准”饮食应运而生，随之食品加工产业链升级与供给侧结构性改革。食品3D打印技术，一种重要的未来食品加工新技术受到广泛关注。3D打印技术是在20世纪80年代设计的，最初被称为“快速原型”。它使公司能够比其他方法更快、更准确地开发原型。经过几十年的创新，它的用途今天更加多样化，从打印原始食品原料发展到3D打印细胞培养肉，完成具有“复制、粘贴”属性的批量化食品生产，可以看出，食品3D打印技术不断走向成熟，它在食品工业领域的应用面逐渐拓宽。

一、3D打印技术概述

1. 3D打印技术概述

3D打印技术，是一种新兴的打印技术，通过计算机软件设计和制作用于快速成型制造物体的数字模型。3D打印机被设计成一种“按需制造”设备，其制造过程不需要模具、原材料、设备和能源。它可以快速生产大量复杂的物体，可以用于食品工业。例如，在饮料生产中可快速打印一杯含有各种成分的饮料。在食品加工中，可以通过 3D 打印系统直接将水果或蔬菜切片并与其他成分混合制成小包装产品。3D 打印技术在食品工业中有着巨大的潜力，例如，快速成型制造出形状复杂、具有特定结构的果蔬产品，通过 3D 打印技术制造可食性果蔬。3D 打印机的使用不仅使制造成本大幅降低，更易于控制，加工时间缩短，生产效率提高，而且可以将不同成分制成各种食品。

3D 打印技术作为一种集成数字化软件和加工设备为一体的新技术，是从数字文件制作三维实体物体的过程，可以实现物体构造的定制化、可打印以及批量生产。3D 打印对象的创建是使用加法工艺实现的。在加法过程中，通过铺设连续的材料层来创建对象，直到对象创建完成。这些层中的每一个都可以看作对象的薄切横截面。3D 打印技术与减材制造相反，减材制造是用铣床等切割/挖空一块金属或塑料。与传统制造方法相比，3D 打印技术能够使用更少的材料生产复杂的形状。3D 打印技术就是通过计算机辅助软件设计（computer aided design，CAD）并配合数字化加工设备，生产出具有三维结构的产品，这种 3D 打印技术应用较为广泛，在食品、医药（动物标本）、自动化航空航天领域等都有应用。3D 打印技术，和非热加工技术一样，它作为一种新技术应用在食品科学领域，具有创新性、便捷、营养健康、绿色、减少浪费和可持续发展等优势，10 多年前，第一台食品 3D 打印机投向市场，前期经数学模型拟合，成功打印生日蛋糕，通过一个小型机器人手臂实现复合食品物料的打印，而后更多的研究集中于改良食品 3D 打印原料配方与营养结构，优化打印程序与打印设备，从而提升食品 3D 打印品质。随着 3D 打印技术在食品领域研究不断深入，除了用来生产定制化食品，食品 3D 打印技术还可以生产特医食品、细胞培养肉等。

近年来，随着 3D 打印技术的发展及在食品工业领域应用的不断深入，已有部分文献初步应用并改良 3D 打印技术来打印各类食品，而对 3D 打印技术整体布局缺乏深度剖析，3D 打印技术如何助力未来食品工业和细胞培养肉（生物肉）批量、商业化生产，鲜有深度探讨。

2. 3D 打印技术分类

目前 3D 打印技术主要分为 2 种类型：第一种是基于立体光固化成型法技术（stereo lithography appearance，SLA）的 3D 打印技术，是用激光聚焦到光固化材料表面，使之由点到线，由线到面顺序凝固，周而复始，这样层层叠加构成一个三维实体。这种方法最早出现于 20 世纪 70 年代末到 20 世纪 80 年代初期，美国和日本的学者，在不同的地点提出了 RP 的概念，即利用连续层的选区固化产生三维实体的新思想。1986 年，U 公司制作的 SLA-1 获得专利。

第二种是基于选择性激光烧结（selective laser sintering，SLS）技术的 3D 打印技术。SLS 是一种将粉末状金属或塑料颗粒通过逐层堆积起来形成物体的成型方法，其特点在于使用连续激光烧结等手段实现快速成型。该工艺最早是由美国得克萨斯大学奥斯汀分校的 C. R. 德查德（C. R. Dechard）于 1989 年在其硕士论文中提出的，随后 C. R. Dechard 创立了公司并于 1992 年发布了基于 SLS 技术的工业级商用 3D 打印机。20 年多年来他们在 SLS 工艺领域投入了大量的研究工作，在设备研制和工艺、材料开发上都取得了丰硕的成果。德国的 E 公司针对 SLS 工艺也进行了大量的研究工作并且已开发出一系列的工业级 SLS 快速成型设备。在国内也有许多科研单位开展了对 SLS 工艺的研究，如南京航空航天大学、中北大学、华中科技大学等。SLS 工艺使用的是粉末状材料，激光器在计算机的操控下对粉末进行扫描照射而实现材料的烧结黏合，就这样材料层层堆积实现成型。SLS 加工的过程是先采用压辊将一层粉末平铺到已成型工件的上表面，数控系统操控激光束按照该层截面轮廓在粉层上进行扫描照射而使粉末的温度升至熔化点，从而进行烧结并于下面已成型的部分实现黏合。当一层截面烧结完后工作台将下降一个层厚，这时压辊又会均匀地在上面铺上一层粉末并开始新一层截面的烧结，如此反复操作直接工件完全成型。

3. 3D 打印技术特点

3D 打印设备的特点第一是具有快速成型和高精度工艺以及复杂形状的产品；第二是操作简单、易操作；第三是价格相对便宜；第四是可实现大尺寸产品的打印。从 3D 打印机产生过程来看，激光烧结主要有两大类：第一类是直接扫描激光，包括直接扫描和快速扫描。第二类是多点扫描激光，这类设备使用多个激光点来实现物体表面上多个点的均匀叠加输出。在 SLS 打印机中，通过软件控制，一个激光器可以同时对多个激光束进行扫描，从而形成一个立体光刻图案。这一过程利用了计算机软件对数据进行处理时所采用的并行处理方式以及数据融合技术。

4. 3D 打印设备

在食品行业中，常见的 3D 打印设备有以下几种。

（1）喷墨式 3D 打印机　这种设备可以使用食用颜料和素材，通过打印头将不同颜色和味道的素材喷出来，从而制作出各种糕点、巧克力、糖果等食品。

（2）光固化 3D 打印机　这种设备可以使用液态食品材料（如巧克力、果冻、奶油等），通过紫外线固化成固态食品。其优点是可以制造出复杂的形状和细节，使食品更具有装饰性和吸引力。

（3）粉末烧结 3D 打印机　这种设备可以使用食品级粉末材料（如蛋白质、淀粉等），通过烧结成固态食品。其优点是可以制造出高蛋白、低热量的食品，适合健康食品市场。

以上几种 3D 打印设备都已经在食品行业中得到了广泛应用，并且正在不断地改进和完善。随着技术的不断进步，未来将会有更多种类的 3D 打印设备被应用于食品生产和制造。

二、3D 打印果蔬制品的原料选择

众所周知，果蔬的摄入有助于补充人体中微量元素，达到控制体重和预防慢性病的目的。甜点、粉质类食品的多元化开发满足消费者对于个性化饮食的消费需求。在过去 10 年中，3D 打印技术在食品工业领域应用广泛，像巧克力、面团、乳酪、果蔬切片、水凝胶以及代餐粉类食品原料大多属于可打印或者选择性打印食品原料，其中涉及食品 3D 打印方面的研究比较多。在食品工业中，选择果蔬原料的主要目的是提供方便、具有可食用性和营养价值。

通过 3D 打印技术制造的果蔬原料应能满足以下要求。

（1）所用材料在室温下应具有良好的生物相容性。

（2）所用材料应不含重金属、农药、抗生素或其他有害物质。

（3）所加材料应易于切割和压缩。

（4）所加材料的大小尺寸应尽可能接近果蔬本身，而不能过大或过小。

根据果蔬的种类，糖、微量营养素、膳食纤维、水溶性维生素、维生素 A 原、植物甾醇、抗氧化剂等的摄入量可能会有很大差异。

考虑到新鲜果蔬含水量高，它们是极易腐烂的商品，如果处理不当，可能会迅速变质。大多数果蔬都是新鲜的，加工以获得鲜切、罐装、干燥和冷冻产品或果汁、果泥、酱汁和汤的形式。然而，最近，为了增加生物活性物质的摄入量，并以创造创新的市场前景为目标，食品工业生产了由果蔬混合而成的即食饮料，通常被称为冰沙。

然而，在果蔬领域的 3D 打印实施方面，一些产品如蛋糕糖霜、加工干酪、鹰嘴豆泥和巧克力是原生可打印的，因为它们很容易通过 3D 打印喷嘴挤出。相反，对于果蔬，这是不容易做到的，因为低黏度和膳食纤维含量可能堵塞喷嘴以及固相和液相之间可能分离。制备用于 3D 打印的果蔬糊的技术可能与用于生产传统即食产品的常见方法有很大不同。必须特别注意它们的流变性能，这是确定其印刷适印性的最重要因素之一。例如，3DFP（3D 功能打印）是通过直径为 0.5~1.5mm 的喷嘴挤出食品糊。当然，膏体应形成连续的灯丝，与上部灯丝具有良好的附着力，并应能够承受上部灯丝的重量。

生鲜果蔬的选择和个性化食品配方的设计，首先正确选择果蔬的种类是制作逼真的 3D 对象的起点。果蔬的选择属于创新的 3D 打印食品设计领域。要做到这一点，不仅要考虑食品糊的流变特性，还要考虑最终产品的营养和感官质量。特别是在 3D 打印食品的营养设计方面，正确选择原材料将能够为性别、年龄、文化等不同的特定消费者群体定制营养成分。众所周知，果蔬的化学成分能够预防心血管疾病、癌症、肥胖，已在许多流行病学研究中得到证明。然而，尽管消费者对果蔬的健康功能的认识普遍较深，但促进其消费的活动并没有产生预期的影响，因此需要新的策略。此外，一些临床研究已经证明，人体代谢食物的方式是独特的，因此，最好的方案是为每个人提供特定的饮食，这意味着有可能计划、生产和商业化营养定制食品。在这种情况下，使用 3D 打印技术从新鲜果蔬中制作定制的食品配方可能是一个非常创新的机会。

三、3D 打印果蔬制品的特点

近年来，富含果蔬的饮食对人类健康和福祉的基础作用越来越受到关注；此外，个性化营养可以提供足够的个人护理，降低疾病风险和医疗成本。在一个更加关注消费者需求的现代市场中，3D 打印的应用可能是一项有用的技术，通过使用富含抗氧化物质、维生素和矿物质的新鲜果蔬，获得功能性或定制的 3D 可食用物体。为 3D 打印过程准备好混合的果蔬，每种原材料的营养成分和季节性是两个重要因素。此外，设计打印具有所需 3D 结构的复杂食品配方是一项艰巨的工作。考虑到果蔬泥稠度较低，配方的流变性、质地性和力学性能最为重要；因此，添加增稠剂是制备适合 3D 打印工艺的黏度配方的有用工具。此外，3D 打印变量的正确设置是定义条件的基础，对应设计的对象，以获得尽可能多的 3D 果蔬食品。从所有关于使用果蔬制备创新食品的研究来看，3D 打印已成为一种有用的工具，不仅可以保护环境的可持续性，还可以获得富含生物活性物质、膳食纤维和矿物质的 3D 食品，具有感官和纹理特性。

此外，3D 打印可以用来增加通常不受消费者欢迎的果蔬产品的吸引力。这可以通过打印多种成分的混合物来实现，通过使用少量更受欢迎的成分来调整味道、形状或颜色。例如，西蓝花或猕猴桃通常不受孩子的欢迎，但它们富含抗氧化物质。同样，这项技术在为吞咽困难的人提供欣赏的软食物方面非常有效。一般来讲，吞咽困难是随着年龄增长而发生的一种生理变化，它会影响进食和咀嚼食物时的吞咽能力。长此以往，以流食为主的人，由于饮食缺乏多样性，可能会产生一种厌食的现象。为减少厌食发生，可使用 3D 打印改善口味、形状、颜色和味道的多样性，同时保持柔软材料的质地。

1. 3D 打印技术制作果蔬模型

通过 3D 打印技术，可以将产品模型直接打印出来，而无需再进行后续加工，使生产周期缩短、生产成本降低。3D 打印机具有一个定制的设计和制造软件，可根据需要设计和打印水果样品及其相关的零件。通过软件的帮助，用户可以用计算机生成用于食品生产的数字模型或通过电子邮件将这些模型发送给指定的 3D 打印机。3D 打印机由一个电子束成型系统控制，该系统具有一个高分辨率电子光学系统；该电子束由多个喷嘴组成并具有高能量密度的光束；通过喷嘴使材料熔融并在高能量密度下形成三维物体；随后喷嘴和金属粉末被传送到计算机进行编程并使用打印机以所需方式将其打印出来。此外 3D 打印技术还具有快速成型、快速定位和设计等特点。使用 3D 打印机可以以低成本制造复杂产品。根据现有报道，3D 打印机可以打印出不同形状的水果，包括可食用形状和可食用类型。

英国格林威治大学工程与科学学院、肯特大学梅德韦药学院、艾克斯-马赛大学理工综合学院、上阿尔萨斯大学米卢斯化学学院等机构的研究人员，利用熔融沉积建模（FDM）技术，使用由羟丙基纤维素和非离子表面活性剂等制成的热塑性长丝，打印出含有盐酸苯海拉明的 3D 水果软糖，进行了儿科剂型的个性化研究。

3D 打印水果软糖可实现个性化定制，满足不同消费者对形状、口味、营养成分等的多样化需求。同时，该技术能够精确控制软糖的形状和内部结构，为拓展更多营养物质添加的可能性，可使软糖被赋予更多具备健康特质的新功能。

2. 3D 打印果蔬制品展望

3D 打印技术是一种先进的制造技术，它可以通过将数字模型转化为物理对象，实现快速、高效、精准的生产制造。在食品行业中，3D 打印技术已经被应用于生产各种食品制品，包括糖果、巧克力、面包等。而随着人们对健康饮食的日益重视，3D 打印果蔬制品也开始受到越来越多的关注。目前，市场上已经出现了一些 3D 打印果蔬制品，比如用 3D 打印技术生产的水果沙拉、果汁球、蔬菜饼干等。这些产品不仅可以通过 3D 打印技术制造出具有复杂形状的果蔬制品，还可以根据消费者的需求和口味进行定制。此外，3D 打印果蔬制品还可以在保留果蔬的营养成分和口感的同时，实现更高的生产效率和更低的能源消耗。

与传统的方法相比，3D 打印具有更多的优势。

① 可以通过精确控制成型时间和模具位置来改变零件大小，并可减少机械力、流体动力等额外成本。

② 在整个加工过程中可实时监控每个细节，并根据加工需要进行微调。

③ 此外，3D 打印还能帮助食品制造商创建个性化的产品。通过使用更小的设计、更小的组件和其他因素来减少产品尺寸、形状和成分方面的差异。

随着 3D 打印技术的不断发展和应用，未来 3D 打印果蔬制品的市场前景也非常广阔。消费者对健康、营养和个性化的需求将会推动 3D 打印果蔬制品的创新和发展。同时，3D 打印技术的普及和成本的降低也将会进一步推动3D打印果蔬制品的发展。

第三节　产品实例

1. 超微果蔬粉工厂

某公司圆盘式气流粉碎机利用压缩气体通过加料喷射器，将粉碎原料带入粉碎室，在多个喷嘴喷射的高速气流带动下以切线的方式喷射到粉碎壁上，达到摩擦粉碎效果。通过调节粉碎室纵向深度、调节粉碎压力或者加料速度，来控制粉碎细度。相对流化床气流粉碎机，圆盘式气流粉碎机粉碎细度的可控性差一些。

流化床式气流磨特点是压缩空气经过滤干燥后，通过拉瓦尔喷嘴高速喷射入粉碎腔，在多股高压气流的交汇点处物料被反复碰撞、摩擦、剪切而粉碎，粉碎后的物料在风机抽力作用下随上升气流运动至分级区，在高速旋转的分级涡轮产生的强大离心力作用下，粗细物料分离，符合细度要求的细颗粒通过分级轮进入旋风分离器和除尘器收集，粗颗粒下降至粉碎区继续粉碎。

振动磨工作原理是磨筒内的研磨介质（棒、段、球）在高速运转的激振器（或振动电机）的高频振动下，做强烈的抛射运动，高速自转运动和慢速公转运动，对散布期间的物料造成强烈的冲击、摩擦、剪切作用，使物料超细粉碎和均匀混合。

2. 果蔬3D打印工厂

某公司主要生产食品3D打印机，该公司的自主研发的单喷头食品快速成型3D打印设备，最小打印针头仅0.3mm，实时恒温控制，自动调整高度，可以加工巧克力、饼干、奶糖、糕点、果酱、土豆泥等多种食材，同时还拥有双喷头进料，可以同时打印两种不同颜色或类型的材料，用于混合材料打印研究和使用，打印速度15~70mm/s，定位精度0.1/100mm，打印头直径0.12~1.2mm，打印头温度50℃以内，最高可以升级到130℃。

思考题

1. 不同超微粉碎的优缺点有哪些？
2. 超微粉碎的未来发展趋势是什么样？
3. 简述目前植物肉行业痛点。
4. 简述3D打印的市场优势。3D打印如何更好地运用在果蔬加工中？
5. 国内外果蔬加工工厂未来应如何建设？如果让你设计果蔬加工工厂，你会如何设计？

第十二章

12

果蔬天然产物提取和综合利用

本章学习目标与要求

1. 掌握果蔬中常见天然产物的种类。
2. 了解并掌握果蔬天然产物的提取技术和综合利用。

第一节　果蔬天然产物

一、膳食纤维

膳食纤维是植物的可食部分，在小肠中难以消化吸收，在大肠中发酵分解。果蔬及其副产物中含有丰富的膳食纤维，如木瓜果渣中可溶性膳食纤维含量达 369.90mg/g，香蕉皮中膳食纤维含量达 50%，火龙果皮中可溶性膳食纤维含量达 375mg/g，柚子皮中膳食纤维含量达 489.30mg/g，橙皮中不溶性膳食纤维含量为 300~500mg/g。玉米皮是玉米淀粉加工生产的副产物，占玉米总量的 14%~20%，其中含玉米膳食纤维 60%~70%。膳食纤维被称为人类的第七大营养素，可预防龋齿、促进肠道消化吸收、防止便秘、改善糖脂代谢异常。研究发现，柚皮膳食纤维可抑制 α-淀粉酶活力，减缓胆固醇形成；在小鼠糖尿病模型中，柚皮膳食纤维可有效改善小鼠葡萄糖耐量，维持正常血糖水平，降低血清胰岛素含量。橘子皮膳食纤维摄入可调节肠道菌群结构，抑制血清促炎因子释放，有助于预防或减轻肝纤维化。苦瓜膳食纤维能够改善大鼠肠道菌群结构，使肠道菌群更加稳定。莲藕渣可溶性膳食纤维能够降低糖尿病小鼠血清中胰岛素、肝糖原和肌糖原含量，从而降低血糖。胡萝卜不溶性膳食纤维能降低脂肪细胞的大小和肝组织中的脂肪含量，对肠道菌群有显著影响，尤其是与脂类代谢和合成相关的细菌，使与抑制肥胖相关的普雷沃氏菌属丰度显著增加和厚壁菌门/拟杆菌门的比例降低。南瓜膳食纤维可增加高脂血症大鼠的排便量、粪便含水量和粪便脂质含量，降低肝脏脂肪含量，在一定程度上改善高脂饮食引起的肝脏脂肪。研究嘉宝果皮膳食纤维对胆固醇代谢的影响，结果表明，嘉宝果皮膳食纤维能降低血清总胆固醇和高密度脂蛋白胆固醇水平，减少人体对胆固醇的吸收，改善血脂水平。橙皮膳食纤维可以软化粪便，促进肠道排泄，降低人体胆固醇含量。柠檬皮膳食纤维可降低高脂大鼠的胆固醇、甘油三酯、低密度脂蛋白胆固醇，升高高密度脂蛋白胆固醇，且与膳食纤维食用量呈线性关系。

二、果胶

果胶是由半乳糖醛酸通过 α-1,4 糖苷键连接而成的多糖。果蔬中存在大量果胶，主要分布在果皮、果渣中。菠萝皮中果胶含量达 16.24%；菠萝蜜果皮中果胶含量达 21.50%；橘子皮、果渣中总果胶含量为 39%~47%；苹果渣中含有 15%~18%的果胶；甘薯渣中含有 20%~30%的果胶。甜菜制糖后的副产物甜菜粕可回收作为提取果胶的原料，其中果胶含量占甜菜粕干基的 15%~30%。采用离子交换法提取西瓜皮中果胶，果胶得率为 7%~13%。采用超声波辅助法提取百香果果皮果胶，工艺优化后果胶提取率为 17%~24%。甜菜果胶具有良好的乳化和凝胶特性，同时具有较强的生物相容、稳定、可降解和无毒等特性。研究发现，甜菜果胶分子质量和表观黏度比柑橘果胶要小，但是甜菜果胶的热稳定性要优于柑橘果胶。甜菜果胶分子质量较小，乙酰基含量较高，对凝胶性质具有很好的调控作用。柑橘皮果胶可促进特定益生菌选择性生长。芒果皮果胶具有强抗氧化活性，并能有效抑制炭疽菌、菌核菌和毛霉生长。软枣猕猴桃果胶对大肠杆菌、金黄色葡萄球菌、酵母菌、青霉的最低抑菌质量浓度分别为 0.375mg/mL、3mg/mL、3mg/mL 和 0.75mg/mL。石榴皮果胶具有促免疫活性，能抑制炎症因子如 TNF-α、IL-1β、IL-6 和 IL-10 分泌。在熊蜂糖尿病模型中发现西葫芦杂聚果胶能显著降低熊蜂血液葡萄糖和海藻糖水平，具有一定的降血糖活性。鳄梨皮果胶溶液对 DPPH 自由基、ABTS 自由基、·OH 自由基、O_2^-· 自由基均有明显的清除活性。研究表明，山楂果胶、苹果果胶和大叶海草果胶能够增强生物体内抗氧化能力，抑制脂质过氧化。苹果果胶能够抑制乳腺癌细胞体外增殖，诱导 4T1 乳腺癌细胞凋亡，继而延缓癌症进程。

三、多酚

多酚类化合物广泛存在于果蔬加工副产物，如荔枝果皮中多酚含量为 7.40mg/g，果核中多酚含量为 58mg/g。鲜枇杷果核中总酚含量约 2.37mg/g，并以咖啡酸、绿原酸为主。干制火棘果渣中总酚含量达 102.34mg/g，干制百香果果皮中总酚含量为 17.02mg/g，其中含多种花青素和黄酮。多酚作为植物次生代谢产物，其结构多样，具有诸多生物活性。芒果皮多酚具有较强的抗氧化、抑菌能力，可防止脂质链式反应，抑制毛霉的径向生长。橘、柑、柠檬、甜橙、柚子果皮中黄酮可改善肠道屏障，保护黏液层，强化肠道免疫系统。杨梅果渣多酚具有良好的降血糖作用，其肠道代谢产物可间接促进肝脏消耗葡萄糖、合成糖原，并可显著改善葡萄糖氧化所致的氧化应激。红毛丹果皮提取物中富含多酚，以鞣花酸、芦丁和槲皮素为主，对大肠杆菌、铜绿假单胞菌和单核细胞增生性李斯特菌等具有广谱抑制效果。研究发现，洋葱多酚具有良好的体外抗氧化活性，对亚油酸及脱氧核糖氧化均表现出良好的抑制作用。探究猕猴桃多酚对肥胖模型小鼠减肥降脂的影响，结果显示，与模型组相比，多酚干预后肥胖小鼠的体重显著降低，血清低密度脂蛋白胆固醇（LDL-C）、甘油三酯（TG）、谷草转氨酶（AST）、谷丙转氨酶（ALT）、总胆固醇（TC）和血糖（GLU）下降，但高密度脂蛋白胆固醇（HDL-C）含量显著上升。研究覆盆子多酚提取物对小鼠饮食性肥胖、肝脂肪变性和胰岛素抵抗的影响，结果发现覆盆子多酚通过改善脂质代谢和成纤维细胞生长因子水平，从而抑制饮食引起的肥胖症及代谢紊乱。研究发现香蕉皮多酚对鼠肝损伤具有良好的修复作用，效能与阳性对照药水飞蓟素相似。在链脲佐菌素诱导的糖尿病大鼠损伤模型中，枸杞黄酮能延缓糖尿病大鼠血糖升高速度，调节血脂代谢紊乱，明显保护胰岛功能，进而改善大鼠的胰岛素抵抗；枸杞黄酮还能改善高血糖对血管内皮细胞的损伤，调节血管损伤相关因子，控制糖尿病及其并发症。通过建立四氯化碳肝纤维化模型探究黄花菜中黄酮苷对大鼠肝功能的影响，研究结果表明，黄酮苷干预后大鼠体质量和肝脏质量下降，血清丙氨酸转移酶减少，机体可维持正常的肝脏功能。

四、功能性脂肪酸

果蔬的核、籽是制取多不饱和脂肪酸的优质基料。采用溶剂萃取番石榴籽，出油得率达111.20~139.30mg/g，其中含75.25%油酸。葡萄柚籽冷榨出油率可达457.20mg/g，其中含36.42%~39.35%亚油酸，21.27%~22.58%油酸，28.23%~32.37%棕榈酸。超临界萃取法提取芒果核仁油，出油率可达83mg/g，其中含3.70%亚油酸、0.40% α-亚麻酸、15.50%油酸。亚临界萃取法提取的甜瓜籽油富含不饱和脂肪酸（75.34%），其中含56.81%亚油酸。紫苏籽油富含 ω-3 多不饱和脂肪酸，其中 α-亚麻酸含量达到53%~62%，具有抗氧化、抗癌和调节心血管疾病等功效。猕猴桃籽油富含亚油酸、α-亚麻酸、维生素E和微量元素硒等天然成分，具有抗蓝光、祛斑、保湿和护肤等作用。沙棘油是一种提取自沙棘籽、沙棘果肉和沙棘全果的特种油脂，根据提取部位不同，从沙棘中分离得到的油可分为3种，分别为沙棘果油、沙棘籽油和全果油。成熟的沙棘种子中含5.62%~19.51%的沙棘籽油，果肉含沙棘果油2.02%~34.26%。这些油均富含多不饱和脂肪酸、维生素E、植物固醇、类胡萝卜素和生育酚等。柚子籽油具有较强的抗氧化作用，当其质量浓度大于120μg/mg时，其对羟自由基、超氧阴离子的清除能力高于同等质量浓度的维生素C和白藜芦醇。西瓜籽油对辅助治疗冠心病和心脏病、降低胆固醇和高血压的效果较好。鳄梨油能减少人体甘油三酯、血浆极低密度脂蛋白及低密度脂蛋白，能作为高血脂患者的食用油。研究发现沙棘果油对四氯化碳及扑热息痛诱发的肝损伤、肝丙二醛升高有明显的抑制作用，并能降低四氯化碳中毒小鼠的谷丙转氨酶活性，且能明显对抗扑热息痛中毒小鼠的肝谷胱甘肽耗竭。研究大蒜油抗流感病毒的作用，实验小鼠经口给予低、中、高3个剂量（25mg/kg、50mg/kg、100mg/kg）的大蒜油，之后接种流感病毒，建立小鼠流感模型。实验分别设立空白对照组、病毒对照组、溶剂对照组、阳性给药对照组以及低、中、高剂量大蒜油组。结果表明，与病毒对照组相比，低、中、高剂量大蒜油组和阳性给药对照组的小鼠一般状态较好，体质量增加，肺部病变较轻，死亡率较低，与溶剂对照组比较，低、中、高剂量大蒜油组和阳性给药对照组的小鼠平均存活时间较长。

五、色素

果蔬副产物中天然色素含量丰富、形式多样。蓝莓果渣干制品中花青素含量可达1.76mg/g。火龙果果皮中色素可达10.70mg/g，主要成分为甜菜苷类色素。红毛丹果皮中色素主要以原花青素的形式存在，原花青素含量为74.60mg/g。鲜芒果果皮中富含类胡萝卜素（51mg/g），主要成分为含氧类胡萝卜素如紫黄质、新黄质、黄体黄质、玉米黄素和叶黄素等。桑葚果渣中花青素具有抗氧化、保护肝脏、抑制脂肪生成的作用。蓝莓果渣色素提取物可显著抑制鼠伤寒沙门氏菌的黏附和聚集，并可有效控制细菌感染。紫甘蓝色素对·OH自由基和DPPH自由基均具有清除作用，且呈现明显的量效关系。葡萄中主要的花色苷为矢车菊素和飞燕草素，可通过抑制脂质和糖基化蛋白，激活抗氧化蛋白从而防治糖尿病。黑果枸杞提取物——花色苷可以显著调节肠道菌群结构，显著降低与肥胖相关的厚壁菌门与拟杆菌门的比例。桑葚矢车菊素-3-

葡萄糖苷对暴露在 H_2O_2 中的 PC12 神经细胞损伤具有保护作用，对大脑动脉闭塞的脑损伤模型小鼠也具有神经保护作用。桑葚花青素可以保护阿尔茨海默病模型细胞，减轻 H_2O_2 对细胞的氧化损伤，增强衰老小鼠的抗氧化能力。在 UV-B 暴露的小鼠中，葡萄籽原花青素也通过诱导调节性 T 细胞、抑制光癌发生和促进树突状细胞中的 DNA 修复，表现出免疫抑制活性。番茄红素可诱导肝细胞 X 受体（LXR）表达和激活 LXR-PI3K-AKT 信号通路，抑制淀粉样斑块沉积和神经炎症，改善神经血管的功能，提高阿尔茨海默病小鼠的学习和记忆能力。研究发现叶黄素和玉米黄质异构体对视网膜感光细胞具有保护作用，管饲叶黄素和玉米黄质异构体（100mg/kg）的大鼠置于曝光条件下，视网膜 mRNA 中视紫红质（Rho）、生物活性肽（GNAT1）、神经细胞黏附分子（NCAM）、生长关联蛋白（GAP43）等水平提高，说明类胡萝卜素可以提高视网膜抗氧化能力及视神经再生作用，减少氧化应激，降低视网膜感光细胞的变性，从而保护视力。

六、精油

精油主要来源于果蔬的皮和核。沙田柚皮中精油含量为（15.60±1.10）mg/g、柠檬皮中精油为 20.30~21.00mg/g。龙眼果核中精油含量达 26.80mg/g，其中含 45%醇类物质、25%烯烃类物质。柑橘精油中含多种活性物质，如柠檬烯、芳樟醇、柠檬醛和 α/β-蒎烯等，它们具有广谱抗菌作用。龙眼核精油对采后草莓有显著保鲜作用，可有效降低草莓腐烂指数，减缓营养物质损失，维持果实抗氧化活性。不同柑橘精油的抑菌效果有所区别，同样是针对金黄色葡萄球菌 ATCC 29213，常山胡柚果皮精油产生的抑菌圈（27.76mm）最大，其次是佛手柑果皮精油（25.65mm）和柠檬果皮精油（17.67mm），丑橘果皮精油的抑菌圈最小（8.49mm）。大蒜精油成分分析发现 50%的成分具有抑菌作用，在对 5 种病原菌的抑菌实验中，大蒜精油均表现出良好抑菌效果，抑制效果为粉红单端孢菌>链格孢菌>灰葡萄孢菌>意大利青霉>匍枝根霉菌。柑橘精油可预防高脂膳食诱导的胆固醇血症和脂肪肝，研究显示，膳食添加 0.50%~0.75%柑橘精油可显著降低血清总胆固醇、低密度脂蛋白胆固醇、肝脏总胆固醇水平以及肝脂积累。佛手柑精油可以缩短小鼠强迫游泳实验的不动时间，且佛手柑精油对皮质酮、促肾上腺皮质激素无明显影响，表明佛手柑精油可以降低慢性束缚应激大鼠行为相关抑郁障碍。研究发现，富含 D-柠檬烯的血橙精油能够以浓度或时间依赖性降低结肠癌细胞中血管内皮生长因子（vascular endothelial growth faactor，VEGF）蛋白表达，并抑制人脐静脉内皮细胞迁移和血管形成，具有良好的抗血管新生能力。

第二节 果蔬天然产物提取技术

一、超临界 CO_2 萃取技术

（一）超临界 CO_2 萃取技术的基本原理

当 CO_2 处于超临界状态时，它就变成了一种单相状态，性质介于液体和气体之间，其密度与液体相近。其黏度虽高于气体，但明显低于液体，扩散系数是液体的 10~100 倍。因此对物

料的渗透性好，溶解能力强，能提取物料中的一些成分。超临界流体的密度和介电常数随着封闭系统压力的增加而增加，超临界流体的极性也随之增加。具有不同极性的物质可以通过编程升压来提取。萃取结束后，改变体系的温度或压力，使超临界流体变成普通气体逸出，物料中被萃取的组分可以完全或基本完全析出，从而达到萃取分离目的。

（二）超临界 CO_2 萃取技术的影响因素

1. 萃取压力

萃取压力是超临界 CO_2 萃取最重要的参数之一，萃取温度一定时，萃取压力增大，流体密度增大，溶剂强度增强，溶解度就增大。物质的极性不同，其萃取压力存在很大差异。如碳氢化合物、酯等弱极性物质在较低压力下（7~10MPa）即可进行萃取，含—OH、—COOH 强极性基团的物质萃取压力一般为 20MPa，如糖类和氨基酸类等更强极性的物质在 40MPa 以下是不能被萃取的。

2. 萃取温度

温度对超临界 CO_2 溶解能力影响比较复杂，在一定压力下，升高温度，被萃取物挥发性增加，这就增加了被萃取物在超临界气相中的浓度，从而使萃取量增大；但另一方面，温度升高，超临界 CO_2 密度降低，从而使溶解度减小，而导致萃取量降低。因此，在选择萃取温度时要综合考虑这两方面因素。

3. 原料粒度

原料粒度大小可影响提取回收率，减小原料粒度，可增加固体与溶剂的接触面积，从而使萃取速率提高。但粒度过小、过细，会严重堵塞筛孔，造成萃取器出口过滤网的堵塞。

4. CO_2 流量

CO_2 流量的变化对超临界萃取有两个方面的影响。一方面，CO_2 流量太大，会造成萃取器内 CO_2 流速增加，CO_2 停留时间缩短，与被萃取物接触时间减少，不利于萃取率的提高。另一方面，CO_2 流量增加，可增大萃取过程的传质推动力，相应的增大传质系数，使传质速率加快，从而提高超临界 CO_2 的萃取能力。因此，合理选择 CO_2 流量在超临界 CO_2 萃取中也相当重要。

5. 夹带剂

超临界 CO_2 萃取的溶剂大多数是非极性或弱极性，对亲脂类物质的溶解度较大，对较大极性的物质溶解度较小。针对这一问题，在纯的超临界 CO_2 中加入一定量的极性成分（即夹带剂）可显著地改变超临界 CO_2 流体的极性，拓宽其适用范围。

（三）超临界 CO_2 萃取技术的优点

（1）操作接近室温（9~34℃），整个萃取过程在 CO_2 笼罩下，有效地防止了热敏性物质的氧化和降解。能完整地保留目标物的活性，而且能把高沸点、低挥发性、易热解的物质在远低于其沸点的温度下萃取出来。

（2）绿色的提取方法，全过程不含有机溶剂，因此萃取物无溶剂残留，从而避免了有害物的混入和对环境的污染，保证了 100%的纯天然。

（3）萃取和分离合二为一，当饱含溶解物的 CO_2 流体进入分离器时，经过调节压力或温度，使得 CO_2 与萃取物迅速成为两相（气液分离）而立即分开，不仅萃取的效率高而且能耗较少，提高了生产效率，降低了费用成本。

（4）CO_2 是一种惰性气体，萃取过程中不发生化学反应，且属于不燃性气体，无味、无臭、无毒和安全性高。

（5）萃取能力强，提取率高；提取时间短，生产周期短。

（6）压力和温度都可以成为调节萃取过程的参数，只通过改变萃取温度和压力就可以达到萃取的目的，因此工艺简单容易掌握，而且萃取速率快。

（7）超临界 CO_2 还具有抗氧化、灭菌作用，有利于保证和提高产品的质量。

（四）超临界 CO_2 萃取技术的缺点

超临界 CO_2 萃取技术样品量受限（<10g）；回收率受样品中基体的影响；要萃取极性物质需加入极性溶剂以及需在高压下操作，设备投资较高等。

（五）超临界 CO_2 萃取技术在果蔬天然产物开发中的应用

采用超临界 CO_2 萃取法和乙醚超声萃取法从皇帝柑果皮中提取挥发油，当超临界 CO_2 萃取参数设定为温度 55℃，压强 18MPa，CO_2 流量 23L/h，动态萃取 2h 时，挥发油得率为 0.75%，被鉴定的成分有 28 种，D-柠檬烯含量为 45.24%；乙醚超声萃取法提取的挥发油得率为 0.69%，被鉴定的成分有 24 种，D-柠檬烯含量为 37.73%。由此可见超临界 CO_2 萃取法比乙醚超声萃取法挥发油的得率更高，鉴别出的成分更多，含量也更高。采用三因素三水平的正交试验对苋菜红色素的提取工艺进行优化，得到了最佳的工艺条件为萃取温度 60℃，萃取压力 20MPa，CO_2 流量 0.05m^3/h，以纯水作为夹带剂，原料与夹带剂质量比 1∶1，萃取 60min，苋菜红色素含量可达 37.5%。采用单因素试验和均匀设计法试验的方法优化超临界 CO_2 萃取法提取辣椒红色素的工艺条件，结果发现在萃取温度 32℃、萃取压力 20MPa、萃取时间 3.5h、颗粒度 50 目的条件下，辣椒红色素提取率为 6.68%。比较有机回流萃取和超临界 CO_2 萃取辣椒红素的萃取条件、色素得率、感官品质及产品稳定性，结果发现在萃取压力 20MPa、萃取温度 50℃、CO_2 流量 20L/h、萃取时间 3h 条件下，超临界 CO_2 萃取法下辣椒红色素的提取率为 10.54%，有机回流萃取的提取率为 4.86%。而质量指标分析可知超临界 CO_2 萃取法制备的辣椒红色素色价高，色泽鲜艳呈暗红色的油状液体，无辣味；而有机法萃取的辣椒红色素色价低，呈红色油状黏稠物，有辣味。比较两种萃取方法下辣椒红色素的稳定性，结果发现光照 6d 后，超临界 CO_2 萃取法得到的辣椒红色素色价损失率为 12.90%，而有机回流萃取法得到的辣椒红色素色价损失率为 21.68%，说明超临界 CO_2 萃取法得到的辣椒红色素光稳定性强于有机回流萃取法。研究发现超临界 CO_2 萃取洋葱皮黄酮的最佳工艺为提取温度 40℃、提取压力 30MPa、提取时间 1.5h、夹带剂流量 0.40mL/min，此时黄酮的提取率达 7.89%。研究发现超临界 CO_2 提取甘蔗叶中黄酮的最佳工艺条件为乙醇体积分数 70%、料液比 1∶40（g/mL）、浸取时间 3.0h、浸取温度 70℃，在此条件下甘蔗叶黄酮类化合物提取率可达 5.81%。超临界 CO_2 萃取法有助于提高萃取物的抗氧化活性，例如，超临界 CO_2 萃取佛手柑籽，所得油脂的过氧化值（POV）为 20.81g/kg，高于索氏提取法的 POV 值 12.83g/kg。超临界 CO_2 萃取干石榴籽中脂肪酸，其产量可达 125.50mg/g，高于传统正己烷浸提（2.50mg/g）；同样的，超临界 CO_2 萃取技术从蓝莓果渣干中提取脂肪酸，其产量达 234.70mg/g，是正己烷浸提的 38 倍。

二、微波辅助萃取技术

（一）微波辅助萃取技术的基本原理

微波是波长介于1mm~1m（频率介于$3\times10^{8}\sim3\times10^{11}$Hz）的电磁波。传统的加热方式都是先加热物体表面，然后热能“由表及里”传递，即所谓的“外加热”。微波加热是物质吸收微波能量后在其内部分子间产生摩擦和振动，而使电磁能转变成为热能，从而在宏观上表现出温度升高，是一种“内加热”。微波辅助萃取就是利用微波加热来加速溶剂对固体中目标萃取物的溶解，从而实现快速、高效萃取。

（二）微波辅助萃取技术的影响因素

1. 萃取溶剂

萃取溶剂的选择至关重要。被微波提取的成分应是微波敏感物质，有一定的极性。微波辅助萃取所选溶剂必须对微波透明或半透明，也就是要选择介电常数较小（8~28）的溶剂，同时要求溶剂对目标成分有较强的溶解能力，对萃取成分的后续操作干扰较少。这样，微波便可完全透过或大部分透过萃取剂，被待萃取物吸收，达到萃取目的。微波辅助萃取的常用溶剂有甲醇、乙醇、丙酮、乙酸、二氯甲烷、苯、甲苯、正乙烷，无机酸如硝酸、盐酸、磷酸、氢氟酸，以及己烷-丙酮、二氯甲烷-甲醇、水-甲苯等混合溶剂。对同一种物料，不同萃取剂的萃取效果差异较大。另外，物料含水量与微波能的吸收关系也很大。若物料不含水分，那么应选用部分吸收微波能的萃取介质，以此介质浸渍物料，置于微波场进行辐射加热的同时进行萃取。也可采取物料再湿的方法，使其具有足够的水分，便于吸收所需要的微波能。

2. 微波功率和时间

微波辅助萃取功率和时间等对萃取效率具有明显的影响。微波功率的高低对测定结果有着较大的影响。当时间一定时，若功率越高，则萃取效率越高，萃取越完全。但是如果超过一定限度，则会使萃取体系压力升高到冲开容器安全阀的程度，溶液溅出，导致误差甚至事故。微波能或微波剂量的确定，要根据最有效的萃取目标成分来定。在微波波段内的任何一种波长的波都可被物料中的成分不同程度地吸收。所选用的微波功率在200~1000W时，萃取时间的变化较少。微波萃取时间与被测物样品量、溶剂体积和加热功率有关，一般在10~100s。在萃取过程中，一般加热开始1~2min即达到所要求的萃取温度。萃取时间的长短与物料中含水量也有关系，因为水能有效地吸收微波能，而较干的果蔬物料需要较长的辐照时间。

（三）微波辅助萃取技术的优点

（1）传统热萃取是以热传导、热辐射等方式由外向里进行，而微波辅助萃取是里外同时加热。没有高温热源，消除了热梯度，从而使提取质量大大提高，有效地保护果蔬中的功能成分。

（2）由于微波可以穿透式加热，提取时间大大节省。常规的多功能萃取罐8h完成的工作，用同样大小的微波动态萃取设备只需几十分钟便可完成。

（3）微波能有超常的萃取能力，同样的原料用常规方法需两三次萃净，在微波场下可一次萃净。大大简化工艺流程。

（4）微波辅助萃取没有热惯性，易控制，所有参数均可数据化。

（5）微波辅助萃取物纯度高，可水提、醇提、脂提，适用广泛。

（6）萃取温度低，不易糊化，分离容易，后处理方便，节省能源。

（7）溶剂用量少（可较常规方法少50%~90%）。

（8）微波设备是用电设备，不需配备锅炉，无污染、安全，属于绿色工程。

（四）微波辅助萃取技术的缺点

（1）微波辅助萃取仅适于提取热稳定性物质，对于热敏性物质，微波加热可能使其变性或失活。

（2）微波辅助萃取要求目标化合物具有良好的吸水性，否则萃取物难以吸收足够的微波能，从基体中释放出来。

（3）微波辅助萃取过程中目标化合物因受热而分解，一些不希望得到的组分也会溶解于溶剂中，从而使微波辅助萃取的选择性显著降低。

（五）微波辅助萃取技术在果蔬天然产物开发中的应用

在果蔬成分萃取过程中，应用微波进行辅助加热，可实现内外同时加热，减少风味成分的损失。微波辅助萃取技术在国内外发展很快，现已用于诸多果蔬成分，如总黄酮、多糖、天然色素、果胶和壳聚糖等的萃取。优化微波辅助萃取葛根黄酮工艺，结果表明微波辅助萃取法可在短时间内提高黄酮得率，在相同时间内，采用微波辅助萃取得到的黄酮量明显高于非微波处理组。比较了水浴提取法、回流提取法、微波辅助萃取法和超声波提取法下黑木耳多糖的得率，结果表明微波辅助萃取法效果最好，不但消耗能量少，而且作用时间短（2min）。微波辅助萃取石榴皮的多酚，60min 萃取得率可达 195.40mg/g；而采用乙醇溶剂萃取石榴皮多酚的萃取率为 162.80mg/g，萃取时间需 90min 以上。采用微波辅助萃取鲜黄姜总皂苷，先在高压蒸汽灭菌锅内酸解 2h，干燥后，加入乙酸乙酯微波萃取 4min，总耗时 124min，分别是传统酸解法、酶解法、酵解法耗时的 1/6、1/8、1/14，总皂苷萃取率达到 0.26%，均高于传统萃取方法的得率。采用真空微波辅助萃取大蒜中的大蒜素，微波辐射 10min 下萃取率即可达 0.24%，大大提高了萃取物中大蒜素含量，且溶剂损耗较少。微波辅助萃取柑橘皮精油，经 30min 萃取得率达 16mg/g，而传统蒸馏法得到相同的柑橘皮精油得率需要 3h 以上；且前者所得精油的抗氧化活性比后者更佳。微波辅助萃取猕猴桃籽油，用时 35min 萃取得率达 232.50mg/g；而索氏提取、有机溶剂热回流提取猕猴桃籽油达到相同得率分别需耗时 8h、6h。显然，真空微波辅助萃取法与传统的溶剂萃取相比更简单，具有萃取时间短、成本低及萃取效率高等优点。

三、超声辅助提取技术

（一）超声辅助提取技术的基本原理

超声辅助提取是应用超声波破坏植物机体组织，从而提取植物的有效成分，是一种物理破碎过程。超声波对介质产生独特的机械振动作用和空化作用。超声波振动时能产生并传递强大的能量，引起介质质点以较大的速度和加速度进入振动状态，使得植物组织结构发生变化，促使有效成分进入溶剂中；同时在液体中还会产生空化作用，促使植物细胞壁破裂。另外，超声波的振动还会产生热效应，加快目标成分的溶出。

（二）超声辅助提取技术的影响因素

1. 超声强度

超声强度是超声辅助提取设备的固有属性。超声强度与超声换能器振幅直接相关，振幅增加将使超声强度增加，但高振幅易导致超声换能器快速劣化。

2. 超声频率

常用的超声频率在20~100kHz，频率的大小影响空化气泡的大小。在高频率下，由于压缩-反射周期太短，需要更高的超声强度才能产生空化效应。

3. 超声功率

超声功率一般指超声辅助提取设备的电功率。原料组织结构、粒度大小、所提取成分的性质不同时，超声功率对提取效果的影响程度有差异。借助超声辅助提取法提取酸枣仁中异牡荆素-吡喃葡萄糖苷，其提取率随超声功率的增大，呈先升高后降低趋势，在超声功率为400W时最大，在超声功率为500W时下降，可能是超声波空化效应和机械剪切力作用有助于破碎酸枣仁细胞壁，促进目标物的溶出，而超声功率过大会导致局部的高温高压，破坏异牡荆素-吡喃葡萄糖苷的内部结构从而使提取率降低。

4. 溶剂

溶剂的性质影响超声空化效应，尤其影响空化阈值。空化效应的发生需克服液体分子之间的内聚力，溶剂黏度增大或表面张力增加将会导致分子间作用力增强，导致空化阈值提高。因此，在满足相似相溶条件的前提下，低蒸气压、低黏度溶剂是超声辅助提取溶剂的首选。

5. 温度

温度会影响提取溶剂的性质，如表面张力、蒸气压、黏度等。通常随着温度升高，溶剂的黏度和表面张力降低，溶剂提取效率提高；但同时溶剂蒸气压升高，蒸汽大量进入气泡腔和空化气泡中，超声空化效应减弱，从而影响超声提取效果。

6. 料液比

料液比会影响溶剂对活性成分的溶解能力，同时也影响着超声场的声压分布均匀性。料液比较低时，固体颗粒分散密度较高，阻碍了超声波在提取体系内的传播，从而使部分区域声压不足，难以产生超声空化效应。研究发现超声功率为30W时，不同料液比下的提取率差异性较大，提高超声功率至45W时，不同料液比下的提取率显著性差异消失。

7. 其他影响因素

原料预处理、提取时间等因素均影响超声辅助提取效果。原料经过粉碎后，粒度减小，比表面积增大，在超声过程中细胞破壁程度更大，有效成分易溶出。研究超微粉碎协同超声辅助提取法提取香菇多糖，研究表明随着香菇粒度减小，多糖提取率上升。

（三）超声辅助提取技术的优点

（1）超声辅助提取效率高　超声波的物理特性，能促使植物组织破壁或变形，使果蔬有效成分提取更充分，提取率比传统工艺显著提高50%~500%。

（2）超声辅助提取时间短　超声波强化果蔬提取通常在 24~40min 即可获得理想提取率，其提取时间较传统工艺方法缩短 2/3 以上，因此果蔬原材料处理量大。

（3）超声辅助提取温度低　超声辅助提取果蔬的理想温度在 40~60℃，因此不需要配备锅炉来提供蒸汽加热，有利于节约能源和改善环境污染。更重要的是对遇热不稳定、易水解或氧化的果蔬中的有效成分具有保护作用。

（4）超声辅助提取适应性广　超声辅助提取不受果蔬成分、性质、分子质量大小的限制，适用于绝大多数种类果蔬和各类成分的提取。

（5）超声辅助提取的天然产物杂质少　易于进一步分离、纯化。

（6）超声辅助提取简单易行　设备的维护和保养方便。

（四）超声辅助提取技术的缺点

（1）受超声波衰减因素的制约，超声波有效作用区域为一环形，如果提取罐的直径太大，在罐的周壁就会形成超声波空白区。

（2）功率难以和罐的容积（一般为 3000~6000L）相匹配，6000L 的罐需要 120~180kW 超声输出功率，如此大的功率，使超声波设备制造难度增大，同时成本也无法使用户接受。

（3）将换能器振子黏接在罐的周壁上（罐边无法黏接振子，就做成多边形），但罐壁太厚，超声波声能损失太大。

（4）难以保证超声波器件，也无法实现在线不停机维修。

（5）将振子密封于不锈钢盒中，投入罐中，一方面不锈钢盒无法太大，否则装配、密封和维修都难以解决，另一方面不锈钢盒太小，功率达不到，超声波的作用就微乎其微，难以达到应有的效果。

（五）超声辅助提取技术在果蔬天然产物开发中的应用

研究人员优化了超声辅助提取从红树莓中提取花色苷，以提取溶剂 1.5mol/L 盐酸-95%乙醇（15∶85，体积比）、料液比 1∶4（g/mL）、提取时间 200s、超声功率 400W 下新鲜红树莓花色苷得率为 34.5mg/100g，该法的提取率显著高于常规提取法。比较传统蒸馏和超声辅助提取大蒜精油，结果发现相比传统蒸馏提取，超声辅助提取的大蒜精油热敏性成分损失较少、风味维持较好。运用超声辅助提取法从橄榄渣中提取酚类化合物，利用响应面法对超声功率、提取时间和固液比 3 个因素进行了优化，得到最优的提取条件为超声功率 250W、提取时间 75min、固液比 1∶50（g/mL），其总酚含量为 19.71mg/g，比传统提取法总酚含量高 20%。以食品级正己烷为溶剂，80W 超声辅助提取柑橘皮中 D-柠檬烯，其提取量可达 32.90mg/g，提取时间为 40min；传统正己烷萃取法制备相同含量的 D-柠檬烯需要 185min。采用超声辅助提取的桑葚果渣多酚产量为（69.91±0.16）mg/g，而 65%乙醇浸提 2h 的多酚产量仅为 16.71mg/g。研究人员发现，与索氏提取法提取石榴籽油相比（得率 20.5%），在料液比 10mL/g、超声功率 140W 和温度 40℃下超声辅助提取的石榴籽油的得率更高（25.11%）。研究发现，与加氢蒸馏相比，使用超声波从大蒜中提取精油可以降低热敏分子的降解，提高产品品质。从番茄副产物，如表皮、种子和部分果肉中提取类胡萝卜素。与传统提取相比，超声辅助提取的得率显著提高 143%，并且不会引起类胡萝卜素的降解。然而，与索氏提取法相比，超声辅助提取不能增加木瓜籽油的产量。

四、酶辅助提取技术

（一）酶辅助提取技术的基本原理

酶解法为天然产物提取中的新兴技术，利用酶制剂可以降解植物细胞壁，使胞内有效成分最大限度溶出，同时温和酶解条件保证了提取物的性质和结构的稳定。大多数高活性的天然成分在细胞内的含量远远高于在细胞间隙中的含量，因此破坏细胞壁是促进天然产物提取的关键。植物细胞壁的主要成分是纤维素和果胶，纤维素作为细胞壁的框架，是阻碍有效成分提取的主要屏障。纤维素酶可以通过水解反应破坏纤维素，因为当生物酶与底物结合在一起时，酶分子的形状会变成最适合酶和底物之间相互作用的形状，酶分子形状的变化引起底物化学键的变化最终导致键断裂。纤维素的破坏引起细胞壁的瓦解，从而促使有效成分从细胞中流出，溶解到提取液中，实现生物活性物质的充分释放和高效提取。

（二）酶辅助提取技术的影响因素

1. 提取溶剂

提取溶剂的选取原则是在不与目标产物发生化学反应的前提下，充分溶解有效成分，并对杂质溶解度小。实验室或工业生产中通常使用水或乙醇等作为提取溶剂。对于酶辅助提取，选择合适的溶剂有助于保持生物酶的活力，更利于酶解反应，相反，不合适的溶剂会破坏酶的活力。如提取剂中还原性的极性小分子能够使含有硫氢键（—SH）的生物酶处于还原状态，有利于维持生物酶的稳定性，利于酶解反应；对于结合酶，有的金属离子是酶的辅助因子或酶辅助因子的必要成分，因此如果提取溶剂中包含该金属离子，则可以作为激活剂提高酶的活力。相反，如果提取溶剂的杂质中存在重金属离子，会引起酶的活力中心或必须基团的化学性质发生改变，进而使酶的活力降低甚至丧失。因此，溶剂中的成分对酶辅助提取会产生较大的影响。

2. 原料的颗粒度

对于天然产物的提取，果蔬原料一般都会进行粉碎处理。粉碎得较细能够增加酶和原料的接触面积，从而促进酶解反应。然而，当原料颗粒度过小时，会造成过多的原料漂浮于溶剂表面，同时过小的颗粒度增强了原料颗粒之间的吸附作用，不利于原料在溶剂中的扩散，阻碍酶解反应。

3. 提取温度

温度对酶的活力有重要影响，酶辅助提取一般将提取温度控制在15~45℃。每种酶都有其最适温度，环境温度过高会破坏酶分子中多肽链的连接以及分子构型，造成酶的永久性失活；环境温度过低会使酶的活力受到抑制，提高到适宜温度，酶的活力会部分或全部恢复。在保证酶的活力的温度范围内，适当提高温度能促进酶分子以及提取物在溶剂中的扩散和溶解。不同酶的最适温度不同，酶的最适温度不是酶的特性参数，它与底物、作用时间等多重因素有关，因此在酶辅助提取过程中要选择合适的温度。

4. pH

pH对酶反应速率的影响较大，因此对于酶辅助提取法，pH是重要的工艺条件。pH对酶分子和底物的解离状态都有影响，同时会影响反应体系中酶与底物的结合，进而影响酶解反应的进行。过高或过低的 pH 环境都会导致酶蛋白的变性。每种酶都只能在一定的 pH 范围内表现出活性，并且会在某一 pH 范围内表现出最高的活性，低于或高于这一范围，酶的活力都会有所降低。利用酶解法从口蘑中提取多糖，结果表明 pH 在 3~7，多糖提取率呈抛物线式变化，pH 为 5 时，提取得率达到 18.54%，效果最佳。酶有最适的 pH，与最适温度一样，酶的最适 pH 也不是酶的特性参数，与底物、作用时间等多重因素有关。

5. 酶的用量

当酶的用量较低、原料充足时，提高酶的用量会使酶解速率明显提高。但是，酶的用量过饱和时，酶解速率不会再提高，因为过量的酶会包裹原料颗粒，不利于产物的溶出。

（三）酶辅助提取技术的优点

（1）酶的催化效率高，专一性强，不发生副反应。提取产物收率高，质量好，便于产品的提纯，简化了工艺步骤。

（2）酶作用条件温和，一般不需要高温、高压、强酸、强碱等条件。因此，把酶应用于生产时，要求设备简单，并可节约大量煤、电和化工原料。

（3）酶及其反应产物大多无毒，适合于在食品工业中应用，有利于改善劳动卫生条件。

（4）酶解反应促使生理活性较低甚至没有生理活性的组分转化成具有更高利用价值的组分。

（四）酶辅助提取技术的缺点

（1）对实验设备有较高的要求，必须严格控制酶反应时的温度及 pH，反应条件的微小波动都可能使酶的活力大大降低。如姜黄素的提取，温度条件变化幅值超过 5%，产率将下降 8% 以上，酸碱度变化超过 10%，也会导致产率下降 6%~7%。

（2）酶可能产生一些不利作用。酶辅助提取的过程中，果蔬中的某些成分可能受到酶的影响发生改变，导致产物的纯度降低。

（五）酶辅助提取技术在果蔬天然产物开发中的应用

研究人员研究了超声波协同复合酶法提取香菇中多糖成分的工艺，结果表明，最佳酶解工艺参数为酶解时间 50min、复合酶（木瓜蛋白酶：纤维素酶：果胶酶=1：1：1，质量比）添加量 3%、酶解温度 60℃、酶解 pH 5.5，香菇多糖提取率为 12.46%。该工艺可为香菇多糖工厂化生产利用提供一种新的途径。以乙醇为溶剂，采用酶辅助提取法提取甜橙皮黄酮，提取率达到 2.67%，相对于热回流法和超声辅助提取法提取得率显著提高。以水为溶剂，采用酶辅助提取法提取迷迭香酸，迷迭香酸得率达到 0.63%，相对于热水浸提法提取得率提高 26.26%。采用复合酶超声辅助提取法提取葚籽黄酮，最佳酶为 2：1 的果胶酶和纤维素酶组合的复合酶，最佳提取工艺条件为复合酶添加量 0.3mg/mL、酶解温度 55℃、酶解时间 80min、超声时间 20min，桑葚籽黄酮的提取率为 5.32mg/g。采用纤维素酶辅助提取平和蜜柚皮总黄酮，最佳提取工艺为纤维素酶用量 6%、料液比 1：30、酶解时间 90min、酶解温度 50℃，平和蜜柚皮总黄酮提取率可达到 0.55%。用纤维素酶预处理菠菜后再进行超声辅助提取，该方法下菠菜总黄酮的提取率（15.56%）比超声辅助提取的得率高出 2.51%。纤维素酶辅助提取石榴皮酚类物质，总酚得率达（206±1.8）mg/g，与静高压辅助提取效果相当。纤维素酶辅助提取橙皮渣果胶，其得率为77.70mg/g，该法提取效率比碱提、螯合剂提取法高88%、3.17%。覆盆子果渣含有丰富的酚类物质，水酶法提取覆盆子果渣总酚得率达37mg/g、总鞣花酸得率达14.60mg/g，明显高于丙酮-甲醇溶液萃取法（25mg/g、10.60mg/g），且水酶法所得覆盆子果渣多酚清除DPPH的半抑制浓度（IC_{50}）比后者低20%。

五、其他提取技术

1. 脉冲电场辅助提取

脉冲电场辅助提取是一种可以连续化操作且处理时间短的非热提取技术，利用细胞膜电穿孔原理可瞬间使细胞破壁，使细胞组分流出，从而提高活性物质的得率。比较不同方法提取干石榴皮多酚，结果显示7min脉冲电场辅助提取，总酚得率达（39±2）mg/g，其产量高于相同时间的超声辅助提取（14.50±0.80）mg/g、红外加热提取（8.00±0.20）mg/g、水浸提（5.00±0.10）mg/g。脉冲电场辅助提取柚皮、柠檬皮和柑橘皮中的多酚，比水-酶提取法的多酚产量分别增加了39%、66%和135%。采用不同方法提取沙田柚的果皮精油，脉冲电场辅助提取得率可达13.70mg/g，水蒸馏提取得率6.30mg/g，冷榨得率1.30mg/g；经GC-MS分析，脉冲电场辅助提取所得柚皮精油中芳香物质更加丰富，其中柚子特征香气物质——诺卡酮占比2.46%，其含量高于蒸馏法（1.05%）、冷榨法（0.36%）。

2. 高压静电场提取技术

高压静电场是一种人工综合效应的稳态电场，对水果副产物进行预处理，能改变细胞膜通透性、酶活性、带电粒子的分布及结合状态，能加速胞内活性物质析出。高压静电场提取石榴皮干制品总酚产量达（46.00±0.50）mg/g，比水浸提、超声辅助提取分别高8.10倍、2.10倍。高压静电场辅助提取木瓜渣多酚，得率最高可达49.60~55.20mg/g，明显高于相同条件下传统浸提法（11.30mg/g）和脉冲电场辅助提取法（23.10mg/g）。

3. 射频提取技术

射频提取属于介电加热提取，它能穿透到物料内部，引起物料内部带电离子的振荡迁移，将电能转化为热能。与微波提取、热水提取、溶剂提取、超声波提取相比，射频提取更加高效、省时，具有更高的细胞壁穿透效果。例如，采用射频提取菠萝蜜果皮果胶，其最佳射频时间为61.50min，液固比为20.63：1，pH为2.61；在此条件下，果胶得率可达29.40%，酯化度为65.07%，该法所得菠萝蜜果胶属于高甲氧基果胶类，而传统酸法提取果胶得率仅12.37%。

4. 多技术联用

在实际提取过程中，为获得最佳的提取效果，通常会采用多技术联用。在柚皮果胶提取工艺中，单一脉冲电场提取法的得率为47.70mg/g，单一纤维素酶辅助法的得率为105.10mg/g，而脉冲电场-纤维素酶协同联用提取果胶的得率可达120.80mg/g，明显高于单一提取方法。此外，通过比较DPPH、·OH和ABTS自由基清除活性以及总还原力，结果表明多技术协同提取的柚皮果胶抗氧化活性最高。采用超声-微波协同提取百香果干果皮的果胶，得率可达121.40mg/g，与单独水提、超声、微波法的相比，得率分别提高了47.33%、34.74%、23.50%；扫描电镜观察不同方法提取后的百香果果皮，结果显示百香果干果皮细胞壁在超声-微波协同作用下破碎更为彻底，利于果胶溶出。

第三节　果蔬天然产物综合利用

一、天然保鲜剂方面的应用

果蔬副产物中活性物质被广泛应用于食品保鲜领域，可制作成抑菌剂、抑菌喷雾、抗菌纳米乳液、食品抗氧化添加剂、保鲜薄膜等。山竹果壳黄酮可作为抗菌剂喷雾喷涂在羟丙基甲基纤维素（HPMC）薄膜上，对大肠杆菌、金黄色葡萄球菌有显著抑制作用。猕猴桃幼果多酚提取物可制作成肉类天然保鲜剂，添加到鲜牛肉中，经 7d 冻藏，牛肉的脂肪氧化减少，肉色无明显褐变。猕猴桃果皮提取物可作为新保鲜材料应用在包装薄膜制作，可有效延缓鸡腿等食品脂质氧化。壳聚糖复合柠檬精油、肉桂精油涂膜处理草莓、甜椒，可以减缓其在贮藏期间的腐烂速度，且避免了与果蔬的直接接触，对风味无明显影响。用葡萄籽原花青素对青州蜜桃进行覆膜处理，结果发现，不同浓度的原花青素均有保鲜效果，可以降低果实失水率、延缓糖分积累，以浓度为 3g/L 时保鲜效果最好，能有效延长保鲜期。将 0.1%的苹果多酚添加到香肠等多种肉制品中，并在冰箱中保存 15d，结果发现苹果多酚可以较好地抑制硫代巴比妥酸值、胆固醇氧化衍生物的增加以及亚油酸含量的下降。研究人员制备含有佛手柑精油的聚乳酸纳米复合膜用于包装芒果，发现贮藏期间，该复合膜能延缓芒果品质劣变，延长芒果采后寿命 15d。蓝莓酒渣花色苷在冷藏和冷冻条件下均可以降低鲈鱼的菌落总数、挥发性盐基氮以及丙二醛含量，起到较好的保鲜效果。采用石榴汁多酚溶液对鸡肉进行浸泡处理，并在 4℃条件下包装冷藏，探究其对鸡肉货架期的影响。结果发现，与对照组相比，经石榴汁多酚处理的鸡肉其脂质氧化和微生物水平显著下降。评估紫菜多酚在冷藏过程中对太平洋白虾品质的影响，结果发现，紫菜多酚能够显著抑制贮藏过程中总挥发性盐基氮、硫代巴比妥酸含量的增加及多酚氧化酶的活力，并且将紫菜多酚与紫菜多糖混合使用可以将虾的保质期延长 3~4d。对冷藏条件下的草鱼片进行感官、总挥发性盐基氮值与菌落总数等指标测定，结果表明草鱼片经苹果幼果多酚保鲜液处理后，保鲜效果明显优于对照组。苹果幼果多酚溶液可抑制水产品贮藏期间的微生物生长，有效延缓鱼肉中蛋白质变性与脂肪氧化分解，可作为一种具有市场潜力的水产品植物源保鲜剂。

二、新型食品方面的应用

含有苹果渣膳食纤维（DF）的酸乳具有更加稳定的结构，不容易乳清分离。在冷藏过程中，膳食纤维能够有效抑制 pH 降低，pH 在 14d 内保持稳定（对照组为 7d）。不溶性膳食纤维可显著增加冰激凌的黏度，而可溶性膳食纤维的添加能限制冰点的降低，具有潜在的低温保护作用。在鸡肉香肠中添加苹果渣膳食纤维，大大降低了香肠中脂肪的含量，提高了鸡肉乳糜香肠的乳糜稳定性，同时也提高了肉制品的硬度、黏性和咀嚼性。花青素具有良好的保健功能，将蓝莓果渣花青素、葡萄籽原花青素、银杏叶提取物配以炼蜜、纯化水制成蓝莓花青素营养液，每 100mL 中含花青素大于 300mg，该产品具有生物效价高、食用方便的特点。柚皮水浸煮液中含有丰富的黄酮类物质，可复合绿茶配制新型休闲保健饮品，具有怡人的柚子风味，符合现阶段大众口味与健康饮食追求。将樱桃多酚经喷雾干燥转化为粉末并加入搅拌型酸乳中，可以有效抑制维生素 A、维生素 C 等多种维生素的降解破坏，并且还可以起到消除异臭、改善酸乳的理化和感官品质，提高其在贮藏期间的抗氧化能力和营养价值。芒果皮果胶可制作成肉类脂肪替代品，添加 2%芒果皮果胶制作鸡肉饼，可代替 50%脂肪用量，同时保持了肉制品的嫩滑质地和香气香味。葡萄多酚被应用于食品添加剂的制作，葡萄皮渣内含有单宁、白藜芦醇、花青素等抗氧化成分，可以有效推迟食品氧化，尤其在食用油脂和肉制品中。研究表明，适当添加苹果果渣果胶会增强发酵乳中的凝胶网状结构，提高发酵乳的稳定性，减少乳清析出，增加发酵乳的黏度；但过量添加反而会破坏凝胶骨架，影响凝胶网络强度和稠度，降低发酵乳的黏度和质地。研究报道柑橘果胶溶液的黏度随剪切速率的增加而逐渐降低，可作食品增稠剂应用于果酱、冰激凌、果肉型饮料及焙烤食品中。苹果果胶可添加到面粉中，提高面团韧性，从而满足产品的特定要求，也可以作为果酱和果冻中的凝胶剂、乳制品中的增稠剂、食品加工中的稳定剂等。甜菜果胶分子质量低、乙酰化程度高，具有良好的乳化性能和稳定性，可作为酸乳饮料等的乳化剂，且能够使凝胶的网络结构更加致密和紧凑，为甜菜果胶-玉米淀粉凝胶在食品工业中的应用提供了理论基础。果蔬中天然色素因对人体毒副作用小、大多具有药理作用、上色自然等特点受到人们广泛关注。乳制品中的乳蛋白能与油溶性色素结合，β-胡萝卜素是用于奶油和人造奶油的理想色素。熟肉制品如鱼肉罐头、牛肉罐头，为了使罐头中含有的血红蛋白成分保持原有的色泽，常把鱼肉、牛肉等在含有亚硝酸盐及硝酸盐的酸菜液体中浸泡一段时间。但亚硝酸盐是致癌物质，会损害人体健康，因此将辣椒红、甜菜红和紫草红等天然色素作为替代品，广泛用于熟肉制品中。蔬菜、水果在加工过程中会因高温、干燥、脱水等工艺导致其原有颜色脱落，可添加植物天然色素如叶绿素、辣椒黄色素、姜黄色素等来保持其原有的色泽。柑橘类精油作为香味剂添加到各类食品生产中，包括清凉饮料、糖果、饼干、冰激凌等。也有报道称柑橘类精油可以加入巧克力中，例如，柠檬精油和柑橘精油等，不仅可以赋予巧克力水果风味，带来清爽口感，还可以使食品组织软化，提高适口感，丰富消费者的选择。

三、化妆品方面的应用

传统化妆品的过度使用会造成皮肤发炎、脱发等不良反应，人们在选择各类化妆品时，更加注重成分是否安全，倾向于购买天然温和的产品，使得天然色素在化妆品行业中受到追捧。火龙果果皮色素、番茄红色素、蓝莓色素等被广泛用于口红制造；辣椒红色素等被广泛用于生产染发剂；番茄红素可促进胶原蛋白的生成和抑制胶原蛋白酶对胶原蛋白的分解，可用作皮肤抗衰抗皱剂。相对于普通溶剂型指甲油，添加紫甘蓝色素改良制作的指甲油具有较好的撕拉性，不但便于更换指甲油以搭配美妆造型，而且由于其成分天然且具有抗氧化特性，不会导致指甲盖发黄。采用闪式提取法从柑橘籽中提取柠檬苦素，再通过分离纯化获得高纯度的柠檬苦素，并将制得的柠檬苦素应用于不同品类化妆品配方的开发中，替代防腐剂，符合天然、绿色化妆品的发展趋势。在果蔬天然产物成分中，能够作为抗氧化剂的主要有酚类、类胡萝卜素以及维生素类，而多糖则可通过调节皮肤组织的新陈代谢，减缓皮肤活力丧失。番茄红素可以通过淬灭单线态氧预防脂类氧化，保护生物膜免受自由基伤害，达到保护容颜，维持人体免疫功能，延缓衰老的作用。猕猴桃籽油富含亚油酸、α-亚麻酸、维生素 E、微量元素硒等天然营养护肤成分，具有抗蓝光、祛斑、保湿、抗老化、遮盖防护等作用，可开发祛斑油、嫩肤霜、面膜、沐浴露、洁面乳、抗蓝光精华液等护肤品。木瓜籽油含有丰富的不饱和脂肪酸和维生素，有良好的保湿滋润、亲和皮肤的效果，且无毒安全可食用，用木瓜籽油辅以凡士林、蜂蜡等，可制成木瓜籽润唇膏、润肤乳等，符合当下天然、安全的化妆品风尚。草莓果渣富含原花青素和黄酮类物质，用草莓果渣多酚制成美白乳霜，经人体试用 8 周，美白乳霜具有减少黑色素沉积、提亮肤色的效果，且安全性良好。对 13 种柑橘属植物精油进行体外酪氨酸酶活力抑制实验，当精油质量浓度为 167mg/L，除了椪柑精油外，其他 12 种精油均能抑制酪氨酸酶活力，其中尤力克柠檬、里斯本柠檬及 2 种日本柑橘属近缘种精油具有较强抑制能力。通过分析精油的化学成分，发现柠檬醛和月桂烯为柑橘类植物精油中最为丰富的 2 种成分，抑制动力学研究表明，柠檬醛属于非竞争性的抑制剂，月桂烯属于竞争性的抑制剂，但对酪氨酸酶活力的抑制能力均弱于曲酸。但柠檬醛及月桂烯属于亲脂性化合物，更容易通过人体皮肤的生物膜，从而更快更有效地发挥美白功效。

四、生物材料方面的应用

果蔬皮渣中的纤维素被用于制备薄膜材料，可应用于水处理、气体分离等领域。利用纤维素制备的气凝胶可用于处理污水中的重金属离子，吸附染料、油类污染物等，目前已成为继硅基气凝胶、高分子基气凝胶后的新一代气凝胶材料。菠萝蜜果皮中提取的天然果胶聚合物可用于制备生物复合材料药剂，具有良好的细胞相容性和黏附性，可作为医学骨移植的材料。以 1-丁基-3-甲基咪唑氯盐为溶剂来溶解菠萝果肉纤维素，可制备出 pH 敏感性水凝胶，以其作为载体吸附益生菌，可以控制益生菌在胃内的释放，从而减少胃酸对益生菌的影响。

思考题

1. 简述果蔬天然产物提取的方法。
2. 果蔬天然产物可以应用到哪些方面？举例说明。

参考文献

[1] 彭丹，邓洁红，谭兴和，等．果蔬速冻保鲜技术研究进展［J］．保鲜与加工，2009，9（02）：5-9.

[2] 李先保，食品工艺学［M］，北京：中国纺织出版社，2015.

[3] 陕西省仪祉农业学校．蔬菜贮藏加工学［M］．北京：中国农业出版社，2000.

[4] 北京农业学校．蔬菜贮藏加工［M］．北京：中国农业出版社，2000.

[5] 叶兴乾．果品蔬菜加工工艺［M］．北京：中国农业出版社，1995.

[6] 成孟秋．所有的蔬菜在冷冻前都必须漂烫吗？［J］．国外食品技术，1980（01）：16-17.

[7] 武治昌，刘玉环，刘志芳，等．影响速冻蔬菜品质的主要因素［J］．食品与发酵工业，2006，（08）：97-100.

[8] 刘传富，董海洲，唐晓珍，等．影响速冻豆类蔬菜质量的主要因素［J］．冷饮与速冻食品工业，2002（4）：23-25.

[9] 吴桂银．出口冻菜加工质量控制及质量检验要点［J］．冷饮与速冻食品工业，1999（4）：30-33.

[10] 北京农业学校主编．蔬菜贮藏加工［M］．北京：中国农业出版社，2000.

[11] 武治昌，刘玉环，刘志芳，冯九海．影响速冻蔬菜品质的主要因素［J］．冷饮与速冻食品工业，2006，（03）：34-37.

[12] 张素文．玻璃态下冻结、冻藏及其后续解冻对西兰花品质的影响研究［D］．无锡：江南大学，2007.

[13] 宋佳玮，郑明媛，王宇，等．果蔬速冻技术、设备和质量控制现状分析［J］．保鲜与加工，2019，19（03）：154-161.

[14] 黄宏云．浅谈果蔬速冻加工技术［J］．广西轻工业，2010，26（09）：13-14.

[15] 夏文水．食品工艺学［M］，北京：中国轻工业出版社，2022.

[16] 刘岩莲．食品保藏原理与方法的类型［J］．现代食品，2017，（10）：34-36.

[17] 王茜，许光治．*Leifsonia* 菌 β-葡萄糖苷酶（Lf18920）的酶学性质研究及对藏红花素转化作用的初步研究［J］．中国食品添加剂，2023，34（02）：11-18.

[18] 孟宪军，乔旭光．果蔬加工工艺学［M］．2 版．北京：中国轻工业出版社，2020.

[19] 隋继学，李淑荣．速冻食品加工技术［M］．2 版．北京：中国农业大学出版社，2014.

[20] 刘开华．信阳蕨菜速冻工艺的优化研究［D］．杨凌：西北农林科技大学，2003.

[21] 卓传敏．大型速冻设备高效蒸发器传热技术的试验研究［D］．杭州：浙江大学，2006.

[22] Zhang M，Duan ZH，Zhang JF，et a1. Effects of freezing conditions on quality of areca fruits［J］. Journal of Food Engineering，2004，61（3）：393-397.

[23] Tairas，Onom，Otsukim. Effects of freezing rate on astringency reduction in persimmon during and after thawing［J］. Postharvest Biology and Technology，1998，14（3）：317-324.

[24] 谭熙耀，胡小松，李淑燕，等．高压二氧化碳技术速冻香菇工艺［J］．食品科学，2011，32（12）：5-9.

[25] 彭丹，邓洁红，谭兴和，等．果蔬速冻保鲜技术研究进展［J］．保鲜与加工，2009，9（02）：5-9.
[26] 张国治，温纪平．速冻食品的品质控制［M］．北京：化学工业出版社，2007.
[27] 杨宏顺．果蔬气调冷藏下表皮和果胶超微结构与品质变化［D］．上海：上海交通大学，2005.
[28] 阚建全，陈宗道，周松，等．蔬菜冷冻贮藏营养成分变化的研究［J］．西南大学学报（自然科学版），1997，19（6）：567-571.
[29] 王丽宏，张延，张宝彤，等．超微粉碎技术的特点及应用概况［J］．饲料博览，2013（10）：4.
[30] 周维维，刘祎帆，谢曦，等．超微粉碎技术在农产品加工中的应用［J］．农产品加工学刊，2021（000-012）．
[31] 区子弁，王琴．超微粉碎技术及其设备在粮油加工中的应用［J］．广东农业科学，2010，37（7）：3.
[32] 高帅．超微粉碎技术在食品工业中的应用和发展前景［J］．广州化工，2014（11）：35-37.
[33] 杨小燕．超微果蔬粉带来新商机［J］．农产品加工，2011（9）：2.
[34] 王明爽，姜涵骞，李林，等．基于果蔬原料的食品 3D 打印技术及其应用［J］．食品科学，2021.
[35] 戴妍，袁莹，张静，等．食品 3D 打印技术在现代食品工业中的应用进展［J］．食品工业科技，2022，43（7）：8.
[36] 曾广琳．番木瓜皮抗氧化可溶性膳食纤维的制备、结构与性质研究［D］．海口：海南大学，2018.
[37] Lee E，Yeom H，Ha M，et al. Development of banana peel jelly and its antioxidant and textural properties［J］. Food Science and Biotechnology，2010，19（2）：449-455.
[38] 牛春艳，郑思蒙，吴琼．火龙果果皮中水溶性膳食纤维的制备［J］．现代食品，2020（01）：186-188.
[39] Liu H，Zeng X，Huang J，et al. Dietary fiber extracted from pomelo fruitlets promotes intestinal functions，both in vitro and in vivo［J］. Carbohydrate Polymers，2021，252：117186.
[40] Marín F R，Soler-Rivas C，Benavente-García O，et al. By-products from different citrus processes as a source of customized functional fibres［J］. Food Chemistry，2007，100（2）：736-741.
[41] He Y，Wang B，Wen L，et al. Effects of dietary fiber on human health［J］. Food Science and Human Wellness，2022，11（1）：1-10.
[42] Shivamathi C S，Gunaseelan S，Soosai M R，et al. Process optimization and characterization of pectin derived from underexploited pineapple peel biowaste as a value-added product［J］. Food Hydrocolloids，2022，123：107141.
[43] Xu S，Liu J，Huang X，et al. Ultrasonic-microwave assisted extraction，characterization and biological activity of pectin from jackfruit peel［J］. Food science & technology，2018，90（14）：577-582.

[44] Umaña M M, Dalmau M E, Eim V S, et al. Effects of acoustic power and pH on pectin-enriched extracts obtained from citrus by-products. Modelling of the extraction process [J]. Journal of the Science of Food and Agriculture, 2019, 99 (15): 6893-6902.

[45] Zhang S, Hu H, Wang L, et al. Preparation and prebiotic potential of pectin oligosaccharides obtained from citrus peel pectin [J]. Food Chemistry, 2018, 244: 232-237.

[46] Rojas R, Alvarez-Pérez O B, Contreras-Esquivel J C, et al. Valorisation of mango peels: extraction of Pectin and antioxidant and antifungal polyphenols [J]. Waste and Biomass Valorization, 2020, 11 (1): 89-98.

[47] Ahmadi Gavlighi H, Tabarsa M, You S, et al. Extraction, characterization and immunomodulatory property of pectic polysaccharide from pomegranate peels: enzymatic vs conventional approach [J]. International Journal of Biological Macromolecules, 2018, 116 (8): 698-706.

[48] 周秋艳，唐方华，刘展梅，等．荔枝核多酚纯化工艺优化研究 [J]. 安徽农业科学，2019，47 (23)：196-198，218.

[49] 胡漫妮．枇杷果核中三萜类物质与多酚的分析研究 [D]. 广州：华南理工大学，2014.

[50] 黎宇田．火棘果渣及百香果皮中可萃取和未萃取多酚的组成与活性研究 [D]. 武汉：华中科技大学，2019.

[51] Wang M, Zhao H, Wen X, et al. Citrus flavonoids and the intestinal barrier: interactions and effects [J]. Comprehensive Reviews in Food Science and Food Safety, 2021, 20 (1): 225-251.

[52] Gowd V, Xie L, Sun C, et al. Phenolic profile of bayberry followed by simulated gastrointestinal digestion and gut microbiota fermentation and its antioxidant potential in HepG2 cells [J]. Journal of Functional Foods, 2020, 70 (9): 103987.

[53] Phuong N N M, Le T T, Van Camp J, et al. Evaluation of antimicrobial activity of rambutan (*Nephelium lappaceum* L.) peel extracts [J]. International journal of food microbiology, 2020, 321 (16): 108539.

[54] Kapoor S, Gandhi N, Tyagi S K, et al. Extraction and characterization of guava seed oil: A novel industrial byproduct [J]. Food science & technology, 2020, 132 (10): 109882.

[55] Yilmaz E, Aydeniz Guneser B, Ok S. Valorization of grapefruit seeds: cold press oil production [J]. Waste and Biomass Valorization, 2019, 10 (9): 2713-2724.

[56] Cerón-Martínez L J, Hurtado-Benavides A M, Ayala-Aponte A, et al. A Pilot-Scale supercritical carbon dioxide extraction to valorize colombian mango seed kernel [J]. Molecules, 2021, 26 (8): 2279.

[57] 李伟，严友兵，张永康，等．猕猴桃籽油护肤品的开发利用 [J]. 中国油脂，2020，45 (04)：119-122.

[58] 叶茂，邓毛程，严立逊，等．超声波辅助水酶法提取柚子籽油及其抗氧化性研究 [J]. 中国油脂，2019，44 (04)：10-12.

[59] Lončarić A, Celeiro M, Jozinović A, et al. Green extraction methods for extraction of polyphenolic compounds from blueberry pomace [J]. Foods, 2020, 9 (11): 1521.

[60] 胡元庆，王建荟，李凤霞．微波辅助法提取火龙果果皮色素及其功能活性研究 [J]. 食

品工业科技，2020，41（23）：182-188.

[61] 张瑜，张换换，李志洲．红毛丹果皮中原花青素提取及其抗氧化性［J］．食品研究与开发，2011，32（01）：188-192.

[62] 姚壮和．微波辅助提取芒果皮黄色素的研究［J］．现代食品科技，2013，29（08）：1973-1977.

[63] 栾琳琳．桑葚果渣花青素的提取及稳定性研究［D］．贵阳：贵州大学，2020.

[64] Salaheen S，Jaiswal E，Joo J，et al. Bioactive extracts from berry byproducts on the pathogenicity of *Salmonella Typhimurium*［J］. International Journal of Food Microbiology，2016，237：128-135.

[65] 张方艳，葛国香，刘美伶，等．4 种柚子皮精油成分及其抑菌活性的研究［J］．农产品加工（上半月），2021（9）：1-4.

[66] Martínez - Abad A，Ramos M，Hamzaoui M，et al. Optimisation of sequential microwave - assisted extraction of essential oil and pigment from lemon peels waste［J］. Foods，2020，9（10）：1493.

[67] 尹爱国，刘兴龙，周天，等．荔枝果核精油超临界 CO_2 萃取工艺及其成分研究［J］．江苏农业科学，2019，47（23）：212-216.

[68] Lin X，Cao S，Sun J，et al. The chemical compositions，and antibacterial and antioxidant activities of four types of citrus essential oils［J］. Molecules，2021，26（11）：3412.

[69] Feng K，Zhu X，Liu G，et al. Dietary citrus peel essential oil ameliorates hypercholesterolemia and hepatic steatosis by modulating lipid and cholesterol homeostasis［J］. Food Funct，2020，11（8）：7217-7230.

[70] 韩林，汪开拓，郭冬琴，等．龙眼核精油对采后草莓的保鲜效果［J］．食品工业科技，2015，36（11）：309-313.

[71] 祖恩普，蔡冰，王煜．皇帝柑果皮挥发油不同提取方法的比较［J］．洛阳师范学院学报，2019，38（11）：18-23.

[72] 毕静．应用 CO_2 超临界萃取苋菜红色素的工艺研究［J］．粮食与食品工业，2019，26（06）：34-37.

[73] 张学彬，田志聪，刘璐，等．均匀设计法优化超临界 CO_2 萃取辣椒红色素工艺研究［J］．中国调味品，2021，46（01）：153-156.

[74] 张郁松．辣椒红素超临界萃取与有机溶剂萃取的比较［J］．中国调味品，2013，38（4）：101-103.

[75] 宋若远，曾珺华，吴华昌，等．超临界二氧化碳萃取洋葱皮黄酮工艺研究［J］．农产品加工（上半月），2018（10）：33-35.

[76] 由文颖，王国成，刘艳蕊．CO_2 超临界萃取法提取山楂核中黄酮的工艺研究［J］．辽宁化工，2016，45（08）：1002-1004.

[77] 冯纪南，赵丽萍，黄海英，等．甘蔗叶中黄酮类化合物的提取工艺研究［J］．食品科技，2012（4）：219-223.

[78] Alonso - Salces R M，Korta E，Barranco A，et al. Pressurized liquid extraction for the determination of polyphenols in apple［J］. Journal of Chromatography A，2001，933（1）：

37-43.

[79] 艾志录，郭娟，王育红，等. 微波辅助提取苹果渣中苹果多酚的工艺研究 [J]. 农业工程学报，2006，22 (6)：188-191.

[80] 苏敏，洪燕卿，唐良华. 葛根黄酮的微波萃取条件优化 [J]. 实验室科学，2011，14 (4)：91-94.

[81] 李秀信，张军华，关红玲，等. 微波辅助提取香椿多糖工艺研究 [J]. 食品研究与开发，2013，34 (19)：39-41，129.

[82] 宋力，陈晓云，苑仁静，等. 黑木耳多糖的微波法提取工艺研究 [J]. 上海化工，2013，38 (11)：8-11.

[83] 邹涛，刘颋，黄卫东，等. 微波法提取鲜黄姜总皂苷的工艺研究 [J]. 化学与生物工程，2012，29 (10)：34-36.

[84] 初红涛，张晓会，苏立强. 槐花米中芸香苷的高效提取工艺 [J]. 江苏农业科学，2013，41 (9)：239-240.

[85] 宫丽，刘莹，杨婷婷，等. 超声辅助法提取酸枣仁中异牡荆素—吡喃葡萄糖苷工艺优化 [J]. 食品与机械，2022，38 (06)：173-179.

[86] 孙朋垚，李冰，李琳，等. 超声波耦合酶解强化多效模拟连续逆流提取黄芪多糖 [J]. 食品科技，2019，44 (5)：175-182.

[87] 秦令祥，崔胜文，周婧琦，等. 超微粉碎前处理协同超声波辅助提取香菇多糖工艺研究 [J]. 食品研究与开发，2018，39 (15)：67-70.

[88] Chen F, Sun Y, Zhao G, et al. Optimization of ultrasound-assisted extraction of anthocyanins in red raspberries and identification of anthocyanins in extract using high-performance liquid chromatography-mass spectrometry [J]. Ultrasonics Sonochemistry, 2007, 14 (6): 767-778.

[89] Kimbaris A C, Siatis N G, Daferera D J, et al. Comparison of distillation and ultrasound-assisted extraction methods for the isolation of sensitive aroma compounds from garlic (*Allium sativum*) [J]. Ultrasonics Sonochemistry, 2006, 13 (1): 54-60.

[90] Sumere B R, de Souza M C, Dos Santos M P, et al. Combining pressurized liquids with ultrasound to improve the extraction of phenolic compounds from pomegranate peel (*Punica granatum* L.) [J]. Ultrasonics Sonochemistry, 2018, 48: 151-162.

[91] Hammi K M, Jdey A, Abdelly C, et al. Optimization of ultrasound-assisted extraction of antioxidant compounds from Tunisian Zizyphus lotus fruits using response surface methodology [J]. Food Chemistry, 2015, 184 (7): 80-89.

[92] Tian Y, Xu Z, Zheng B, et al. Optimization of ultrasonic-assisted extraction of pomegranate (*Punica granatum* L.) seed oil [J]. Ultrasonics Sonochemistry, 2013, 20 (1): 202-208.

[93] Samaram S, Mirhosseini H, Tan C P, et al. Optimisation of ultrasound-assisted extraction of oil from papaya seed by response surface methodology: oil recovery, radical scavenging antioxidant activity, and oxidation stability [J]. Food Chemistry, 2015, 172: 7-17.

[94] Li H, Pordesimo L, Weiss J. High intensity ultrasound-assisted extraction of oil from soybeans [J]. Food Research International, 2004, 37 (7): 731-738.

[95] Luengo E, Condón-Abanto S, Condón S, et al. Improving the extraction of carotenoids from

tomato waste by application of ultrasound under pressure [J]. Separation and Purification Technology, 2014, 136: 130-136.

[96] 马亚琴, 吴厚玖, 周志钦, 等. 不同超声频率对温州蜜柑皮总酚和抗氧化能力的影响 [J]. 食品科学, 2012, 33 (13): 66-69.

[97] Li J, Ding S, Ding X. Optimization of the ultrasonically assisted extraction of polysaccharides from Zizyphus jujuba cv. jinsixiaozao [J]. Journal of Food Engineering, 2007, 80 (1): 176-183.

[98] 姚晓琳, 朱新荣, 段春红, 等. 酶解法提取甜橙皮黄酮研究 [J]. 粮食与油脂, 2009 (2): 43-46.

[99] 吕晓玲, 姚慧, 张琳琳, 等. 酶法辅助提取紫苏中迷迭香酸条件的研究 [J]. 中国食品添加剂, 2010 (1): 122-127.

[100] Lapornik B, Prošek M, Golc Wondra A. Comparison of extracts prepared from plant by-products using different solvents and extraction time [J]. Journal of Food Engineering, 2005, 71 (2): 214-222.

[101] 吴素萍. 超声辅助酶法提取燕麦蛋白的研究 [J]. 粮食与饲料工业, 2007 (9): 22-25.

[102] Wellwood C R L, Cole R A. Relevance of carnosic acid concentrations to the selection of rosemary, *Rosmarinus Officinalis* (L.), Accessions for Optimization of Antioxidant Yield [J]. Journal of Agricultural and Food Chemistry, 2004, 52 (20): 6101-6107.

[103] Yin X, You Q, Jiang Z. Optimization of enzyme assisted extraction of polysaccharides from *Tricholoma matsutake* by response surface methodology [J]. Carbohydrate Polymers, 2011, 86 (3): 1358-1364.

[104] Wang J, Zhao Y, Li W, et al. Optimization of polysaccharides extraction from *Tricholoma mongolicum* Imai and their antioxidant and antiproliferative activities [J]. Carbohydrate Polymers, 2015, 131: 322-330.

[105] 闫巧珍, 李玮钰, 李玥霞, 等. 复合酶法提取小米多酚及其抗油脂氧化作用的研究[J]. 中国调味品, 2020, 45 (4): 17-23.

[106] 秦令祥, 周婧琦, 崔胜文, 等. 超声波协同复合酶法提取香菇多糖的工艺优化 [J]. 食品研究与开发, 2018, 39 (19): 63-67.

[107] 曹培杰, 崔晋, 马艳弘. 桑葚籽黄酮超声酶解提取工艺优化及其抗菌、抗氧化活性[J]. 食品工业科技, 2019, 40 (02): 175-182.

[108] 谢勇武, 谭属琼, 张鹭文. 酶法辅助优化平和蜜柚皮总黄酮的提取工艺研究 [J]. 福建轻纺, 2018 (11): 38-42.

[109] 穆易君, 陈洋, 孙晶, 等. 纤维素酶-超声联合提取菠菜中总黄酮及其成分分析 [J]. 食品工业科技, 2019, 40 (19): 187-193.

[110] 丁倩, 殷钟意, 郑旭煦. 响应面法优化纤维素酶辅助提取柑橘皮渣果胶工艺及产品质量研究 [J]. 安徽农业科学, 2020, 48 (14): 162-165, 172.

[111] Mneg-yuan L, Yong L, Qiang Z, et al. Effects of Extraction Methods on Physicochemical Properties and Viscosity of Polysaccharides from Orange Peel [J]. Current Topics in Nutraceutical Research, 2018, 1 (17): 33-41.

[112] Saad N, Louvet F, Tarrade S, et al. Enzyme-Assisted extraction of bioactive compounds from raspberry (*Rubus idaeus* L.) Pomace [J]. Journal of Food Science, 2019, 84 (6): 1371-1381.

[113] 刘航，冯立强，刘兴江．高压脉冲电场和传统热水法提取海带多糖的比较研究 [J]. 现代化工，2016，36 (07)：75-78.

[114] Rajha H N, Abi-Khattar A, El Kantar S, et al. Comparison of aqueous extraction efficiency and biological activities of polyphenols from pomegranate peels assisted by infrared, ultrasound, pulsed electric fields and high-voltage electrical discharges [J]. Innovative Food Science & Emerging Technologies, 2019, 58: 102212.

[115] El Kantar S, Boussetta N, Lebovka N, et al. Pulsed electric field treatment of citrus fruits: improvement of juice and polyphenols extraction [J]. Innovative Food Science & Emerging Technologies, 2018, 46: 153-161.

[116] 魏静妮．脉冲电场辅助提取柚皮精油及其抑菌性研究 [D]. 广州：华南理工大学，2018.

[117] Parniakov O, Barba F J, Grimi N, et al. Impact of pulsed electric fields and high voltage electrical discharges on extraction of high-added value compounds from papaya peels [J]. Food Research International, 2014, 65: 337-343.

[118] Naik M, Rawson A, Rangarajan J M. Radio frequency-assisted extraction of pectin from jackfruit (*Artocarpus heterophyllus*) peel and its characterization [J]. Journal of Food Process Engineering, 2020, 43 (6).

[119] 张佩琳．脉冲电场协同纤维素酶提取柚皮果胶的研究 [D]. 广州：华南理工大学，2020.

[120] 黎英，刘夏蕾，林娅新，等．超声-微波协同提取百香果皮果胶的工艺研究 [J]. 热带作物学报，2020，41 (02)：386-393.

[121] 田梦瑶，张映曈，胡花丽．柑橘精油的提取及在食品保鲜中的应用 [J]. 中国果菜，2020，40 (01)：21-25.

[122] Chaiwarit T, Kantrong N, Sommano S R, et al. Extraction of tropical fruit peels and development of HPMC film containing the extracts as an active antibacterial packaging material [J]. Molecules, 2021, 26 (8): 2265.

[123] Jiao Y, Quek S Y, Gu M, et al. Polyphenols from thinned young kiwifruit as natural antioxidant: protective effects on beef oxidation, physicochemical and sensory properties during storage [J]. Food Control, 2020, 108 (2): 106870.